Über dieses Buch Die vielbändigen Werkausgaben, in denen die Schriften von Karl Marx und Friedrich Engels bisher publiziert wurden, belegen die beispiellose Produktivität der Begründer des Historischen Materialismus. Zahlreiche philosophische, ökonomische, historische und politische Analysen, teilweise breit angelegt und von großem Detailreichtum, machen es auch dem wissenschaftlich geschulten Leser nicht leicht, die dahinter liegenden gedanklichen Entwürfe zu verstehen und in ihrer Entfaltung nachzuvollziehen. Die vorliegende Studienausgabe in vier Bänden bietet demgegenüber einen Extrakt: Zentrale theoretische Texte sowie eine Auswahl von politischen Artikeln vermitteln die wesentlichen Züge des Marxschen Denkens; Streichungen und Zusätze in den Manuskripten sind in den Anmerkungen aufgeführt und bieten Einblicke in die intellektuelle Arbeit der Autoren. Dem weiteren Studium dienen aktualisierte Literaturangaben.

Der vorliegende Band IV enthält in chronologischer Abfolge Artikel und Abhandlungen zu zeitgenössischen politischen Ereignissen: die Revolution von 1848, die britische Kolonialherrschaft, der amerikanische und der französische Bürgerkrieg. Diese journalistischen Arbeiten belegen eindrucksvoll, daß Marx und Engels die reale Geschichte niemals als bloßen »Stoff« einer vorgefertigten Theorie begriffen. Eine Reduktion gesellschaftlicher Prozesse auf die immer selben »letzten« ökonomischen Ursachen war ihnen fremd. Vielmehr versuchten sie – im Gegensatz zu vielen ihrer späteren Adepten –, im politischen Geschehen gesellschaftliche Totalität sichtbar zu machen: ein Leitbild politischer Analyse, das im Zeitalter der schnellen Medien wieder aktuell ist. – Der Band wird ergänzt durch eine synchrone Zeittafel mit den wichtigsten Daten zu Leben und Werk, Arbeiterbewegung und allgemeiner Geschichte.

Der Herausgeber Iring Fetscher (geb. 1922) war bis 1988 Professor für Politische Wissenschaft an der Universität Frankfurt am Main. Zahlreiche Standard-Publikationen zur Theorie und Geschichte des Marxismus und der politischen Philosophie.

Karl Marx
Friedrich Engels
Studienausgabe in 4 Bänden

Herausgegeben von
Iring Fetscher

Karl Marx
Friedrich Engels

Band IV
Geschichte und Politik 2

Fischer
Taschenbuch
Verlag

Ergänzte Neuausgabe
Veröffentlicht im Fischer Taschenbuch Verlag GmbH,
Frankfurt am Main, September 1990

Umschlaggestaltung: Buchholz/Hinsch/Hensinger
Satz: Fotosatz Gutfreund, Darmstadt
Druck und Bindung: Clausen & Bosse, Leck
Printed in Germany
ISBN 3-596-10246-4

Inhalt

Einleitung

Marx und Engels waren umfassend historisch interessiert. Die Geschichte sollte ihnen helfen, die Gegenwart zu verstehen. Dabei haben sie kaum je den Versuch unternommen, den historischen ›Stoff‹ als Belegsammlung für eine vorher fixierte Theorie zu benützen, wie das spätere Marxisten wiederholt getan haben. Wenn man von einigen Arbeiten des späten Engels (etwa über den Ursprung der Familie, des Privateigentums und des Staates) absieht, wird man in ihren Studien zur Geschichte – namentlich zur zeitgenössischen – gründliche Berücksichtigung der politischen, kulturellen, sozialen und ökonomischen sowie der internationalen Verhältnisse finden, ohne daß je ein einseitiger ›ökonomischer Determinismus‹ behauptet würde. Bei der Frage, welche Arbeiten von Marx und Engels ausgewählt werden sollten, stand ich – wie bereits in der Einleitung zu Band III gesagt – vor einem wahrhaften embarras de richesse. Die seit 1956 in Ost-Berlin herausgegebene Marx-Engels-Ausgabe umfaßt in den Bänden 1 bis 23 so zahlreiche historische und zeitgeschichtliche Arbeiten, daß man mühelos eine ganze Anzahl von Sammlungen thematisch geordneter Aufsätze und Abhandlungen zusammenstellen könnte. Marx und Engels erlebten die Nachwehen der Französischen Revolution und des Napoleonischen Kaiserreiches, sie nahmen an der Vorbereitung der Revolution von 1848 geistig und partiell auch organisatorisch Anteil, sie erlebten die italienische und deutsche Einigung, die Balkan- und Krimkriege, Aufstände in Spanien, Polen, Irland, Indien, Kolonialkriege in Asien, den amerikanischen Bürgerkrieg, die stürmische ökonomische Entwicklung der zweiten Jahrhunderthälfte, Krisen, Kräche, Skandale in den westlichen Demokratien, das Erstarken der Arbeiterbewegung und die Errungenschaften der modernen Technik (Eisenbahn, Elektrizität, Produktionsmaschinen). Seit 1842 waren Marx und Engels journalistisch tätig, zunächst mit Aufsätzen über größere Problemzusammenhänge, dann auch mit aktuellen Berichten. Im Mai 1842 begann Marx seine Mitarbeit an der ›Rheinischen Zeitung‹, deren Chefredakteur er zuletzt war, bevor sie am 1. April 1843 verboten wurde. Schon damals stöhnte der nach wissenschaftlicher Gründlichkeit Strebende über den Frondienst in der ›Pressegaleere‹, dem er später in den fünfziger Jahren noch mehr und kostbarere Arbeitszeit widmen mußte.

Friedrich Engels war sehr viel mehr für das Metier des Journalisten geschaffen: er verband eine rasche Auffassungsgabe mit gewandtem Stil und hat daher oft genug auch auf diesem Gebiet seinen Freund entlastet. Engels' Arbeiten geben oft auch mehr von der Stimmung wieder, die über einer Landschaft, einem Industrieviertel, einer Fabrik liegt, und schon eine seiner ersten Reportagen ›Briefe aus dem Wuppertale‹, die 1844 im ›Telegraph für Deutschland‹ erschienen, zeigen ihn als brillanten Autor. Marx zeichnete sich dafür durch gründliche und abgewogene Berichterstattung und Beurteilung aus. Er wußte stets mehr und besser Bescheid als seine Kollegen und ging den Dingen auf den Grund, wo immer er es konnte.

Die wichtigsten Zeitungen und Zeitschriften, für die Marx und Engels geschrieben haben, waren außer der ›Rheinischen Zeitung‹ (1842/43) die Deutsch-Französischen Jahrbücher (1844), aus denen wir bereits in Band I und II mehrere Artikel gebracht haben, der ›Telegraph für Deutschland‹ (Engels: Briefe aus dem Wuppertale, 1844), ›The New Moral World‹, das Blatt der Owenisten, in dem vor allem Engels oft geschrieben hat (1844 ff.), ›The Northern Star‹ (1844–46), die ›Neue Rheinische Zeitung‹ (1848/49) und ›Neue Rheinische Zeitung, politisch-ökonomische Revue‹ (1850), und seit 1852 die ›New York Daily Tribune‹, von deren Honoraren Marx jahrelang fast ausschließlich gelebt hat. Etwas später kam noch die ›Neue Oder-Zeitung‹ hinzu, und nach Gründung der deutschen sozialistischen Zeitung ›Der Sozialdemokrat‹ (1864) finden sich auch in diesem Organ zahlreiche Arbeiten von Marx und vor allem Engels. Als dann das im Exil fortgeführte Blatt 1890 sein Erscheinen einstellt, weil nach Aufhebung des Sozialistengesetzes wieder eine sozialdemokratische Presse im Deutschen Reich möglich geworden ist, erscheinen im ›Vorwärts‹ ab und zu noch Artikel von Engels, der aber mehr in der parteiamtlichen Zeitschrift ›Neue Zeit‹ publiziert.

Marx und Engels waren unter anderem auch verantwortungsbewußte und zugleich politisch engagierte Journalisten. Aus diesem Grunde ist es nicht erstaunlich, daß sie immer wieder auf die Frage der Zensur und der Pressefreiheit zurückkamen. Ohne Mühe könnte man eine ganze Broschüre ›Marx und Engels über Pressefreiheit‹ zusammenstellen, angefangen mit Marxens Berichten über die Debatten im Rheinischen Landtag (1842) bis hin zu Engels' Bemerkungen über die parteiamtliche Pressezensur im Brief an August Bebel vom 1./2. 5. 1891.

Journalistische Arbeiten wurden nicht in allen Epochen ihres Lebens von Marx und Engels geschrieben. Oft waren andere wissenschaftliche oder organisatorische Aufgaben wichtiger und ließen ihnen keine Zeit zur laufenden Kommentierung der Ereignisse. Die – durch die Lebensumstände bedingten – Schwerpunkte der Berichterstattung liegen in den Jahren 1842–43 während der ersten Zeitungstätigkeit in Köln, in den Jahren 1848/49 anläßlich der zweiten journalistischen Aktivität in der Revolutionsära, in den Jahren 1852 bis 1865 veranlaßt vor allem durch den Auftrag der ›New York Daily Tribune‹, deren Europa-Korrespondent Marx war. Engels' Arbeiten über den Krieg von 1870 in der ›Pall Mall Gazette‹ schließen die Periode der Mitarbeit an führenden bürgerlichen Zeitungen ab. In den nächsten Jahren folgen nur noch gelegentliche Veröffentlichungen von Artikeln in sozialistischen Blättern (Volksstaat, Sozialdemokrat, Vorwärts). Gegen Ende seines Lebens war Friedrich Engels selbst zum Gegenstand journalistischer Neugier geworden. Am 20. September 1888 erschien ein Interview mit ihm in der ›New Yorker Volkszeitung‹ über die Lage des Sozialismus in England und die irische Frage. Zu den Chancen des Sozialismus in diesem unterentwikkelten Lande bemerkte Engels: »Von Irland ist eine reine sozialistische Bewegung auf längere Zeit nicht zu erwarten. Die Leute wollen erst kleine grundbesitzende Bauern werden, und wenn sie das sind, kommt erst die Hypothek und ruiniert sie nochmals. Inzwischen ist das kein Grund, daß wir ihnen nicht helfen sollten, sich von den Landlords zu befreien ...« (Marx-Engels, Werke Band 21, S. 511f.) Am 1. April 1892 gewährt Engels Emile Massard von der Zeitung ›L'Eclair‹ ein Interview, dessen Text er selbst durchgesehen und umgearbeitet hat. Hier geht es um anarchistische Attentate und um die wirtschaftliche Notlage Rußlands, das viel mehr auf Frankreich angewiesen sei als umgekehrt, sowie um die Annexion von Elsaß-Lothringen, die von den deutschen Sozialdemokraten immer verurteilt worden sei. In diesem Interview stehen aber auch die berühmten Worte, auf die sich später die patriotischen deutschen Sozialdemokraten berufen konnten: »Wenn Frankreich und Rußland, miteinander verbündet, Deutschland angriffen, würde dieses seine nationale Existenz, an der die deutschen Sozialisten noch mehr interessiert sind als die Bourgeois, bis zum äußersten verteidigen. Die Sozialisten würden bis zum letzten Mann kämpfen und nicht zögern, zu den revolutionären Mitteln zu greifen, die von Frankreich 1793 angewandt wurden.«

Am 8. Mai 1893 gab Engels einem Korrespondenten des Figaro ein Interview, das ausschließlich deutsche Fragen betrifft. Hier kommt deutlich Engels' optimistische Zukunftsauffassung angesichts der Wahlerfolge der SPD zum Ausdruck sowie seine entschiedene Ablehnung eines gewaltsamen Vorgehens selbst im Falle eines – wie Engels schlagend nachweist, angesichts der föderalen Struktur des Reiches faktisch höchst unwahrscheinlichen – Staatsstreichs durch den Kaiser. Für das Jahrhundertende prophezeit Engels eine sozialistische Regierung in Deutschland. Ende Juni 1893 gab dann Engels einem Korrespondenten des ›Daily Chronicle‹ ein Interview, das noch einmal die Freude über den jüngsten Wahlerfolg der SPD widerspiegelt und übrigens auch den Unterschied zwischen marxistischer Arbeiterbewegung und Fabian Society hervorhebt. Der Regierungsantritt einer sozialdemokratischen Regierung wird jetzt auf die Jahre zwischen 1900 und 1910 prognostiziert.

Angesichts der Vielfalt der historischen und zeitgeschichtlichen Themen und Arbeiten von Marx und Engels mußten vorab die Gebiete ausgewählt werden, aus denen wenigstens durch exemplarische Beiträge etwas gebracht werden sollte. Die deutsche Geschichte durfte nicht fehlen, aber auch der weltweite Horizont sollte nicht unterschlagen werden. Einige klassische Texte (wie Karl Marx' ›18. Brumaire ...‹) durften nicht übergangen werden, trotzdem wollte ich auch Neues oder doch wenig Bekanntes bringen. Endlich ging es mir mehr darum, Marx und Engels in ihrer Zeit darzustellen, als die ohnehin fragwürdige Behauptung, sie seien große Historiker gewesen, zu illustrieren. Namentlich Friedrich Engels hat auch über ältere deutsche Geschichte eine Anzahl von Arbeiten verfaßt: in seiner Schrift ›Der Ursprung der Familie, des Privateigentums und des Staats‹ (1884) und in nachgelassenen Arbeiten über die ›Geschichte der Urgermanen‹, ›Fränkische Zeit‹, über den ›Verfall des Feudalismus und das Aufkommen der Bourgeoisie‹, den ›deutschen Bauernkrieg‹ (1850 in der Neuen Rheinischen Zeitung, politisch-ökonomische Revue) und manches andre mehr. Aus der Feder von Marx besitzen wir vor allem ›chronologische Auszüge zur deutschen Geschichte‹ (vom Ende des 15. Jahrhunderts bis 1648). Wichtiger und auch an Umfang weit bedeutender sind die Arbeiten, welche Marx und Engels zeitgenössischen Ereignissen und Entwicklungen gewidmet haben. Auf sie habe ich mich daher auch bei der vorliegenden Auswahl beschränkt.

Eine ganze Anzahl Arbeiten schieden von vornherein aus, weil sie zu umfangreich sind: so die Arbeiten über die Revolution von 1848 (Revolution und Konterrevolution in Deutschland u. a.), die Engelsschen historisch-kritischen Studien ›Po und Rhein‹ und ›Savoyen, Nizza und Rhein‹ und – zu meinem besonderen Bedauern – auch Engels' ›Gewalt und Ökonomie bei der Herstellung des neuen Deutschen Reiches‹ (Vierter Abschnitt der Gewaltstheorie) (1887/88). Das gleiche galt für die Korrespondenzen für die New York Daily Tribune und die Neue Oder-Zeitung, die größere zusammenhängende Ereignisse und Perioden umfassen: etwa über den Krimkrieg, britische Innenpolitik, die irische Frage, Entwicklungen auf dem Balkan und ähnliches. Aber selbst der noch so gut überlegten Auswahl muß etwas Willkürliches anhaften. Artikel, die wegen ihrer Brillanz faszinieren, werden andren vorgezogen, die matter klingen, und ein wenig spielen auch die Interessen des Auswählenden selbst mit hinein. Das letztere aber läßt sich dadurch rechtfertigen, daß man annehmen darf, diese individuellen Interessen seien weithin auch die seiner Zeitgenossen in Europa.

Die Anordnung der 15 Artikel und Abhandlungen erfolgte in chronologischer Reihenfolge – nach dem Zeitpunkt der Abfassung, der meist mit den berichteten Ereignissen fast zusammenfällt. Am Anfang steht der kleine kritische Aufsatz von Engels über den ›Status quo in Deutschland‹ (1), eine der brillantesten Kritiken an Bürokratie und politischer Unreife der deutschen Bourgeoisie, die von der revolutionären Intelligenz im 19. Jahrhundert hervorgebracht wurde. Zugleich der einzige allein auf Deutschland bezogene Beitrag in diesem Bande. Diese Einseitigkeit wird ein wenig dadurch wiedergutgemacht, daß in Band III die beiden Programmkritiken (1875 und 1891) der deutschen Sozialdemokratie enthalten sind und auch sonst die deutschen Sozialisten dort dominieren. Marx' und Engels' Arbeiten über die Revolution von 1848 und ihre Folgen sind jedoch in Deutschland relativ gut bekannt, und die Schriften, die sich mit der Vorgeschichte und Geschichte der deutschen Einigung und des deutsch-französischen Krieges befaßten, wären zu umfangreich gewesen. Die französische Geschichte, von der Marx immer gemeint hat, sie habe für Europa einen ähnlich vorbildhaften Charakter in der Politik wie die britische Entwicklung auf ökonomisch-technischem Gebiete, wird außer durch den ›18. Brumaire‹ auch noch durch die Adresse des Generalrats über den ›Bürgerkrieg in Frankreich‹ (Pariser Kommune 1871) analysiert.

Die zeitgenössische englische Szenerie, die Marx und Engels durch ihr jahrzehntelanges Exil am vertrautesten war, taucht leider nur indirekt – im Zusammenhang mit den asiatischen und nordamerikanischen Ereignissen – auf, obgleich hier einmal eine bemerkenswerte Lücke im landläufigen Marx- und Engels-Bild geschlossen werden müßte. Marx hat in zahlreichen Artikeln für die ›New York Daily Tribune‹ englische Politiker wie Gladstone, Lord Palmerstone, Sir John Russell und andre porträtiert, über Parlamentsdebatten berichtet, Wahlergebnisse kommentiert, irische und asiatische Fragen im Lichte der innenpolitischen Szenerie beleuchtet und so fort. Dabei tritt gerade in diesen England-Berichten der Parteimann fast vollständig hinter dem gewissenhaften Berichterstatter zurück, der amerikanischen Lesern eine zuverlässige Beurteilung der europäischen Entwicklungen ermöglichen will. Übrigens spielt in vielen Artikeln die außenpolitische Entwicklung eine große Rolle. Marxens Vorstellungen von einer wünschenswerten Entwicklung der internationalen Szene kommen deutlich zum Vorschein: seine Ablehnung des reaktionären Rußland als Hort der Konterrevolution, sein Mißtrauen gegenüber Preußen und später gegenüber Napoleon III., seine skeptische Diagnose der Lebensfähigkeit Österreich-Ungarns und der Türkei, seine eindeutige Option für die Nordstaaten im amerikanischen Bürgerkrieg, für die Schaffung der einheitlichen Nationalstaaten Italien und Deutschland.

Einen bewußten Schwerpunkt habe ich mit den Artikeln 4 bis 6 zur britischen Herrschaft in Indien und 7 bis 13 zum nordamerikanischen Bürgerkrieg gesetzt. Beides geschieht nicht gegen die Auffassungen von Marx und Engels selbst, die der Entwicklung der asiatischen Großreiche China und Indien große Aufmerksamkeit widmeten und annahmen, daß deren gewaltsame Erschließung durch den europäischen Kolonialismus bald zu einer Dynamisierung dieser jahrhundertelang stagnierenden Kulturen führen werde. Dem nordamerikanischen Bürgerkrieg aber legten sie eine Bedeutung bei, die nur mit der der Französischen Revolution verglichen werden kann. Wie die Französische Revolution schließlich zum Zusammenbruch der feudalen Gesellschaftsordnungen auch im übrigen Europa, so müsse der Zusammenbruch der Sklavenhaltergesellschaft in den amerikanischen Südstaaten schließlich zur proletarischen Revolution in Europa führen. Auch wenn diese Marxsche Hoffnung getrogen hat, bleiben die Ereignisse jener Jahre (1861–65) bedeutsam genug. Die Bürgerrechtsbewegung in den USA hat allen Beobachtern ins Gedächtnis gerufen, wie lebendig dieses Stück Geschichte noch immer ist. An den Artikeln, die Marx in Zusammenarbeit mit Engels verfaßt hat, wird auch die militärwissenschaftliche Kompetenz des ›Generals‹ deutlich, der sich durch seine Berichte über den Krimkrieg, die in New York für die eines englischen Generals gehalten wurden, auf diesem Gebiet internationales Ansehen erworben hatte. Das gleiche gilt wohl auch für den letzten Beitrag, der nicht mehr ›historisch‹, sondern politisch genannt werden kann. Hier macht Engels einen detaillierten, gut begründeten und keineswegs ›sozialistischen‹ Vorschlag zur schrittweisen Beschränkung der Militärdienstzeit und damit zur Entspannung in Europa. Die Artikelserie macht deutlich, welche Art von Politik Engels für demokratisch und progressiv gehalten haben würde und wie nüchtern und realistisch er im übrigen deren Chancen ansah. Manche Gedanken, die Jean Jaurès später in seiner ›Armée nouvelle‹ (1912) weiter ausgeführt hat, klingen hier schon an, vor allem die Grundthese, daß Volksmilizen zugleich Schutz vor fremden Angriffen und Garantie gegen eigne Angriffsabsichten gewähren und daher stehenden Heeren gegenüber vorzuziehen seien. Daß Friedrich Engels keineswegs einem abstrakten Pazifismus huldigt, machen die Bemerkungen zur körperlichen Ertüchtigung der Jugend hinlänglich deutlich. So mag auch in dieser Hinsicht die Artikelserie überkommene Klischeevorstellungen heilsam korrigieren.

Eine synchronisierte Zeittafel, die Lebensdaten von Marx und Engels, ein paar wichtige Etappen aus der Geschichte der Arbeiterbewegung und der Sozialgeschichte und allgemeine Geschichtsdaten enthält, soll den Versuch einer historischen ›Verortung‹ der Arbeiten von Marx und Engels erleichtern.

Der Status quo in Deutschland

I

Die deutsche sozialistische Literatur wird von Monat zu Monat schlechter. Sie beschränkt sich immer mehr auf die breiten Expektorationen jener *wahren Sozialisten*, deren ganze Weisheit sich auf ein Amalgam deutscher Philosophie und deutsch-biedermännischer Sentimentalität mit einigen verkümmerten kommunistischen Stichwörtern beläuft. Sie trägt eine Friedlichkeit zur Schau, die ihr sogar möglich macht, unter Zensur ihre tiefste Herzensmeinung zu sagen. Selbst die deutsche Polizei findet wenig an ihr auszusetzen – Beweis genug, daß sie nicht zu den progressiven, revolutionären, sondern zu den stabilen, reaktionären Elementen der deutschen Literatur gehört.

Zu diesen *wahren Sozialisten* gehören nicht nur diejenigen, die sich par excellence Sozialisten nennen, sondern auch der größte Teil der Schriftsteller in Deutschland, die den Parteinamen *Kommunisten* akzeptiert haben. Letztere sind sogar womöglich noch schlimmer.

Es versteht sich unter diesen Umständen von selbst, daß diese soi-disant kommunistischen Schriftsteller die *Partei* der deutschen Kommunisten keineswegs vertreten. Weder sind sie von der Partei als ihre literarischen Repräsentanten anerkannt, noch repräsentieren sie ihre Interessen. Sie nehmen im Gegenteil ganz andre Interessen wahr, sie verteidigen ganz andre Prinzipien, die denen der kommunistischen Partei in jeder Beziehung entgegengesetzt sind.

Die wahren Sozialisten, wozu wie gesagt auch die meisten deutschen soi-disant kommunistischen Schriftsteller gehören, haben von den französischen Kommunisten gelernt, daß der Übergang von der absoluten Monarchie zum modernen Repräsentativstaat keineswegs die Not der großen Masse des Volks aufhebt, sondern nur eine neue Klasse, die Bourgeoisie, zur Herrschaft bringt. Sie haben ferner von ihnen gelernt, daß gerade diese Bourgeoisie vermittelst ihrer Kapitalien am meisten auf die Masse des Volks drückt und deshalb der Gegner par excellence der Kommunisten, resp. Sozialisten, als der Repräsentanten der Masse des Volks ist. Sie haben sich nicht die Mühe gegeben, die gesellschaftliche und politische Entwicklungsstufe Deutschlands mit der von Frankreich zu vergleichen oder die in Deutschland faktisch vorliegenden Bedingungen zu studieren, von denen alle weitere Entwicklung abhängt; sie haben die im Fluge erworbenen Kenntnisse flugs und ohne langes Besinnen nach Deutschland übertragen. Wären sie Parteimänner gewesen, die auf ein praktisches, handgreifliches Resultat hinarbeiteten, die bestimmte, einer ganzen Klasse gemeinsame Interessen vertreten, so hätten sie wenigstens beachtet, wie die Gegner der Bourgeoisie in Frankreich, von den Redakteuren der ›Réforme‹ bis zu den Ultrakommunisten, wie namentlich der anerkannte Repräsentant der großen Masse der französischen Proletarier, der alte Cabet, sich in seiner Polemik gegen die Bourgeoisie benimmt. Es hätte ihnen schon auffallen müssen, daß diese Parteirepräsentanten sich nicht nur fortwährend auf die Tagespolitik einlassen, sondern selbst politische Maßregeln, z. B. Wahlreformvorschläge, die oft für das Proletariat kein *direktes* Interesse haben, dennoch ganz anders als mit souveräner Verachtung behandeln. Aber unsre wahren Sozialisten sind keine Parteimänner, sondern deutsche Theoretiker. Es handelt sich für sie nicht um praktische Interessen und Resultate, sondern um die ewige Wahrheit. Die Interessen, die sie zu vertreten streben, sind die ›des Menschen‹, die Resultate, denen sie nachjagen, beschränken sich auf philosophische ›Errungenschaften‹. So brauchten sie ihre neuen Aufklärungen nur mit ihrem eignen philosophischen Gewissen in Einklang zu bringen, um alsdann vor ganz Deutschland auszuposaunen, daß politischer Fortschritt wie alle Politik vom Übel sei, daß namentlich die konstitutionelle Freiheit die dem Volk gefährlichste Klasse, die Bourgeoisie, auf den Thron erhebe und daß die Bourgeoisie überhaupt nicht genug angegriffen werden könne.

In Frankreich herrscht die Bourgeoisie seit siebzehn Jahren so vollständig wie in keinem andern Lande der Welt. Die Angriffe der französischen Proletarier, ihrer Parteichefs und literarischen Repräsentanten auf die Bourgeoisie waren also Angriffe auf die herrschende Klasse, auf das bestehende politische System, sie waren *entschieden revolutionäre* Angriffe. Wie gut die herrschende Bourgeoisie dies weiß, beweisen die zahllosen Preßprozesse und Verbindungsprozesse, die Aufhebungen von Versammlungen und Banketts, die hundert Polizeischikanen, womit sie die Reformisten und Kommunisten verfolgt. In Deutschland ist das alles anders. In Deutschland ist die Bourgeoisie nicht nur nicht an der Herrschaft, sie ist sogar die gefährlichste Feindin der existierenden Regierungen. Diesen kam die Diversion der wahren Sozialisten gerade recht. Der Kampf gegen die Bourgeoisie, der den französischen Kommunisten nur zu oft Gefängnis oder Exil zuzog, zog unsern wahren Sozialisten nichts anders zu als das Imprimatur. Die revolutionäre Hitze der französischen Proletarierpolemik schwand in der kühlen Brust der deutschen Theoretiker zur lauen Zensurmäßigkeit herab und war in diesem

Zustande der Entmannung den deutschen Regierungen ein ganz willkommener Bundesgenosse gegen die andrängende Bourgeoisie. Der wahre Sozialismus hatte es fertiggebracht, die revolutionärsten Sätze, die je aufgestellt wurden, zu einem Schutzwall für den Morast des deutschen Status quo zu verwenden. Der wahre Sozialismus ist durch und durch reaktionär.

Die Bourgeoisie hat diese reaktionäre Tendenz des wahren Sozialismus längst gemerkt. Sie hat aber diese Richtung ohne weiteres für die literarische Repräsentantin auch des deutschen Kommunismus genommen und den *Kommunisten* öffentlich und privatim vorgeworfen, daß sie mit ihrer Polemik gegen Repräsentativverfassung, Geschwornengerichte, Preßfreiheit, mit ihrem Geschrei gegen die Bourgeoisie nur den Regierungen, der Bürokratie, dem Adel in die Hände arbeiteten.

Es ist hohe Zeit, daß die deutschen Kommunisten endlich diese ihnen zugemutete Verantwortlichkeit für die reaktionären Taten und Gelüste der wahren Sozialisten ablehnen. Es ist hohe Zeit, daß die deutschen Kommunisten, die das deutsche Proletariat mit seinen sehr deutlichen, sehr handgreiflichen Bedürfnissen repräsentieren, sich aufs allerentschiedenste trennen von jener literarischen Clique – denn weiter ist sie nichts –, die selbst nicht weiß, wen sie repräsentiert, und deshalb wider Willen den deutschen Regierungen in die Arme taumelt, die ›den Menschen zu realisieren‹ glaubt und nichts realisiert als die Vergötterung des deutschen Bürgerjammers. In der Tat, wir Kommunisten haben nichts gemein mit den theoretischen Hirngespinsten und Gewissensskrupeln dieser spitzfindigen Gesellschaft. Unsre Angriffe auf die Bourgeoisie unterscheiden sich ebensosehr von denen der wahren Sozialisten, wie sie sich von denen des reaktionären Adels, z.B. der französischen Legitimisten oder des Jungen Englands, unterscheiden. Unsre Angriffe kann der deutsche Status quo gar nicht exploitieren, weil sie sich noch viel mehr gegen ihn als gegen die Bourgeoisie richten. Wenn die Bourgeoisie, sozusagen, unser *natürlicher* Feind, der Feind ist, dessen Sturz unsre Partei zur Herrschaft bringt, so ist der deutsche Status quo noch viel mehr unser Feind, weil er zwischen der Bourgeoisie und uns steht, weil er uns hindert, der Bourgeoisie auf den Leib zu rücken. Darum schließen wir uns auch keineswegs aus von der großen Masse der Opposition gegen den deutschen Status quo. Wir bilden nur ihre avancierteste Fraktion – eine Fraktion, die zugleich durch ihre unverhohlene arrière-pensée gegen die Bourgeoisie eine ganz bestimmte Stellung einnimmt.

Mit der Zusammenkunft des preußischen Vereinigten Landtags tritt in dem Kampf gegen den deutschen Status quo ein Wendepunkt ein. Von dem Auftreten dieses Landtags hängt das Fortbestehen oder der Untergang dieses Status quo ab. Die noch sehr unklaren, durcheinanderwogenden und durch ideologische Spitzfindigkeiten zersplitterten Parteien in Deutschland sind hiermit in die Notwendigkeit versetzt, sich über die Interessen, die sie repräsentieren, über die Taktik, die sie befolgen müssen, aufzuklären, sich zu sondern und praktisch zu werden. Die jüngste dieser Parteien, die kommunistische, kann sich dieser Notwendigkeit nicht entziehen. Sie ebenfalls muß sich über ihre Stellung, über ihren Feldzugsplan, über ihre Mittel klarwerden, und der erste Schritt dazu ist die Desavouierung der sich an sie herandrängenden reaktionären Sozialisten. Sie kann diesen Schritt um so eher tun, als sie stark genug ist, um den Beistand aller kompromittierlichen Bundesgenossen zurückweisen zu dürfen.

II

Der Status quo und die Bourgeoisie

Der Status quo in Deutschland ist folgender.

Während in Frankreich und England die Bourgeoisie mächtig genug geworden ist, um den Adel zu stürzen und sich zur herrschenden Klasse im Staat emporzuschwingen, hat die deutsche Bourgeoisie diese Macht bisher noch nicht gehabt. Sie hat zwar einen gewissen Einfluß auf die Regierungen, aber dieser Einfluß muß in allen Fällen, wo die Interessen kollidieren, vor dem des grundbesitzenden Adels zurücktreten. Während in Frankreich und England die *Städte* das *Land* beherrschen, beherrscht in Deutschland das Land die Städte, der Ackerbau den Handel und die Industrie. Dies ist der Fall nicht nur in den absoluten, sondern auch in den konstitutionellen Monarchien Deutschlands, nicht nur in Östreich und Preußen, sondern auch in Sachsen, Württemberg und Baden.

Die Ursache hiervon ist die gegen die westlichen Länder zurückgebliebene Zivilisationsstufe Deutschlands. In jenen sind Handel und Industrie, bei uns ist die Agrikultur der entscheidende Nahrungszweig der Masse des Volks. England exportiert gar keine Ackerbauprodukte, sondern hat fortwährend auswärtige Zufuhren nötig; Frankreich importiert wenigstens ebensoviel davon, als es ausführt, und beide Länder stützen ihren Reichtum vor allem auf ihre Ausfuhr von Industrieerzeugnissen. Deutschland dagegen exportiert wenig Industrieprodukte, aber große Massen von Korn, Wolle, Vieh usw. Die überwiegende Bedeutung des Ackerbaus war noch viel größer als jetzt zu der Zeit, als Deutschlands politische Verfassung festgesetzt wurde – im Jahre 1815, und wurde damals noch durch den Umstand vermehrt, daß gerade die fast ausschließlich ackerbautreibenden Teile Deutschlands sich am eifrigsten an dem Sturz des französischen Kaiserreichs beteiligt hatten.

Der politische Repräsentant des Ackerbaus ist in Deutschland wie in den meisten europäischen Ländern der *Adel*, die Klasse der großen Grundbesitzer. Die der ausschließlichen Herrschaft des Adels entsprechende politische Verfassung ist das Feudalsystem. Das Feudalsystem ist überall in demselben Maße zerfallen, in welchem der Ackerbau aufgehört hat, entscheidender Produktionszweig eines Landes zu sein, in welchem sich neben der ackerbauenden eine gewerbtreibende Klasse, neben den Dörfern Städte gebildet haben.

Diese neben dem Adel und den mehr oder weniger von ihm abhängigen Bauern sich neu bildende Klasse ist nicht die Bourgeoisie, die heute in den zivilisierten Ländern herrscht und in Deutschland nach der Herrschaft strebt, es ist die Klasse der *Kleinbürger*.

Die gegenwärtige Verfassung Deutschlands ist weiter nichts als ein Kompromiß zwischen dem Adel und den Kleinbürgern, der darauf hinausläuft, die Verwaltung in den Händen einer dritten Klasse niederzulegen: der Bürokratie. An der Zusammensetzung dieser Klasse beteiligen sich die beiden hohen kontrahierenden Parteien je nach ihrer gegenseitigen Stellung: Der Adel, der den wichtigeren Produktionszweig vertritt, behält sich die höheren Stellen vor, die Kleinbürgerschaft begnügt sich mit den niederen und bringt nur ausnahmsweise Kandidaten in die höhere Verwaltung. Wo die Bürokratie, wie in den konstitutionellen Staaten Deutschlands, einer direkten Kontrolle unterworfen ist, teilen sich Adel und Kleinbürger auf dieselbe Weise darin; und daß auch hier der Adel sich den Anteil des Löwen vorbehält, ist leicht begreiflich. Die Kleinbürger können den Adel nie stürzen, sich ihm nicht einmal gleichstellen; sie bringen es nur dahin, ihn zu schwächen. Um den Adel zu stürzen, bedarf es einer andern Klasse mit umfassenderen Interessen, größerem Besitz und entschiedenerem Mut: der *Bourgeoisie*.

Die Bourgeoisie ist in allen Ländern mit der Entwicklung des Welthandels und der großen Industrie, mit der damit eintretenden freien Konkurrenz und Zentralisation des Eigentums aus den Kleinbürgern hervorgegangen. Der Kleinbürger repräsentiert den binnenländischen und Küstenhandel, das Handwerk, die auf der Handarbeit beruhende Manufaktur – Erwerbszweige, die sich auf einem beschränkten Terrain bewegen, geringe Kapitalien erfordern, diese Kapitalien langsam umschlagen und nur eine lokale und schläfrige Konkurrenz erzeugen. Der Bourgeois repräsentiert den Welthandel, den direkten Austausch der Produkte aller Zonen, den Handel mit Geld, die große auf Maschinenarbeit beruhende Fabrikindustrie – Erwerbszweige, die ein möglichst großes Terrain, möglichst große Kapitalien und raschen Umschlag erfordern und eine universelle und stürmische Konkurrenz erzeugen. Der Kleinbürger repräsentiert *lokale*, der Bourgeois *universelle* Interessen. Der Kleinbürger findet seine Stellung hinreichend gesichert, wenn er bei indirektem Einfluß auf die Staatsgesetzgebung direkt an der Provinzialverwaltung beteiligt und Herr seiner lokalen Munizipalverwaltung ist. Der Bourgeois kann ohne direkte, stete Kontrolle der Zentralverwaltung, der auswärtigen Politik, der Gesetzgebung seines Staats seine Interessen nicht sicherstellen. Die klassische Schöpfung des Kleinbürgers waren die deutschen Reichsstädte; die klassische Schöpfung des Bourgeois ist der französische Repräsentativstaat. Der Kleinbürger ist konservativ, sobald ihm die herrschende Klasse nur einige Konzessionen macht, der Bourgeois ist revolutionär, bis er selbst herrscht.

Wie steht nun die deutsche Bourgeoisie zu den beiden Klassen, die sich in die politische Herrschaft teilen?

Während in England seit dem siebzehnten, in Frankreich seit dem achtzehnten Jahrhundert sich eine reiche und mächtige Bourgeoisie bildete, kann in Deutschland erst seit dem Anfang des neunzehnten Jahrhunderts von einer Bourgeoisie die Rede sein. Bis dahin existierten allerdings einzelne reiche Reeder in den Hansestädten, einige reiche Bankiers im Inlande, aber keine Klasse von großen Kapitalisten, und am allerwenigsten von großen *industriellen* Kapitalisten. Der Schöpfer der deutschen Bourgeoisie war Napoleon. Sein Kontinentalsystem und die durch seinen Druck in Preußen nötig gemachte Gewerbefreiheit gaben den Deutschen eine Industrie und dehnten ihren Bergbau aus. Diese neuen oder ausgedehnten Produktionszweige wurden schon nach wenig Jahren so wichtig und die durch sie geschaffene Bourgeoisie so einflußreich, daß schon 1818 die preußische Regierung sich genötigt sah, ihnen Schutzzölle zu bewilligen. Dies preußische Zollgesetz von 1818 war die erste offizielle Anerkennung der Bourgeoisie durch die Regierung. Man gestand ein – freilich schweren Herzens und widerwillig genug –, daß die Bourgeoisie eine für das Land unentbehrliche Klasse geworden sei. Die nächste Konzession an die Bourgeoisie war der Zollverein. Die Aufnahme der meisten deutschen Staaten in das preußische Zollsystem wurde zwar ursprünglich durch bloß fiskalische und politische Rücksichten veranlaßt, kam aber niemand zugut als der deutschen, ganz besonders der preußischen Bourgeoisie. Wenn der Zollverein hie und da dem Adel und der Kleinbürgerschaft einige Detailvorteile gebracht hat, so schadete er beiden doch weit mehr im ganzen und großen durch den Aufschwung der Bourgeoisie, die lebhaftere Konkurrenz und die Verdrängung der bisherigen Produktionsmittel. Seitdem hat sich die Bourgeoisie namentlich in Preußen ziemlich schnell entwickelt. Wenn sie auch während der letzten dreißig Jahre bei weitem nicht den Aufschwung genommen hat wie die englische und französische Bourgeoisie, so hat sie doch die meisten Zweige der modernen Industrie eingeführt, in einigen Distrikten den bäuerlichen oder kleinbürgerlichen Patriarchalismus verdrängt, die Kapitalien einigermaßen konzentriert, einiges Proletariat erzeugt und ziemlich lange Strecken Eisenbahnen gebaut. Sie hat es wenigstens dahin gebracht, daß sie jetzt entweder weitergehen, sich zur herrschenden Klasse machen oder auf ihre bisherigen Eroberungen verzichten muß; dahin, daß sie die einzige Klasse ist, die für den Augenblick in Deutschland einen Fortschritt machen, für den Augenblick Deutschland regieren kann. Sie ist bereits faktisch die leitende Klasse in Deutschland, und ihre ganze Existenz hängt davon ab, daß sie es auch rechtlich wird.

In der Tat fällt mit dem Emporkommen und dem wachsenden Einfluß der Bourgeoisie zusammen die steigende Impotenz der bisher offiziell herrschenden Klassen. Der Adel ist seit der napoleonischen Zeit immer mehr verarmt und verschuldet. Die Ablösung der Frondienste vermehrte die Produktionskosten seines Korns und setzte ihn der Konkurrenz einer neuen Klasse unabhängiger Kleinbauern aus – Nachteile, die durch die Übervorteilung der Bauern bei der Ablösung keineswegs auf die Dauer aufgewogen wurden. Den Absatz seines Korns beschränkt die russische und amerikanische, den seiner Wolle die australische und in einzelnen Jahren die südrussische Konkurrenz. Und je mehr die Produktionskosten und die Konkurrenz stiegen, desto mehr trat die Unfähigkeit des Adels an den Tag, seine Güter mit Vorteil zu bebauen, sich die neuesten Fortschritte der Agrikultur anzueignen. Wie der französische und englische Adel des vorigen Jahrhunderts benutzte er die steigende Zivilisation nur dazu, sein Vermögen in den großen Städten herrlich und in Freuden zu verjubeln. Zwischen Adel und Bourgeoisie trat jene Konkurrenz der gesellschaftlichen und intellektuellen Bildung, des Reichtums und des Aufwandes ein, die der politischen Herrschaft der Bourgeoisie überall vorhergeht und die wie jede andere Konkurrenz mit dem Siege des reicheren Teils endigt. Der Landadel verwandelte sich in Hofadel, um desto rascher und sicherer ruiniert zu werden. Die drei Prozent Einkünfte des Adels erlagen vor den fünfzehn Prozent Profit der Bourgeoisie; die drei Prozent nahmen Zuflucht zu Hypothekengeldern, zu ritterschaftlichen Kreditkassen usw., um den standesgemäßen Aufwand machen zu können, und ruinierten sich nur um so schneller. Die wenigen Landjunker, die weise genug waren, sich nicht zu ruinieren, bildeten mit den neu aufkommenden bürgerlichen Gutsbesitzern die neue Klasse der *industriellen Grundeigentümer*. Diese Klasse betreibt den Ackerbau ohne feudalistische Illusionen und ohne ritterliche Nonchalance als ein Geschäft, eine Industrie, mit den bürgerlichen Hilfsmitteln Kapital, Sachkenntnis und Arbeit. Sie ist so wenig unverträglich mit der Herrschaft der

Bourgeoisie, daß sie in Frankreich ganz ruhig neben ihr steht und nach Verhältnis ihres Reichtums an ihrer Herrschaft teilnimmt. Sie ist die den Ackerbau exploitierende Fraktion der Bourgeoisie.

Der Adel ist also so impotent geworden, daß er teilweise selbst schon zur Bourgeoisie übergegangen ist.

Die Kleinbürger waren schon dem Adel gegenüber schwach; der Bourgeoisie gegenüber können sie noch viel weniger sich halten. Die Kleinbürgerschaft ist nächst den Bauern die miserabelste Klasse, die zu irgendeiner Zeit in die Geschichte hineingepfuscht hat. Mit ihren kleinlichen Lokalinteressen brachte sie es in ihrer glorreichsten Zeit, im späteren Mittelalter, nur zu lokalen Organisationen, lokalen Kämpfen und lokalen Fortschritten, zu einer *geduldeten* Existenz neben dem Adel, nirgends zur allgemeinen, politischen Herrschaft. Mit dem Entstehen der Bourgeoisie verliert sie selbst den *Schein* historischer Initiative. Zwischen Adel und Bourgeoisie eingeklemmt, von dem politischen Übergewicht des ersteren, von der Konkurrenz der schweren Kapitalien der zweiten gleich gedrückt, teilt sie sich in zwei Fraktionen. Die eine, die der reicheren und großstädtischen Kleinbürger, schließt sich der revolutionären Bourgeoisie mit mehr oder weniger Zaghaftigkeit an, die andre, die sich aus den ärmeren Bürgern, besonders der Landstädtchen, rekrutiert, klammert sich an das Bestehende und unterstützt den Adel mit dem ganzen Gewicht ihrer Trägheitskraft. Je weiter die Bourgeoisie sich entwickelt, desto schlimmer wird die Lage der Kleinbürger. Allmählich sieht auch diese zweite Fraktion ein, daß bei den bestehenden Verhältnissen ihr Ruin sicher ist, während sie unter der Herrschaft der Bourgeoisie neben der *Wahrscheinlichkeit* des gleichen Ruins wenigstens die *Möglichkeit* genießt, zur Bourgeoisie zu avancieren. Je sichrer ihr Ruin wird, desto mehr stellt sie sich unter die Fahnen der Bourgeoisie. Kaum ist die Bourgeoisie zur Herrschaft gekommen, so spalten sich die Kleinbürger wieder. Jeder Fraktion der Bourgeoisie liefert sie Rekruten und bildet außerdem zwischen der Bourgeoisie und dem nun mit seinen Interessen und Forderungen hervortretenden Proletariat eine Kette von mehr oder weniger radikalen politischen und sozialistischen Sekten, die man in der englischen oder französischen Deputiertenkammer und Tagespresse des näheren studieren kann. Je schärfer die Bourgeoisie mit dem schweren Geschütz ihrer Kapitalien, mit den geschlossenen Kolonnen ihrer Aktiengesellschaften auf diese undisziplinierten und schlechtbewehrten Kleinbürgerschwärme eindringt, desto ratloser werden sie, desto unordentlicher wird ihre Flucht, bis ihnen kein andrer Rettungsweg übrigbleibt, als sich entweder hinter den langen Linien des Proletariats zu sammeln und seinen Fahnen sich anzuschließen – oder sich der Bourgeoisie auf Gnade und Ungnade zu ergeben. Dies ergötzliche Schauspiel kann man in England bei jeder Handelskrisis, in Frankreich in diesem Augenblick beobachten. In Deutschland sind wir erst bei jener Phase angelangt, wo die Kleinbürgerschaft in einem Moment der Verzweiflung und Geldklemme den heroischen Entschluß faßt, den Adel aufzugeben und sich der Bourgeoisie anzuvertrauen.

Die Kleinbürger sind also ebensowenig imstande wie der Adel, sich zur herrschenden Klasse in Deutschland aufzuwerfen. Im Gegenteil, auch sie stellen sich täglich mehr und mehr unter das Kommando der Bourgeoisie.

Bleiben noch die Bauern und die besitzlosen Klassen.

Die Bauern, worunter wir hier nur die kleinen Ackerwirte, Pächter oder Eigentümer mit Ausschluß der Landtaglöhner und Ackerknechte verstehen – die Bauern bilden eine ähnliche hilflose Klasse wie die Kleinbürger, von denen sie sich übrigens vorteilhaft durch größeren Mut unterscheiden. Dafür sind sie aber auch aller historischen Initiative durchaus unfähig. Selbst ihre Befreiung aus den Ketten der Leibeigenschaft kommt nur unter dem Schutz der Bourgeoisie zustande. Wo die Abwesenheit von Adel und Bourgeoisie ihnen die Herrschaft gestattet, wie in den Bergkantonen der Schweiz und in Norwegen, herrscht mit ihnen vorfeudale Barbarei, Lokalborniertheit, dumpfe, fanatische Bigotterie, Treu und Redlichkeit. Wo, wie in Deutschland, der Adel neben ihnen bestehenbleibt, werden sie ganz wie die Kleinbürger zwischen Adel und Bourgeoisie eingeklemmt. Um die Interessen des Ackerbaus gegenüber der steigenden Macht des Handels und der Industrie zu schützen, müssen sie sich an den Adel anschließen. Um sich vor der überwiegenden Konkurrenz des Adels und namentlich der bürgerlichen Grundbesitzer zu sichern, müssen sie sich der Bourgeoisie anschließen. Auf welche Seite sie sich definitiv schlagen, hängt von der Beschaffenheit ihres Besitzes ab. Die großen Bauern des östlichen Deutschlands, die selbst eine gewisse Feudalhoheit über ihre Ackerknechte ausüben, hängen in allen ihren Interessen zu sehr mit dem Adel zusammen, als daß sie sich ernstlich von ihm lossagen sollten. Die kleinen, aus der Zersplitterung adliger Güter hervorgegangenen Grundbesitzer des Westens und die der Patrimonialgerichtsbarkeit und zum Teil noch den Fronden unterworfenen Kleinbauern des Ostens werden zu direkt vom Adel gedrückt oder stehen zu sehr im Gegensatz zu ihm, um sich nicht auf die Seite der Bourgeoisie zu schlagen. Daß dies auch wirklich der Fall ist, beweisen die preußischen Provinziallandtage.

An eine Herrschaft der Bauern ist also glücklicherweise auch nicht zu denken. Die Bauern selbst denken so wenig daran, daß sie sich größtenteils schon jetzt zur Verfügung der Bourgeoisie gestellt haben.

Und die besitzlosen, vulgo arbeitenden Klassen? Wir werden bald ausführlicher auf diese zu sprechen kommen; einstweilen genügt, auf ihre

Zersplitterung hinzuweisen. Diese Zersplitterung in Ackerknechte, Tagelöhner, Handwerksgesellen, Fabrikarbeiter und Lumpenproletariat, verbunden mit ihrer Zerstreuung über eine große, dünnbevölkerte Landfläche mit wenigen und schwachen Zentralpunkten, macht es ihnen schon unmöglich, sich gegenseitig über die Gemeinschaftlichkeit ihrer Interessen klarzuwerden, sich zu verständigen, sich zu *einer* Klasse zu konstituieren. Diese Zersplitterung und Zerstreuung läßt ihnen nichts anderes übrig, als die Beschränkung auf ihre nächsten, alltäglichen Interessen, auf den Wunsch nach gutem Lohn für gute Arbeit. Das heißt, sie beschränkt die Arbeiter darauf, ihr Interesse in dem ihrer Arbeitgeber zu sehen, und macht so jede einzelne Fraktion der Arbeiter zu einer Hilfsarmee für die sie beschäftigende Klasse. Der Ackerknecht und Tagelöhner unterstützt die Interessen des Adligen oder Bauern, auf dessen Gut er arbeitet. Der Gesell steht in der intellektuellen und politischen Botmäßigkeit seines Meisters. Der Fabrikarbeiter läßt sich vom Fabrikanten in der Schutzzollagitation benutzen. Der Lump ficht für ein paar Taler die Häkeleien zwischen Bourgeoisie, Adel und Polizei mit seinen Fäusten aus. Und wo zwei Klassen von Arbeitgebern widersprechende Interessen durchzusetzen haben, da existiert derselbe Kampf auch unter den von ihnen beschäftigten Klassen von Arbeitern.

So wenig ist die Masse der Arbeiter in Deutschland darauf vorbereitet, die Leitung der öffentlichen Angelegenheiten zu übernehmen.

Fassen wir zusammen. Der Adel ist zu heruntergekommen, die Kleinbürger und Bauern sind ihrer ganzen Lebensstellung nach zu schwach, die Arbeiter sind noch lange nicht reif genug, um in Deutschland als herrschende Klasse auftreten zu können. Bleibt nur die Bourgeoisie.

Die Misere des deutschen Status quo besteht hauptsächlich darin, daß keine einzige Klasse bisher stark genug gewesen ist, ihren Produktionszweig zum nationalen Produktionszweig par excellence und damit sich selbst zur Vertreterin der Interessen der ganzen Nation aufzuwerfen. Alle Stände und Klassen, die seit dem zehnten Jahrhundert in der Geschichte aufgetaucht sind, Adel, Leibeigne, Fronbauern, freie Bauern, Kleinbürger, Gesellen, Manufakturarbeiter, Bourgeois und Proletarier existieren nebeneinander. Diejenigen dieser Stände oder Klassen, die vermöge ihres Besitzes einen Produktionszweig vertreten, nämlich Adel, freie Bauern, Kleinbürger und Bourgeois, haben sich in die politische Herrschaft geteilt, nach Verhältnis ihrer Anzahl, ihres Reichtums und ihres Anteils an der Gesamtproduktion des Landes. Das Resultat dieser Teilung ist, daß, wie gesagt, der Adel den Anteil des Löwen, die Kleinbürgerschaft den geringeren Anteil bekommen haben, daß *offiziell* die Bourgeois nur als Kleinbürger und die Bauern *als Bauern* gar nicht zählen, weil sie sich mit ihrem geringen Einfluß auf die übrigen Klassen repartieren. Dies durch die Bürokratie vertretene Regime ist die politische Zusammenfassung der allgemeinen Ohnmacht und Verächtlichkeit, der dumpfen Langeweile und des Schmutzes der deutschen Gesellschaft. Ihm entspricht die Zerlumpung Deutschlands in achtunddreißig Lokal- und Provinzialstaaten, nebst der Zerlumpung von Österreich und Preußen in selbständige Provinzen nach innen, die schmähliche Hilflosigkeit gegen Exploitation und Fußtritte nach außen. Der Grund dieser allgemeinen Misere liegt in dem allgemeinen Mangel an Kapitalien. Jede einzelne Klasse hat in dem pauvren Deutschland von Anfang an den Stempel der bürgerlichen Mittelmäßigkeit getragen, ist im Vergleich mit derselben Klasse andrer Länder pauvre und gedrückt gewesen. Wie kleinbürgerlich steht der hohe und niedrige deutsche Adel seit dem zwölften Jahrhundert da neben dem reichen, sorglosen, lebenslustigen und in seinem ganzen Auftreten entschiedenen französischen und englischen Adel! Wie winzig, wie unbedeutend und lokalborniert erscheinen die deutschen reichsstädtischen und hanseatischen Bürger neben den rebellischen Pariser Bürgern des vierzehnten und fünfzehnten, neben den Londoner Puritanern des siebzehnten Jahrhunderts! Wie kleinbürgerlich nehmen sich noch jetzt unsre ersten Größen der Industrie, der Finanz, der Seefahrt aus neben den Börsenfürsten von Paris, Lyon, London, Liverpool und Manchester! Selbst die arbeitenden Klassen sind in Deutschland durchaus kleinbürgerlich. So hat die Kleinbürgerschaft bei ihrer gedrückten gesellschaftlichen und politischen Stellung wenigstens den Trost, die Normalklasse von Deutschland zu sein und allen übrigen Klassen ihre spezifische Gedrücktheit und ihre Nahrungssorgen mitgeteilt zu haben.

Wie ist aus dieser Misere herauszukommen? Es ist nur *ein* Weg möglich. *Eine* Klasse muß stark genug werden, um von *ihrem* Emporkommen das der ganzen Nation, von dem Fortschritt und der Entwicklung ihrer Interessen den Fortschritt der Interessen aller andern Klassen abhängig zu machen. Das Interesse dieser *einen* Klasse muß für den Augenblick Nationalinteresse, diese Klasse selbst für den Augenblick Repräsentantin der Nation werden. Von diesem Augenblick an befindet sich diese Klasse, und mit ihr die Majorität der Nation, im Widerspruch mit dem politischen Status quo. Der politische Status quo entspricht einem Zustande, der aufgehört hat zu existieren: dem Widerstreit der Interessen der verschiedenen Klassen. Die neuen Interessen finden sich beengt, und selbst ein Teil der Klassen, zu deren Gunsten der Status quo eingesetzt war, sieht seine Interessen nicht mehr in ihm repräsentiert. Die Aufhebung des Status quo, auf friedlichem oder gewaltsamem Wege, ist die notwendige Folge davon. An seine Stelle tritt die Herrschaft der Klasse, welche für den Augenblick die Majorität der Nation vertritt, und unter ihrer Herrschaft beginnt eine neue Entwicklung.

Wie der Mangel an Kapitalien der Grund des Status quo, der allgemeinen Schwäche ist, so kann nur der Besitz von Kapitalien, ihre Konzentration in den Händen *einer* Klasse dieser Klasse die Macht geben, den Status quo zu verdrängen.

Existiert nun diese Klasse, die den Status quo stürzen kann, in Deutschland? Sie existiert, allerdings verglichen mit der entsprechenden Klasse in England und Frankreich, in etwas sehr kleinbürgerlicher Weise, aber sie existiert doch, und zwar in der Bourgeoisie.

Die Bourgeoisie ist die Klasse, die in allen Ländern den in der bürokratischen Monarchie etablierten Kompromiß zwischen Adel und Kleinbürgerschaft stürzt und dadurch zunächst für sich die Herrschaft erobert.

Die Bourgeoisie ist die einzige Klasse in Deutschland, die wenigstens einen großen Teil der industriellen Grundeigentümer, der Kleinbürger, der Bauern, der Arbeiter und selbst eine Minorität des Adels an ihren Interessen beteiligt und unter ihren Fahnen vereinigt hat.

Die Partei der Bourgeoisie ist die einzige in Deutschland, die bestimmt weiß, was sie an die Stelle des Status quo zu setzen hat; die einzige, die sich nicht nur auf abstrakte Prinzipien und historische Deduktionen beschränkt, sondern sehr bestimmte, handgreifliche und sofort ausführbare Maßregeln durchsetzen will; die einzige, die wenigstens lokal und provinziell einigermaßen organisiert ist und eine Art von Feldzugsplan hat; kurz, diejenige Partei, die gegen den Status quo in erster Linie kämpft und direkt an seinem Sturz beteiligt ist.

Die Partei der Bourgeoisie ist also die einzige, die zunächst Chance auf Erfolg hat.

Es fragt sich hiernach nur: Ist die Bourgeoisie in die Notwendigkeit versetzt, sich durch den Sturz des Status quo die Herrschaft zu erobern, und ist sie durch ihre eigne Macht und durch die Schwäche ihrer Gegner stark genug, um den Status quo stürzen zu können?

Wir wollen zusehen.

Die entscheidende Fraktion der deutschen Bourgeoisie sind die Fabrikanten. Von dem Aufblühen der Industrie hängt das Aufblühen des ganzen Binnenhandels, des Hamburger und Bremer und zum Teil des Stettiner Seehandels, des Bankgeschäfts, hängt der Ertrag der Eisenbahnen und damit der bedeutendste Teil des Börsengeschäfts ab. Unabhängig von der Industrie sind nur die Korn- und Wollexporteurs der Ostseestädte und die unbedeutende Klasse der Importeurs fremder Industrieprodukte. Die Bedürfnisse der Fabrikanten repräsentieren also die Bedürfnisse der ganzen Bourgeoisie und der von der Bourgeoisie augenblicklich abhängigen Klassen.

Die Fabrikanten teilen sich wieder in zwei Sektionen: Die eine gibt dem

Rohstoff die erste Verarbeitung und bringt ihn halbfertig in den Handel, die zweite übernimmt den halbfertigen Rohstoff und bringt ihn als fertige Ware auf den Markt. Zu der ersten Sektion gehören die Spinner, zu der zweiten die Weber. Der ersten Sektion schließen sich in Deutschland ebenfalls die Eisenproduzenten an.

...[1] neuerfundnen Hilfsmittel möglich zu machen, gute Kommunikationen herzustellen, wohlfeile Maschinen und Rohstoffe zu bekommen, geschickte Arbeiter zu bilden, dazu gehört ein ganzes industrielles System; dazu gehört das Ineinandergreifen sämtlicher Industriezweige, dazu gehören Seestädte, die dem industriellen Binnenland tributär sind und einen blühenden Handel betreiben. Dieser Satz ist von den Nationalökonomen längst nachgewiesen. Zu einem solchen industriellen System gehört aber auch heutzutage, wo fast allein die Engländer keine Konkurrenz zu scheuen haben, ein vollständiges, alle durch auswärtige Konkurrenz gefährdeten Branchen umfassendes Schutzzollsystem, dessen Modifikationen sich stets nach dem Stande der Industrie richten müssen. Ein solches System *kann* die bestehende preußische Regierung, können sämtliche Zollvereinsregierungen nicht geben. Ein solches System ist nur einzurichten und zu handhaben durch die regierende Bourgeoisie selbst. Und auch deshalb kann die deutsche Bourgeoisie die politische Macht nicht länger entbehren.

Ein solches Schutzzollsystem ist aber in Deutschland um so nötiger, als dort die Manufaktur im Sterben liegt. Ohne systematische Schutzzölle erliegt die Manufaktur der Konkurrenz der englischen Maschinen, und die bisher von ihr unterhaltenen Bourgeois, Kleinbürger und Arbeiter gehen zugrunde. Grund genug für die deutschen Bourgeois, den Rest der Manufaktur lieber durch *deutsche* Maschinen zu ruinieren.

Die Schutzzölle sind der deutschen Bourgeoisie also nötig und können nur durch sie selbst eingeführt werden. Schon deshalb also muß sie sich der Staatsgewalt bemächtigen.

Die Fabrikanten werden aber nicht nur durch ungenügende Zölle an der vollständigen Verwertung ihrer Kapitalien gehindert, sie werden es auch durch die *Bürokratie*. Stoßen sie in der Zollgesetzgebung auf die Gleichgültigkeit, so stoßen sie hier, in ihren Beziehungen zur Bürokratie, auf die direkteste Feindseligkeit der Regierung.

Die Bürokratie ist eingesetzt worden, um Kleinbürger und Bauern zu regieren. Diese Klassen, in kleinen Städten oder Dörfern zersplittert, mit Interessen, die nicht über den engsten Lokalkreis hinausreichen, haben notwendig einen ihren beschränkten Lebensverhältnissen entsprechenden beschränkten Gesichtskreis. Sie können keinen großen Staat regieren, sie können weder Überblick noch Kenntnisse genug besitzen, um die verschiedenen miteinander kollidierenden Interessen gegenseitig auszugleichen. Und gerade auf *der* Zivilisationsstufe, in die die Blüte der Kleinbürgerschaft fällt, laufen die verschiednen Interessen am allerverwickeltsten durcheinander (man denke nur an die Zünfte und ihre Kollisionen). Die Kleinbürger und Bauern können also eine mächtige und zahlreiche Bürokratie nicht entbehren. Sie müssen sich bevormunden lassen, um der größten Verwirrung zu entgehen, um sich nicht durch Hunderte und Tausende von Prozessen zu ruinieren.

Die Bürokratie, die den Kleinbürgern Bedürfnis ist, wird aber den Bourgeois sehr bald zur unerträglichen Fessel. Schon bei der Manufaktur wird die Beamtenüberwachung und Einmischung sehr lästig; die Fabrikindustrie ist kaum möglich unter einer solchen Aufsicht. Die deutschen Fabrikanten haben sich bisher die Bürokratie durch Bestechung möglichst vom Halse gehalten, was ihnen gar nicht zu verdenken ist. Aber dies Mittel befreit sie doch nur von der geringeren Hälfte der Last; abgesehen von der Unmöglichkeit, *alle* Beamte, mit denen ein Fabrikant in Berührung kommt, zu bestechen, befreit ihn die Bestechung nicht von Sporteln, Honoraren für Juristen, Architekten, Mechaniker und sonstigen durch die Überwachung hervorgerufenen Ausgaben, von Extraarbeiten und Zeitverlust. Und je weiter sich die Industrie entwickelt, desto mehr ›pflichttreue Beamte‹ tauchen auf, d.h. solche, die entweder aus purer Borniertheit oder aus bürokratischem Haß gegen die Bourgeoisie den Fabrikanten die ärgsten Schikanen antun.

Die Bourgeoisie ist also genötigt, die Macht dieser übermütigen und schikanensüchtigen Bürokratie zu brechen. Von dem Augenblick an, da die Staatsverwaltung und Gesetzgebung unter die Kontrolle der Bourgeoisie gerät, fällt die Selbständigkeit der Bürokratie zusammen; ja, von diesem Augenblick an verwandeln sich die Plagegeister der Bourgeois in ihre untertänigen Knechte. Die bisherigen Reglements und Reskripte, die nur dazu dienten, den Beamten die Arbeit auf Unkosten der industriellen Bourgeois zu erleichtern, machen neuen Reglements Platz, wodurch den Industriellen die Arbeit auf Unkosten der Beamten erleichtert wird.

Die Bourgeoisie ist um so eher gezwungen, dies so bald als möglich zu tun, als, wie wir gesehen haben, alle ihre Fraktionen direkt an der möglichst raschen Hebung der Fabrikindustrie beteiligt sind und die Fabrikindustrie sich unter dem Regime der bürokratischen Trakasserie unmöglich heben kann.

Die Unterordnung der Douane und der Bürokratie unter das Interesse der industriellen Bourgeoisie sind die beiden Maßregeln, an deren Durchsetzung die Bourgeoisie am direktesten beteiligt ist. Damit aber sind ihre Bedürfnisse noch lange nicht erschöpft. Sie ist genötigt, das ganze Gesetzgebungs-, Verwaltungs- und Justizsystem fast aller deutschen Länder einer durchgreifenden Revision zu unterwerfen, denn dies ganze System dient der Erhaltung und Stützung eines gesellschaftlichen Zustandes, an dessen Umwälzung die Bourgeoisie fortwährend arbeitet. Die Bedingungen, unter denen Adel und Kleinbürger nebeneinander bestehen können, sind durchaus verschieden von den Lebensbedingungen der Bourgeoisie, und nur die ersteren sind in den deutschen Staaten offiziell anerkannt. Nehmen wir den preußischen Status quo als Beispiel. Wenn die Kleinbürger, wie der administrativen Bürokratie, so auch der juristischen Bürokratie, sich unterwerfen, wenn sie ihr Vermögen und ihre Person der Diskretion und Schläfrigkeit einer ›unabhängigen‹, d.h. bürokratisch-selbständigen Richterklasse anvertrauen konnten, die ihnen dafür Schutz vor den Übergriffen des Feudaladels und zuweilen auch der administrativen Bürokratie gewährte, so können die Bourgeois dies nicht. Die Bourgeois bedürfen für Eigentumsprozesse mindestens des Schutzes der Öffentlichkeit, für Kriminalprozesse außerdem noch der Jury, der steten Kontrolle der Justiz durch eine Deputation von Bourgeois. – Der Kleinbürger kann sich die Exemtion der Adligen und Beamten vom gewöhnlichen Gerichtsstande gefallen lassen, weil diese seine offizielle Erniedrigung seiner niedrigen gesellschaftlichen Stellung vollständig entspricht. Der Bourgeois, der entweder zugrunde gehen oder seine Klasse zur ersten in Gesellschaft und Staat machen muß, kann es nicht. – Der Kleinbürger kann, seinem stillen Lebenswandel unbeschadet, dem Adel die Gesetzgebung über den Grundbesitz allein überlassen; er muß es, weil er genug zu tun hat, seine eignen städtischen Interessen vor dem Einfluß und den Übergriffen des Adels zu schützen. Der Bourgeois kann die Regulierung der Eigentumsverhältnisse auf dem Lande keineswegs dem Gutdünken des Adels anheimstellen, denn die vollständige Entwicklung seiner eignen Interessen fordert die möglichst industrielle Exploitation auch des Ackerbaus, die Herstellung einer Klasse industrieller Ackerwirte, die freie Verkäuflichkeit und Mobilisierung des Grundeigentums. Das Bedürfnis der Grundbesitzer, sich Geld auf Hypothek zu verschaffen, bietet den Bourgeois hier eine Handhabe und zwingt den Adel, der Bourgeoisie wenigstens in Beziehung auf die Hypothekengesetze Einfluß auf die Gesetzgebung über das Grundeigentum zu bewilligen. – Wenn der Kleinbürger bei seinen kleinen Geschäftchen, seinem langsamen Umschlag und der beschränkten Anzahl seiner auf einen kleinen Raum konzentrierten Kunden von der miserablen altpreußischen Handelsgesetzgebung nicht besonders gedrückt wurde, sondern wohl gar noch dankbar war für das bißchen Garantie, das sie bot, so kann der Bourgeois sie nicht mehr ertragen. Der Kleinbürger, dessen höchst einfache Transaktionen selten Geschäfte von Kaufmann zu Kaufmann, fast immer nur Verkäufe vom Detaillisten oder Verfertiger direkt an den Konsumenten sind – der Kleinbürger gerät selten in Bankerotte und kann sich den alten preußischen Bankerottgesetzen leicht fügen. Nach diesem Gesetze werden Wechselschulden vor allen Buchschulden aus der Masse abbezahlt, gewöhnlich aber die ganze Masse von der Justiz gefressen. Sie sind zunächst im Interesse der die Masse verwaltenden juristischen Bürokraten und dann im Interesse aller Nichtbourgeois gegen die Bourgeois entworfen. Der Adel besonders, der für sein abgeschicktes Korn Wechsel auf den Käufer oder Konsignatär zieht oder erhält, wird dadurch gedeckt; überhaupt alle, die nur einmal im Jahre etwas zu verkaufen haben und den Ertrag durch einen Wechsel ein- und aus dem Handel zurückziehen. Von den Handeltreibenden sind wieder die Bankiers und Grossisten geschützt, die Fabrikanten eher vernachlässigt. Der Bourgeois, der *nur* Geschäfte von Kaufmann zu Kaufmann macht, dessen Kunden zerstreut wohnen, der Wechsel auf alle Welt erhält, der mitten in einem höchst verwickelten System von Transaktionen sich bewegen muß, der jeden Augenblick in einen Bankerott verwickelt ist, der Bourgeois kann sich bei diesen absurden Gesetzen nur ruinieren. – Der Kleinbürger hat nur insofern Interesse an der allgemeinen Politik seines Landes, als er den Frieden wünscht; sein bornierter Lebenskreis macht ihn unfähig, Relationen von Staat zu Staat zu übersehen. Der Bourgeois, der mit dem entferntesten Ausland Geschäfte macht oder zu konkurrieren hat, kann ohne den direktesten Einfluß auf die auswärtige Politik seines Staats sich nicht in die Höhe arbeiten. – Der Kleinbürger konnte sich von der Bürokratie und vom Adel Steuern auflegen lassen, aus denselben Gründen, aus denen er sich der Bürokratie unterwarf; der Bourgeois hat ein ganz direktes Interesse daran, die öffentlichen Lasten so zu verteilen, daß sie *seinen* Erwerb möglichst wenig treffen.

Kurz, wenn der Kleinbürger sich damit begnügen konnte, dem Adel und der Bürokratie seine träge Masse entgegenzusetzen, sich durch seine vis inertiae einen Einfluß auf die öffentliche Macht zu sichern, so kann der Bourgeois dies nicht. Er muß seine Klasse zur herrschenden, sein Interesse zum entscheidenden machen in Gesetzgebung, Verwaltung, Justiz, Besteuerung und auswärtiger Politik. Die Bourgeoisie muß sich vollständig entwickeln, ihre Kapitalien täglich vermehren, die Produktionskosten ihrer Waren täglich erniedrigen, ihre Handelsverbindungen, ihre Märkte täglich ausdehnen, ihre Kommunikationen täglich verbessern, *um nicht zugrunde zu gehen.* Die Konkurrenz auf dem Weltmarkt treibt sie dazu. Und um sich frei und vollständig entwickeln zu können, bedarf sie eben der politischen Herrschaft, der Unterordnung aller andern Interessen unter das ihrige.

Daß aber die deutsche Bourgeoisie gerade *jetzt* der politischen Herrschaft bedarf, um nicht zugrunde zu gehen, haben wir oben in der Schutzzollfrage und in ihrer Stellung zur Bürokratie nachgewiesen. Der schlagendste Beweis dafür ist aber die *augenblickliche Lage des deutschen Geld- und Warenmarktes*.

Die Prosperität der englischen Industrie im Jahre 1845 und die daraus hervorgehenden Eisenbahnspekulationen übten diesmal eine stärkere Rückwirkung als zu irgendeiner früheren lebhaften Periode auf Frankreich und Deutschland aus. Die deutschen Fabrikanten machten gute Geschäfte, und mit dem ihrigen hob sich das deutsche Geschäft überhaupt. Die Ackerbaudistrikte fanden einen willigen Markt für ihr Korn in England. Die allgemeine Prosperität belebte den Geldmarkt, erleichterte den Kredit und lockte eine Menge kleiner Kapitalien, wie ihrer in Deutschland so viele halb brachliegen, auf den Markt. Wie in England und Frankreich, nur etwas später und in etwas[2]

KARL MARX [2]

Der achtzehnte Brumaire des Louis Bonaparte

I

Hegel bemerkt irgendwo, daß alle großen weltgeschichtlichen Tatsachen und Personen sich sozusagen zweimal ereignen. Er hat vergessen hinzuzufügen: das eine Mal als Tragödie, das andere Mal als Farce. Caussidière für Danton, Louis Blanc für Robespierre, die Montagne von 1848–1851 für die Montagne von 1793–1795, der Neffe für den Onkel. Und dieselbe Karikatur in den Umständen, unter denen die zweite Auflage des achtzehnten Brumaire herausgegeben wird!

Die Menschen machen ihre eigene Geschichte, aber sie machen sie nicht aus freien Stücken, nicht unter selbstgewählten, sondern unter unmittelbar vorgefundenen, gegebenen und überlieferten Umständen. Die Tradition aller toten Geschlechter lastet wie ein Alp auf dem Gehirne der Lebenden. Und wenn sie eben damit beschäftigt scheinen, sich und die Dinge umzuwälzen, noch nicht Dagewesenes zu schaffen, gerade in solchen Epochen revolutionärer Krise beschwören sie ängstlich die Geister der Vergangenheit zu ihrem Dienste herauf, entlehnen ihnen Namen, Schlachtparole, Kostüm, um in dieser altehrwürdigen Verkleidung und mit dieser erborgten Sprache die neue Weltgeschichtsszene aufzuführen. So maskierte sich Luther als Apostel Paulus, die Revolution von 1789–1814 drapierte sich abwechselnd als römische Republik und als römisches Kaisertum, und die Revolution von 1848 wußte nichts Besseres zu tun, als hier 1789, dort die revolutionäre Überlieferung von 1793–1795 zu parodieren. So übersetzt der Anfänger, der eine neue Sprache erlernt hat, sie immer zurück in seine Muttersprache, aber den Geist der neuen Sprache hat er sich nur angeeignet, und frei in ihr zu produzieren vermag er nur, sobald er sich ohne Rückerinnerung in ihr bewegt und die ihm angestammte Sprache in ihr vergißt.

Bei Betrachtung jener weltgeschichtlichen Totenbeschwörung zeigt sich sofort ein springender Unterschied. Camille Desmoulins, Danton, Robespierre, St. Just, Napoleon, die Heroen, wie die Parteien und die Masse der alten französischen Revolution, vollbrachten in dem römischen Kostüme und mit römischen Phrasen die Aufgabe ihrer Zeit, die Entfesselung und Herstellung der modernen *bürgerlichen* Gesellschaft. Die einen schlugen den feudalen Boden in Stücke und mähten die feudalen Köpfe ab, die darauf gewachsen waren. Der andere schuf im Innern von Frankreich die Bedingungen, worunter erst die freie Konkurrenz entwickelt, das parzellierte Grundeigentum ausgebeutet, die entfesselte industrielle Produktivkraft der Nation verwandt werden konnte, und jenseits der französischen Grenzen fegte er überall die feudalen Gestaltungen weg, soweit es nötig war, um der bürgerlichen Gesellschaft in Frankreich eine entsprechende, zeitgemäße Umgebung auf dem europäischen Kontinent zu verschaffen. Die neue Gesellschaftsformation einmal hergestellt, verschwanden die vorsündflutlichen Kolosse und mit ihnen das wieder auferstandene Römertum – die Brutusse, Gracchusse, Publicolas, die Tribunen, die Senatoren und Cäsar selbst. Die bürgerliche Gesellschaft in ihrer nüchternen Wirklichkeit hatte sich ihre wahren Dolmetscher und Sprachführer erzeugt in den Says, Cousins, Royer-Collards, Benjamin Constants und Guizots, ihre wirklichen Heerführer saßen hinter dem Kontortisch, und der Speckkopf Ludwigs XVIII. war ihr politisches Haupt. Ganz absorbiert in die Produktion des Reichtums und in den friedlichen Kampf der Konkurrenz begriff sie nicht mehr, daß die Gespenster der Römerzeit ihre Wiege gehütet hatten. Aber unheroisch, wie die bürgerliche Gesellschaft ist, hatte es jedoch des Heroismus bedurft, der Aufopferung, des Schreckens, des Bürgerkriegs und der Völkerschlachten, um sie auf die Welt zu setzen. Und ihre Gladiatoren fanden in den klassisch strengen Überlieferungen der römischen Republik die Ideale und die Kunstformen, die Selbsttäuschungen, deren sie bedurften, um den bürgerlich beschränkten Inhalt ihrer Kämpfe sich selbst zu verbergen und ihre Leidenschaft auf der Höhe der großen geschichtlichen Tragödie zu halten. So hatten auf einer andern Entwicklungsstufe, ein Jahrhundert früher, Cromwell und das englische Volk dem Alten Testament Sprache, Leidenschaften und Illusionen für ihre bürgerliche Revolution entlehnt. Als das wirkliche Ziel erreicht, als die bürgerliche Umgestaltung der englischen Gesellschaft vollbracht war, verdrängte Locke den Habakuk.

Die Totenerweckung in jenen Revolutionen diente also dazu, die neuen Kämpfe zu verherrlichen, nicht die alten zu parodieren, die gegebene Aufgabe in der Phantasie zu übertreiben, nicht vor ihrer Lösung in der Wirklichkeit zurückzuflüchten, den Geist der Revolution wiederzufinden, nicht ihr Gespenst wieder umgehen zu machen.

1848–1851 ging nur das Gespenst der alten Revolution um, von Marrast, dem Républicain en gants jaunes, der sich in den alten Bailly verkleidete, bis auf den Abenteurer, der seine trivial-widrigen Züge unter der eisernen Totenlarve Napoleons versteckt. Ein ganzes Volk, das sich durch eine Revolution eine beschleunigte Bewegungskraft gegeben zu haben glaubt, findet sich plötzlich in eine verstorbene Epoche zurückversetzt, und damit keine Täuschung über den Rückfall möglich ist, stehn die alten Data wieder auf, die alte Zeitrechnung, die alten Namen, die alten Edikte, die längst der antiquarischen Gelehrsamkeit verfallen, und die alten Schergen, die längst verfault schienen. Die Nation kömmt sich vor wie jener närrische Engländer in Bedlam, der zur Zeit der alten Pharaonen zu leben meint und täglich über die harten Dienste jammert, die er in den äthiopischen Bergwerken als Goldgräber verrichten muß, eingemauert in dies unterirdische Gefängnis, eine spärlich leuchtende Lampe auf dem eigenen Kopfe befestigt, hinter ihm der Sklavenaufseher mit langer Peitsche und an den Ausgängen ein Gewirr von barbarischen Kriegsknechten, die weder die Zwangsarbeiter in den Bergwerken, noch sich untereinander verstehn, weil sie keine gemeinsame Sprache reden. »Und dies alles wird mir« – seufzt der närrische Engländer – »mir, dem freigebornen Briten, zugemutet, um Gold für die alten Pharaonen zu machen.« »Um die Schulden der Familie Bonaparte zu zahlen« – seufzt die französische Nation. Der Engländer, solange er bei Verstand war, konnte die fixe Idee des Goldmachens nicht loswerden. Die Franzosen, solange sie revolutionierten, nicht die napoleonische Erinnerung, wie die Wahl vom 10. Dezember bewies. Sie sehnten sich aus den Gefahren der Revolution zurück nach den Fleischtöpfen Ägyptens, und der 2. Dezember 1851 war die Antwort. Sie haben nicht nur die Karikatur des alten Napoleon, sie haben den alten Napoleon selbst karikiert, wie er sich ausnehmen muß in der Mitte des neunzehnten Jahrhunderts.

Die soziale Revolution des neunzehnten Jahrhunderts kann ihre Poesie nicht aus der Vergangenheit schöpfen, sondern nur aus der Zukunft. Sie kann nicht mit sich selbst beginnen, bevor sie allen Aberglauben an die Vergangenheit abgestreift hat. Die früheren Revolutionen bedurften der weltgeschichtlichen Rückerinnerungen, um sich über ihren eigenen Inhalt zu betäuben. Die Revolution des neunzehnten Jahrhunderts muß die Toten ihre Toten begraben lassen, um bei ihrem eignen Inhalt anzukommen. Dort ging die Phrase über den Inhalt, hier geht der Inhalt über die Phrase hinaus.

Die Februarrevolution war eine Überrumpelung, eine *Überraschung* der alten Gesellschaft, und das Volk proklamierte diesen unverhofften *Handstreich* als eine weltgeschichtliche Tat, womit die neue Epoche eröffnet sei. Am 2. Dezember wird die Februarrevolution eskamotiert durch die Volte eines falschen Spielers, und was umgeworfen scheint, ist nicht mehr die Monarchie, es sind die liberalen Konzessionen, die ihr durch jahrhundertlange Kämpfe abgetrotzt waren. Statt daß die *Gesellschaft* selbst sich einen neuen Inhalt erobert hätte, scheint nur der *Staat* zu seiner ältesten Form zurückgekehrt, zur unverschämt einfachen Herrschaft von Säbel und von Kutte. So antwortet auf den coup de main vom

Februar 1848 der coup de tête vom Dezember 1851. Wie gewonnen, so zerronnen. Unterdessen ist die Zwischenzeit nicht unbenutzt vorübergegangen. Die französische Gesellschaft hat während der Jahre 1848–1851 die Studien und Erfahrungen nachgeholt, und zwar in einer abkürzenden, weil revolutionären Methode, die bei regelmäßiger, sozusagen schulgerechter Entwicklung der Februarrevolution hätten vorhergehn müssen, sollte sie mehr als eine Erschütterung der Oberfläche sein. Die Gesellschaft scheint jetzt hinter ihren Ausgangspunkt zurückgetreten; in Wahrheit hat sie sich erst den revolutionären Ausgangspunkt zu schaffen, die Situation, die Verhältnisse, die Bedingungen, unter denen allein die moderne Revolution ernsthaft wird.

Bürgerliche Revolutionen, wie die des achtzehnten Jahrhunderts, stürmen rascher von Erfolg zu Erfolg, ihre dramatischen Effekte überbieten sich, Menschen und Dinge scheinen in Feuerbrillanten gefaßt, die Ekstase ist der Geist jedes Tages; aber sie sind kurzlebig, bald haben sie ihren Höhepunkt erreicht, und ein langer Katzenjammer erfaßt die Gesellschaft, ehe sie die Resultate ihrer Drang- und Sturmperiode nüchtern sich aneignen lernt. Proletarische Revolutionen dagegen, wie die des neunzehnten Jahrhunderts, kritisieren beständig sich selbst, unterbrechen sich fortwährend in ihrem eignen Lauf, kommen auf das scheinbar Vollbrachte zurück, um es wieder von neuem anzufangen, verhöhnen grausam-gründlich die Halbheiten, Schwächen und Erbärmlichkeiten ihrer ersten Versuche, scheinen ihren Gegner nur niederzuwerfen, damit er neue Kräfte aus der Erde sauge und sich riesenhafter ihnen gegenüber wieder aufrichte, schrecken stets von neuem zurück vor der unbestimmten Ungeheuerlichkeit ihrer eignen Zwecke, bis die Situation geschaffen ist, die jede Umkehr unmöglich macht, und die Verhältnisse selbst rufen:

Hic Rhodus, hic salta!
Hier ist die Rose, hier tanze![1]

Jeder erträgliche Beobachter übrigens, selbst wenn er nicht Schritt vor Schritt dem Gang der französischen Entwicklung gefolgt war, mußte ahnen, daß der Revolution eine unerhörte Blamage bevorstehe. Es genügte, das selbstgefällige Siegsgekläffe zu hören, womit die Herren Demokraten sich wechselweis zu den Gnadenwirkungen des zweiten [Sonntags des Monats] Mai 1852 beglückwünschten. Der zweite [Sonntag des Monats] Mai 1852 war in ihren Köpfen zur fixen Idee geworden, zum Dogma, wie der Tag, an dem Christus wiedererscheinen und das Tausendjährige Reich beginnen sollte, in den Köpfen der Chiliasten. Die Schwäche hatte sich wie immer in den Wunderglauben gerettet, glaubte den Feind überwunden, wenn sie ihn in der Phantasie weghexte, und verlor alles Verständnis der Gegenwart über der tatlosen Verhimmelung der

Zukunft, die ihr bevorstehe, und der Taten, die sie in petto habe, aber nur noch nicht an den Mann bringen wolle. Jene Helden, die ihre bewiesene Unfähigkeit dadurch zu widerlegen suchen, daß sie sich wechselseitig ihr Mitleiden schenken und sich zu einem Haufen zusammentun, hatten ihre Bündel geschnürt, strichen ihre Lorbeerkronen auf Vorschuß ein und waren eben damit beschäftigt, auf dem Wechselmarkt die Republiken in partibus diskontieren zu lassen, für die sie bereits in aller Stille ihres anspruchslosen Gemüts das Regierungspersonal vorsorglich organisiert hatten. Der 2. Dezember traf sie wie ein Blitzstrahl aus heiterm Himmel, und die Völker, die in Epochen kleinmütiger Verstimmung sich gern ihre innere Angst von den lautesten Schreiern übertäuben lassen, werden sich vielleicht überzeugt haben, daß die Zeiten vorüber sind, wo das Geschnatter von Gänsen das Kapitol retten konnte.

Die Konstitution, die Nationalversammlung, die dynastischen Parteien, die blauen und die roten Republikaner, die Helden von Afrika, der Donner der Tribüne, das Wetterleuchten der Tagespresse, die gesamte Literatur, die politischen Namen und die geistigen Renommeen, das bürgerliche Gesetz und das peinliche Recht, die liberté, égalité, fraternité und der zweite [Sonntag des Monats] Mai 1852 – alles ist verschwunden wie eine Phantasmagorie vor der Bannformel eines Mannes, den seine Feinde selbst für keinen Hexenmeister ausgeben. Das allgemeine Wahlrecht scheint nur einen Augenblick überlebt zu haben, damit es eigenhändig vor den Augen aller Welt sein Testament mache und im Namen des Volkes selbst erkläre: »Alles, was besteht, ist wert, daß es zugrunde geht.«

Es genügt nicht zu sagen, wie die Franzosen tun, daß ihre Nation überrascht worden sei. Einer Nation und einer Frau wird die unbewachte Stunde nicht verziehen, worin der erste beste Abenteurer ihnen Gewalt antun konnte. Das Rätsel wird durch dergleichen Wendungen nicht gelöst, sondern nur anders formuliert. Es bliebe zu erklären, wie eine Nation von 36 Millionen durch drei Industrieritter überrascht und widerstandslos in die Gefangenschaft abgeführt werden kann.

Rekapitulieren wir in allgemeinen Zügen die Phasen, die die französische Revolution vom 24. Februar 1848 bis zum Dezember 1851 durchlaufen hat.

Drei Hauptperioden sind unverkennbar: *die Februarperiode*; 4. Mai 1848 bis zum 28. Mai 1849: *Periode der Konstituierung der Republik* oder *der konstituierenden Nationalversammlung*; 28. Mai 1849 bis zum 2. Dezember 1851: *Periode der konstitutionellen Republik* oder *der legislativen Nationalversammlung*.

Die *erste Periode* vom 24. Februar oder dem Sturze Louis-Philippes bis zum 4. Mai 1848, dem Zusammentritt der konstituierenden Versammlung, die eigentliche *Februarperiode*, kann als der *Prolog* der Revolution bezeichnet werden. Ihr Charakter sprach sich offiziell darin aus, daß die von ihr improvisierte Regierung sich selbst für *provisorisch* erklärte, und wie die Regierung gab alles, was in dieser Periode angeregt, versucht, ausgesprochen wurde, sich für nur *provisorisch* aus. Niemand und nichts wagte das Recht des Bestehens und der wirklichen Tat für sich in Anspruch zu nehmen. Alle Elemente, die die Revolution vorbereitet oder bestimmt hatten, dynastische Opposition, republikanische Bourgeoisie, demokratisch-republikanisches Kleinbürgertum, sozial-demokratisches Arbeitertum, fanden provisorisch ihren Platz in der Februar-*Regierung*.

Es konnte nicht anders sein. Die Februartage bezweckten ursprünglich eine Wahlreform, wodurch der Kreis der politisch Privilegierten unter der besitzenden Klasse selbst erweitert und die ausschließliche Herrschaft der Finanzaristokratie gestürzt werden sollte. Als es aber zum wirklichen Konflikt kam, das Volk auf die Barrikaden stieg, die Nationalgarde sich passiv verhielt, die Armee keinen ernstlichen Widerstand leistete und das Königtum davonlief, schien sich die Republik von selbst zu verstehen. Jede Partei deutete sie in ihrem Sinn. Von dem Proletariat, die Waffen in der Hand, ertrotzt, prägte es ihr seinen Stempel auf und proklamierte sie als *soziale Republik*. So wurde der allgemeine Inhalt der modernen Revolution angedeutet, der in sonderbarstem Widerspruch stand zu allem, was mit dem vorliegenden Material, mit der erreichten Bildungsstufe der Masse, unter den gegebenen Umständen und Verhältnissen zunächst unmittelbar ins Werk gesetzt werden konnte. Andrerseits wurde der Anspruch aller übrigen Elemente, die zur Februarrevolution mitgewirkt hatten, anerkannt in dem Löwenanteil, den sie an der Regierung erhielten. In keiner Periode finden wir daher ein bunteres Gemisch von überfliegenden Phrasen und tatsächlicher Unsicherheit und Unbeholfenheit, von enthusiastischerem Neuerungsstreben und von gründlicherer Herrschaft der alten Routine, von mehr scheinbarer Harmonie der ganzen Gesellschaft und von tieferer Entfremdung ihrer Elemente. Während das Pariser Proletariat noch in dem Anblick der großen Perspektive, die sich ihm eröffnet hatte, schwelgte und sich in ernstgemeinten Diskussionen über die sozialen Probleme erging, hatten sich die alten Mächte der Gesellschaft gruppiert, gesammelt, besonnen und fanden eine unerwartete Stütze an der Masse der Nation. Den Bauern und Kleinbürgern, die alle auf einmal auf die politische Bühne stürzten, nachdem die Barrieren der Julimonarchie gefallen waren.

Die *zweite Periode* vom 4. Mai 1848 bis Ende Mai 1849 ist die Periode der *Konstituierung, der Begründung der bürgerlichen Republik*. Unmittelbar nach den Februartagen war nicht nur die dynastische Opposition überrascht worden durch die Republikaner, die Republikaner durch die Sozialisten, sondern ganz Frankreich durch Paris. Die Nationalversammlung, die am 4. Mai 1848 zusammentrat, aus den Wahlen der Nation hervorgegangen, repräsentierte die Nation. Sie war ein lebendiger Protest gegen die Zumutungen der Februartage und sollte die Resultate der Revolution auf den bürgerlichen Maßstab zurückführen. Vergebens versuchte das Pariser Proletariat, das den Charakter dieser Nationalversammlung sofort begriff, wenige Tage nach ihrem Zusammentritt, am 15. Mai, ihre Existenz gewaltsam wegzuleugnen, sie aufzulösen, die organische Gestalt, worin der reagierende Geist der Nation es bedrohte, wieder in ihre einzelnen Bestandteile zu zerstreuen. Der 15. Mai hatte bekanntlich kein anderes Resultat, als Blanqui und Genossen, d.h. die wirklichen Führer der proletarischen Partei, für die ganze Dauer des Zyklus, den wir betrachten, vom öffentlichen Schauplatz zu entfernen.

Auf die *bürgerliche Monarchie* Louis-Philippes kann nur die *bürgerliche Republik* folgen, d.h., wenn unter dem Namen des Königs ein beschränkter Teil der Bourgeoisie geherrscht hat, so wird jetzt im Namen des Volks die Gesamtheit der Bourgeoisie herrschen. Die Forderungen des Pariser Proletariats sind utopistische Flausen, womit geendet werden muß. Auf diese Erklärung der konstituierenden Nationalversammlung antwortete das Pariser Proletariat mit der *Juni-Insurrektion*, dem kolossalsten Ereignis in der Geschichte der europäischen Bürgerkriege. Die bürgerliche Republik siegte. Auf ihrer Seite stand die Finanzaristokratie, die industrielle Bourgeoisie, der Mittelstand, die Kleinbürger, die Armee, das als Mobilgarde organisierte Lumpenproletariat, die geistigen Kapazitäten, die Pfaffen und die Landbevölkerung. Auf der Seite des Pariser Proletariats stand niemand als es selbst. Über 3000 Insurgenten wurden niedergemetzelt nach dem Siege, 15000 ohne Urteil transportiert. Mit dieser Niederlage tritt das Proletariat in den *Hintergrund* der revolutionären Bühne. Es versucht sich jedesmal wieder vorzudrängen, sobald die Bewegung einen neuen Anlauf zu nehmen scheint, aber mit immer schwächerem Kraftaufwand und stets geringerem Resultat. Sobald eine der höher über ihm liegenden Gesellschaftsschichten in revolutionäre Gärung gerät, geht es eine Verbindung mit ihr ein und teilt so alle Niederlagen, die die verschiedenen Parteien nacheinander erleiden. Aber diese nachträglichen Schläge schwächen sich immer mehr ab, je mehr sie sich auf die ganze Oberfläche der Gesellschaft verteilen. Seine bedeutenderen Führer in der Versammlung und in der Presse fallen der Reihe nach den Gerichten als Opfer, und immer zweideutigere Figuren treten an seine Spitze. Zum Teil wirft es sich auf *doktrinäre Experimente, Tauschbanken und Arbeiterassoziationen, also in eine Bewegung, worin es darauf verzichtet, die alte Welt mit ihren eigenen großen Gesamtmitteln umzuwälzen, vielmehr hinter dem Rücken der Gesellschaft, auf Privatweise, innerhalb seiner beschränkten Existenzbedingungen, seine Erlösung zu vollbringen sucht, also notwendig scheitert.* Es scheint weder in sich selbst die revolutionäre Größe wiederfinden noch aus den neu eingegangenen Verbindungen neue Energie gewinnen zu können, bis *alle Klassen*, womit es im Juni gekämpft, neben ihm selbst platt darniederliegen. Aber wenigstens erliegt es mit den Ehren des großen weltgeschichtlichen Kampfes; nicht nur Frankreich, ganz Europa zittert vor dem Juni-Erdbeben, während die nachfolgenden Niederlagen der höhern Klassen so wohlfeil erkauft werden, daß sie der frechen Übertreibung von seiten der siegenden Partei bedürfen, um überhaupt als Ereignisse passieren zu können, und um so schmachvoller werden, je weiter die unterliegende Partei von der proletarischen entfernt ist.

Die Niederlage der Juni-Insurgenten hatte nun allerdings das Terrain vorbereitet, geebnet, worauf die bürgerliche Republik begründet, aufgeführt werden konnte; aber sie hatte zugleich gezeigt, daß es sich in Europa um andre Fragen handelt als um ›Republik oder Monarchie‹. Sie hatte offenbart, daß *bürgerliche Republik* hier die uneingeschränkte Despotie einer Klasse über andre Klassen bedeute. Sie hatte bewiesen, daß in altzivilisierten Ländern mit entwickelter Klassenbildung, mit modernen Produktionsbedingungen und mit einem geistigen Bewußtsein, worin alle überlieferten Ideen durch jahrhundertlange Arbeit aufgelöst sind, *die Republik überhaupt nur die politische Umwälzungsform der bürgerlichen Gesellschaft* bedeutet und nicht ihre *konservative Lebensform*, wie z. B. in den Vereinigten Staaten von Nordamerika, wo zwar schon Klassen bestehn, aber sich noch nicht fixiert haben, sondern in beständigem Flusse fortwährend ihre Bestandteile wechseln und aneinander abtreten, wo die modernen Produktionsmittel, statt mit einer stagnanten Übervölkerung zusammenzufallen, vielmehr den relativen Mangel an Köpfen und Händen ersetzen, und wo endlich die fieberhaft jugendliche Bewegung der materiellen Produktion, die eine neue Welt sich anzueignen hat, weder Zeit noch Gelegenheit ließ, die alte Geisterwelt abzuschaffen.

Alle Klassen und Parteien haben sich während der Junitage zur *Partei der Ordnung* vereint gegenüber der proletarischen Klasse, als der *Partei der Anarchie*, des Sozialismus, des Kommunismus. Sie hatten die Gesellschaft ›gerettet‹ gegen ›*die Feinde der Gesellschaft*‹. Sie hatten die Stichworte der alten Gesellschaft, ›*Eigentum, Familie, Religion, Ordnung*‹, als Parole unter ihr Heer ausgeteilt und der kontrerevolutionären Kreuzfahrt zugerufen: »Unter diesem Zeichen wirst du siegen!« Von diesem Augenblick, sobald eine der zahlreichen Parteien, die sich unter diesem Zeichen gegen die Juni-Insurgenten geschart hatten, in ihrem eigenen Klasseninteresse den revolutionären Kampfplatz zu behaupten sucht, unterliegt sie vor dem Rufe: »Eigentum, Familie, Religion, Ordnung.« Die Gesellschaft wird ebensooft gerettet, als sich der Kreis ihrer Herrscher verengt, als ein exklusiveres Interesse dem weiteren gegenüber behauptet wird. Jede Forderung der einfachsten bürgerlichen Finanzreform, des ordinärsten Liberalismus, des formalsten Republikanertums, der plattesten Demokratie, wird gleichzeitig als ›Attentat auf die Gesellschaft‹ bestraft und als ›Sozialismus‹ gebrandmarkt. Und schließlich werden die Hohenpriester der ›Religion und Ordnung‹ selbst mit Fußtritten von ihren Pythiastühlen verjagt, bei Nacht und Nebel aus ihren Betten geholt, in Zellenwagen gesteckt, in Kerker geworfen oder ins Exil geschickt, ihr Tempel wird der Erde gleichgemacht, ihr Mund wird versiegelt, ihre Feder zerbrochen, ihr Gesetz zerrissen, im Namen der Religion, des Eigentums, der Familie, der Ordnung. Ordnungsfanatische Bourgeois auf ihren Balkonen werden von besoffenen Soldatenhaufen zusammengeschossen, ihr Familienheiligtum wird entweiht, ihre Häuser werden zum Zeitvertreib bombardiert – im Namen des Eigentums, der Familie, der Religion und der Ordnung. Der Auswurf der bürgerlichen Gesellschaft bildet schließlich die *heilige Phalanx der Ordnung*, und Held Krapülinski zieht in die Tuilerien ein als ›*Retter der Gesellschaft*‹.

II

Nehmen wir den Faden der Entwicklung wieder auf.

Die Geschichte der *konstituierenden Nationalversammlung* seit den Junitagen ist die *Geschichte der Herrschaft und der Auflösung der republikanischen Bourgeoisfraktion*, jener Fraktion, die man unter dem Namen trikolore Republikaner, reine Republikaner, politische Republikaner, formalistische Republikaner usw. kennt. Sie hatte unter der bürgerlichen Monarchie Louis-Philippes die *offizielle* republikanische *Opposition* und daher einen anerkannten Bestandteil der damaligen politischen Welt gebildet. Sie besaß ihre Vertreter in den Kammern, und in der Presse einen bedeutenden Wirkungskreis. Ihr Pariser Organ, der ›National‹, galt in seiner Weise für ebenso respektabel als das ›Journal des Débats‹. Dieser Stellung unter der konstitutionellen Monarchie entsprach ihr Charakter. Es war dies keine durch große gemeinsame Interessen zusammengehaltene und durch eigentümliche Produktionsbedingungen abgegrenzte Fraktion der Bourgeoisie. Es war eine Koterie von republikanisch gesinnten Bourgeois, Schriftstellern, Advokaten, Offizieren und Beamten, deren Einfluß auf den persönlichen Antipathien des Landes gegen Louis-Philippe, auf Erinnerungen an die alte Republik, auf dem republikanischen Glauben einer Anzahl von Schwärmern, vor allem aber auf dem *französischen Nationalismus* beruhte, dessen Haß gegen die Wiener Verträge und gegen die Allianz mit England sie fortwährend wachhielt. Einen großen Teil des Anhangs, den der ›National‹ unter Louis-Philippe besaß, schuldete er diesem versteckten Imperialismus, der ihm daher später unter der Republik als sein vernichtender Konkurrent in der Person Louis Bonapartes gegenübertreten konnte. Die Finanzaristokratie bekämpfte er, wie die ganze übrige bürgerliche Opposition es tat. Die Polemik gegen das Budget, die in Frankreich genau mit der Bekämpfung der Finanzaristokratie zusammenhing, verschaffte eine zu wohlfeile Popularität und zu reichhaltigen Stoff zu puritanischen leading articles, um nicht ausgebeutet zu werden. Die industrielle Bourgeoisie war ihm dankbar für seine sklavische Verteidigung des französischen Schutzzollsystems, das er indes auf mehr nationale als nationalökonomische Gründe hin aufnahm, die Gesamtbourgeoisie für seine gehässigen Denunziationen des Kommunismus und Sozialismus. Im übrigen war die Partei des ›National‹ *rein republikanisch*, d.h., sie verlangte eine republikanische statt einer monarchischen Form der Bourgeoisherrschaft und vor allem ihren Löwenanteil an dieser Herrschaft. Über die Bedingungen dieser Umwandlung war sie sich durchaus nicht klar. Was ihr dagegen sonnenklar war und auf den Reformbanketten in der letzten Zeit Louis-Philippes öffentlich erklärt wurde, war ihre Unpopularität bei den demokratischen Kleinbürgern und insbesondere bei dem revolutionären Proletariat. Diese reinen Republikaner, wie reine Republikaner denn sind, standen auch schon auf dem Sprunge, sich zunächst mit einer Regentschaft der Herzogin von Orléans zu begnügen, als die Februarrevolution ausbrach und ihren bekanntesten Vertretern einen Platz in der provisorischen Regierung anwies. Sie besaßen natürlich von vornherein das Vertrauen der Bourgeoisie und die Majorität der konstituierenden Nationalversammlung. Aus der Exekutivkommission, welche die Nationalversammlung bei ihrem Zusammentritt bildete, wurden sofort die *sozialistischen* Elemente der provisorischen Regierung ausgeschlossen, und die Partei des ›National‹ benutzte den Ausbruch der Juni-Insurrektion, um auch die *Exekutivkommission* abzudanken und damit ihre nächsten Rivalen, die *kleinbürgerlichen* oder *demokratischen Republikaner* (Ledru-Rollin usw.), loszuwerden. Cavaignac, der General der bourgeois-republikanischen Partei, der die Junischlacht kommandierte, trat an die Stelle der Exekutivkommission mit einer Art diktatorischer Gewalt. Marrast, ehemaliger Redakteur en chef des ›National‹, wurde der perpetuierliche Präsident der konstituierenden Nationalversammlung, und die Ministerien, wie sämtliche übrigen bedeutenden Posten, fielen den reinen Republikanern anheim.

Die republikanische Bourgeoisfraktion, die sich seit lange als legitime Erbin der Julimonarchie betrachtet hatte, fand sich so in ihrem Ideal übertroffen, aber sie gelangte zur Herrschaft, nicht, wie sie unter Louis-Philippe geträumt hatte, durch eine liberale Revolte der Bourgeoisie gegen den Thron, sondern durch eine niederkartätschte Emeute des Proletariats gegen das Kapital. Was sie als das *revolutionärste* Ereignis sich vorgestellt hatte, trug sich in Wirklichkeit zu als das *kontrerevolutionärste*. Die Frucht fiel ihr in den Schoß, aber sie fiel vom Baum der Erkenntnis, nicht vom Baum des Lebens.

Die ausschließliche *Herrschaft der Bourgeois-Republikaner* währte nur vom 24. Juni bis zum 10. Dezember 1848. Sie resümiert sich in der *Abfassung einer republikanischen Konstitution* und im *Belagerungszustand von Paris*.

Die neue *Konstitution* war im Grunde nur die republikanisierte Ausgabe der konstitutionellen Charte von 1830. Der enge Wahlzensus der Julimonarchie, der selbst einen großen Teil der Bourgeoisie von der politischen Herrschaft ausschloß, war unvereinbar mit der Existenz der bürgerlichen Republik. Die Februarrevolution hatte sofort an der Stelle dieses Zensus das direkte allgemeine Wahlrecht proklamiert. Die Bourgeois-Republikaner konnten dieses Ereignis nicht ungeschehn machen. Sie mußten sich damit begnügen, die beschränkende Bestimmung eines sechsmonatlichen Domizils am Wahlorte hinzuzufügen. Die alte Organisation der Verwaltung, des Gemeindewesens, der Rechtspflege, der Armee usw. blieb unversehrt bestehen, oder wo die Konstitution sie änderte, betraf die Änderung das Inhaltsregister, nicht den Inhalt, den Namen, nicht die Sache.

Der unvermeidliche Generalstab der Freiheiten von 1848, persönliche Freiheit, Preß-, Rede-, Assoziations-, Versammlungs-, Lehr- und Religionsfreiheit usw., erhielt eine konstitutionelle Uniform, die sie unverwundbar machte. Jede dieser Freiheiten wird nämlich als das *unbedingte* Recht des französischen Citoyen proklamiert, aber mit der beständigen Randglosse, daß sie schrankenlos sei, soweit sie nicht durch die ›*gleichen Rechte anderer* und die *öffentliche Sicherheit*‹ beschränkt werde, oder durch ›Gesetze‹, die eben diese Harmonie der individuellen Freiheiten untereinander und mit der öffentlichen Sicherheit vermitteln sollen. Z. B.: »Die Bürger haben das Recht, sich zu assoziieren, sich friedlich und unbewaffnet zu versammeln, zu petitionieren und ihre Meinungen durch die Presse oder wie sonst immer auszudrücken. *Der Genuß dieser Rechte hat keine andre Schranke als die gleichen Rechte andrer und die öffentliche Sicherheit.*« (Kap. II der französischen Konstitution, § 8.) – »Der Unterricht ist frei. Die Freiheit des Unterrichts soll *genossen* werden unter den vom Gesetze fixierten Bedingungen und unter der Oberaufsicht des

Staats.« (A. a. O., § 9.) – »Die Wohnung jedes Bürgers ist unverletzlich *außer* in den vom Gesetz vorgeschriebenen Formen.« (Kap. II, § 3.) Usw. usw. – Die Konstitution weist daher beständig auf zukünftige *organische* Gesetze hin, die jene Randglossen ausführen und den Genuß dieser unbeschränkten Freiheiten so regulieren sollen, daß sie weder untereinander noch mit der öffentlichen Sicherheit anstoßen. Und später sind diese organischen Gesetze von den Ordnungsfreunden ins Leben gerufen und alle jene Freiheiten so reguliert worden, daß die Bourgeoisie in deren Genuß an den gleichen Rechten der andern Klassen keinen Anstoß findet. Wo sie ›den andern‹ diese Freiheiten ganz untersagt oder ihren Genuß unter Bedingungen erlaubt, die ebenso viele Polizeifallstricke sind, geschah dies immer nur im Interesse der *›öffentlichen Sicherheit‹*, d. h. der Sicherheit der Bourgeoisie, wie die Konstitution vorschreibt. Beide Seiten berufen sich daher in der Folge mit vollem Recht auf die Konstitution, sowohl die Ordnungsfreunde, die alle jene Freiheiten aufhoben, wie die Demokraten, die sie alle herausverlangten. Jeder Paragraph der Konstitution enthält nämlich seine eigene Antithese, sein eignes Ober- und Unterhaus in sich, nämlich in der allgemeinen Phrase der Freiheit, in der Randglosse die Aufhebung der Freiheit. Solange also der *Name* der Freiheit respektiert und nur die wirkliche Ausführung derselben verhindert wurde, auf gesetzlichem Wege versteht sich, blieb das konstitutionelle Dasein der Freiheit unversehrt, unangetastet, mochte ihr *gemeines* Dasein noch so sehr totgeschlagen sein.

Diese auf so sinnige Weise unverletzlich gemachte Konstitution war indes wie Achilles an einem Punkte verwundbar, nicht an der Ferse, aber am Kopfe oder vielmehr an den zwei Köpfen, worin sie sich verlief – *gesetzgebende Versammlung* einerseits, *Präsident* andrerseits. Man durchfliege die Konstitution, und man wird finden, daß nur die Paragraphen, worin das Verhältnis des Präsidenten zur gesetzgebenden Versammlung bestimmt wird, absolut, positiv, widerspruchslos, unverdrehbar sind. Hier galt es nämlich für die Bourgeois-Republikaner, sich selbst sicherzustellen. §§ 45–70 der Konstitution sind so abgefaßt, daß die Nationalversammlung den Präsidenten konstitutionell, der Präsident die Nationalversammlung nur inkonstitutionell beseitigen kann, nur indem er die Konstitution selbst beseitigt. Hier fordert sie also ihre gewaltsame Vernichtung heraus. Sie heiligt nicht nur wie die Charte von 1830 die Teilung der Gewalten, sie erweitert sie bis zum unerträglichen Widerspruch. Das *Spiel der konstitutionellen Gewalten*, wie Guizot den parlamentarischen Krakeel zwischen gesetzgebender und vollziehender Gewalt nannte, spielt in der Konstitution von 1848 beständig va banque. Auf der einen Seite 750 durch allgemeines Stimmrecht gewählte und wieder wählbare Volksrepräsentanten, die eine unkontrollierbare, unauflösbare, unteilbare Nationalversammlung bilden, eine Nationalversammlung, welche gesetzgeberische Allmacht genießt, über Krieg, Frieden und Handelsverträge in letzter Instanz entscheidet, allein das Recht der Amnestie besitzt und durch ihre Permanenz unaufhörlich den Vordergrund der Bühne behauptet. Andrerseits der Präsident, mit allen Attributen der königlichen Macht, mit der Befugnis, seine Minister unabhängig von der Nationalversammlung ein- und abzusetzen, mit allen Mitteln der exekutiven Gewalt in seinen Händen, alle Stellen vergebend und d. h. in Frankreich wenigstens über 1½ Millionen Existenzen entscheidend, denn so viel hängen an den 500000 Beamten und an den Offizieren aller Grade. Er hat die ganze bewaffnete Macht hinter sich. Er genießt das Privilegium, einzelne Verbrecher zu begnadigen, Nationalgarden zu suspendieren, die von den Bürgern selbst erwählten General-, Kantonal- und Gemeinderäte im Einverständnis mit dem Staatsrat abzusetzen. Initiative und Leitung aller Verträge mit dem Ausland sind ihm vorbehalten. Während die Versammlung beständig auf den Brettern spielt und dem kritisch gemeinen Tageslicht ausgesetzt ist, führt er ein verborgenes Leben in den elyseeischen Gefilden, und zwar mit Artikel 45 der Konstitution vor Augen und im Herzen, der ihm täglich zuruft: »Frère, il faut mourir!« Deine Macht hört auf am zweiten Sonntag des schönen Monats Mai im vierten Jahr deiner Wahl! Dann ist die Herrlichkeit am Ende, das Stück spielt nicht zweimal, und wenn du Schulden hast, siehe beizeiten zu, daß du sie mit den dir von der Konstitution ausgeworfenen 600000 Franken abzahlst, ziehst du nicht etwa vor, am zweiten Montag des schönen Monats Mai nach Clichy zu wandern! – Wenn die Konstitution so dem Präsidenten die faktische Gewalt beilegt, sucht sie der Nationalversammlung die moralische Macht zu sichern. Abgesehn davon, daß es unmöglich ist, durch Gesetzesparagraphen eine moralische Macht zu schaffen, hebt die Konstitution sich hierin wieder selbst auf, indem sie den Präsidenten von allen Franzosen durch direktes Stimmrecht wählen läßt. Während die Stimmen Frankreichs sich auf die 750 Mitglieder der Nationalversammlung zersplittern, konzentrieren sie sich dagegen hier auf *ein* Individuum. Während jeder einzelne Volksrepräsentant nur diese oder jene Partei, diese oder jene Stadt, diesen oder jenen Brückenkopf oder auch nur die Notwendigkeit vertritt, einen beliebigen Siebenhundertundfünfzigsten zu wählen, bei dem man sich weder die Sache noch den Mann so genau ansieht, ist *er* der Erwählte der Nation, und der Akt seiner Wahl ist der große Trumpf, den das souveräne Volk alle vier Jahre einmal ausspielt. Die erwählte Nationalversammlung steht in einem metaphysischen, aber der erwählte Präsident in einem persönlichen Verhältnis zur Nation. Die Nationalversammlung stellt wohl in ihren einzelnen Repräsentanten die mannigfaltigen Seiten des Nationalgeistes dar, aber in dem Präsidenten inkarniert er sich. Er besitzt ihr gegenüber eine Art von göttlichem Recht, er ist von Volkes Gnaden.

Thetis, die Meergöttin, hatte dem Achilles prophezeit, daß er in der Blüte der Jugend sterben werde. Die Konstitution, die ihren faulen Fleck hat, wie Achilles, hatte auch ihre Ahnung, wie Achilles, daß sie frühen Todes abgehn müsse. Es genügte den konstituierenden reinen Republikanern, einen Blick aus dem Wolkenhimmel ihrer idealen Republik auf die profane Welt zu werfen, um zu erkennen, wie der Übermut der Royalisten, der Bonapartisten, der Demokraten, der Kommunisten und ihr eigner Mißkredit täglich stiegen, in demselben Maße, als sie sich der Vollendung ihres großen gesetzgeberischen Kunstwerks näherten, ohne daß Thetis deshalb das Meer zu verlassen und ihnen das Geheimnis mitzuteilen brauchte. Sie suchten das Verhängnis konstitutionell-pfiffig zu überlisten durch § 111 der Konstitution, wonach jeder Vorschlag zur *Revision der Verfassung* in drei sukzessiven Debatten, zwischen denen immer ein ganzer Monat zu liegen hat, von wenigstens ¾ der Stimmen votiert werden muß, vorausgesetzt noch, daß nicht weniger als 500 Mitglieder der Nationalversammlung stimmen. Sie machten damit nur den ohnmächtigen Versuch, noch als parlamentarische Minorität, als welche sie sich schon prophetisch im Geiste erblickten, eine Macht auszuüben, die in diesem Augenblicke, wo sie über die parlamentarische Majorität verfügten und über alle Mittel der Regierungsgewalt, täglich mehr ihren schwachen Händen entschlüpfte.

Endlich vertraut die Konstitution, in einem melodramatischen Paragraphen, sich selbst ›der Wachsamkeit und dem Patriotismus des ganzen französischen Volkes wie jedes einzelnen Franzosen‹ an, nachdem sie vorher schon in einem andern Paragraphen die ›Wachsamen‹ und ›Patriotischen‹ der zarten, hochnotpeinlichen Aufmerksamkeit des eigens von ihr erfundenen Hochgerichts, ›haute cour‹, anvertraut hatte.

Das war die Konstitution von 1848, die am 2. Dezember 1851 nicht von einem Kopfe umgeworfen wurde, sondern vor der Berührung mit einem bloßen Hute umfiel; allerdings war dieser Hut ein dreieckiger Napoleonshut.

Während die Bourgeois-Republikaner in der Versammlung damit beschäftigt waren, diese Konstitution auszuspintisieren, zu diskutieren und zu votieren, hielt Cavaignac außerhalb der Versammlung den *Belagerungszustand von Paris* aufrecht. Der Belagerungszustand von Paris war der Geburtshelfer der Konstituante bei ihren republikanischen Schöpfungswehen. Wenn die Konstitution später durch Bajonette aus der Welt geschafft wird, so darf man nicht vergessen, daß sie ebenfalls durch Bajonette, und zwar gegen das Volk gekehrte, schon im Mutterleibe beschützt und durch Bajonette auf die Welt gesetzt werden mußte. Die

Vorfahren der ›honetten Republikaner‹ hatten ihr Symbol, die Trikolore, die Tour durch Europa machen lassen. Sie ihrerseits machten auch eine Erfindung, die von selbst den Weg über den ganzen Kontinent fand, aber mit immer erneuter Liebe nach Frankreich zurückkehrte, bis sie jetzt in der Hälfte seiner Departements Bürgerrecht erworben hat – den *Belagerungszustand*. Treffliche Erfindung, periodisch angewandt in jeder nachfolgenden Krise im Laufe der französischen Revolution. Aber Kaserne und Biwak, die man so der französischen Gesellschaft periodisch auf den Kopf legte, um ihr das Gehirn zusammenzupressen und sie zum stillen Mann zu machen; Säbel und Muskete, die man periodisch richten und verwalten, bevormunden und zensieren, Polizei üben und Nachtwächterdienst verrichten ließ; Schnurrbart und Kommißrock, die man periodisch als höchste Weisheit der Gesellschaft und als Rektor der Gesellschaft ausposaunte – mußten Kaserne und Biwak, Säbel und Muskete, Schnurrbart und Kommißrock nicht schließlich auf den Einfall kommen, lieber ein für allemal die Gesellschaft zu retten, indem sie ihr eignes Regime als das oberste ausriefen und die bürgerliche Gesellschaft ganz von der Sorge befreiten, sich selbst zu regieren? Kaserne und Biwak, Säbel und Muskete, Schnurrbart und Kommißrock mußten um so mehr auf diesen Einfall kommen, als sie dann auch bessere bare Zahlung für ihr erhöhtes Verdienst erwarten konnten, während bei dem bloß periodischen Belagerungszustand und den vorübergehenden Gesellschaftsrettungen im Geheiß dieser oder jener Bourgeoisfraktion wenig Solides abfiel außer einigen Toten und Verwundeten und einigen freundlichen Bürgergrimassen. Sollte das Militär nicht endlich auch einmal in seinem eignen Interesse und für sein eignes Interesse Belagerungszustand spielen und zugleich die bürgerlichen Börsen belagern? Man vergesse übrigens nicht, im Vorbeigehen sei es bemerkt, daß *Oberst Bernard*, derselbe Militärkommissions-Präsident, der unter Cavaignac 15000 Insurgenten zur Deportation ohne Urteil verhalf, sich in diesem Augenblick wieder an der Spitze der in Paris tätigen Militärkommissionen bewegt.

Wenn die honetten, die reinen Republikaner mit dem Belagerungszustand in Paris die Pflanzschule angelegt, worin die Prätorianer des 2. Dezember 1851 großwachsen sollten, verdienen sie dagegen das Lob, daß sie, statt wie unter Louis-Philippe das Nationalgefühl zu übertreiben, jetzt, wo sie über die nationale Macht geboten, vor dem Auslande kriechen und, statt Italien frei zu machen, es von Österreichern und Neapolitanern wiedererobern lassen. Louis Bonapartes Wahl zum Präsidenten am 10. Dezember 1848 machte der Diktatur Cavaignacs und der Konstituante ein Ende.

In § 44 der Konstitution heißt es: »Der Präsident der Französischen Republik darf nie seine Eigenschaft als französischer Bürger verloren haben.« Der erste Präsident der Französischen Republik, L.-N. Bonaparte, hatte nicht allein seine Eigenschaft als französischer Bürger verloren, war nicht nur englischer Spezial-Konstabler gewesen, er war sogar ein naturalisierter Schweizer.

Ich habe an einem andern Orte die Bedeutung der Wahl vom 10. Dezember entwickelt. Ich komme hier nicht darauf zurück. Es genügt hier zu bemerken, daß sie eine *Reaktion der Bauern*, die die Kosten der Februarrevolution hatten zahlen müssen, gegen die übrigen Klassen der Nation, eine *Reaktion des Landes gegen die Stadt* war. Sie fand großen Anklang in der Armee, der die Republikaner des ›National‹ keinen Ruhm verschafft hatten, noch Zulage, unter der großen Bourgeoisie, die den Bonaparte als Brücke zur Monarchie, unter den Proletariern und Kleinbürgern, die ihn als Geißel für Cavaignac begrüßten. Ich werde später Gelegenheit finden, auf das Verhältnis der Bauern zur französischen Revolution näher einzugehn.

Die Epoche vom 20. Dezember 1848 bis zur Auflösung der Konstituante im Mai 1849 umfaßt die Geschichte des Untergangs der Bourgeois-Republikaner. Nachdem sie eine Republik für die Bourgeoisie gegründet, das revolutionäre Proletariat von dem Terrain vertrieben und das demokratische Kleinbürgertum einstweilen zum Schweigen gebracht haben, werden sie selbst von der Masse der Bourgeoisie beiseite geschoben, die diese Republik mit Recht als *ihr Eigentum* mit Beschlag belegt. Diese Bourgeoismasse war aber *royalistisch*. Ein Teil derselben, die großen Grundeigentümer, hatte unter der *Restauration* geherrscht und war daher *legitimistisch*. Der andre, die Finanzaristokraten und großen Industriellen, hatte unter der Julimonarchie geherrscht und war daher *orleanistisch*. Die Großwürdenträger der Armee, der Universität, der Kirche, des Barreaus, der Akademie und der Presse verteilten sich auf beide Seiten, wenn auch in verschiedener Proportion. Hier in der bürgerlichen Republik, die weder den Namen *Bourbon* noch den Namen *Orléans* trug, sondern den Namen *Kapital*, hatten sie die Staatsform gefunden, worunter sie *gemeinsam* herrschen konnten. Schon die Juni-Insurrektion hatte sie zur ›Partei der Ordnung‹ vereinigt. Jetzt galt es zunächst, die Koterie der Bourgeois-Republikaner zu beseitigen, die noch die Sitze der Nationalversammlung innehielt. Ebenso brutal, wie diese reinen Republikaner dem Volke gegenüber die physische Gewalt mißbraucht hatten, ebenso feig, kleinlaut, mutlos, gebrochen, kampfunfähig wichen sie jetzt zurück, wo es galt, der exekutiven Gewalt und den Royalisten gegenüber ihr Republikanertum und ihr gesetzgeberisches Recht zu behaupten. Ich habe hier nicht die schmähliche Geschichte ihrer Auflösung zu erzählen. Es war ein Vergehen, kein Untergehen. Ihre Geschichte hat für immer ausgespielt, und in der folgenden Periode figurieren sie, sei es innerhalb, sei es außerhalb der Versammlung, nur noch als Erinnerungen, Erinnerungen, die wieder lebendig zu werden scheinen, sobald es sich wieder um den bloßen Namen Republik handelt und sooft der revolutionäre Konflikt auf das niedrigste Niveau herabzusinken droht. Ich bemerke im Vorbeigehn, daß das Journal, welches dieser Partei ihren Namen gab, der ›National‹, sich in der folgenden Periode zum Sozialismus bekehrt.

Ehe wir mit dieser Periode abschließen, müssen wir noch einen Rückblick auf die beiden Mächte werfen, von denen die eine die andre am 2. Dezember 1851 vernichtet, während sie vom 20. Dezember 1848 bis zum Abtritt der Konstituante in ehelichem Verhältnisse lebten. Wir meinen Louis Bonaparte einerseits und die Partei der koalisierten Royalisten, der Ordnung, der großen Bourgeoisie andrerseits. Beim Antritt seiner Präsidentschaft bildete Bonaparte sofort ein Ministerium der Partei der Ordnung, an dessen Spitze er Odilon Barrot stellte, notabene den alten Führer der liberalsten Fraktion der parlamentarischen Bourgeoisie. Herr Barrot hatte endlich das Ministerium erjagt, dessen Gespenst ihn seit 1830 verfolgte, und noch mehr, die Präsidentschaft in diesem Ministerium; aber nicht, wie er sich unter Louis-Philippe eingebildet, als der avancierteste Chef der parlamentarischen Opposition, sondern mit der Aufgabe, ein Parlament totzumachen, und als Verbündeter mit allen seinen Erzfeinden, Jesuiten und Legitimisten. Er führte endlich die Braut heim, aber erst nachdem sie prostituiert war. Bonaparte selbst eklipsierte sich scheinbar vollständig. Jene Partei handelte für ihn.

Gleich im ersten Ministerkonseil wurde die Expedition nach Rom beschlossen, die man hinter dem Rücken der Nationalversammlung auszuführen und wofür man ihr die Mittel unter falschem Vorwande zu entreißen übereinkam. So wurde begonnen mit einer Prellerei der Nationalversammlung und einer heimlichen Konspiration mit den absoluten Mächten des Auslandes gegen die revolutionäre Römische Republik. Bonaparte bereitete auf dieselbe Weise und durch dieselben Manöver seinen Coup vom 2. Dezember gegen die royalistische Legislative und ihre konstitutionelle Republik vor. Vergessen wir nicht, daß dieselbe Partei, die am 20. Dezember 1848 Bonapartes Ministerium, am 2. Dezember 1851 die Majorität der legislativen Nationalversammlung bildete.

Die Konstituante hatte im August beschlossen, sich erst aufzulösen, nachdem sie eine ganze Reihe organischer Gesetze, die die Konstitution ergänzen sollten, ausgearbeitet und promulgiert habe. Die Ordnungspartei ließ ihr durch den Repräsentanten Rateau am 6. Januar 1849 vorschlagen, die organischen Gesetze laufen zu lassen und vielmehr ihre *eigene Auflösung* zu beschließen. Nicht nur das Ministerium, Herr Odilon Barrot an der Spitze, sämtliche royalistische Mitglieder der Nationalversammlung herrschten ihr in diesem Augenblicke zu, ihre Auflösung sei notwendig zur Herstellung des Kredits, zur Konsolidierung der Ordnung, um dem unbestimmten Provisorium ein Ende zu machen und einen definitiven Zustand zu gründen, sie hindre die Produktivität der neuen Regierung und suche ihr Dasein bloß aus Rankünе zu fristen, das Land sei ihrer müde. Bonaparte merkte sich alle diese Invektiven gegen die gesetzgebende Gewalt, lernte sie auswendig und bewies den parlamentarischen Royalisten am 2. Dezember 1851, daß er von ihnen gelernt habe. Er wiederholte ihre eignen Stichworte gegen sie.

Das Ministerium Barrot und die Ordnungspartei gingen weiter. Sie riefen *Petitionen an die Nationalversammlung* in ganz Frankreich hervor, worin diese freundlichst gebeten wurde zu verschwinden. So führten sie gegen die Nationalversammlung, den konstitutionell organisierten Ausdruck des Volkes, seine unorganischen Massen ins Feuer. Sie lehrten Bonaparte von den parlamentarischen Versammlungen an das Volk appellieren. Endlich am 29. Januar 1849 war der Tag gekommen, an dem die Konstituante über ihre eigne Auflösung beschließen sollte. Die Nationalversammlung fand ihr Sitzungsgebäude militärisch besetzt; Changarnier, der General der Ordnungspartei, in dessen Händen der Oberbefehl über Nationalgarde und Linientruppen vereinigt war, hielt große Truppenschau in Paris, als wenn eine Schlacht bevorstehe, und die koalisierten Royalisten erklärten der Konstituante drohend, daß man Gewalt anwenden werde, wenn sie nicht willig sei. Sie war willig und marktete sich nur noch eine ganz kurze Lebensfrist aus. Was war der 29. Januar anders als der coup d'état vom 2. Dezember 1851, nur mit Bonaparte von den Royalisten gegen die republikanische Nationalversammlung ausgeführt? Die Herren bemerkten nicht oder wollten nicht merken, daß Bonaparte den 29. Januar 1849 benutzte, um einen Teil der Truppen vor den Tuilerien an sich vorbeidefilieren zu lassen und gerade dies erste öffentliche Aufgebot der Militärmacht gegen die parlamentarische Macht begierig aufgriff, um den Caligula anzudeuten. Sie sahen allerdings nur ihren Changarnier.

Ein Motiv, das die Partei der Ordnung noch insbesondere bewog, die Lebensdauer der Konstituante gewaltsam abzukürzen, waren die *organischen*, die Konstitution ergänzenden Gesetze, wie das Unterrichtsgesetz, Kultusgesetz usw. Den koalisierten Royalisten lag alles daran, diese Gesetze selbst zu machen und nicht von den mißtrauisch gewordenen Republikanern machen zu lassen. Unter diesen organischen Gesetzen befand sich indes auch ein Gesetz über die Verantwortlichkeit des Präsidenten der Republik. 1851 war die legislative Versammlung eben mit Abfassung eines solchen Gesetzes beschäftigt, als Bonaparte diesem Coup durch den Coup vom 2. Dezember zuvorkam. Was hätten die koalisierten Royalisten in ihrem parlamentarischen Winterfeldzug von 1851 darum gegeben, wenn sie das Verantwortlichkeitsgesetz fertig vorgefunden, und zwar verfaßt von einer mißtrauischen, gehässigen, republikanischen Versammlung!

Nachdem am 29. Januar 1849 die Konstituante ihre letzte Waffe selbst zerbrochen hatte, hetzten das Ministerium Barrot und die Ordnungsfreunde sie zu Tode, ließen nichts ungeschehn, was sie demütigen konnte, und trotzten ihrer an sich selbst verzweifelnden Schwäche Gesetze ab, die sie den letzten Rest von Achtung bei dem Publikum kosteten. Bonaparte, mit seiner fixen napoleonischen Idee beschäftigt, war keck genug, diese Herabwürdigung der parlamentarischen Macht öffentlich zu exploitieren. Als nämlich die Nationalversammlung am 8. Mai 1849 dem Ministerium ein Tadelsvotum wegen der Besetzung Civitavecchias durch Oudinot erteilte und die römische Expedition zu ihrem angeblichen Zweck zurückzuführen befahl, publizierte Bonaparte denselben Abend im ›Moniteur‹ einen Brief an Oudinot, worin er ihm zu seinen Heldentaten Glück wünscht und sich schon im Gegensatz zu den federfuchsenden Parlamentären als den großmütigen Protekteur der Armee gebärdet. Die Royalisten lächelten dazu. Sie hielten ihn einfach für ihren dupe. Endlich als Marrast, der Präsident der Konstituante, einen Augenblick die Sicherheit der Nationalversammlung gefährdet glaubte und auf die Konstitution gestützt einen Oberst mit seinem Regimente requirierte, weigerte sich der Oberst, bezog sich auf die Disziplin und verwies Marrast an Changarnier, der ihn höhnisch abwies mit der Bemerkung, er liebe nicht die bayonettes intelligentes. November 1851, als die koalisierten Royalisten den entscheidenden Kampf mit Bonaparte beginnen wollten, suchten sie in ihrer berüchtigten *Quästorenbill* das Prinzip der direkten Requisition der Truppen durch den Präsidenten der Nationalversammlung durchzusetzen. Einer ihrer Generale, Le Flô, hatte den Gesetzvorschlag unterzeichnet. Vergebens stimmte Changarnier für den Vorschlag und huldigte Thiers der umsichtigen Weisheit der ehemaligen Konstituante. Der *Kriegsminister St. Arnaud* antwortete ihm, wie dem Marrast Changarnier geantwortet hatte, und – unter dem Beifallsruf der Montagne!

So hatte die *Partei der Ordnung* selbst, als sie noch nicht Nationalversammlung war, als sie nur noch Ministerium war, das *parlamentarische Regime* gebrandmarkt. Und sie schreit auf, als der 2. Dezember 1851 es aus Frankreich verbannt!

Wir wünschen ihm glückliche Reise.

III

Am 28. Mai 1849 trat die gesetzgebende Nationalversammlung zusammen. Am 2. Dezember 1851 ward sie gesprengt. Diese Periode umfaßt die Lebensdauer der *konstitutionellen oder parlamentarischen Republik*.

In der ersten französischen Revolution folgt auf die Herrschaft der *Konstitutionellen* die Herrschaft der *Girondins* und auf die Herrschaft der *Girondins* die Herrschaft der *Jakobiner*. Jede dieser Parteien stützt sich auf die fortgeschrittenere. Sobald sie die Revolution weit genug geführt hat, um ihr nicht mehr folgen, noch weniger ihr vorangehn zu können, wird sie von dem kühnern Verbündeten, der hinter ihr steht, beiseite geschoben und auf die Guillotine geschickt. Die Revolution bewegt sich so in aufsteigender Linie.

Umgekehrt die Revolution von 1848. Die proletarische Partei erscheint als Anhang der kleinbürgerlich-demokratischen. Sie wird von ihr verraten und fallengelassen am 16. April, am 15. Mai und in den Junitagen. Die demokratische Partei ihrerseits lehnt sich auf die Schultern der bourgeois-republikanischen. Die Bourgeois-Republikaner glauben kaum fest zu stehn, als sie den lästigen Kameraden abschütteln und sich selbst auf die Schultern der Ordnungspartei stützen. Die Ordnungspartei zieht ihre Schultern ein, läßt die Bourgeois-Republikaner purzeln und wirft sich auf die Schultern der bewaffneten Gewalt. Sie glaubt noch auf ihren Schultern zu sitzen, als sie an einem schönen Morgen bemerkt, daß sich die Schultern in Bajonette verwandelt haben. Jede Partei schlägt von hinten aus nach der weiterdrängenden und lehnt sich von vorn über auf die zurückdrängende. Kein Wunder, daß sie in dieser lächerlichen Positur das Gleichgewicht verliert und, nachdem sie die unvermeidlichen Grimassen geschnitten, unter seltsamen Kapriolen zusammenstürzt. Die Revolution bewegt sich so in absteigender Linie. Sie befindet sich in dieser rückgängigen Bewegung, ehe die letzte Februarbarrikade weggeräumt und die erste Revolutionsbehörde konstituiert ist.

Die Periode, die wir vor uns haben, umfaßt das bunteste Gemisch schreiender Widersprüche: Konstitutionelle, die offen gegen die Konstitution konspirieren, Revolutionäre, die eingestandenermaßen konstitutionell sind, eine Nationalversammlung, die allmächtig sein will und stets parlamentarisch bleibt; eine Montagne, die im Dulden ihren Beruf findet und durch die Prophezeiung künftiger Siege ihre gegenwärtigen Niederlagen pariert; Royalisten, die die patres conscripti der Republik bilden und durch die Situation gezwungen werden, die feindlichen Königshäuser, denen sie anhängen, im Auslande, und die Republik, die sie hassen, in Frankreich zu halten; eine Exekutivgewalt, die in ihrer Schwäche selbst ihre Kraft und in der Verachtung, die sie einflößt, ihre Respektabilität findet; eine Republik, die nichts anders ist als die zusammengesetzte Infamie zweier Monarchien, der Restauration und der Julimonarchie, mit einer imperialistischen Etikette – Verbindungen, deren erste Klausel die Trennung, Kämpfe, deren erstes Gesetz die Entscheidungslosigkeit ist, im Namen der Ruhe wüste, inhaltslose Agitation, im Namen der Revolution feierlichstes Predigen der Ruhe, Leidenschaften ohne Wahrheit, Wahrheiten ohne Leidenschaft, Helden ohne Heldentaten, Geschichte ohne Ereignisse; Entwickelung, deren einzige Triebkraft der Kalender scheint, durch beständige Wiederholung derselben Spannungen und Abspannungen ermüdend; Gegensätze, die sich selbst periodisch nur auf die Höhe zu treiben scheinen, um sich abzustumpfen und zusammenzufallen, ohne sich auflösen zu können; prätentiös zur Schau getragene Anstrengungen und bürgerliche Schrecken vor der Gefahr des Weltunterganges, und von den Weltrettern gleichzeitig die kleinlichsten Intrigen und Hofkomödien gespielt, die in ihrem laisser-aller weniger an den Jüngsten Tag als an die Zeiten der Fronde erinnern – das offizielle Gesamtgenie Frankreichs von der pfiffigen Dummheit eines einzelnen Individuums zuschanden gemacht; der Gesamtwille der Nation, sooft er im allgemeinen Wahlrecht spricht, in den verjährten Feinden der Masseninteressen seinen entsprechenden Ausdruck suchend, bis er ihn endlich in dem Eigenwillen eines Flibustiers findet. Wenn irgendein Geschichtsausschnitt grau in grau gemalt ist, so ist es dieser. Menschen und Ereignisse erscheinen als umgekehrte Schlemihle, als Schatten, denen der Körper abhanden gekommen ist. Die Revolution selbst paralysiert ihre eigenen Träger und stattet nur ihre Gegner mit leidenschaftlicher Gewaltsamkeit aus. Wenn das ›rote Gespenst‹, von den Kontrerevolutionären beständig heraufbeschworen und gebannt, endlich erscheint, so erscheint es nicht mit anarchischer Phrygiermütze auf dem Kopfe, sondern in der Uniform der Ordnung, in *roten Plumphosen.*

Wir haben gesehen: Das Ministerium, das Bonaparte am 20. Dezember 1848, am Tage seiner Himmelfahrt installierte, war ein Ministerium der Ordnungspartei, der legitimistischen und orleanistischen Koalition. Dies Ministerium Barrot-Falloux hatte die republikanische Konstituante, deren Lebensdauer es mehr oder minder gewaltsam abkürzte, überwintert und befand sich noch am Ruder. Changarnier, der General der verbündeten Royalisten, vereinigte fortwährend in seiner Person das Generalkommando der ersten Militärdivision und der Pariser Nationalgarde. Die allgemeinen Wahlen endlich hatten der Ordnungspartei die große Majorität in der Nationalversammlung gesichert. Hier begegneten die Deputierten und Pairs Louis-Philippes einer heiligen Schar von Legitimisten, für welche zahlreiche Wahlzettel der Nation sich in Eintrittskarten auf die politische Bühne verwandelt hatten. Die bonapartistischen Volksrepräsentanten waren zu dünn gesät, um eine selbständige parlamentarische Partei bilden zu können. Sie erschienen nur als mauvaise queue der Ordnungspartei. So war die Ordnungspartei im Besitz der Regierungsgewalt, der Armee und des gesetzgebenden Körpers, kurz der Gesamtmacht des Staats, moralisch gekräftigt durch die allgemeinen Wahlen, die ihre Herrschaft als den Willen des Volkes erscheinen ließen, und durch den gleichzeitigen Sieg der Kontrerevolution auf dem gesamten europäischen Kontinent.

Nie eröffnete eine Partei mit größern Mitteln und unter günstigern Auspizien ihren Feldzug.

Die schiffbrüchigen *reinen Republikaner* fanden sich in der gesetzgebenden Nationalversammlung auf eine Clique von ungefähr 50 Mann zusammengeschmolzen, an ihrer Spitze die afrikanischen Generale Cavaignac, Lamoricière, Bedeau. Die große Oppositionspartei aber wurde gebildet durch die *Montagne*. Diesen parlamentarischen Taufnamen hatte sich die *sozialdemokratische* Partei gegeben. Sie verfügte über mehr als 200 von den 750 Stimmen der Nationalversammlung und war daher wenigstens ebenso mächtig als irgendeine der drei Fraktionen der Ordnungspartei für sich genommen. Ihre relative Minorität gegen die gesamte royalistische Koalition schien durch besondere Umstände aufgewogen. Nicht nur zeigten die Departementswahlen, daß sie einen bedeutenden Anhang unter der Landbevölkerung gewonnen hatte. Sie zählte beinahe alle Deputierten von Paris unter sich, die Armee hatte durch die Wahl von drei Unteroffizieren ein demokratisches Glaubensbekenntnis abgelegt, und der Chef der Montagne, Ledru-Rollin, war im Unterschiede von allen Repräsentanten der Ordnungspartei in den parlamentarischen Adelstand erhoben worden durch fünf Departements, die ihre Stimmen auf ihn vereinigt. Die Montagne schien also am 28. Mai 1849, bei den unvermeidlichen Kollisionen der Royalisten unter sich und der gesamten Ordnungspartei mit Bonaparte, alle Elemente des Erfolgs vor sich zu haben. Vierzehn Tage später hatte sie alles verloren, die Ehre eingerechnet.

Ehe wir der parlamentarischen Geschichte weiter folgen, sind einige Bemerkungen nötig, um gewöhnliche Täuschungen über den ganzen Charakter der Epoche, die uns vorliegt, zu vermeiden. In der demokratischen Manier zu sehn, handelt es sich während der Periode der gesetzgebenden Nationalversammlung, um was es sich in der Periode der konstituierenden handelte, um den einfachen Kampf zwischen Republikanern und Royalisten. Die Bewegung selbst aber fassen sie in *ein* Stichwort zusammen: ›*Reaktion*‹, Nacht, worin alle Katzen grau sind, und die ihnen erlaubt, ihre nachtwächterlichen Gemeinplätze abzuleiern. Und allerdings, auf den ersten Blick zeigt die Ordnungspartei einen Knäuel von verschiedenen royalistischen Fraktionen, die nicht nur gegeneinander intrigieren, um jede ihren eignen Prätendenten auf den Thron zu erheben und den Prätendenten der Gegenpartei auszuschließen, sondern sich auch alle vereinigen in gemeinschaftlichem Haß und gemeinschaftlichen Angriffen gegen die ›Republik‹. Die Montagne ihrerseits erscheint im Gegensatz zu dieser royalistischen Konspiration als Vertreterin der ›Republik‹. Die Ordnungspartei erscheint beständig beschäftigt mit einer ›Reaktion‹, die sich nicht mehr nicht minder wie in Preußen gegen Presse, Assoziation u. dgl. richtet und in brutalen Polizeieinmischungen der Bürokratie, der Gendarmerie und der Parkette sich vollstreckt wie in Preußen. Die ›Montagne‹ ihrerseits wieder ist ebenso fortwährend beschäftigt, diese Angriffe abzuwehren und so die ›ewigen Menschenrechte‹ zu verteidigen, wie jede sogenannte Volkspartei mehr oder minder seit anderthalb Jahrhunderten getan hat. Vor einer nähern Betrachtung der Situation und der Parteien verschwindet indes dieser oberflächliche Schein, der den *Klassenkampf* und die eigentümliche Physiognomie dieser Periode verschleiert.

Legitimisten und Orleanisten bildeten, wie gesagt, die zwei großen Fraktionen der Ordnungspartei. Was diese Fraktionen an ihren Prätendenten festhielt und sie wechselseitig auseinanderhielt, war es nichts andres als Lilie und Trikolore, Haus Bourbon und Haus Orléans, verschiedene Schattierungen des Royalismus, war es überhaupt das Glaubensbekenntnis des Royalismus? Unter den Bourbonen hatte das *große Grundeigentum* regiert mit seinen Pfaffen und Lakaien, unter den Orléans die hohe Finanz, die große Industrie, der große Handel, d.h. *das Kapital* mit seinem Gefolge von Advokaten, Professoren und Schönrednern. Das legitime Königtum war bloß der politische Ausdruck für die angestammte Herrschaft der Herren von Grund und Boden, wie die Julimonarchie nur der politische Ausdruck für die usurpierte Herrschaft der bürgerlichen Parvenüs. Was also diese Fraktionen auseinanderhielt, es waren keine sogenannten Prinzipien, es waren ihre materiellen Existenzbedingungen, zwei verschiedene Arten des Eigentums, es war der alte Gegensatz von Stadt und Land, die Rivalität zwischen Kapital und Grundeigentum. Daß gleichzeitig alte Erinnerungen, persönliche Feindschaften, Befürchtungen und Hoffnungen, Vorurteile und Illusionen, Sympathien und Antipathien, Überzeugungen, Glaubensartikel und Prinzipien sie an das eine oder das andre Königshaus banden, wer leugnet es? Auf den verschiedenen Formen des Eigentums, auf den sozialen Existenzbedingungen erhebt sich ein ganzer Überbau verschiedener und eigentümlich gestalteter Empfindungen, Illusionen, Denkweisen und Lebensanschauungen. Die ganze Klasse schafft und gestaltet sie aus ihren materiellen Grundlagen heraus und aus den entsprechenden gesellschaftlichen Verhältnissen. Das einzelne Individuum, dem sie durch Tradition und Erziehung zufließen, kann sich einbilden, daß sie die eigentlichen Bestimmungsgründe und den Ausgangspunkt seines Handelns bilden. Wenn Orleanisten, Legitimisten, jede Fraktion sich selbst und der andern vorzureden suchte, daß die Anhänglichkeit an ihre zwei Königshäuser sie trenne, bewies später die Tatsache, daß vielmehr ihr gespaltenes Interesse die Vereinigung der zwei Königshäuser verbot. Und wie man im Privatleben unterscheidet zwischen dem, was ein Mensch von sich meint und sagt, und dem, was er wirklich ist und tut, so muß man noch mehr in geschichtlichen Kämpfen die Phrasen und Einbildungen der Parteien von ihrem wirklichen Organismus und ihren wirklichen Interessen, ihre Vorstellung von ihrer Realität unterscheiden. Orleanisten und Legitimisten fanden sich in der Republik nebeneinander mit gleichen Ansprüchen. Wenn jede Seite gegen die andre die *Restauration* ihres *eignen* Königshauses durchsetzen wollte, so hieß das nichts andres, als daß die *zwei großen Interessen*, worin die *Bourgeoisie* sich spaltet – Grundeigentum und Kapital –, jedes seine eigne Suprematie und die Unterordnung des andern zu restaurieren suchte. Wir sprechen von zwei Interessen der Bourgeoisie, denn das große Grundeigentum, trotz seiner feudalen Koketterie und seines Rassenstolzes, war durch die Entwicklung der modernen Gesellschaft vollständig verbürgerlicht. So haben die Tories in England sich lange eingebildet, daß sie für das Königtum, die Kirche und die Schönheiten der altenglischen Verfassung schwärmten, bis der Tag der Gefahr ihnen das Geständnis entriß, daß sie nur für die *Grundrente* schwärmen.

Die koalisierten Royalisten spielten ihre Intrige gegeneinander in der Presse, in Ems, in Claremont, außerhalb des Parlaments. Hinter den Kulissen zogen sie ihre alten orleanistischen und legitimistischen Livreen wieder an und führten ihre alten Turniere wieder auf. Aber auf der öffentlichen Bühne, in ihren Haupt- und Staatsaktionen, als große parlamentarische Partei, fertigen sie ihre respektiven Königshäuser mit bloßen Reverenzen ab und vertagen die Restauration der Monarchie in infinitum. Sie verrichten ihr wirkliches Geschäft als *Partei der Ordnung*, d.h. unter einem *gesellschaftlichen*, nicht unter einem *politischen* Titel, als Vertreter der bürgerlichen Weltordnung, nicht als Ritter fahrender Prinzessinnen, als Bourgeoisklasse gegenüber andern Klassen, nicht als Royalisten gegenüber den Republikanern. Und als Partei der Ordnung haben sie eine unumschränktere und härtere Herrschaft über die andern Klassen der Gesellschaft ausgeübt als je zuvor unter der Restauration oder unter der Julimonarchie, wie sie überhaupt nur unter der Form der parlamentarischen Republik möglich war, denn nur unter dieser Form konnten die zwei großen Abteilungen der französischen Bourgeoisie sich vereinigen, also die Herrschaft ihrer Klasse statt des Regimes einer privilegierten Fraktion derselben auf die Tagesordnung setzen. Wenn sie trotzdem auch als Partei der Ordnung die Republik insultieren und ihren Widerwillen gegen sie aussprechen, so geschah das nicht nur aus royalistischer Erinnerung. Es lehrte sie der Instinkt, daß die Republik zwar ihre politische Herrschaft vollendet, aber zugleich deren gesellschaftliche Grundlage unterwühlt, indem sie nun ohne Vermittlung, ohne den Versteck der Krone, ohne das nationale Interesse durch ihre untergeordneten Kämpfe untereinander und mit dem Königtum ableiten zu können, den unterjochten Klassen gegenüberstehn und mit ihnen ringen müssen. Es war Gefühl der Schwäche, das sie vor den reinen Bedingungen ihrer eignen Klassenherrschaft zurückbeben und sich nach den unvollständigern, unentwickelteren und eben darum gefahrloseren Formen derselben zurücksehnen ließ. Sooft die koalisierten Royalisten dagegen in Konflikt mit dem Prätendenten geraten, der ihnen gegenübersteht, mit Bonaparte, sooft sie ihre parlamentarische Allmacht von der Exekutivgewalt gefährdet glauben, sooft sie also den politischen Titel ihrer Herrschaft herauskehren müssen, treten sie als *Republikaner* auf und nicht als *Royalisten*, von dem Orleanisten Thiers, der die Nationalversammlung warnt, daß die Republik sie am wenigsten trenne, bis auf den Legitimisten Berryer, der am 2. Dezember 1851, die dreifarbige Schärpe umgewunden, das vor dem Mairiegebäude des zehnten Arrondissements versammelte Volk als Tribun im Namen der Republik harangiert. Allerdings ruft ihm das Echo spottend zurück: Henri V.! Henri V.!

Der koalisierten Bourgeoisie gegenüber hatte sich eine Koalition zwischen Kleinbürgern und Arbeitern gebildet, die sogenannte *sozialdemokratische* Partei. Die Kleinbürger sahen sich nach den Junitagen 1848 schlecht belohnt, ihre materiellen Interessen gefährdet und die demokratischen Garantien, die ihnen die Geltendmachung dieser Interessen sichern sollten, von der Kontrerevolution in Frage gestellt. Sie näherten sich daher den Arbeitern. Ihre parlamentarische Repräsentation andrerseits, die *Montagne*, während der Diktatur der Bourgeois-Republikaner beiseite geschoben, hatte in der letzten Lebenshälfte der Konstituante durch den Kampf mit Bonaparte und den royalistischen Ministern ihre verlorene Popularität wiedererobert. Sie hatte mit den sozialistischen Führern eine Allianz geschlossen. Februar 1849 wurden Versöhnungsbankette gefeiert. Ein gemeinschaftliches Programm wurde entworfen, gemeinschaftliche Wahlkomitees wurden gestiftet und gemeinschaftliche Kandidaten aufgestellt. Den sozialen Forderungen des Proletariats ward die revolutionäre Pointe abgebrochen und eine demokratische Wendung gegeben, den demokratischen Ansprüchen des Kleinbürgertums die bloß politische Form abgestreift und ihre sozialistische

Pointe herausgekehrt. So entstand die *Sozial-Demokratie*. Die neue *Montagne*, das Ergebnis dieser Kombination, enthielt, einige Figuranten aus der Arbeiterklasse und einige sozialistische Sektierer abgerechnet, dieselben Elemente wie die alte Montagne, nur numerisch stärker. Aber im Laufe der Entwicklung hatte sie sich verändert mit der Klasse, die sie vertrat. Der eigentümliche Charakter der Sozial-Demokratie faßt sich dahin zusammen, daß demokratisch-republikanische Institutionen als Mittel verlangt werden, nicht um zwei Extreme, Kapital und Lohnarbeit, beide aufzuheben, sondern um ihren Gegensatz abzuschwächen und in Harmonie zu verwandeln. Wie verschiedene Maßregeln zur Erreichung dieses Zweckes vorgeschlagen werden mögen, wie sehr er mit mehr oder minder revolutionären Vorstellungen sich verbrämen mag, der Inhalt bleibt derselbe. Dieser Inhalt ist die Umänderung der Gesellschaft auf demokratischem Wege, aber eine Umänderung innerhalb der Grenzen des Kleinbürgertums. Man muß sich nur nicht die bornierte Vorstellung machen, als wenn das Kleinbürgertum prinzipiell ein egoistisches Klasseninteresse durchsetzen wolle. Es glaubt vielmehr, daß die *besondern* Bedingungen seiner Befreiung die *allgemeinen* Bedingungen sind, innerhalb deren allein die moderne Gesellschaft gerettet und der Klassenkampf vermieden werden kann. Man muß sich ebensowenig vorstellen, daß die demokratischen Repräsentanten nun alle shopkeepers sind oder für dieselben schwärmen. Sie können ihrer Bildung und ihrer individuellen Lage nach himmelweit von ihnen getrennt sein. Was sie zu Vertretern des Kleinbürgers macht, ist, daß sie im Kopfe nicht über die Schranken hinauskommen, worüber jener nicht im Leben hinauskommt, daß sie daher zu denselben Aufgaben und Lösungen theoretisch getrieben werden, wohin jenen das materielle Interesse und die gesellschaftliche Lage praktisch treiben. Dies ist überhaupt das Verhältnis der *politischen* und *literarischen Vertreter* einer Klasse zu der Klasse, die sie vertreten.

Nach der gegebenen Auseinandersetzung versteht sich von selbst, daß, wenn die Montagne mit der Ordnungspartei fortwährend um die Republik und die sogenannten Menschenrechte ringt, weder die Republik noch die Menschenrechte ihr letzter Zweck sind, sowenig wie eine Armee, die man ihrer Waffen berauben will und die sich zur Wehr setzt, auf den Kampfplatz getreten ist, um im Besitz ihrer eignen Waffen zu bleiben.

Die Partei der Ordnung provozierte gleich beim Zusammentritt der Nationalversammlung die Montagne. Die Bourgeoisie fühlte jetzt die Notwendigkeit, mit den demokratischen Kleinbürgern fertig zu werden, wie sie ein Jahr vorher die Notwendigkeit begriffen hatte, mit dem revolutionären Proletariat zu enden. Nur war die Situation des Gegners eine verschiedene. Die Stärke der proletarischen Partei war auf der

Straße, die der Kleinbürger in der Nationalversammlung selbst. Es galt also, sie aus der Nationalversammlung auf die Straße zu locken und sie selbst ihre parlamentarische Macht zerbrechen zu lassen, ehe Zeit und Gelegenheit sie konsolidieren konnten. Die Montagne sprengte mit verhängtem Zügel in die Falle.

Das Bombardement Roms durch die französischen Truppen war der Köder, der ihr hingeworfen wurde. Es verletzte Artikel V der Konstitution, der der Französischen Republik untersagt, ihre Streitkräfte gegen die Freiheiten eines andern Volks zu verwenden. Zudem verbot auch Artikel 54 jede Kriegserklärung von seiten der Exekutivgewalt ohne Zustimmung der Nationalversammlung, und die Konstituante hatte durch ihren Beschluß vom 8. Mai die römische Expedition mißbilligt. Auf diese Gründe hin deponierte Ledru-Rollin am 11. Juni 1849 einen Anklageakt gegen Bonaparte und seine Minister. Durch die Wespenstiche von Thiers aufgereizt, ließ er sich sogar zu der Drohung fortreißen, die Konstitution mit allen Mitteln verteidigen zu wollen, selbst mit den Waffen in der Hand. Die Montagne erhob sich wie *ein* Mann und wiederholte diesen Waffenruf. Am 12. Juni verwarf die Nationalversammlung den Anklageakt, und die Montagne verließ das Parlament. Die Ereignisse des 13. Juni sind bekannt: die Proklamation eines Teils der Montagne, wodurch Bonaparte und seine Minister ›außerhalb der Konstitution‹ erklärt wurden; die Straßenprozession der demokratischen Nationalgarden, die waffenlos, wie sie waren, bei dem Zusammentreffen mit den Truppen Changarniers auseinanderstoben usw. usw. Ein Teil der Montagne flüchtete ins Ausland, ein anderer wurde dem Hochgericht in Bourges überwiesen, und ein parlamentarisches Reglement unterwarf den Rest der schulmeisterlichen Aufsicht des Präsidenten der Nationalversammlung. Paris wurde wieder in Belagerungszustand versetzt und der demokratische Teil seiner Nationalgarde aufgelöst. So war der Einfluß der Montagne im Parlament und die Macht der Kleinbürger in Paris gebrochen.

Lyon, wo der 13. Juni das Signal zu einem blutigen Arbeiteraufstand gegeben hatte, wurde mit den fünf umliegenden Departements ebenfalls in Belagerungszustand erklärt, ein Zustand, der bis auf diesen Augenblick fortdauert.

Das Gros der Montagne hatte seine Avantgarde im Stiche gelassen, indem es ihrer Proklamation die Unterschriften verweigerte. Die Presse war desertiert, indem nur zwei Journale das Pronunziamento zu veröffentlichen wagten. Die Kleinbürger verrieten ihre Repräsentanten, indem die Nationalgarden ausblieben oder, wo sie erschienen, den Barrikadenbau verhinderten. Die Repräsentanten hatten die Kleinbürger düpiert, indem die angeblichen Affiliierten von der Armee nirgends zu erblicken waren. Endlich, statt von ihm Kraftzuschuß zu gewinnen, hatte die demokratische Partei das Proletariat mit ihrer eignen Schwäche angesteckt, und, wie gewöhnlich bei demokratischen Hochtaten, hatten die Führer die Genugtuung, ihr »Volk« der Desertion, und das Volk die Genugtuung, seine Führer der Prellerei beschuldigen zu können.

Selten war eine Aktion mit größerem Geräusch verkündet worden als der bevorstehende Feldzug der Montagne, selten ein Ereignis mit mehr Sicherheit und länger vorher austrompetet als der unvermeidliche Sieg der Demokratie. Ganz gewiß: Die Demokraten glauben an die Posaunen, vor deren Stößen die Mauern Jerichos einstürzten. Und sooft sie den Wällen des Despotismus gegenüberstehn, suchen sie das Wunder nachzumachen. Wenn die Montagne im Parlamente siegen wollte, durfte sie nicht zu den Waffen rufen. Wenn sie im Parlamente zu den Waffen rief, durfte sie sich auf der Straße nicht parlamentarisch verhalten. Wenn die friedliche Demonstration ernst gemeint war, so war es albern, nicht vorherzusehn, daß sie kriegerisch empfangen werden würde. Wenn es auf den wirklichen Kampf abgesehn war, so war es originell, die Waffen abzulegen, mit denen er geführt werden mußte. Aber die revolutionären Drohungen der Kleinbürger und ihrer demokratischen Vertreter sind bloße Einschüchterungsversuche des Gegners. Und wenn sie sich in eine Sackgasse verrannt, wenn sie sich hinlänglich kompromittiert haben, um zur Ausführung ihrer Drohungen gezwungen zu sein, so geschieht es in einer zweideutigen Weise, die nichts mehr vermeidet als die Mittel zum Zwecke und nach Vorwänden zum Unterliegen hascht. Die schmetternde Ouvertüre, die den Kampf verkündete, verliert sich in ein kleinlautes Knurren, sobald er beginnen soll, die Schauspieler hören auf, sich au sérieux zu nehmen, und die Handlung fällt platt zusammen wie ein luftgefüllter Ballon, den man mit einer Nadel pickt.

Keine Partei übertreibt sich mehr ihre Mittel als die demokratische, keine täuscht sich leichtsinniger über die Situation. Wenn ein Teil der Armee für sie gestimmt hatte, war die Montagne nun auch überzeugt, daß die Armee für sie revoltieren werde. Und bei welchem Anlasse? Bei einem Anlasse, der vom Standpunkt der Truppen keinen andern Sinn hatte, als daß die Revolutionäre für die römischen Soldaten gegen die französischen Soldaten Partei ergriffen. Andrerseits waren die Erinnerungen an den Juni 1848 noch zu frisch, als daß nicht eine tiefe Abneigung des Proletariats gegen die Nationalgarde und ein durchgreifendes Mißtrauen der Chefs der geheimen Gesellschaften gegen die demokratischen Chefs existieren mußten. Um diese Differenzen auszugleichen, dazu bedurfte es großer gemeinschaftlicher Interessen, die auf dem Spiele standen. Die Verletzung eines abstrakten Verfassungsparagraphen konnte das Interesse nicht bieten. War die Verfassung nicht schon wiederholt verletzt worden nach der Versicherung der Demokraten selbst? Hatten die populärsten Journale sie nicht als ein kontrerevolutionäres Machwerk gebrandmarkt? Aber der Demokrat, weil er das Kleinbürgertum vertritt, also eine *Übergangsklasse*, worin die Interessen zweier Klassen sich zugleich abstumpfen, dünkt sich über den Klassengegensatz überhaupt erhaben. Die Demokraten geben zu, daß eine privilegierte Klasse ihnen gegenübersteht, aber sie mit der ganzen übrigen Umgebung der Nation bilden das *Volk*. Was sie vertreten, ist das *Volksrecht*; was sie interessiert, ist das *Volksinteresse*. Sie brauchen daher bei einem bevorstehenden Kampfe die Interessen und Stellungen der verschiedenen Klassen nicht zu prüfen. Sie brauchen ihre eigenen Mittel nicht allzu bedenklich abzuwägen. Sie haben eben nur das Signal zu geben, damit das *Volk* mit allen seinen unerschöpflichen Ressourcen über die *Dränger* herfalle. Stellen sich nun in der Ausführung ihre Interessen als uninteressant und ihre Macht als Ohnmacht heraus, so liegt das entweder an verderblichen Sophisten, die das *unteilbare Volk* in verschiedene feindliche Lager spalten, oder die Armee war zu vertiert und zu verblendet, um die reinen Zwecke der Demokratie als ihr eignes Beste zu begreifen, oder an einem Detail der Ausführung ist das Ganze gescheitert, oder aber ein unvorhergesehener Zufall hat für diesmal die Partie vereitelt. Jedenfalls geht der Demokrat ebenso makellos aus der schmählichsten Niederlage heraus, wie er unschuldig in sie hineingegangen ist, mit der neugewonnenen Überzeugung, daß er siegen muß, nicht daß er selbst und seine Partei den alten Standpunkt aufzugeben, sondern umgekehrt, daß die Verhältnisse ihm entgegenzureifen haben.

Man muß sich daher die dezimierte, gebrochene und durch das neue parlamentarische Reglement gedemütigte Montagne nicht gar zu unglücklich vorstellen. Wenn der 13. Juni ihre Chefs beseitigt hatte, so macht er andrerseits untergeordneteren Kapazitäten Platz, denen diese neue Stellung schmeichelt. Wenn ihre Machtlosigkeit im Parlamente nicht mehr bezweifelt werden konnte, so waren sie nun auch berechtigt, ihre Tat auf Ausbrüche sittlicher Entrüstung und polternde Deklamation zu beschränken. Wenn die Ordnungspartei in ihnen als den letzten offiziellen Repräsentanten der Revolution alle Schrecken der Anarchie verkörpert zu sehn vorgab, so konnten sie in der Wirklichkeit desto platter und bescheidener sein. Über den 13. Juni aber vertrösteten sie sich mit der tiefen Wendung: Aber wenn man das allgemeine Wahlrecht anzugreifen wagt, aber dann! Dann werden wir zeigen, wer wir sind. Nous verrons.

Was die ins Ausland geflüchteten Montagnards betrifft, so genügt es hier zu bemerken, daß Ledru-Rollin, weil es ihm gelungen war, in kaum zwei Wochen die mächtige Partei, an deren Spitze er stand, rettungslos zu ruinieren, sich nun berufen fand, eine französische Regierung in partibus zu bilden; daß seine Figur, in der Ferne, vom Boden der Aktion weggehoben, im Maßstab als das Niveau der Revolution sank und die offiziellen Größen des offiziellen Frankreichs zwerghafter wurden, an Größe zu wachsen schien; daß er als republikanischer Präsident für 1852 figurieren konnte, daß er periodische Rundschreiben an die Walachen und andere Völker erließ, worin den Despoten des Kontinents mit seinen und seiner Verbündeten Taten gedroht wird. Hatte Proudhon ganz unrecht, wenn er diesen Herren zurief: »Vous n'êtes que des blagueurs«?

Die Ordnungspartei hatte am 13. Juni nicht nur die Montagne gebrochen, sie hatte die *Unterordnung der Konstitution unter die Majoritätsbeschlüsse der Nationalversammlung* durchgesetzt. Und so verstand sie die Republik: daß die Bourgeoisie hier in parlamentarischen Formen herrsche, ohne wie in der Monarchie an dem Veto der Exekutivgewalt oder an der Auflösbarkeit des Parlaments eine Schranke zu finden. Das war die *parlamentarische Republik*, wie Thiers sie nannte. Aber wenn die Bourgeoisie am 13. Juni ihre Allmacht innerhalb des Parlamentsgebäudes sicherte, schlug sie nicht das Parlament selbst, der Exekutivgewalt und dem Volke gegenüber, mit unheilbarer Schwäche, indem sie den populärsten Teil desselben ausstieß? Indem sie zahlreiche Deputierte ohne weitere Zeremonien der Requisition der Parkette preisgab, hob sie ihre eigne parlamentarische Unverletzlichkeit auf. Das demütigende Reglement, dem sie die Montagne unterwarf, erhöht in demselben Maße den Präsidenten der Republik, als es den einzelnen Repräsentanten des Volks herabdrückt. Indem sie die Insurrektion zum Schutz der konstitutionellen Verfassung als anarchische, auf den Umsturz der Gesellschaft abzwekkende Tat brandmarkt, verbot sie sich selbst den Appell an die Insurrektion, sobald die Exekutivgewalt ihr gegenüber die Verfassung verletzen würde. Und die Ironie der Geschichte will, daß der General, der im Auftrage Bonapartes Rom bombardiert und so den unmittelbaren Anlaß zu der konstitutionellen Emeute vom 13. Juni gegeben hat, daß *Oudinot* am 2. Dezember 1851 dem Volke von der Ordnungspartei flehentlich und vergeblich als General der Konstitution gegen Bonaparte angeboten werden muß. Ein andrer Held des 13. Juni, *Vieyra*, der von der Tribüne der Nationalversammlung Lob einerntet für die Brutalitäten, die er in demokratischen Zeitungslokalen an der Spitze einer der hohen Finanz angehörigen Rotte von Nationalgarden verübt hatte, dieser selbe Vieyra war in die Verschwörung Bonapartes eingeweiht und trug wesentlich dazu bei, in ihrer Todesstunde der Nationalversammlung jeden Schutz von seiten der Nationalgarde abzuschneiden.

Der 13. Juni hatte noch einen andern Sinn. Die Montagne hatte Bonapartes Versetzung in Anklagezustand ertrotzen wollen. Ihre Niederlage war also ein direkter Sieg Bonapartes, sein persönlicher Triumph über seine demokratischen Feinde. Die Partei der Ordnung erfocht den Sieg, Bonaparte hatte ihn nur einzukassieren. Er tat es. Am 14. Juni war eine Proklamation an den Mauern von Paris zu lesen, worin der Präsident, gleichsam ohne sein Zutun, widerstrebend, durch die bloße Macht der Ereignisse gezwungen, aus seiner klösterlichen Abgeschiedenheit hervortritt, als verkannte Tugend über die Verleumdungen seiner Widersacher klagt, und während er seine Person mit der Sache der Ordnung zu identifizieren scheint, vielmehr die Sache der Ordnung mit seiner Person identifiziert. Zudem hatte die Nationalversammlung die Expedition gegen Rom zwar nachträglich gebilligt, aber Bonaparte hatte die Initiative dazu ergriffen. Nachdem er den Hohepriester Samuel in den Vatikan wieder eingeführt, konnte er hoffen, als König David die Tuilerien zu beziehen. Er hatte die Pfaffen gewonnen.

Die Emeute vom 13. Juni beschränkte sich, wie wir gesehn, auf eine friedliche Straßenprozession. Es waren also keine kriegerischen Lorbeeren gegen sie zu gewinnen. Nichtsdestoweniger, in dieser helden- und ereignisarmen Zeit verwandelte die Ordnungspartei diese Schlacht ohne Blutvergießen in ein zweites Austerlitz. Tribüne und Presse priesen die Armee als die Macht der Ordnung gegenüber den Volksmassen als der Ohnmacht der Anarchie und den Changarnier als das ›Bollwerk der Gesellschaft‹. Mystifikation, an die er schließlich selbst glaubte. Unterderhand aber wurden die Korps, die zweideutig schienen, aus Paris verlegt, die Regimenter, deren Wahlen am demokratischsten ausgefallen waren, aus Frankreich nach Algier verbannt, die unruhigen Köpfe unter den Truppen in Strafabteilungen verwiesen, endlich die Absperrung der Presse von der Kaserne und der Kaserne von der bürgerlichen Gesellschaft systematisch durchgeführt.

Wir sind hier bei dem entscheidenden Wendepunkt in der Geschichte der französischen Nationalgarde angelangt. 1830 hatte sie den Sturz der Restauration entschieden. Unter Louis-Philippe mißglückte jede Emeute, worin die Nationalgarde auf Seite der Truppen stand. Als sie in den Februartagen 1848 sich passiv gegen den Aufstand und zweideutig gegen Louis-Philippe zeigte, gab er sich verloren und war er verloren. So schlug die Überzeugung Wurzel, daß die Revolution nicht *ohne* und die Armee nicht *gegen* die Nationalgarde siegen könne. Es war dies der Aberglaube der Armee an die bürgerliche Allmacht. Die Junitage 1848, wo die gesamte Nationalgarde mit den Linientruppen die Insurrektion niederwarf, hatten den Aberglauben befestigt. Nach Bonapartes Regierungsantritt sank die Stellung der Nationalgarde einigermaßen durch die konstitutionswidrige Vereinigung ihrer Kommandos mit dem Kommando der ersten Militärdivision in der Person Changarniers.

Wie das Kommando über die Nationalgarde hier als ein Attribut des militärischen Oberbefehlshabers erschien, so sie selbst nur noch als Anhang der Linientruppen. Am 13. Juni endlich wurde sie gebrochen: nicht nur durch ihre teilweise Auflösung, die sich seit dieser Zeit periodisch an allen Punkten Frankreichs wiederholte und nur Trümmer von ihr zurückließ. Die Demonstration des 13. Juni war vor allem eine Demonstration der demokratischen Nationalgarden. Sie hatten zwar nicht ihre Waffen, wohl aber ihre Uniformen der Armee gegenübergeführt, aber gerade in dieser Uniform saß der Talisman. Die Armee überzeugte sich, daß diese Uniform ein wollener Lappen wie ein andrer war. Der Zauber ging verloren. In den Junitagen 1848 waren Bourgeoisie und Kleinbürgertum als Nationalgarde mit der Armee gegen das Proletariat vereinigt, am 13. Juni 1849 ließ die Bourgeoisie die kleinbürgerliche Nationalgarde durch die Armee auseinandersprengen, am 2. Dezember 1851 war die Nationalgarde der Bourgeoisie selbst verschwunden, und Bonaparte konstatierte nur dies Faktum, als er nachträglich ihr Auflösungsdekret unterschrieb. So hatte die Bourgeoisie selbst ihre letzte Waffe gegen die Armee zerbrochen, aber sie mußte sie zerbrechen von dem Augenblicke, wo das Kleinbürgertum nicht mehr als Vasall hinter, sondern als Rebell vor ihr stand, wie sie überhaupt alle ihre Verteidigungsmittel gegen den Absolutismus mit eigner Hand zerstören mußte, sobald sie selbst absolut geworden war.

Die Ordnungspartei feierte unterdes die Wiedereroberung einer Macht, die 1848 nur verloren schien, um 1849 von ihren Schranken befreit wiedergefunden zu werden, durch Invektiven gegen die Republik und die Konstitution, durch Verfluchung aller zukünftigen, gegenwärtigen und vergangenen Revolutionen, die eingerechnet, welche ihre eignen Führer gemacht hatten, und in Gesetzen, wodurch die Presse geknebelt, die Assoziation vernichtet und der Belagerungszustand als organisches Institut reguliert wurde. Die Nationalversammlung vertagte sich dann von Mitte August bis Mitte Oktober, nachdem sie eine Permanenzkommission für die Zeit ihrer Abwesenheit ernannt hatte. Während dieser Ferien intrigierten die Legitimisten mit Ems, die Orleanisten mit Claremont, Bonaparte durch prinzliche Rundreisen und die Departementalräte in Beratungen über die Revision der Verfassung – Vorfälle, die in den periodischen Ferien der Nationalversammlung regelmäßig wiederkehren und auf die ich erst eingehn will, sobald sie zu Ereignissen werden. Hier sei nur noch bemerkt, daß die Nationalversammlung unpolitisch handelte, als sie für längere Intervalle von der Bühne verschwand und auf der Spitze der Republik nur noch *eine*, wenn auch klägliche Gestalt erblicken ließ, die Louis Bonapartes, während die Partei der Ordnung zum Skandale des Publikums in ihre royalistischen Bestandteile auseinander-

und ihren sich widerstreitenden Restaurationsgelüsten nachging. Sooft während dieser Ferien der verwirrende Lärm des *Parlaments* verstummte und sein Körper sich in die Nation auflöste, zeigte sich unverkennbar, daß nur noch *eins* fehle, um die wahre Gestalt dieser Republik zu vollenden: *seine* Ferien permanent machen und *ihre* Aufschrift: liberté, égalité, fraternité, ersetzen durch die unzweideutigen Worte: Infanterie, Kavallerie, Artillerie!

IV

Mitte Oktober 1849 trat die Nationalversammlung wieder zusammen. Am 1. November überraschte Bonaparte sie mit einer Botschaft, worin er die Entlassung des Ministeriums Barrot-Falloux und die Bildung eines neuen Ministeriums anzeigte. Man hat Lakaien nie mit weniger Zeremonien aus dem Dienste gejagt als Bonaparte seine Minister. Die Fußtritte, die der Nationalversammlung bestimmt waren, erhielt vorläufig Barrot u. Komp.

Das Ministerium Barrot war, wie wir gesehen haben, aus Legitimisten und Orleanisten zusammengesetzt, ein Ministerium der Ordnungspartei. Bonaparte hatte desselben bedurft, um die republikanische Konstituante aufzulösen, die Expedition gegen Rom zu bewerkstelligen und die demokratische Partei zu brechen. Hinter diesem Ministerium hatte er sich scheinbar eklipsiert, die Regierungsgewalt in die Hände der Ordnungspartei abgetreten und die bescheidene Charaktermaske angelegt, die unter Louis-Philippe der verantwortliche Gerant der Zeitungspresse trug, die Maske des homme de paille. Jetzt warf er eine Larve weg, die nicht mehr der leichte Vorhang war, worunter er seine Physiognomie verstecken konnte, sondern die eiserne Maske, die ihn verhinderte, eine eigne Physiognomie zu zeigen. Er hatte das Ministerium Barrot eingesetzt, um im Namen der Ordnungspartei die republikanische Nationalversammlung zu sprengen; er entließ es, um seinen eignen Namen von der Nationalversammlung der Ordnungspartei unabhängig zu erklären.

An plausiblen Vorwänden zu dieser Entlassung fehlte es nicht. Das Ministerium Barrot vernachlässigte selbst die Anstandsformen, die den Präsidenten der Republik als eine Macht neben der Nationalversammlung hätten erscheinen lassen. Während der Ferien der Nationalversammlung veröffentlichte Bonaparte einen Brief an Edgar Ney, worin er das illiberale Auftreten des Papstes zu mißbilligen schien, wie er im Gegensatz zur Konstituante einen Brief veröffentlicht hatte, worin er Oudinot für den Angriff auf die Römische Republik belobte. Als nun die Nationalversammlung das Budget für die römische Expedition votierte, brachte Victor Hugo aus angeblichem Liberalismus jenen Brief zur Sprache. Die Ordnungspartei erstickte den Einfall, als ob Bonapartes Einfälle irgendein politisches Gewicht haben könnten, unter verächtlich ungläubigen Ausrufungen. Keiner der Minister nahm den Handschuh für ihn auf. Bei einer andern Gelegenheit ließ Barrot mit seinem bekannten hohlen Pathos Worte der Entrüstung von der Rednerbühne auf die ›abominablen Umtriebe‹ fallen, die nach seiner Aussage in der nächsten Umgebung des Präsidenten vorgingen. Endlich verweigerte das Ministerium, während es der Herzogin von Orléans einen Witwengehalt von der Nationalversammlung erwirkte, jeden Antrag auf Erhöhung der präsidentiellen Zivilliste. Und in Bonaparte verschmolz der kaiserliche Prätendent so innig mit dem heruntergekommenen Glücksritter, daß die eine große Idee, er sei berufen, das Kaisertum zu restaurieren, stets von der andern ergänzt ward, das französische Volk sei berufen, seine Schulden zu zahlen.

Das Ministerium Barrot-Falloux war das erste und letzte *parlamentarische Ministerium*, das Bonaparte ins Leben rief. Die Entlassung desselben bildet daher einen entscheidenden Wendepunkt. Mit ihm verlor die Ordnungspartei, um ihn nie wieder zu erobern, einen unentbehrlichen Posten für die Behauptung des parlamentarischen Regimes, die Handhabe der Exekutivgewalt. Man begreift sogleich, daß in einem Lande wie Frankreich, wo die Exekutivgewalt über ein Beamtenheer von mehr als einer halben Million von Individuen verfügt, also eine ungeheure Masse von Interessen und Existenzen beständig in der unbedingtesten Abhängigkeit erhält, wo der Staat die bürgerliche Gesellschaft von ihren umfassendsten Lebensäußerungen bis zu ihren unbedeutendsten Regungen hinab, von ihren allgemeinsten Daseinsweisen bis zur Privatexistenz der Individuen umstrickt, kontrolliert, maßregelt, überwacht und bevormundet, wo dieser Parasitenkörper durch die außerordentlichste Zentralisation eine Allgegenwart, Allwissenheit, eine beschleunigte Bewegungsfähigkeit und Schnellkraft gewinnt, die nur in der hülflosen Unselbständigkeit, in der zerfahrenen Unförmlichkeit des wirklichen Gesellschaftskörpers ein Analogon finden, daß in einem solchen Lande die Nationalversammlung mit der Verfügung über die Ministerstellen jeden wirklichen Einfluß verloren gab, wenn sie nicht gleichzeitig die Staatsverwaltung vereinfachte, das Beamtenheer möglichst verringerte, endlich die bürgerliche Gesellschaft und die öffentliche Meinung ihre eignen von der Regierungsgewalt unabhängigen Organe erschaffen ließ. Aber das *materielle Interesse* der französischen Bourgeoisie ist gerade auf das innigste mit der Erhaltung jener breiten und vielverzweigten Staatsmaschine verwebt. Hier bringt sie ihre überschüssige Bevölkerung unter und ergänzt in der Form von Staatsgehalten, was sie nicht in der Form von

Profiten, Zinsen, Renten und Honoraren einstecken kann. Andrerseits zwang ihr *politisches Interesse* sie, die Repression, also die Mittel und das Personal der Staatsgewalt, täglich zu vermehren, während sie gleichzeitig einen ununterbrochenen Krieg gegen die öffentliche Meinung führen und die selbständigen Bewegungsorgane der Gesellschaft mißtrauisch verstümmeln, lähmen mußte, wo es ihr nicht gelang, sie gänzlich zu amputieren. So war die französische Bourgeoisie durch ihre Klassenstellung gezwungen, einerseits die Lebensbedingungen einer jeden, also auch ihrer eignen parlamentarischen Gewalt zu vernichten, andrerseits die ihr feindliche Exekutivgewalt unwiderstehlich zu machen.

Das neue Ministerium hieß das Ministerium d'Hautpoul. Nicht als hätte General d'Hautpoul den Rang eines Ministerpräsidenten erhalten. Mit Barrot schaffte Bonaparte vielmehr zugleich diese Würde ab, die den Präsidenten der Republik allerdings zur legalen Nichtigkeit eines konstitutionellen Königs verdammte, aber eines konstitutionellen Königs ohne Thron und ohne Krone, ohne Zepter und ohne Schwert, ohne Unverantwortlichkeit, ohne den unverjährbaren Besitz der höchsten Staatswürde und, was das fatalste war, ohne Zivilliste. Das Ministerium d'Hautpoul besaß nur einen Mann von parlamentarischem Rufe, den Juden *Fould*, eins der berüchtigtsten Glieder der hohen Finanz. Ihm fiel das Finanzministerium anheim. Man schlage die Pariser Börsennotationen nach, und man wird finden, daß vom 1. November 1849 an die französischen Fonds steigen und fallen mit dem Steigen und Fallen der bonapartistischen Aktien. Während Bonaparte so seinen Affiliierten in der Börse gefunden hatte, bemächtigte er sich zugleich der Polizei durch Carliers Ernennung zum Polizeipräfekten von Paris.

Indes konnten sich die Folgen des Ministerwechsels erst im Laufe der Entwicklung herausstellen. Zunächst hatte Bonaparte nur einen Schritt vorwärts getan, um desto augenfälliger rückwärts getrieben zu werden. Seiner barschen Botschaft folgte die servilste Untertänigkeitserklärung an die Nationalversammlung. Sooft die Minister den schüchternen Versuch wagten, seine persönlichen Marotten als Gesetzvorschläge einzubringen, schienen sie selbst nur widerwillig und durch ihre Stellung gezwungen, die komischen Aufträge zu erfüllen, von deren Erfolglosigkeit sie im voraus überzeugt waren. Sooft Bonaparte im Rücken der Minister seine Absichten ausplauderte und mit seinen ›idées napoléoniennes‹ spielte, desavouierten ihn die eignen Minister von der Tribüne der Nationalversammlung herab. Seine Usurpationsgelüste schienen nur laut zu werden, damit das schadenfrohe Gelächter seiner Gegner nicht verstummte. Er gebärdete sich als ein verkanntes Genie, das alle Welt für einen Simpel ausgibt. Nie genoß er in vollerem Maße die Verachtung aller Klassen als während dieser Periode. Nie herrschte die Bourgeoisie unbedingter, nie trug sie prahlerischer die Insignien der Herrschaft zur Schau.

Ich habe hier nicht die Geschichte ihrer gesetzgeberischen Tätigkeit zu schreiben, die sich während dieser Periode in zwei Gesetzen resümiert: in dem Gesetze, das die *Weinsteuer* wiederherstellt, in dem *Unterrichtsgesetze*, das den Unglauben abschafft. Wenn den Franzosen das Weintrinken erschwert, ward ihnen desto reichlicher vom Wasser des wahren Lebens geschenkt. Wenn die Bourgeoisie in dem Gesetze über die Weinsteuer das alte gehässige französische Steuersystem für unantastbar erklärt, suchte sie durch das Unterrichtsgesetz den alten Gemütszustand der Massen zu sichern, der es ertragen ließ. Man ist erstaunt, die Orleanisten, die liberalen Bourgeois, diese alten Apostel des Voltairianismus und der eklektischen Philosophie, ihren Stammfeinden, den Jesuiten, die Verwaltung des französischen Geistes anvertrauen zu sehn. Aber Orleanisten und Legitimisten konnten in Beziehung auf den Kronprätendenten auseinandergehn, sie begriffen, daß ihre vereinte Herrschaft die Unterdrückungsmittel zweier Epochen zu vereinigten gebot, daß die Unterjochungsmittel der Julimonarchie durch die Unterjochungsmittel der Restauration ergänzt und verstärkt werden mußten.

Die Bauern, in allen ihren Hoffnungen getäuscht, durch den niedrigen Stand der Getreidepreise einerseits, durch die wachsende Steuerlast und Hypothekenschuld andrerseits mehr als je erdrückt, begannen sich in den Departements zu regen. Man antwortete ihnen durch eine Hetzjagd auf die Schulmeister, die den Geistlichen, durch eine Hetzjagd auf die Maires, die den Präfekten, und durch ein System der Spionage, dem alle unterworfen wurden. In Paris und den großen Städten trägt die Reaktion selbst die Physiognomie ihrer Epoche und fordert mehr heraus, als sie niederschlägt. Auf dem Lande wird sie platt, gemein, kleinlich, ermüdend, plackend, mit einem Worte Gendarm. Man begreift, wie drei Jahre vom Regime des Gendarmen, eingesegnet durch das Regime des Pfaffen, unreife Massen demoralisieren mußten.

Welche Summe von Leidenschaft und Deklamation die Ordnungspartei von der Tribüne der Nationalversammlung herab gegen die Minorität aufwenden mochte, ihre Rede blieb einsilbig wie die des Christen, dessen Worte sein sollen: Ja, ja, nein, nein! Einsilbig von der Tribüne herab wie in der Presse. Fad wie ein Rätsel, dessen Lösung im voraus bekannt ist. Handelte es sich um Petitionsrecht oder um Weinsteuer, um Preßfreiheit oder um Freihandel, um Klubs oder um Munizipalverfassung, um Schutz der persönlichen Freiheit oder um Regelung des Staatshaushaltes, das Losungswort kehrt immer wieder, das Thema bleibt immer dasselbe, der Urteilsspruch ist immer fertig und lautet unveränderlich: ›*Sozialismus!*‹ Für *sozialistisch* wird selbst der bürgerliche Liberalismus erklärt, für sozialistisch die bürgerliche Aufklärung, für sozialistisch die bürgerliche Finanzreform. Es war sozialistisch, eine Eisenbahn zu bauen, wo schon ein Kanal vorhanden war, und es war sozialistisch, sich mit dem Stocke zu verteidigen, wenn man mit dem Degen angegriffen wurde.

Es war dies nicht bloße Reform, Mode, Parteitaktik. Die Bourgeoisie hatte die richtige Einsicht, daß alle Waffen, die sie gegen den Feudalismus geschmiedet, ihre Spitze gegen sie selbst kehrten, daß alle Bildungsmittel, die sie erzeugt, gegen ihre eigne Zivilisation rebellierten, daß alle Götter, die sie geschaffen, von ihr abgefallen waren. Sie begriff, daß alle sogenannten bürgerlichen Freiheiten und Fortschrittsorgane ihre *Klassenherrschaft* zugleich an der gesellschaftlichen Grundlage und an der politischen Spitze angriffen und bedrohten, also *sozialistisch* geworden waren. In dieser Drohung und in diesem Angriffe fand sie mit Recht das Geheimnis des Sozialismus, dessen Sinn und Tendenz sie richtiger beurteilt, als der sogenannte Sozialismus sich selbst zu beurteilen weiß, der daher nicht begreifen kann, wie die Bourgeoisie sich verstockt gegen ihn verschließt, mag er nun sentimental über die Leiden der Menschheit winseln oder christlich das Tausendjährige Reich und die allgemeine Bruderliebe verkünden oder humanistisch von Geist, Bildung, Freiheit faseln oder doktrinär ein System der Vermittlung und der Wohlfahrt aller Klassen aushecken. Was sie aber nicht begriff, war die Konsequenz, daß ihr *eignes parlamentarisches Regime*, daß ihre *politische Herrschaft* überhaupt nun auch als *sozialistisch* dem allgemeinen Verdammungsurteil verfallen mußte. Solange die Herrschaft der Bourgeoisklasse sich nicht vollständig organisiert, nicht ihren reinen politischen Ausdruck gewonnen hatte, konnte auch der Gegensatz der andern Klassen nicht rein hervortreten, und wo er hervortrat, nicht die gefährliche Wendung nehmen, die jeden Kampf gegen die Staatsgewalt in einen Kampf gegen das Kapital verwandelt. Wenn sie in jeder Lebensregung der Gesellschaft die ›Ruhe‹ gefährdet sah, wie konnte sie an der Spitze der Gesellschaft das *Regime der Unruhe*, ihr eignes Regime, das *parlamentarische Regime* behaupten wollen, dieses Regime, das nach dem Ausdrucke eines ihrer Redner im Kampfe und durch den Kampf lebt? Das parlamentarische Regime lebt von der Diskussion, wie soll es die Diskussion verbieten? Jedes Interesse, jede gesellschaftliche Einrichtung wird hier in allgemeine Gedanken verwandelt, als Gedanken verhandelt, wie soll irgendein Interesse, eine Einrichtung sich über dem Denken behaupten und als Glaubensartikel imponieren? Der Rednerkampf auf der Tribüne ruft den Kampf der Preßbengel hervor, der debattierende Klub im Parlament ergänzt sich notwendig durch debattierende Klubs in den Salons und in den Kneipen, die Repräsentanten, die beständig an die Volksmeinung appellieren, berechtigen die Volksmeinung, in Petitionen ihre wirkliche

Meinung zu sagen. Das parlamentarische Regime überläßt alles der Entscheidung der Majoritäten, wie sollen die großen Majoritäten jenseits des Parlaments nicht entscheiden wollen? Wenn ihr auf dem Gipfel des Staates die Geige streicht, was andres erwarten, als daß die drunten tanzen?

Indem also die Bourgeoisie, was sie früher als ›*liberal*‹ gefeiert, jetzt als ›*sozialistisch*‹ verketzert, gesteht sie ein, daß ihr eignes Interesse gebietet, sie der Gefahr des *Selbstregierens* zu überheben, daß, um die Ruhe im Lande herzustellen, vor allem ihr Bourgeoisparlament zur Ruhe gebracht, um ihre gesellschaftliche Macht unversehrt zu erhalten, ihre politische Macht gebrochen werden müsse; daß die Privatbourgeois nur fortfahren können, die andern Klassen zu exploitieren und sich ungetrübt des Eigentums, der Familie, der Religion und der Ordnung zu erfreuen, unter der Bedingung, daß ihre Klasse neben den andern Klassen zu gleicher politischer Nichtigkeit verdammt werde; daß, um ihren Beutel zu retten, die Krone ihr abgeschlagen und das Schwert, das sie beschützen solle, zugleich als Damoklesschwert über ihr eignes Haupt gehängt werden müsse.

In dem Bereiche der allgemeinen bürgerlichen Interessen zeigte sich die Nationalversammlung so unproduktiv, daß z. B. die Verhandlungen über die Paris-Avignoner Eisenbahn, die im Winter 1850 begannen, am 2. Dezember 1851 noch nicht zum Schluß reif waren. So sie nicht unterdrückte, reagierte, war sie mit unheilbarer Unfruchtbarkeit geschlagen.

Während Bonapartes Ministerium teils die Initiative zu Gesetzen im Geiste der Ordnungspartei ergriff, teils ihre Härte in der Ausführung und Handhabung noch übertrieb, suchte er andrerseits durch kindisch alberne Vorschläge Popularität zu erobern, seinen Gegensatz zur Nationalversammlung zu konstatieren und auf einen geheimen Hinterhalt hinzudeuten, der nur durch die Verhältnisse einstweilen verhindert werde, dem französischen Volke seine verborgenen Schätze zu erschließen. So der Vorschlag, den Unteroffizieren eine tägliche Zulage von vier Sous zu dekretieren. So der Vorschlag einer Ehrenleihbank für die Arbeiter. Geld geschenkt und Geld gepumpt zu erhalten, das war die Perspektive, womit er die Massen zu ködern hoffte. Schenken und Pumpen, darauf beschränkt sich die Finanzwissenschaft des Lumpenproletariats, des vornehmen und des gemeinen. Darauf beschränkten sich die Springfedern, die Bonaparte in Bewegung zu setzen wußte. Nie hat ein Prätendent platter auf die Plattheit der Massen spekuliert.

Die Nationalversammlung brauste wiederholt auf bei diesen unverkennbaren Versuchen, auf ihre Kosten Popularität zu erwerben, bei der wachsenden Gefahr, daß dieser Abenteurer, den die Schulden voranpeitschten und kein erworbener Ruf zurückhielt, einen verzweifelten Streich wagen werde. Die Verstimmung zwischen der Ordnungspartei und dem Präsidenten hatte einen drohenden Charakter angenommen, als ein unerwartetes Ereignis ihn reuig in ihre Arme zurückwarf. Wir meinen die *Nachwahlen vom 10. März 1850*. Diese Wahlen fanden statt, um die Repräsentantenstellen, die nach dem 13. Juni durch das Gefängnis oder das Exil erledigt worden waren, wieder zu besetzen. Paris wählte nur sozial-demokratische Kandidaten. Es vereinte sogar die meisten Stimmen auf einen Insurgenten des Juni 1848, auf de Flotte. So rächte sich das mit dem Proletariat alliierte Pariser Kleinbürgertum für seine Niederlage am 13. Juni 1849. Es schien im Augenblick der Gefahr nur vom Kampfplatz verschwunden zu sein, um ihn bei günstiger Gelegenheit mit massenhafteren Streitkräften und mit einer kühneren Kampfparole wieder zu betreten. Ein Umstand schien die Gefahr dieses Wahlsieges zu erhöhen. Die Armee stimmte in Paris für den Juni-Insurgenten gegen La Hitte, einen Minister Bonapartes, und in den Departements zum großen Teil für die Montagnards, die auch hier, zwar nicht so entschieden wie in Paris, das Übergewicht über ihre Gegner behaupteten.

Bonaparte sah sich plötzlich wieder die Revolution gegenüberstehen. Wie am 29. Januar 1849, wie am 13. Juni 1849 verschwand er am 10. März 1850 hinter der Partei der Ordnung. Er beugte sich, er tat kleinmütig Abbitte, er erbot sich, auf Befehl der parlamentarischen Majorität jedes beliebige Ministerium zu ernennen, er flehte sogar die orleanistischen und legitimistischen Parteiführer, die Thiers, die Berryer, die Broglie, die Molé, kurz die sogenannten Burggrafen, das Staatsruder in eigner Person zu ergreifen. Die Partei der Ordnung wußte diesen unwiederbringlichen Augenblick nicht zu benutzen. Statt sich kühn der angebotenen Gewalt zu bemächtigen, zwang sie Bonaparte nicht einmal, das am 1. November entlassene Ministerium wieder einzusetzen; sie begnügte sich, ihn durch die Verzeihung zu demütigen und dem Ministerium d'Hautpoul Herrn *Baroche* beizugesellen. Dieser Baroche hatte als öffentlicher Ankläger, das eine Mal gegen die Revolutionäre vom 15. Mai, das andre Mal gegen die Demokraten des 13. Juni, vor dem Hochgerichte zu Bourges gewütet, beide Male wegen Attentat auf die Nationalversammlung. Keiner der Minister Bonapartes trug später mehr dazu bei, die Nationalversammlung herabzuwürdigen, und nach dem 2. Dezember 1851 finden wir ihn wieder als wohlbestallten und teuer bezahlten Vizepräsidenten des Senats. Er hatte den Revolutionären in die Suppe gespuckt, damit Bonaparte sie aufesse.

Die sozial-demokratische Partei ihrerseits schien nur nach Vorwänden zu haschen, um ihren eignen Sieg wieder in Frage zu stellen und ihm die Pointe abzubrechen. Vidal, einer der neuerwählten Pariser Repräsentanten, war gleichzeitig in Straßburg gewählt worden. Man bewog ihn, die Wahl für Paris abzulehnen und die für Straßburg anzunehmen. Statt also ihrem Siege auf dem Wahlplatze einen definitiven Charakter zu geben und dadurch die Ordnungspartei zu zwingen, ihn sofort im Parlamente streitig zu machen, statt so den Gegner im Augenblick des Volksenthusiasmus und der günstigen Stimmung der Armee zum Kampfe zu treiben, ermüdete die demokratische Partei Paris während der Monate März und April mit einer neuen Wahlagitation, ließ die aufgeregten Volksleidenschaften in diesem abermaligen provisorischen Stimmenspiel sich aufreiben, die revolutionäre Tatkraft in konstitutionellen Erfolgen sich sättigen, in kleinen Intrigen, hohlen Deklamationen und Scheinbewegungen verpuffen, die Bourgeoisie sich sammeln und ihre Vorkehrungen treffen, endlich die Bedeutung der Märzwahlen in der nachträglichen Aprilwahl, in der Wahl Eugène Sues, einen sentimental abschwächenden Kommentar finden. Mit einem Worte, sie schickte den 10. März in den April.

Die parlamentarische Majorität begriff die Schwäche ihres Gegners. Ihre siebzehn Burggrafen, denn Bonaparte hatte ihr die Leitung und die Verantwortlichkeit des Angriffs überlassen, arbeiteten ein neues Wahlgesetz aus, dessen Vorlage dem Herrn Faucher, der sich diese Ehre ausbat, anvertraut wurde. Am 8. Mai brachte er das Gesetz ein, wodurch das allgemeine Wahlrecht abgeschafft, ein dreijähriges Domizil an dem Orte der Wahl den Wählern als Bedingung auferlegt, endlich der Nachweis dieses Domizils für die Arbeiter von dem Zeugnisse ihrer Arbeitgeber abhängig gemacht wurde.

Wie revolutionär die Demokraten während des konstitutionellen Wahlkampfes aufgeregt und getobt hatten, so konstitutionell predigten sie jetzt, wo es galt, mit den Waffen in der Hand den Ernst jener Wahlsiege zu beweisen, Ordnung, majestätische Ruhe (calme majestueux), gesetzliche Haltung, d.h. blinde Unterwerfung unter den Willen der Kontrerevolution, der sich als Gesetz breitmachte. Während der Debatte beschämte der Berg die Partei der Ordnung, indem er gegen ihre revolutionäre Leidenschaftlichkeit die leidenschaftslose Haltung des Biedermanns geltend machte, der den Rechtsboden behauptet, und indem er sie mit dem furchtbaren Vorwurfe zu Boden schlug, daß sie revolutionär verfahre. Selbst die neugewählten Deputierten bemühten sich durch anständiges und besonnenes Auftreten zu beweisen, welche Verkennung es war, sie als Anarchisten zu verschreien und ihre Wahl als einen Sieg der Revolution auszulegen. Am 31. Mai ging das neue Wahlgesetz durch. Die Montagne begnügte sich damit, dem Präsidenten einen Protest in die Tasche zu schmuggeln. Dem Wahlgesetz folgte ein neues Preßgesetz, wodurch die revolutionäre Zeitungspresse vollständig beseitigt wurde. Sie hatte ihr Schicksal verdient. ›National‹ und ›La Presse‹, zwei bürgerliche Organe, blieben nach dieser Sündflut als äußerste Vorposten der Revolution zurück.

Wir haben gesehn, wie die demokratischen Führer während März und April alles getan hatten, um das Volk von Paris in einen Scheinkampf zu verwickeln, wie sie nach dem 8. Mai alles taten, um es vom wirklichen Kampf abzuhalten. Wir dürfen zudem nicht vergessen, daß das Jahr 1850 eines der glänzendsten Jahre industrieller und kommerzieller Prosperität, also das Pariser Proletariat vollständig beschäftigt war. Allein das Wahlgesetz vom 31. Mai 1850 schloß es von aller Teilnahme an der politischen Gewalt aus. Es schnitt ihm das Kampfterrain selbst ab. Es warf die Arbeiter in die Pariastellung zurück, die sie vor der Februarrevolution eingenommen hatten. Indem sie einem solchen Ereignisse gegenüber sich von den Demokraten lenken lassen und das revolutionäre Interesse ihrer Klasse über einem augenblicklichen Wohlbehagen vergessen konnten, verzichten sie auf die Ehre, eine erobernde Macht zu sein, unterwarfen sich ihrem Schicksale, bewiesen, daß die Niederlage vom Juni 1848 sie für Jahre kampfunfähig gemacht und daß der geschichtliche Prozeß zunächst wieder *über* ihren Köpfen vor sich gehen müsse. Was die kleinbürgerliche Demokratie betrifft, die am 13. Juni geschrien hatte: »aber wenn erst das allgemeine Wahlrecht angetastet wird, aber dann« – so tröstete sie sich jetzt damit, daß der kontrerevolutionäre Schlag, der sie getroffen, kein Schlag und das Gesetz vom 31. Mai kein Gesetz sei. Am zweiten [Sonntag des Monats] Mai 1852 erscheint jeder Franzose auf dem Wahlplatze, in der einen Hand den Stimmzettel, in der andern das Schwert. Mit dieser Prophezeiung tat sie sich selbst Genüge. Die Armee endlich wurde wie für die Wahlen vom 29. Mai 1849, so für die vom März und April 1850 von ihren Vorgesetzten gezüchtigt. Diesmal sagte sie sich aber entschieden: »Die Revolution prellt uns nicht zum dritten Mal.«

Das Gesetz vom 31. Mai 1850 war der coup d'état der Bourgeoisie. Alle ihre bisherigen Eroberungen über die Revolution hatten einen nur provisorischen Charakter. Sie waren in Frage gestellt, sobald die jetzige Nationalversammlung von der Bühne abtrat. Sie hingen von dem Zufall einer neuen allgemeinen Wahl ab, und die Geschichte der Wahlen seit 1848 bewies unwiderleglich, daß in demselben Maße, wie die faktische Herrschaft der Bourgeoisie sich entwickelte, ihre moralische Herrschaft über die Volksmassen verlorenging. Das allgemeine Wahlrecht erklärte sich am 10. März direkt gegen die Herrschaft der Bourgeoisie, die Bourgeoisie antwortete mit der Ächtung des allgemeinen Wahlrechts. Das Gesetz vom 31. Mai war also eine der Notwendigkeiten des Klassenkampfes. Andrerseits erheischte die Konstitution, damit die Wahl des Präsidenten der Republik gültig sei, ein Minimum von zwei Millionen Stimmen. Erhielt keiner der Präsidentschaftskandidaten dies Minimum, so sollte die Nationalversammlung unter den drei Kandidaten, denen die meisten Stimmen zufallen würden, den Präsidenten wählen. Zur Zeit, wo die Konstituante dies Gesetz machte, waren zehn Millionen Wähler auf den Stimmlisten eingeschrieben. In ihrem Sinne reichte also ein Fünftel der Wahlberechtigten hin, um die Präsidentschaftswahl gültig zu machen. Das Gesetz vom 31. Mai strich wenigstens drei Millionen Stimmen von den Wahllisten, reduzierte die Zahl der Wahlberechtigten auf sieben Millionen und behielt nichtsdestoweniger das gesetzliche Minimum von zwei Millionen für die Präsidentschaftswahl bei. Es erhöhte also das gesetzliche Minimum von einem Fünftel auf beinahe ein Drittel der wahlfähigen Stimmen, d. h., es tat alles, um die Präsidentenwahl aus den Händen des Volkes in die Hände der Nationalversammlung hinüberzuschmuggeln. So schien die Partei der Ordnung durch das Wahlgesetz vom 31. Mai ihre Herrschaft doppelt befestigt zu haben, indem sie die Wahl der Nationalversammlung und die des Präsidenten der Republik dem stationären Teil der Gesellschaft anheimgab.

V

Der Kampf brach sofort wieder aus zwischen der Nationalversammlung und Bonaparte, sobald die revolutionäre Krise überdauert und das allgemeine Wahlrecht abgeschafft war.

Die Konstitution hatte das Gehalt Bonapartes auf 600000 Francs festgesetzt. Kaum ein halbes Jahr nach seiner Installierung gelang es ihm, diese Summe auf das Doppelte zu erhöhn. Odilon Barrot ertrotzte nämlich von der konstituierenden Nationalversammlung einen jährlichen Zuschuß von 600000 Francs für sogenannte Repräsentationsgelder. Nach dem 13. Juni hatte Bonaparte ähnliche Anliegen verlauten lassen, ohne diesmal bei Barrot Gehör zu finden. Jetzt nach dem 31. Mai benutzte er sofort den günstigen Augenblick und ließ seine Minister eine Zivilliste von drei Millionen in der Nationalversammlung beantragen. Ein langes abenteuerndes Vagabundenleben hatte ihn mit den entwickeltsten Fühlhörnern begabt, um die schwachen Momente herauszutasten, wo er seinen Bourgeois Geld abpressen durfte. Er trieb förmliche chantage. Die Nationalversammlung hatte die Volkssouveränität mit seiner Mithülfe und seinem Mitwissen geschändet. Er drohte ihr Verbrechen dem Volksgericht zu denunzieren, falls sie nicht den Beutel ziehe und sein Stillschweigen mit drei Millionen jährlich erkaufe. Sie hatte drei Millionen Franzosen ihres Stimmrechts beraubt. Er verlangte für jeden außer Kurs gesetzten Franzosen einen Kurs habenden Franken, genau drei Millionen Francs. Er, der Erwählte von sechs Millionen, fordert Schadenersatz für die Stimmen, um die man ihn nachträglich geprellt habe. Die Kommission der Nationalversammlung wies den Zudringlichen ab. Die bonapartistische Presse drohte. Konnte die Nationalversammlung mit dem Präsidenten der Republik brechen in einem Augenblicke, wo sie prinzipiell und definitiv mit der Masse der Nation gebrochen hatte? Sie verwarf zwar die jährliche Zivilliste, aber sie bewilligte einen einmaligen Zuschuß von 2160000 Francs. Sie machte sich so der doppelten Schwäche schuldig, das Geld zu bewilligen und zugleich durch ihren Ärger zu zeigen, daß sie es nur widerwillig bewillige. Wir werden später sehen, wozu Bonaparte das Geld brauchte. Nach diesem ärgerlichen Nachspiel, das der Abschaffung des allgemeinen Stimmrechts auf dem Fuße folgte und worin Bonaparte seine demütige Haltung während der Krise des März und April mit herausfordernder Unverschämtheit gegen das usurpatorische Parlament vertauschte, vertagte sich die Nationalversammlung für drei Monate, vom 11. August bis 11. November. Sie ließ an ihrer Stelle eine Permanenzkommission von 28 Mitgliedern zurück, die keinen Bonapartisten enthielt, wohl aber einige gemäßigte Republikaner. Die Permanenzkommission vom Jahre 1849 hatte nur Männer der Ordnung und Bonapartisten gezählt. Aber damals erklärte sich die Partei der Ordnung in Permanenz gegen die Revolution. Diesmal erklärte sich die parlamentarische Republik in Permanenz gegen den Präsidenten. Nach dem Gesetz vom 31. Mai stand der Partei der Ordnung nur noch dieser Rivale gegenüber.

Als die Nationalversammlung im November 1850 wieder zusammentrat, schien statt ihrer bisherigen kleinlichen Plänkeleien mit dem Präsidenten ein großer rücksichtsloser Kampf, ein Kampf der beiden Gewalten auf Leben und Tod unvermeidlich geworden zu sein.

Wie im Jahre 1849 war die Partei der Ordnung während der diesjährigen Parlamentsferien in ihre einzelnen Fraktionen auseinandergegangen, jede beschäftigt mit ihren eignen Restaurationsintrigen, die durch den Tod Louis-Philippes neue Nahrung erhalten hatten. Der Legitimistenkönig Heinrich V. hatte sogar ein förmliches Ministerium ernannt, das zu Paris residierte und worin Mitglieder der Permanenzkommission saßen. Bonaparte war also berechtigt, seinerseits Rundreisen durch die französischen Departements zu machen und je nach der Stimmung der Stadt, die er mit seiner Gegenwart beglückte, bald versteckter, bald offener seine eignen Restaurationspläne auszuplaudern und Stimmen für sich zu werben. Auf diesen Zügen, die der große offizielle ›Moniteur‹ und die kleinen Privatmoniteure Bonapartes natürlich als Triumphzüge feiern mußten, war er fortwährend begleitet von Affiliierten der *Gesellschaft des 10. Dezember*. Diese Gesellschaft datiert vom Jahre 1849. Unter dem Vorwande, eine Wohltätigkeitsgesellschaft zu stiften, war das Pariser

Lumpenproletariat in geheime Sektionen organisiert worden, jede Sektion von bonapartistischen Agenten geleitet, an der Spitze des Ganzen ein bonapartistischer General. Neben zerrütteten Roués mit zweideutigen Subsistenzmitteln und von zweideutiger Herkunft, neben verkommenen und abenteuernden Ablegern der Bourgeoisie Vagabunden, entlassene Soldaten, entlassene Zuchthaussträflinge, entlaufene Galeerensklaven, Gauner, Gaukler, Lazzaroni, Taschendiebe, Taschenspieler, Spieler, Maquereaus, Bordellhalter, Lastträger, Literaten, Orgeldreher, Lumpensammler, Scherenschleifer, Kesselflicker, Bettler, kurz, die ganze unbestimmte, aufgelöste, hin- und hergeworfene Masse, die die Franzosen la bohème nennen; mit diesem ihm verwandten Elemente bildete Bonaparte den Stock der Gesellschaft vom 10. Dezember. ›Wohltätigkeitsgesellschaft‹ – insofern alle Mitglieder gleich Bonaparte das Bedürfnis fühlten, sich auf Kosten der arbeitenden Nation wohlzutun. Dieser Bonaparte, der sich als *Chef des Lumpenproletariats* konstituiert, der hier allein in massenhafter Form die Interessen wiederfindet, die er persönlich verfolgt, der in diesem Auswurf, Abfall, Abhub aller Klassen die einzige Klasse erkennt, auf die er sich unbedingt stützen kann, er ist der wirkliche Bonaparte, der Bonaparte sans phrase. Alter durchtriebener Roué, faßt er das geschichtliche Leben der Völker und die Haupt- und Staatsaktionen derselben als Komödie im ordinärsten Sinne auf, als eine Maskerade, wo die großen Kostüme, Worte und Posituren nur der kleinlichsten Lumperei zur Maske dienen. So bei seinem Zuge nach Straßburg, wo ein geschulter Schweizer Geier den napoleonischen Adler vorstellt. Für seinen Einfall in Boulogne steckt er einige Londoner Lakaien in französische Uniform. Sie stellen die Armee vor. In seiner Gesellschaft vom 10. Dezember sammelt er 10000 Lumpenkerls, die das Volk vorstellen müssen, wie Klaus Zettel den Löwen. In einem Augenblicke, wo die Bourgeoisie selbst die vollständigste Komödie spielte, aber in der ernsthaftesten Weise von der Welt, ohne irgendeine der pedantischen Bedingungen der französischen dramatischen Etikette zu verletzen, und selbst halb geprellt, halb überzeugt von der Feierlichkeit ihrer eignen Haupt- und Staatsaktionen, mußte der Abenteurer siegen, der die Komödie platt als Komödie nahm. Erst wenn er seinen feierlichen Gegner beseitigt hat, wenn er nun selbst seine kaiserliche Rolle im Ernste nimmt und mit der napoleonischen Maske den wirklichen Napoleon vorzustellen meint, wird er das Opfer seiner eignen Weltanschauung, der ernsthafte Hanswurst, der nicht mehr die Weltgeschichte als eine Komödie, sondern seine Komödie als Weltgeschichte nimmt. Was für die sozialistischen Arbeiter die Nationalateliers, was für die Bourgeois-Republikaner die Gardes mobiles, das war für Bonaparte die Gesellschaft vom 10. Dezember, die ihm eigentümliche Parteistreitkraft. Auf seinen Reisen mußten die auf der Eisenbahn verpackten Abteilungen derselben ihm ein Publikum improvisieren, den öffentlichen Enthusiasmus aufführen, vive l'Empereur heulen, die Republikaner insultieren und durchprügeln, natürlich unter dem Schutze der Polizei. Auf seinen Rückfahrten nach Paris mußten sie die Avantgarde bilden, Gegendemonstrationen zuvorkommen oder sie auseinanderjagen. Die Gesellschaft vom 10. Dezember gehörte ihm, sie war *sein* Werk, sein eigenster Gedanke. Was er sich sonst aneignet, gibt ihm die Macht der Verhältnisse anheim, was er sonst tut, tun die Verhältnisse für ihn oder begnügt er sich, von den Taten andrer zu kopieren; aber er, mit den offiziellen Redensarten der Ordnung, der Religion, der Familie, des Eigentums öffentlich vor den Bürgern, hinter ihm die geheime Gesellschaft der Schufterles und der Spiegelbergs, die Gesellschaft der Unordnung, der Prostitution und des Diebstahls, das ist Bonaparte selbst als Originalautor, und die Geschichte der Gesellschaft des 10. Dezember ist seine eigne Geschichte. Es hatte sich nun ausnahmsweise ereignet, daß der Ordnungspartei angehörige Volksrepräsentanten unter die Stöcke der Dezembristen gerieten. Noch mehr. Der der Nationalversammlung zugewiesene, mit der Bewachung ihrer Sicherheit beauftragte Polizeikommissär Yon zeigte auf die Aussage eines gewissen Allais hin der Permanenzkommission an, eine Sektion der Dezembristen habe die Ermordung des Generals Changarnier und Dupins, des Präsidenten der Nationalversammlung, beschlossen und zu deren Vollstrekkung schon die Individuen bestimmt. Man begreift den Schreck des Herrn Dupin. Eine parlamentarische Enquête über die Gesellschaft vom 10. Dezember, d.h. die Profanierung der Bonaparteschen Geheimwelt, schien unvermeidlich. Grade vor dem Zusammentritt der Nationalversammlung löste Bonaparte vorsorglich seine Gesellschaft auf, natürlich nur auf dem Papiere, denn noch Ende 1851 suchte der Polizeipräfekt Carlier in einem ausführlichen Memoire ihn vergeblich zur wirklichen Auseinanderjagung der Dezembristen zu bewegen.

Die Gesellschaft vom 10. Dezember sollte so lange die Privatarmee Bonapartes bleiben, bis es ihm gelang, die öffentliche Armee in eine Gesellschaft vom 10. Dezember zu verwandeln. Bonaparte machte hierzu den ersten Versuch kurz nach Vertagung der Nationalversammlung, und zwar mit dem eben ihr abgetrotzten Gelde. Als Fatalist lebt er der Überzeugung, daß es gewisse höhere Mächte gibt, denen der Mensch und insbesondere der Soldat nicht widerstehen kann. Unter diese Mächte zählt er in erster Linie Zigarre und Champagner, kaltes Geflügel und Knoblauchwurst. Er traktiert daher in den Gemächern des Elysée zunächst Offiziere und Unteroffiziere mit Zigarre und Champagner, mit kaltem Geflügel und Knoblauchwurst. Am 3. Oktober wiederholt er dieses Manöver mit den Truppenmassen bei der Revue von St. Maur und am 10. Oktober dasselbe Manöver auf noch größerer Stufenleiter bei der Armeeschau von Satory. Der Onkel erinnerte sich der Feldzüge Alexanders in Asien, der Neffe der Eroberungszüge des Bacchus in demselben Lande. Alexander war allerdings ein Halbgott, aber Bacchus war ein Gott, und dazu der Schutzgott der Gesellschaft vom 10. Dezember.

Nach der Revue vom 3. Oktober lud die Permanenzkommission den Kriegsminister d'Hautpoul vor sich. Er versprach, jene Disziplinarwidrigkeiten sollten sich nicht wiederholen. Man weiß, wie Bonaparte am 10. Oktober d'Hautpouls Wort hielt. In beiden Revuen hatte Changarnier kommandiert als Oberbefehlshaber der Armee von Paris. Er, zugleich Mitglied der Permanenzkommission, Chef der Nationalgarde, ›Retter‹ vom 29. Januar und 13. Juni, ›Bollwerk der Gesellschaft‹, Kandidat der Ordnungspartei für die Präsidentenwürde, der geahnte Monk zweier Monarchien, hatte bisher nie seine Unterordnung unter den Kriegsminister anerkannt, die republikanische Konstitution stets offen verhöhnt, Bonaparte mit einer zweideutig vornehmen Protektion verfolgt. Jetzt eiferte er für die Disziplin gegen den Kriegsminister und für die Konstitution gegen Bonaparte. Während am 10. Oktober ein Teil der Kavallerie den Ruf: »Vive Napoléon! Vivent les saucissons!« ertönen ließ, veranstaltete Changarnier, daß wenigstens die unter dem Kommando seines Freundes Neumayer vorbeidefilierende Infanterie ein eisiges Stillschweigen beobachtete. Zur Strafe entsetzte der Kriegsminister auf Bonapartes Antrieb den General Neumayer seines Postens in Paris, unter dem Vorwand, ihn als Obergeneral der 14. und 15. Militärdivision zu bestallen. Neumayer schlug diesen Stellenwechsel aus und mußte so seine Entlassung nehmen. Changarnier seinerseits veröffentlichte am 2. November einen Tagesbefehl, worin er den Truppen verbot, politische Ausrufungen und Demonstrationen irgendeiner Art sich unter den Waffen zu erlauben. Die elyseeischen Blätter griffen Changarnier an, die Blätter der Ordnungspartei Bonaparte, die Permanenzkommission wiederholte geheime Sitzungen, worin wiederholt beantragt wurde, das Vaterland in Gefahr zu erklären, die Armee schien in zwei feindliche Lager geteilt mit zwei feindlichen Generalstäben, der eine im Elysée, wo Bonaparte, der andere in den Tuilerien, wo Changarnier hauste. Es schien nur des Zusammentritts der Nationalversammlung zu bedürfen, damit das Signal zum Kampfe erschalle. Das französische Publikum beurteilte diese Reibungen zwischen Bonaparte und Changarnier wie jener englische Journalist, der sie mit folgenden Worten charakterisiert hat:

»Die politischen Hausmägde Frankreichs kehren die glühende Lava der Revolution mit alten Besen weg und keifen sich aus, während sie ihre Arbeit verrichten.«

Unterdes beeilte sich Bonaparte, den Kriegsminister d'Hautpoul zu entsetzen, ihn Hals über Kopf nach Algier zu spedieren und an seine Stelle General Schramm zum Kriegsminister zu ernennen. Am 12. November sandte er der Nationalversammlung eine Botschaft von amerikanischer Weitläufigkeit, überladen mit Details, ordnungsduftend, versöhnungslüstern, konstitutionell-resigniert, von allem und jenem handelnd, nur nicht von den questions brûlantes des Augenblicks. Wie im Vorbeigehen ließ er die Worte fallen, daß den ausdrücklichen Bestimmungen der Konstitution gemäß der Präsident allein über die Armee verfüge. Die Botschaft schloß mit folgenden hochbeteuernden Worten:

»*Frankreich verlangt vor allem andern Ruhe ... Allein durch einen Eid gebunden, werde ich mich innerhalb der engen Grenzen halten, die er mir gezogen hat* ... Was mich betrifft, vom Volke erwählt und ihm allein meine Macht schuldend, ich werde mich stets seinem gesetzlich ausgedrückten Willen fügen. Beschließt ihr in dieser Sitzung die Revision der Konstitution, so wird eine konstituierende Versammlung die Stellung der Exekutivgewalt regeln. Wo nicht, so wird das Volk 1852 feierlich seinen Entschluß verkünden. Was aber immer die Lösungen der Zukunft sein mögen, laßt uns zu einem Verständnis kommen, damit niemals Leidenschaft, Überraschung oder Gewalt über das Schicksal einer großen Nation entscheiden ... Was vor allem meine Aufmerksamkeit in Anspruch nimmt, ist nicht, zu wissen, wer 1852 über Frankreich regieren wird, sondern die Zeit, die zu meiner Verfügung steht, so zu verwenden, daß die Zwischenperiode ohne Agitation und Störung vorübergehe. Ich habe mit Aufrichtigkeit mein Herz vor euch eröffnet, ihr werdet meiner Offenheit mit eurem Vertrauen antworten, meinem guten Streben durch eure Mitwirkung, und Gott wird das übrige tun.«

Die honette, heuchlerisch gemäßigte, tugendhaft gemeinplätzliche Sprache der Bourgeoisie offenbart ihren tiefsten Sinn im Munde des Selbstherrschers der Gesellschaft vom 10. Dezember und des Picknickhelden von St. Maur und Satory.

Die Burggrafen der Ordnungspartei täuschten sich keinen Augenblick über das Vertrauen, das diese Herzenseröffnung verdiene. Über Eide waren sie längst blasiert, sie zählten Veteranen, Virtuosen des politischen Meineids in ihrer Mitte, sie hatten die Stelle über die Armee nicht überhört. Sie bemerkten mit Unwillen, daß die Botschaft in der weitschweifigen Aufzählung der jüngst erlassenen Gesetze das wichtigste Gesetz, das Wahlgesetz, mit affektiertem Stillschweigen überging und vielmehr im Falle der Nichtrevision der Verfassung die Wahl des Präsidenten für 1852 dem Volke anheimstellte. Das Wahlgesetz war die Bleikugel an den Füßen der Ordnungspartei, die sie am Gehen verhinderte und nun gar am Stürmen! Zudem hatte Bonaparte durch die amtliche Auflösung der Gesellschaft vom 10. Dezember und die Entlassung des Kriegsministers d'Hautpoul die Sündenböcke mit eigener Hand auf dem Altar des Vaterlandes geopfert. Er hatte der erwarteten Kollision die Spitze abgebrochen. Endlich suchte die Ordnungspartei selbst ängstlich jeden entscheidenden Konflikt mit der Exekutivgewalt zu umgehen, abzuschwächen, zu vertuschen. Aus Furcht, die Eroberungen über die Revolution zu verlieren, ließ sie ihren Rivalen die Früchte derselben gewinnen. »Frankreich verlangt vor allem andern Ruhe.« So rief die Ordnungspartei der Revolution seit Februar zu, so rief Bonapartes Botschaft der Ordnungspartei zu. »Frankreich verlangt vor allem Ruhe.« Bonaparte beging Handlungen, die auf Usurpation hinzielten, aber die Ordnungspartei beging die ›Unruhe‹, wenn sie Lärm über diese Handlungen schlug und sie hypochondrisch auslegte. Die Würste von Satory waren mausstill, wenn niemand von ihnen sprach. »Frankreich verlangt vor allem Ruhe.« Also verlangte Bonaparte, daß man ihn ruhig gewähren lasse, und die parlamentarische Partei war von doppelter Furcht gelähmt, von der Furcht, die revolutionäre Unruhe wieder heraufzubeschwören, von der Furcht, selbst als der Unruhstifter in den Augen ihrer eignen Klasse, in den Augen der Bourgeoisie zu erscheinen. Da Frankreich also vor allem andern Ruhe verlangte, wagte die Ordnungspartei nicht, nachdem Bonaparte in seiner Botschaft ›Frieden‹ gesprochen hatte, ›Krieg‹ zu antworten. Das Publikum, das sich mit großen Skandalszenen bei Eröffnung der Nationalversammlung geschmeichelt hatte, wurde in seinen Erwartungen geprellt. Die Oppositionsdeputierten, welche Vorlage der Protokolle der Permanenzkommission über die Oktoberereignisse verlangten, wurden von der Majorität überstimmt. Man floh prinzipiell alle Debatte, die aufregen konnte. Die Arbeiten der Nationalversammlung während November und Dezember 1850 waren ohne Interesse.

Endlich gegen Ende Dezember begann der Guerillakrieg um einzelne Prärogativen des Parlaments. In kleinlichen Schikanen um die Prärogative der beiden Gewalten versumpfte die Bewegung, seitdem die Bourgeoisie mit der Abschaffung des allgemeinen Wahlrechts den Klassenkampf zunächst abgemacht hatte.

Gegen Mauguin, einen der Volksrepräsentanten, war schuldenhalber ein gerichtliches Urteil erwirkt worden. Auf Anfrage des Gerichtspräsidenten erklärte der Justizminister Rouher, es sei ohne weitere Umstände ein Verhaftsbefehl gegen den Schuldner auszufertigen. Mauguin wurde also in den Schuldturm geworfen. Die Nationalversammlung brauste auf, als sie das Attentat erfuhr. Sie verordnete nicht nur seine sofortige Freilassung, sondern ließ ihn auch noch denselben Abend von ihrem greffier gewaltsam aus Clichy herausholen. Um jedoch ihren Glauben an die Heiligkeit des Privateigentums zu bewähren, und mit dem Hintergedanken, im Notfall ein Asyl für lästig gewordene Montagnards zu eröffnen, erklärte sie die Schuldhaft von Volksrepräsentanten nach vorheriger Einholung ihrer Erlaubnis für zulässig. Sie vergaß zu dekretieren, daß auch der Präsident schuldenhalber eingesperrt werden könne. Sie vernichtete den letzten Schein von Unverletzlichkeit, der die Glieder ihres eigenen Körpers umgab.

Man erinnert sich, daß der Polizeikommissär Yon eine Sektion der Dezembristen auf Aussage eines gewissen Allais hin wegen Mordplans auf Dupin und Changarnier denunziert hatte. Gleich in der ersten Sitzung machten die Quästoren mit Bezug hierauf den Vorschlag, eine eigne parlamentarische Polizei zu bilden, besoldet aus dem Privatbudget der Nationalversammlung und durchaus unabhängig von dem Polizeipräfekten. Der Minister des Innern, Baroche, hatte gegen diesen Eingriff in sein Ressort protestiert. Man schloß darauf einen elenden Kompromiß, wonach der Polizeikommissär der Versammlung zwar aus ihrem Privatbudget besoldet und von ihren Quästoren ein- und abgesetzt werden solle, aber nach vorheriger Verständigung mit dem Minister des Innern. Unterdessen war Allais gerichtlich von der Regierung verfolgt worden, und hier war es leicht, seine Aussage als eine Mystifikation darzustellen und durch den Mund des öffentlichen Anklägers einen lächerlichen Schein auf Dupin, Changarnier, Yon und die ganze Nationalversammlung zu werfen. Jetzt, am 29. Dezember, schreibt der Minister Baroche einen Brief an Dupin, worin er die Entlassung Yons verlangt. Das Büro der Nationalversammlung beschließt, Yon in seiner Stelle zu erhalten, aber die Nationalversammlung, über ihre Gewaltsamkeit in Mauguins Angelegenheit erschreckt und gewohnt, wenn sie einen Schlag gegen die Exekutivgewalt gewagt hat, zwei Schläge von ihr im Austausch zurückzuerhalten, sanktioniert diesen Beschluß nicht. Sie entlaßt Yon zur Belohnung seines Diensteifers und beraubt sich einer parlamentarischen Prärogative, unerläßlich gegen einen Menschen, der nicht in der Nacht beschließt, um bei Tage auszuführen, sondern bei Tage beschließt und in der Nacht ausführt.

Wir haben gesehn, wie die Nationalversammlung während der Monate November und Dezember bei großen schlagenden Veranlassungen den Kampf mit der Exekutivgewalt umging, niederschlug. Jetzt sehen wir sie gezwungen, ihn bei den kleinlichsten Anlässen aufzunehmen. In der Angelegenheit Mauguins bestätigt sie dem Prinzipe nach die Schuldhaft der Volksrepräsentanten, behält sich aber vor, es nur auf ihr mißliebige Repräsentanten anwenden zu lassen, und um dieses infame Privilegium hadert sie mit dem Justizminister. Statt den angeblichen Mordplan zu benutzen, um eine Enquête über die Gesellschaft vom 10. Dezember zu verhängen und Bonaparte in seiner wahren Gestalt als das Haupt des

Pariser Lumpenproletariats vor Frankreich und Europa rettungslos bloßzustellen, läßt sie die Kollision auf einen Punkt herabsinken, wo es sich zwischen ihr und dem Minister des Innern nur noch darum handelt, zu wessen Kompetenz die Ein- und Absetzung eines Polizeikommissärs gehört. So sehn wir die Partei der Ordnung während dieser ganzen Periode durch ihre zweideutige Stellung gezwungen, ihren Kampf mit der Exekutivgewalt in kleinliche Kompetenzzwiste, Schikanen, Rabulistereien, Grenzstreitigkeiten zu verpuffen, zu verbröckeln und die abgeschmacktesten Formfragen zum Inhalt ihrer Tätigkeit zu machen. Sie wagt die Kollision nicht aufzunehmen in dem Augenblicke, wo sie eine prinzipielle Bedeutung hat, wo die Exekutivgewalt sich wirklich bloßgestellt hat und die Sache der Nationalversammlung die nationale Sache wäre. Sie würde dadurch der Nation eine Marsch-Ordre ausstellen, und sie fürchtet nichts mehr, als daß sich die Nation bewege. Bei solchen Gelegenheiten weist sie daher die Anträge der Montagne zurück und geht zur Tagesordnung über. Nachdem die Streitfrage so in ihren großen Dimensionen aufgegeben ist, wartet die Exekutivgewalt ruhig den Zeitpunkt ab, wo sie dieselbe bei kleinlich unbedeutenden Anlässen wiederaufnehmen kann, wo sie sozusagen nur noch ein parlamentarisches Lokalinteresse bietet. Dann bricht die verhaltene Wut der Ordnungspartei aus, dann reißt sie den Vorhang von den Kulissen, dann denunziert sie den Präsidenten, dann erklärt sie die Republik in Gefahr, aber dann erscheint auch ihr Pathos abgeschmackt und der Anlaß des Kampfes als heuchlerischer Vorwand oder überhaupt des Kampfes nicht wert. Der parlamentarische Sturm wird zu einem Sturm in einem Glase Wasser, der Kampf zur Intrige, die Kollision zum Skandal. Während die Schadenfreude der revolutionären Klassen sich an der Demütigung der Nationalversammlung weidet, denn sie schwärmen ebensosehr für die parlamentarischen Prärogativen derselben wie jene Versammlung für die öffentlichen Freiheiten, begreift die Bourgeoisie außerhalb des Parlaments nicht, wie die Bourgeoisie innerhalb des Parlaments ihre Zeit mit so kleinlichen Zänkereien vergeuden und die Ruhe durch so elende Rivalitäten mit dem Präsidenten bloßstellen kann. Sie wird verwirrt über eine Strategie, die in dem Augenblicke Frieden schließt, wo alle Welt Schlachten erwartet, und in dem Augenblicke angreift, wo alle Welt den Frieden geschlossen glaubt.

Am 20. Dezember interpellierte Pascal Duprat den Minister des Innern über die Goldbarrenlotterie. Diese Lotterie war eine ›Tochter aus Elysium‹, Bonaparte hatte sie mit seinen Getreuen auf die Welt gesetzt und der Polizeipräfekt Carlier sie unter seine offizielle Protektion gestellt, obgleich das französische Gesetz alle Lotterien mit Ausnahme der Verlosung zu wohltätigen Zwecken untersagt. Sieben Millionen Lose,

Stück für Stück ein Frank, der Gewinn angeblich bestimmt zur Verschiffung von Pariser Vagabunden nach Kalifornien. Einerseits sollten goldene Träume die sozialistischen Träume des Pariser Proletariats verdrängen, die verführerische Aussicht auf das große Los das doktrinäre Recht auf Arbeit. Die Pariser Arbeiter erkannten natürlich in dem Glanze der kalifornischen Goldbarren die unscheinbaren Franken nicht wieder, die man ihnen aus der Tasche lockte. In der Hauptsache aber handelte es sich um eine direkte Prellerei. Die Vagabunden, die kalifornische Goldminen eröffnen wollten, ohne sich aus Paris wegzubemühn, waren Bonaparte selbst und seine schuldenzerrüttete Tafelrunde. Die von der Nationalversammlung bewilligten drei Millionen waren verjubelt, die Kasse mußte auf eine oder die andre Weise wieder gefüllt werden. Vergebens hatte Bonaparte zur Errichtung an sogenannten cités ourvrières eine Nationalsubskription eröffnet, an deren Spitze er selbst mit einer bedeutenden Summe figurierte. Die hartherzigen Bourgeois warteten mißtrauisch die Einzahlung seiner Aktie ab, und da diese natürlich nicht erfolgte, fiel die Spekulation auf die sozialistischen Luftschlösser platt zu Boden. Die Goldbarren zogen besser. Bonaparte und Genossen begnügten sich nicht damit, den Überschuß der sieben Millionen über die auszuspielenden Barren teilweise in die Tasche zu stecken, sie fabrizierten falsche Lose, sie gaben auf dieselbe Nummer zehn, fünfzehn bis zwanzig Lose aus, Finanzoperation im Geiste der Gesellschaft vom 10. Dezember! Hier hatte die Nationalversammlung nicht den fiktiven Präsidenten der Republik sich gegenüber, sondern den Bonaparte in Fleisch und Blut. Hier konnten sie ihn auf der Tat ertappen im Konflikte nicht mit der Konstitution, sondern mit dem Code pénal. Wenn sie auf Duprats Interpellation zur Tagesordnung überging, geschah es nicht nur, weil Girardins Antrag, sich für ›satisfait‹ zu erklären, der Ordnungspartei ihre systematische Korruption ins Gedächtnis rief. Der Bourgeois, und vor allem der zum Staatsmann aufgeblähte Bourgeois, ergänzt seine praktische Gemeinheit durch eine theoretische Überschwenglichkeit. Als Staatsmann wird er wie die Staatsgewalt, die ihm gegenübersteht, ein höheres Wesen, das nur in höherer, geweihter Weise bekämpft werden kann.

Bonaparte, der eben als Bohemien, als prinzlicher Lumpenproletarier den Vorzug vor dem schuftigen Bourgeois hatte, daß er den Kampf gemein führen konnte, sah nun, nachdem die Versammlung selbst ihn über den schlüpfrigen Boden der Militärbanketts, der Revuen, der Gesellschaft vom 10. Dezember und endlich des Code pénal mit eigner Hand hinübergeleitet hatte, den Augenblick gekommen, wo er aus der scheinbaren Defensive in die Offensive übergehn konnte. Wenig genierten ihn die mittendurch spielenden kleinen Niederlagen des Justizministers, des Kriegsministers, des Marineministers, des Finanzministers, wodurch die Nationalversammlung ihr knurriges Mißvergnügen kundgab. Er verhinderte nicht nur die Minister abzutreten und so die Unterwerfung der Exekutivgewalt unter das Parlament anzuerkennen. Er konnte nun vollbringen, womit er während der Ferien der Nationalversammlung begonnen hatte, die Losreißung der Militärgewalt vom Parlamente, die *Absetzung Changarniers*. Ein elyseeisches Blatt veröffentlichte einen Tagesbefehl, während des Monats Mai angeblich an die erste Militärdivision gerichtet, also von Changarnier ausgehend, worin den Offizieren empfohlen wurde, im Falle einer Empörung den Verrätern in ihren eignen Reihen kein Quartier zu geben, sie sofort zu erschießen und der Nationalversammlung die Truppen zu verweigern, wenn sie dieselben requirieren sollte. Am 3. Januar 1851 wurde das Kabinett über diesen Tagesbefehl interpelliert. Es verlangt zur Prüfung dieser Angelegenheit erst drei Monate, dann eine Woche, endlich nur vierundzwanzig Stunden Bedenkzeit. Die Versammlung besteht auf sofortigem Aufschlusse. Changarnier erhebt sich und erklärt, daß dieser Tagesbefehl nie existiert habe. Er fügt hinzu, daß er sich stets beeilen werde, den Aufforderungen der Nationalversammlung nachzukommen, und daß sie in einem Kollisionsfalle auf ihn rechnen könne. Sie empfängt seine Erklärung mit unaussprechlichem Applaus und dekretiert ihm ein Vertrauensvotum. Sie dankt ab, sie dekretiert ihre eigne Machtlosigkeit und die Allmacht der Armee, indem sie sich unter die Privatprotektion eines Generals begibt, aber der General täuscht sich, wenn er ihr gegen Bonaparte eine Macht zu Gebot stellt, die er nur als Lehen von demselben Bonaparte hält, wenn er seinerseits Schutz von diesem Parlamente, von seinem schutzbedürftigen Schützlinge erwartet. Aber Changarnier glaubt an die mysteriöse Macht, womit ihn die Bourgeoisie seit dem 29. Januar 1849 ausgestattet. Er hält sich für die dritte Gewalt neben den beiden übrigen Staatsgewalten. Er teilt das Schicksal der übrigen Helden oder vielmehr Heiligen dieser Epoche, deren Größe eben in der interessierten großen Meinung besteht, die ihre Partei von ihnen aufbringt, und die in Alltagsfiguren zusammenfallen, sobald die Verhältnisse sie einladen, Wunder zu verrichten. Der Unglaube ist überhaupt der tödliche Feind dieser vermeinten Helden und wirklichen Heiligen. Daher ihre würdevoll-sittliche Entrüstung über die enthusiasmusarmen Witzlinge und Spötter.

An demselben Abende wurden die Minister nach dem Elysée beschieden, Bonaparte dringt auf die Absetzung Changarniers, fünf Minister weigern sich, sie zu zeichnen, der ›Moniteur‹ kündigt eine Ministerkrise an, und die Ordnungspresse droht mit der Bildung einer parlamentarischen Armee unter dem Kommando Changarniers. Die Partei der Ordnung hatte die konstitutionelle Befugnis zu diesem Schritte. Sie brauchte bloß Changarnier zum Präsidenten der Nationalversammlung zu ernennen und eine beliebige Truppenmasse zu ihrer Sicherheit zu requirieren. Sie konnte es um so sicherer, als Changarnier noch wirklich an der Spitze der Armee und der Pariser Nationalgarde stand und nur darauf lauerte, mitsamt der Armee requiriert zu werden. Die bonapartistische Presse wagte noch nicht einmal, das Recht der Nationalversammlung zu direkter Requisition der Truppen in Frage zu stellen, ein juristischer Skrupel, der unter den gegebenen Verhältnissen keinen Erfolg versprach. Daß die Armee dem Befehle der Nationalversammlung gehorcht hätte, ist wahrscheinlich, wenn man erwägt, daß Bonaparte acht Tage in ganz Paris suchen mußte, um endlich zwei Generale zu finden – Baraguay d'Hilliers und St.-Jean-d'Angély –, die sich bereit erklärten, die Absetzung Changarniers zu kontrasignieren. Daß die Ordnungspartei aber in ihren eignen Reihen und im Parlamente die zu einem solchen Beschlusse nötige Stimmenzahl gefunden hätte, ist mehr als zweifelhaft, wenn man bedenkt, daß acht Tage später 286 Stimmen sich von ihr trennten und daß die Montagne einen ähnlichen Vorschlag noch im Dezember 1851, in der letzten Stunde der Entscheidung, verwarf. Indessen wäre es vielleicht den Burggrafen jetzt noch gelungen, die Masse ihrer Partei zu einem Heroismus hinzureißen, der darin bestand, sich hinter einem Walde von Bajonetten sicher zu fühlen und den Dienst einer Armee anzunehmen, die in ihr Lager desertiert war. Statt dessen begaben sich die Herren Burggrafen am Abende des 6. Januar ins Elysée, um durch staatskluge Wendungen und Bedenken Bonaparte von der Absetzung Changarniers abstehn zu machen. Wen man zu überreden sucht, den erkennt man als den Meister der Situation an. Bonaparte, durch diesen Schritt sicher gemacht, ernennt am 12. Januar ein neues Ministerium, worin die Führer des alten, Fould und Baroche, verbleiben. St.-Jean-d'Angély wird Kriegsminister, der ›Moniteur‹ bringt das Absetzungsdekret Changarniers, sein Kommando wird geteilt unter Baraguay d'Hilliers, der die erste Militärdivision, und Perrot, der die Nationalgarde erhält. Das Bollwerk der Gesellschaft ist abgedankt, und wenn kein Stein darüber vom Dache fällt, steigen dagegen die Börsenkurse.

Indem sie die Armee, die sich ihr in Changarniers Person zur Verfügung stellt, zurückstößt und so unwiderruflich dem Präsidenten überantwortet, erklärt die Ordnungspartei, daß die Bourgeoisie den Beruf zum Herrschen verloren hat. Es existierte bereits kein parlamentarisches Ministerium mehr. Indem sie nun noch die Handhabe der Armee und Nationalgarde verlor, welches Gewaltmittel blieb ihr, um gleichzeitig die usurpierte Gewalt des Parlaments über das Volk und seine konstitutionelle Gewalt gegen den Präsidenten zu behaupten? Keins. Es blieb ihr nur noch der Appell an gewaltlose Prinzipien, die sie selbst stets nur als allgemeine Regeln ausgelegt hatte, die man dritten vorschreibt, um sich selbst desto freier bewegen zu können. Mit der Absetzung Changarniers, mit dem Anheimfall der Militärgewalt an Bonaparte, schließt der erste Abschnitt der Periode, die wir betrachten, der Periode des Kampfes zwischen der Ordnungspartei und der Exekutivgewalt. Der Krieg zwischen den beiden Gewalten ist jetzt offen erklärt, wird offen geführt, aber erst nachdem die Ordnungspartei Waffen und Soldaten verloren hat. Ohne Ministerium, ohne Armee, ohne Volk, ohne öffentliche Meinung, seit ihrem Wahlgesetz vom 31. Mai nicht mehr die Repräsentantin der souveränen Nation, ohn' Aug, ohn' Ohr, ohn' Zahn, ohn' alles, hatte sich die Nationalversammlung allgemach in ein *altfranzösisches Parlament* verwandelt, das die Aktion der Regierung überlassen und sich selbst mit knurrenden Remonstrationen post festum begnügen muß.

Die Ordnungspartei empfängt das neue Ministerium mit einem Sturme der Entrüstung. General Bedeau ruft die Milde der Permanenzkommission während der Ferien ins Gedächtnis zurück und die übergroße Rücksicht, womit sie auf die Veröffentlichung ihrer Protokolle verzichtet habe. Der Minister des Innern besteht nun selbst auf Veröffentlichung dieser Protokolle, die jetzt natürlich schal wie abgestandenes Wasser geworden sind, keine neue Tatsache enthüllen und ohne die geringste Wirkung in das blasierte Publikum fallen. Auf Rémusats Vorschlag zieht sich die Nationalversammlung in ihre Büros zurück und ernennt ein ›Komitee außerordentlicher Maßregeln‹. Paris tritt um so weniger aus dem Geleise seiner alltäglichen Ordnung, als der Handel in diesem Augenblicke prosperiert, die Manufakturen beschäftigt sind, die Getreidepreise niedrig stehn, die Lebensmittel überfließen, die Sparkassen täglich neue Depositen erhalten. Die ›außerordentlichen Maßregeln‹, die das Parlament so geräuschvoll angekündigt hat, verpuffen am 18. Januar in ein Mißtrauensvotum gegen die Minister, ohne daß General Changarnier auch nur erwähnt wurde. Die Ordnungspartei war zu dieser Fassung ihres Votums gezwungen, um sich die Stimmen der Republikaner zu sichern, da diese von allen Maßregeln des Ministeriums gerade nur die Absetzung Changarniers billigen, während die Ordnungspartei in der Tat die übrigen ministeriellen Akte nicht tadeln kann, die sie selbst diktiert hatte.

Für das Mißtrauensvotum vom 18. Januar entschieden 415 gegen 286 Stimmen. Es wurde also nur durchgesetzt durch eine *Koalition* der entschiedenen Legitimisten und Orleanisten mit den reinen Republikanern und der Montagne. Es bewies also, daß die Partei der Ordnung nicht nur das Ministerium, nicht nur die Armee, sondern in Konflikten mit Bonaparte auch ihre selbständige parlamentarische Majorität verloren hatte, daß ein Trupp von Repräsentanten aus ihrem Lager desertiert war, aus Vermittlungsfanatismus, aus Furcht vor dem Kampfe, aus Abspannung, aus Familienrücksicht für blutverwandte Staatsgehalte, aus Spekulation auf frei werdende Ministerposten (Odilon Barrot), aus dem platten Egoismus, womit der gewöhnliche Bourgeois stets geneigt ist, das Gesamtinteresse seiner Klasse diesem oder jenem Privatmotive zu opfern. Die bonapartistischen Repräsentanten gehörten von vornherein der Ordnungspartei nur im Kampfe gegen die Revolution. Der Chef der katholischen Partei, Montalembert, warf seinen Einfluß schon damals in die Waagschale Bonapartes, da er an der Lebensfähigkeit der parlamentarischen Partei verzweifelte. Die Führer dieser Partei endlich, Thiers und Berryer, der Orleanist und Legitimist, waren gezwungen, sich offen als Republikaner zu proklamieren, zu bekennen, daß ihr Herz königlich, aber ihr Kopf republikanisch gesinnt, daß die parlamentarische Republik die einzig mögliche Form für die Herrschaft der Gesamtbourgeoisie sei. Sie waren so gezwungen, die Restaurationspläne, die sie unverdrossen hinter dem Rücken des Parlaments weiter verfolgten, vor den Augen der Bourgeoisklasse selbst als eine ebenso gefahrvolle wie kopflose Intrige zu brandmarken.

Das Mißtrauensvotum vom 18. Januar traf die Minister und nicht den Präsidenten. Aber nicht das Ministerium, der Präsident hatte Changarnier abgesetzt. Sollte die Ordnungspartei Bonaparte selbst in Anklagezustand versetzen? Wegen seiner Restaurationsgelüste? Sie ergänzten nur ihre eignen. Wegen seiner Konspiration in den Militärrevuen und der Gesellschaft vom 10. Dezember? Sie hatten diese Themata längst unter einfachen Tagesordnungen begraben. Wegen der Absetzung des Helden vom 29. Januar und vom 13. Juni, des Mannes, der Mai 1850 im Falle einer Emeute Paris an allen vier Ecken in Brand zu stecken drohte? Ihre Alliierten von der Montagne und Cavaignac erlaubten ihnen nicht einmal, das gefallene Bollwerk der Gesellschaft durch eine offizielle Beileidsbezeugung aufzurichten. Sie selbst konnten dem Präsidenten die konstitutionelle Befugnis, einen General abzusetzen, nicht bestreiten. Sie tobten nur, weil er von seinem konstitutionellen Rechte einen unparlamentarischen Gebrauch machte. Hatten sie von ihrer parlamentarischen Prärogative nicht fortwährend einen unkonstitutionellen Gebrauch gemacht und namentlich bei der Abschaffung des allgemeinen Wahlrechts? Sie waren also darauf angewiesen, sich genau innerhalb der parlamentarischen Schranken zu bewegen. Und es gehörte jene eigentümliche Krankheit dazu, die seit 1848 auf dem ganzen Kontinent grassiert hat, der *parlamentarische Kretinismus*, der die Angesteckten in eine eingebildete Welt festbannt und ihnen allen Sinn, alle Erinnerung, alles Verhältnis für die rauhe Außenwelt raubt, dieser parlamentarische Kretinismus gehörte dazu, wenn sie, die alle Bedingungen der parlamentarischen Macht mit eignen Händen zerstört hatten und in ihrem Kampfe mit den andern Klassen zerstören mußten, ihre parlamentarischen Siege noch für Siege hielten und den Präsidenten zu treffen glaubten, indem sie auf seine Minister schlugen. Sie gaben ihm nur Gelegenheit, die Nationalversammlung von neuem in den Augen der Nation zu demütigen. Am 20. Januar meldete der ›Moniteur‹, daß die Entlassung des Gesamtministeriums angenommen sei. Unter dem Vorwande, daß keine parlamentarische Partei mehr die Majorität besitze, wie das Votum vom 18. Januar, diese Frucht der Koalition zwischen Montagne und Royalisten, beweise, und um die Neubildung einer Majorität abzuwarten, ernannte Bonaparte ein sogenanntes Übergangsministerium, wovon kein Mitglied dem Parlamente angehörte, lauter durchaus unbekannte und bedeutungslose Individuen, ein Ministerium von bloßen Kommis und Schreibern. Die Ordnungspartei konnte sich jetzt im Spiele mit diesen Marionetten abarbeiten, die Exekutivgewalt hielt es nicht mehr der Mühe wert, ernsthaft in der Nationalversammlung vertreten zu sein. Bonaparte konzentrierte um so sichtbarer die ganze Exekutivgewalt in seiner Person, er hatte um so freiern Spielraum, sie zu seinen Zwecken auszubeuten, je mehr seine Minister reine Statisten waren.

Die mit der Montagne koalisierte Ordnungspartei rächte sich, indem sie die präsidentielle Dotation von 1800000 frs. verwarf, zu deren Vorlage das Haupt der Gesellschaft vom 10. Dezember seine ministeriellen Kommis gezwungen hatte. Diesmal entschied eine Majorität von nur 102 Stimmen, es waren also seit dem 18. Januar neuerdings 27 Stimmen abgefallen, die Auflösung der Ordnungspartei ging voran. Damit man sich keinen Augenblick über den Sinn ihrer Koalition mit der Montagne täuschte, verschmähte sie gleichzeitig, einen von 189 Mitgliedern der Montagne unterzeichneten Antrag auf allgemeine Amnestie der politischen Verbrecher auch nur in Betracht zu ziehen. Es genügte, daß der Minister des Innern, ein gewisser Vaïsse, erklärte, die Ruhe sei nur scheinbar, im geheimen herrsche große Agitation, im geheimen organisierten sich allgegenwärtige Gesellschaften, die demokratischen Blätter machten Anstalten, um wieder zu erscheinen, die Berichte aus den Departements lauteten ungünstig, die Flüchtlinge von Genf leiteten eine Verschwörung über Lyon durch ganz Südfrankreich, Frankreich stehe am Rande einer industriellen und kommerziellen Krise, die Fabrikanten von Roubaix hätten die Arbeitszeit vermindert, die Gefangenen von Belle Île sich empört –, es genügte, daß selbst nur ein Vaïsse das rote Gespenst heraufbeschwor, damit die Partei der Ordnung ohne Diskussion einen Antrag verwarf, der der Nationalversammlung eine ungeheure Popularität erobern und Bonaparte in ihre Arme zurückwerfen mußte. Statt sich von der Exekutivgewalt durch die Perspektive neuer Unruhen einschüchtern zu lassen, hätte sie vielmehr dem Klassenkampf einen kleinen

Spielraum gewähren müssen, um die Exekutive von sich abhängig zu erhalten. Aber sie fühlte sich nicht der Aufgabe gewachsen, mit dem Feuer zu spielen.

Unterdessen vegetierte das sogenannte Übergangsministerium bis Mitte April fort. Bonaparte ermüdete, foppte die Nationalversammlung mit beständig neuen Ministerkombinationen. Bald schien er ein republikanisches Ministerium bilden zu wollen mit Lamartine und Billault, bald ein parlamentarisches mit dem unvermeidlichen Odilon Barrot, dessen Name nie fehlen darf, wenn ein dupe notwendig ist, bald ein legitimistisches mit Vitamesnil und Benoist d'Azy, bald ein orleanistisches mit Maleville. Während er so die verschiedenen Fraktionen der Ordnungspartei in Spannung gegeneinander erhält und sie insgesamt mit der Aussicht auf ein republikanisches Ministerium und die dann unvermeidlich gewordene Herstellung des allgemeinen Wahlrechts ängstet, bringt er gleichzeitig bei der Bourgeoisie die Überzeugung hervor, daß seine aufrichtigen Bemühungen um ein parlamentarisches Ministerium an der Unversöhnlichkeit der royalistischen Fraktionen scheitern. Die Bourgeoisie schrie aber um so lauter nach einer ›starken Regierung‹, sie fand es um so unverzeihlicher, Frankreich ›ohne Administration‹ zu lassen, je mehr eine allgemeine Handelskrise nun im Anmarsche schien und in den Städten für den Sozialismus warb, wie der ruinierend niedrige Preis des Getreides auf dem Lande. Der Handel wurde täglich flauer, die unbeschäftigten Hände vermehrten sich zusehends, in Paris waren wenigstens 10000 Arbeiter brotlos, in Rouen, Mülhausen, Lyon, Roubaix, Tourcoing, St. Etienne, Elbeuf usw. standen zahllose Fabriken still. Unter diesen Umständen konnte Bonaparte es wagen, am 11. April das Ministerium vom 18. Januar zu restaurieren. Die Herren Rouher, Fould, Baroche etc., verstärkt durch Herrn Léon Faucher, den die konstituierende Versammlung während ihrer letzten Tage einstimmig mit Ausnahme von fünf Ministerstimmen wegen Verbreitung falscher telegraphischer Depeschen mit einem Mißtrauensvotum gebrandmarkt hatte. Die Nationalversammlung hatte also am 18. Januar einen Sieg über das Ministerium davongetragen, sie hatte während drei Monaten mit Bonaparte gekämpft, damit am 11. April Fould und Baroche den Puritaner Faucher als dritten in ihren ministeriellen Bund aufnehmen konnten.

November 1849 hatte sich Bonaparte mit einem *unparlamentarischen* Ministerium begnügt, Januar 1851 mit einem *außerparlamentarischen*, am 11. April fühlte er sich stark genug, ein *antiparlamentarisches* Ministerium zu bilden, das die Mißtrauensvota beider Versammlungen, der Konstituante und der Legislativen, der republikanischen und der royalistischen, harmonisch in sich vereinigte. Diese Stufenleiter von Ministerien war das Thermometer, woran das Parlament die Abnahme der eignen Lebenswärme messen konnte. Diese war Ende April so tief genug gesunken, daß Persigny den Changarnier in einer persönlichen Zusammenkunft auffordern konnte, in das Lager des Präsidenten überzugehn. Bonaparte, versicherte er ihm, betrachte den Einfluß der Nationalversammlung als vollständig vernichtet, und schon liege die Proklamation bereit, die nach dem beständig beabsichtigten, aber zufällig wieder aufgeschobenen coup d'état veröffentlicht werden solle. Changarnier teilte den Führern der Ordnungspartei die Todesanzeige mit, aber wer glaubt, daß der Biß von Wanzen töte? Und das Parlament, so geschlagen, so aufgelöst, so strebefaul es war, konnte sich nicht überwinden, in dem Duelle mit dem grotesken Chef der Gesellschaft vom 10. Dezember etwas andres zu sehen als das Duell mit einer Wanze. Aber Bonaparte antwortete der Partei der Ordnung wie Agesilaos dem Könige Agis: *»Ich scheine dir Ameise, aber ich werde einmal Löwe sein.«*

VI

Die Koalition mit der Montagne und den reinen Republikanern, wozu die Ordnungspartei in ihren vergeblichen Anstrengungen, den Besitz der Militärgewalt zu behaupten und die oberste Leitung der Exekutivgewalt wieder zu erobern, sich verurteilt sah, bewies unwidersprechlich, daß sie die selbständige *parlamentarische Majorität* eingebüßt hatte. Die bloße Macht des Kalenders, der Stundenzeiger gab am 28. Mai das Signal ihrer völligen Auflösung. Mit dem 28. Mai begann das letzte Lebensjahr der Nationalversammlung. Sie mußte sich nun entscheiden für unveränderte Fortdauer oder für die Revision der Verfassung. Aber Revision der Verfassung, das hieß nicht nur Herrschaft der Bourgeoisie oder der kleinbürgerlichen Demokratie, Demokratie oder proletarische Anarchie, parlamentarische Republik oder Bonaparte, das hieß zugleich Orléans oder Bourbon! So fiel mitten in das Parlament der Erisapfel, an dem sich der Widerstreit der Interessen, welche die Ordnungspartei in feindliche Fraktionen sonderten, offen entzünden mußte. Die Ordnungspartei war eine Verbindung von heterogenen gesellschaftlichen Substanzen. Die Revisionsfrage erzeugte eine politische Temperatur, worin das Produkt wieder in seine ursprünglichen Bestandteile zerfiel.

Das Interesse der Bonapartisten an der Revision war einfach. Für sie handelte es sich vor allem um Abschaffung des Artikels 45, der Bonapartes Wiederwahl untersagte, und die Prorogation seiner Gewalt. Nicht minder einfach schien die Stellung der Republikaner. Sie verwarfen unbedingt jede Revision, sie sahen in ihr eine allseitige Verschwörung gegen die Republik. Da sie über *mehr als ein Viertel der Stimmen* in der

Nationalversammlung verfügten und verfassungsmäßig drei Viertel der Stimmen zum rechtsgültigen Beschlusse der Revision und zur Einberufung einer revidierenden Versammlung erfordert waren, brauchten sie nur ihre Stimmen zu zählen, um des Sieges sicher zu sein. Und sie waren des Sieges sicher.

Diesen klaren Stellungen gegenüber befand sich die Partei der Ordnung in unentwirrbaren Widersprüchen. Verwarf sie die Revision, so gefährdete sie den Status quo, indem sie Bonaparte nur noch einen Ausweg übrigließ, den der Gewalt, indem sie Frankreich am zweiten [Sonntag des Monats] Mai 1852, in dem Augenblicke der Entscheidung, der revolutionären Anarchie preisgab, mit einem Präsidenten, der seine Autorität verlor, mit einem Parlamente, das sie längst nicht mehr besaß, und mit einem Volke, das sie wieder zu erobern dachte. Stimmte sie für die verfassungsmäßige Revision, so wußte sie, daß sie umsonst stimmte und am Veto der Republikaner verfassungsmäßig scheitern müsse. Erklärte sie verfassungswidrig die einfache Stimmenmajorität für bindend, so konnte sie die Revolution nur zu beherrschen hoffen, wenn sie sich unbedingt der Botmäßigkeit der Exekutivgewalt unterwarf, so machte sie Bonaparte zum Meister über die Verfassung, über die Revision und über sich selbst. Eine nur teilweise Revision, welche die Gewalt des Präsident verlängerte, bahnte der imperialistischen Usurpation den Weg. Eine allgemeine Revision, welche die Existenz der Republik abkürzte, brachte die dynastischen Ansprüche in unvermeidlichen Konflikt, denn die Bedingungen für eine bourbonische und die Bedingungen für eine orleanistische Restauration waren nicht nur verschieden, sie schlossen sich wechselseitig aus.

Die parlamentarische Republik war mehr als das neutrale Gebiet, worin die zwei Fraktionen der französischen Bourgeoisie, Legitimisten und Orleanisten, großes Grundeigentum und Industrie, gleichberechtigt nebeneinander hausen konnten. Sie war die unumgängliche Bedingung ihrer *gemeinsamen* Herrschaft, die einzige Staatsform, worin ihr allgemeines Klasseninteresse sich zugleich die Ansprüche ihrer besondern Fraktionen wie alle übrigen Klassen der Gesellschaft unterwarf. Als Royalisten fielen sie in ihren alten Gegensatz zurück, in den Kampf um die Suprematie des Grundeigentums oder des Geldes, und der höchste Ausdruck dieses Gegensatzes, die Personifikation desselben, waren ihre Könige selbst, ihre Dynastien. Daher das Sträuben der Ordnungspartei gegen *die Rückberufung der Bourbonen.*

Der Orleanist und Volksrepräsentant Creton hatte 1849, 1850 und 1851 periodisch den Antrag gestellt, das Verbannungsdekret gegen die königlichen Familien aufzuheben. Das Parlament bot ebenso periodisch das Schauspiel einer Versammlung von Royalisten, welche ihren verbannten

Königen hartnäckig die Tore verschließt, durch die sie heimkehren könnten. Richard III. hatte Heinrich VI. ermordet mit dem Bemerken, daß er zu gut für diese Welt sei und in den Himmel gehöre. Sie erklärten Frankreich für zu schlecht, seine Könige wieder zu besitzen. Durch die Macht der Verhältnisse gezwungen, waren sie Republikaner geworden und sanktionierten wiederholt den Volksbeschluß, der ihre Könige aus Frankreich verwies.

Die Revision der Verfassung – und sie in Betracht zu ziehen, zwangen die Umstände – stellte mit der Republik zugleich die gemeinsame Herrschaft der beiden Bourgeoisfraktionen in Frage und rief, mit der Möglichkeit der Monarchie, die Rivalität der Interessen, die sie abwechselnd vorzugsweise vertreten hatte, ins Leben zurück, den Kampf um die Suprematie der einen Fraktion über die andre. Die Diplomaten der Ordnungspartei glaubten den Kampf schlichten zu können durch eine Verschmelzung beider Dynastien, durch eine sogenannte *Fusion* der royalistischen Parteien und ihrer Königshäuser. Die wirkliche Fusion der Restauration und der Julimonarchie war die parlamentarische Republik, worin orleanistische und legitimistische Farben ausgelöscht wurden und die Bourgeois-Arten in dem Bourgeois schlechtweg, in der Bourgeois-Gattung verschwanden. Jetzt aber sollte der Orleanist Legitimist, der Legitimist Orleanist werden. Das Königtum, worin sich ihr Gegensatz personifizierte, sollte ihre Einheit verkörpern, der Ausdruck ihrer ausschließlichen Fraktionsinteressen zum Ausdruck ihres gemeinsamen Klasseninteresses werden, die Monarchie das leisten, was nur die Aufhebung zweier Monarchien, die Republik leisten konnte und geleistet hat. Es war dies der Stein des Weisen, an dessen Herstellung sich die Doktoren der Ordnungspartei die Köpfe zerbrachen. Als könnte die legitime Monarchie jemals die Monarchie der industriellen Bourgeois oder das Bürgerkönigtum jemals das Königtum der angestammten Grundaristokratie werden. Als könnten Grundeigentum und Industrie sich unter *einer* Krone verbrüdern, wo die Krone nur auf ein Haupt fallen konnte, auf das Haupt des ältern Bruders oder des jüngern. Als könnte die Industrie sich überhaupt mit dem Grundeigentum ausgleichen, solange das Grundeigentum sich nicht entschließt, selbst industriell zu werden. Wenn Henri V. morgen stürbe, der Graf von Paris würde darum nicht der König der Legitimisten, es sei denn, daß er aufhörte, der König der Orleanisten zu sein. Die Philosophen der Fusion jedoch, die sich in dem Maße breitmachten, als die Revisionsfrage in den Vordergrund trat, die sich in der ›Assemblée nationale‹ ein offizielles Tagesorgan geschaffen hatten, die sogar in diesem Augenblicke (Februar 1852) wieder am Werke sind, erklärten sich die ganze Schwierigkeit aus dem Widerstreben und der Rivalität der beiden Dynastien. Die Versuche, die Familie Orléans mit Heinrich V. zu versöhnen, seit dem Tode Louis-Philippes begonnen, aber wie die dynastischen Intrigen überhaupt nur während der Ferien der Nationalversammlung, in den Zwischenakten, hinter den Kulissen gespielt, mehr sentimentale Koketterie mit dem alten Aberglauben als ernstgemeintes Geschäft, wurden nun zu Haupt- und Staatsaktionen und von der Ordnungspartei auf der öffentlichen Bühne aufgeführt, statt wie bisher auf dem Liebhabertheater. Die Kuriere flogen von Paris nach Venedig, von Venedig nach Claremont, von Claremont nach Paris. Der Graf von Chambord erläßt ein Manifest, worin er »mit Hülfe aller Glieder seiner Familie« nicht seine, sondern die »nationale« Restauration anzeigt. Der Orleanist Salvandy wirft sich Heinrich V. zu Füßen. Die Legitimistenchefs Berryer, Benoist d'Azy, St. Priest wandern nach Claremont, um die Orléans zu überreden, aber vergeblich. Die Fusionisten gewahren zu spät, daß die Interessen der beiden Bourgeoisfraktionen weder an Ausschließlichkeit verlieren noch an Nachgiebigkeit gewinnen, wo sie in der Form von Familieninteressen, von Interessen zweier Königshäuser sich zuspitzen. Wenn Heinrich V. den Grafen von Paris als Nachfolger anerkannte – der einzige Erfolg, den die Fusion im besten Fall erzielen konnte –, so gewann das Haus Orléans keinen Anspruch, den ihm die Kinderlosigkeit Heinrichs V. nicht schon gesichert hätte, aber es verlor alle Ansprüche, die es durch die Julirevolution erobert hatte. Es verzichtete auf seine Originalansprüche, auf alle Titel, die es in einem beinahe hundertjährigen Kampfe dem ältern Zweige der Bourbonen abgerungen, es tauschte seine historische Prärogative, die Prärogative des modernen Königtums, gegen die Prärogative seines Stammbaums aus. Die Fusion war also nichts als eine freiwillige Abdankung des Hauses Orléans, die legitimistische Resignation desselben, der reuige Rücktritt aus der protestantischen Staatskirche in die katholische. Ein Rücktritt, der es dazu nicht einmal auf den Thron, den es verloren hatte, sondern auf die Stufe des Thrones brachte, auf der es geboren war. Die alten orleanistischen Minister Guizot, Duchâtel etc., die ebenfalls nach Claremont eilten, um die Fusion zu bevorworten, vertraten in der Tat nur den Katzenjammer über die Julirevolution, die Verzweiflung am Bürgerkönigtum und am Königtum der Bürger, den Aberglauben an die Legitimität als das letzte Amulett gegen die Anarchie. In ihrer Einbildung Vermittler zwischen Orléans und Bourbon, waren sie in der Wirklichkeit nur noch abgefallene Orleanisten, und als solche empfing sie der Prinz von Joinville. Der lebensfähige, kriegerische Teil der Orleanisten dagegen, Thiers, Baze usw., überzeugten die Familie Louis-Philippes um so leichter, daß, wenn jede unmittelbar monarchische Restauration die Fusion der beiden Dynastien, jede solche Fusion aber die Abdankung des Hauses Orléans voraussetze, es dagegen ganz der Tradition ihrer Vorfahren entspreche, vorläufig die Republik anzuerkennen und abzuwarten, bis die Ereignisse erlaubten, den Präsidentenstuhl in einen Thron zu verwandeln. Joinvilles Kandidatur wurde gerüchtsweise ausgesprengt, die öffentliche Neugier in der Schwebe erhalten, und einige Monate später, nach Verwerfung der Revision, im September öffentlich proklamiert.

Der Versuch einer royalistischen Fusion zwischen Orleanisten und Legitimisten war so nicht nur gescheitert, er hatte ihre *parlamentarische Fusion*, ihre republikanische Gemeinform gebrochen und die Ordnungspartei wieder in ihre ursprünglichen Bestandteile zersetzt; aber je mehr die Entfremdung zwischen Claremont und Venedig wuchs, ihre Ausgleichung sich zerschlug, die Joinville-Agitation um sich griff, desto eifriger, ernster wurden die Verhandlungen zwischen Faucher, dem Minister Bonapartes, und den Legitimisten.

Die Auflösung der Ordnungspartei blieb nicht bei ihren ursprünglichen Elementen stehen. Jede der beiden großen Fraktionen zersetzte sich ihrerseits von neuem. Es war, als wenn alle die alten Nuancen, die sich früher innerhalb jedes der beiden Kreise, sei es des legitimen, sei es des orleanistischen, bekämpft und gedrängt hatten, wieder aufgetaut wären, wie vertrocknete Infusorien bei Berührung mit Wasser, als wenn sie von neuem Lebenskraft genug gewonnen hätten, um eigne Gruppen und selbständige Gegensätze zu bilden. Die Legitimisten träumten sich zurück in die Streitfragen zwischen den Tuilerien und dem Pavillon Marsan, zwischen Villèle und Polignac. Die Orleanisten durchlebten von neuem die goldene Zeit der Turniere zwischen Guizot, Molé, Broglie, Thiers und Odilon Barrot.

Der revisionslustige, aber über die Grenzen der Revision wieder uneinige Teil der Ordnungspartei, zusammengesetzt aus den Legitimisten unter Berryer und Falloux einerseits, unter La Rochejacquelein andrerseits, und den kampfmüden Orleanisten unter Molé, Broglie, Montalembert und Odilon Barrot, vereinbarte sich mit den bonapartistischen Repräsentanten zu folgendem unbestimmten und weitgefaßten Antrage:

»Die unterzeichneten Repräsentanten, mit dem Zwecke, der Nation die volle Ausübung ihrer Souveränität wiederzugeben, stellen die Motion, daß die Verfassung revidiert werde.«

Gleichzeitig aber erklärten sie einstimmig durch ihren Berichterstatter Tocqueville, die Nationalversammlung habe nicht das Recht, die *Abschaffung der Republik* zu beantragen, dies Recht stehe nur der Revisionskammer zu. Übrigens könne die Verfassung nur auf ›*legale*‹ Weise revidiert werden, also nur, wenn das verfassungsmäßig vorgeschriebene Dreiviertel der Stimmenzahl für Revision entscheide. Nach sechstägigen stürmischen Debatten, am 19. Juli, wurde die Revision, wie vorherzusehen, verworfen. Es stimmten 446 dafür, aber 278 dagegen. Die entschiedenen Orleanisten Thiers, Changarnier etc. stimmten mit den Republikanern und der Montagne.

Die Majorität des Parlaments erklärte sich so gegen die Verfassung, aber diese Verfassung selbst erklärte sich für die Minorität und ihren Beschluß für bindend. Hatte aber die Ordnungspartei nicht am 31. Mai 1850, nicht am 13. Juni 1849 die Verfassung der parlamentarischen Majorität untergeordnet? Beruhte ihre ganze bisherige Politik nicht auf der Unterordnung der Verfassungsparagraphen unter die parlamentarischen Majoritätsbeschlüsse? Hatte sie den alttestamentarischen Aberglauben an den Buchstaben des Gesetzes nicht den Demokraten überlassen und an den Demokraten gezüchtigt? In diesem Augenblicke aber hieß Revision der Verfassung nichts andres als Fortdauer der präsidentiellen Gewalt, wie Fortdauer der Verfassung nichts andres hieß als Absetzung Bonapartes. Das Parlament hatte sich für ihn erklärt, aber die Verfassung erklärte sich gegen das Parlament. Er handelte also im Sinne des Parlaments, wenn er die Verfassung zerriß, und er handelte im Sinne der Verfassung, wenn er das Parlament auseinanderjagte.

Das Parlament hatte die Verfassung und mit ihr seine eigene Herrschaft ›außerhalb der Majorität‹ erklärt, es hatte durch seinen Beschluß die Verfassung aufgehoben und die präsidentielle Gewalt verlängert und zugleich erklärt, daß weder die eine sterben noch die andre leben könne, solange es selbst fortbestehe. Die Füße derer, die es begraben sollten, standen vor der Türe. Während es die Revision debattierte, entfernte Bonaparte den General Baraguay d'Hilliers, der sich unschlüssig zeigte, von dem Kommando der ersten Militärdivision und ernannte an seine Stelle den General Magnan, den Sieger von Lyon, den Helden der Dezembertage, eine seiner Kreaturen, die sich schon unter Louis-Philippe bei Gelegenheit der Expedition von Boulogne mehr oder minder für ihn kompromittiert hatte.

Die Ordnungspartei bewies durch ihren Beschluß über die Revision, daß sie weder zu herrschen noch zu dienen, weder zu leben noch zu sterben, weder die Republik zu ertragen noch sie umzustürzen, weder die Verfassung aufrechtzuerhalten noch sie über den Haufen zu werfen, weder mit dem Präsidenten zusammenzuwirken noch mit ihm zu brechen verstand. Von wem erwartete sie denn die Lösung aller Widersprüche? Von dem Kalender, von dem Gang der Ereignisse. Sie hörte auf, sich die Gewalt über die Ereignisse anzumaßen. Sie forderte also die Ereignisse heraus, ihr Gewalt anzutun, und damit die Macht, woran sie im Kampfe mit dem Volke ein Attribut nach dem andern abgetreten hatte, bis sie selbst ihr gewaltlos gegenüberstand. Damit der Chef der Exekutivgewalt desto ungestörter den Kampfplan gegen sie entwerfen, seine Angriffsmittel verstärken, seine Werkzeuge auswählen, seine Positionen befestigen könne, beschloß sie mitten in diesem kritischen Augenblicke von der Bühne abzutreten und sich auf drei Monate zu vertagen, vom 10. August bis 4. November.

Die parlamentarische Partei war nicht nur in ihre zwei großen Fraktionen, jede dieser Fraktionen war nicht nur innerhalb ihrer selbst aufgelöst, sondern die Ordnungspartei im Parlamente war mit der Ordnungspartei *außerhalb* des Parlaments zerfallen. Die Wortführer und die Schriftgelehrten der Bourgeoisie, ihre Tribüne und ihre Presse, kurz die Ideologen der Bourgeoisie und die Bourgeoisie selbst, die Repräsentanten und die Repräsentierten, standen sich entfremdet gegenüber und verstanden sich nicht mehr.

Die Legitimisten in den Provinzen, mit ihrem beschränkten Horizont und ihrem unbeschränkten Enthusiasmus, bezüchtigten ihre parlamentarischen Führer, Berryer und Falloux, der Desertion ins bonapartistische Lager und des Abfalls von Heinrich V. Ihr Lilienverstand glaubte an den Sündenfall, aber nicht an die Diplomatie.

Ungleich verhängnisvoller und entscheidender war der Bruch der kommerziellen Bourgeoisie mit ihren Politikern. Sie warf ihnen vor, nicht wie die Legitimisten den ihren, von dem Prinzip abgefallen zu sein, sondern umgekehrt, an unnütz gewordenen Prinzipien festzuhalten.

Ich habe schon früher angedeutet, daß seit dem Eintritt Foulds ins Ministerium der Teil der kommerziellen Bourgeoisie, der den Löwenanteil an Louis-Philippes Herrschaft besessen hatte, daß die *Finanzaristokratie* bonapartistisch geworden war. Fould vertrat nicht nur Bonapartes Interesse an der Börse, er vertrat zugleich das Interesse der Börse bei Bonaparte. Die Stellung der Finanzaristokratie schildert am schlagendsten ein Zitat aus ihrem europäischen Organ, dem Londoner ›*Economist*‹. In seiner Nummer vom 1. Februar 1851 läßt er sich aus Paris schreiben:

»Nun haben wir es konstatiert von allen Seiten her, daß Frankreich vor allem nach Ruhe verlangt. Der Präsident erklärt es in seiner Botschaft an die legislative Versammlung, es tönt als Echo zurück von der nationalen Rednertribüne, es wird beteuert von den Zeitungen, es wird verkündet von der Kanzel, *es wird bewiesen durch die Empfindlichkeit der Staatspapiere bei der geringsten Aussicht auf Störung, durch ihre Festigkeit, sooft die Exekutivgewalt siegt.*«

In seiner Nummer vom 29. November 1851 erklärt der ›*Economist*‹ in seinem eignen Namen:

»*Auf allen Börsen von Europa ist der Präsident nun als die Schildwache der Ordnung anerkannt.*«

Die Finanzaristokratie verdammte also den parlamentarischen Kampf der Ordnungspartei mit der Exekutivgewalt als eine *Störung der Ordnung* und feierte jeden Sieg des Präsidenten über ihre angeblichen Repräsentanten als einen *Sieg der Ordnung*. Man muß hier unter der Finanzaristokratie nicht nur die großen Anleihunternehmer und Spekulanten in Staatspapieren verstehn, von denen es sich sofort begreift, daß ihr Interesse mit dem Interesse der Staatsgewalt zusammenfällt. Das ganze moderne Geldgeschäft, die ganze Bankwirtschaft ist auf das innigste mit dem öffentlichen Kredit verwebt. Ein Teil ihres Geschäftskapitals wird notwendig in schnell konvertiblen Staatspapieren angelegt und verzinst. Ihre Depositen, das ihnen zur Verfügung gestellte und von ihnen unter Kaufleute und Industrielle verteilte Kapital strömt teilweis aus den Dividenden der Staatsrentner her. Der ganze Geldmarkt und die Priester dieses Geldmarkts, wenn zu jeder Epoche die Stabilität der Staatsgewalt Moses und die Propheten für sie bedeutet hat, wie nicht erst heute, wo jede Sündflut mit den alten Staaten die alten Staatsschulden wegzuschwemmen droht?

Auch die *industrielle Bourgeoisie* ärgert sich in ihrem Ordnungsfanatismus über die Zänkereien der parlamentarischen Ordnungspartei mit der Exekutivgewalt. Thiers, Anglès, Sainte-Beuve usw. erhielten nach ihrem Votum vom 18. Januar, bei Gelegenheit der Absetzung Changarniers, von ihren Mandatgebern gerade aus den industriellen Bezirken öffentliche Zurechtweisungen, worin namentlich ihre Koalition mit der Montagne als Hochverrat an der Ordnung gegeißelt wurde. Wenn wir gesehn haben, daß die prahlerischen Neckereien, die kleinlichen Intrigen, worin sich der Kampf der Ordnungspartei mit dem Präsidenten kundgab, keine bessere Aufnahme verdienten, so war andererseits diese Bourgeoispartei, die von ihren Vertretern verlangt, die Militärgewalt aus den Händen ihres eignen Parlaments widerstandslos in die eines abenteuernden Prätendenten übergehn zu lassen, nicht einmal der Intrigen wert, die in ihrem Interesse verschwendet wurden. Sie bewies, daß der Kampf um die Behauptung ihres *öffentlichen* Interesses, ihres eignen *Klasseninteresses*, ihrer *politischen Macht*, sie als Störung des Privatgeschäfts nur belästige und verstimme.

Die bürgerlichen Honoratioren der Departementalstädte, die Magistrate, Handelsrichter usw. empfingen mit kaum einer Ausnahme Bonaparte überall auf seinen Rundreisen in der servilsten Weise, selbst wenn er wie in Dijon die Nationalversammlung und speziell die Ordnungspartei rückhaltlos angriff.

Wenn der Handel gut ging, wie noch Anfang 1851, tobte die kommerzielle Bourgeoisie gegen jeden parlamentarischen Kampf, damit dem Handel ja nicht der Humor ausgehe. Wenn der Handel schlecht ging, wie fortdauernd seit Ende Februar 1851, klagte sie die parlamentarischen

Kämpfe als Ursache der Stockung an und schrie nach ihrem Verstummen, damit der Handel wieder laut werde. Die Revisionsdebatten fielen gerade in diese schlechte Zeit. Da es sich hier um Sein oder Nichtsein der bestehenden Staatsform handelte, fühlte sich die Bourgeoisie um so berechtigter, von ihren Repräsentanten das Ende dieses folternden Provisoriums und zugleich die Erhaltung des Status quo zu verlangen. Es war dies kein Widerspruch. Unter dem Ende des Provisoriums verstand sie gerade seine Fortdauer, das Hinausschieben des Augenblicks, wo es zu einer Entscheidung kommen mußte, in eine blaue Ferne. Der Status quo konnte nur auf zwei Wegen erhalten werden. Verlängerung der Gewalt Bonapartes oder verfassungsmäßiger Abtritt desselben und Wahl Cavaignacs. Ein Teil der Bourgeoisie wünschte die letztere Lösung und wußte seinen Repräsentanten keinen bessern Rat zu geben, als zu schweigen, den brennenden Punkt unberührt zu lassen. Wenn ihre Repräsentanten nicht sprächen, meinten sie, werde Bonaparte nicht handeln. Sie wünschten sich ein Straußenparlament, das seinen Kopf verstecke, um ungesehn zu bleiben. Ein andrer Teil der Bourgeoisie wünschte Bonaparte, weil er einmal auf dem Präsidentenstuhl saß, auf dem Präsidentenstuhl sitzenzulassen, damit alles im alten Geleise bleibe. Es empörte sie, daß ihr Parlament nicht offen die Konstitution brach und ohne Umstände abdankte.

Die Generalräte der Departements, diese Provinzialvertretungen der großen Bourgeoisie, die während der Ferien der Nationalversammlung vom 25. August an tagten, erklärten sich fast einstimmig für die Revision, also gegen das Parlament und für Bonaparte.

Noch unzweideutiger als den Zerfall mit ihren *parlamentarischen Repräsentanten* legte die Bourgeoisie ihre Wut über ihre literarischen Vertreter, über ihre eigne Presse, an den Tag. Die Verurteilungen zu unerschwinglichen Geldsummen und zu schamlosen Gefängnisstrafen durch die Bourgeois-Jurys für jeden Angriff der Bourgeois-Journalisten auf die Usurpationsgelüste Bonapartes, für jeden Versuch der Presse, die politischen Rechte der Bourgeoisie gegen die Exekutivgewalt zu verteidigen, setzten nicht nur Frankreich, sondern ganz Europa in Erstaunen.

Wenn die *parlamentarische Ordnungspartei*, wie ich gezeigt habe, durch ihr Schreien nach Ruhe sich selbst zur Ruhe verwies, wenn sie die politische Herrschaft der Bourgeoisie für unverträglich mit der Sicherheit und dem Bestand der Bourgeoisie erklärte, indem sie im Kampfe gegen die andern Klassen der Gesellschaft alle Bedingungen ihres eignen Regimes, des parlamentarischen Regimes, mit eigner Hand vernichtete, so forderte dagegen die *außerparlamentarische Masse der Bourgeoisie* durch ihre Servilität gegen den Präsidenten, durch ihre Schmähungen gegen das Parlament, durch die brutale Mißhandlung der eignen Presse

Bonaparte auf, ihren sprechenden und schreibenden Teil, ihre Politiker und ihre Literaten, ihre Rednertribüne und ihre Presse zu unterdrücken, zu vernichten, damit sie nun vertrauensvoll unter dem Schutze einer starken und uneingeschränkten Regierung ihren Privatgeschäften nachgehen könne. Sie erklärte unzweideutig, daß sie ihre eigne politische Herrschaft loszuwerden schmachte, um die Mühen und Gefahren der Herrschaft loszuwerden.

Und sie, die sich schon gegen den bloß parlamentarischen und literarischen Kampf für die Herrschaft ihrer eignen Klasse empört und die Führer dieses Kampfes verraten hatte, sie wagt jetzt nachträglich das Proletariat anzuklagen, daß es nicht zum blutigen Kampfe, zum Kampfe auf Leben und Tod für sie aufgestanden sei! Sie, die jeden Augenblick ihr allgemeines Klasseninteresse, d. h. ihr politisches Interesse dem borniertesten, schmutzigsten Privatinteresse aufopferte und an ihre Vertreter die Zumutung eines ähnlichen Opfers stellte, sie jammert jetzt, das Proletariat habe seinen materiellen Interessen ihre idealen politischen Interessen geopfert. Sie gebart sich als schöne Seele, die von dem durch Sozialisten irregeleiteten Proletariat verkannt und im entscheidenden Augenblicke verlassen worden sei. Und sie findet ein allgemeines Echo in der bürgerlichen Welt. Ich spreche natürlich hier nicht von deutschen Winkelpolitikern und Gesinnungslümmeln. Ich verweise z. B. auf denselben ›*Economist*‹, der noch am 29. November 1851, also vier Tage vor dem Staatsstreich, Bonaparte für die »Schildwache der Ordnung«, die Thiers und Berryer aber für »Anarchisten« erklärt hatte und schon am 27. Dezember 1851, nachdem Bonaparte jene Anarchisten zur Ruhe gebracht hat, über den Verrat schreit, den »ignorante, unerzogne, stupide Proletariermassen an dem Geschick, der Kenntnis, der Disziplin, dem geistigen Einfluß, den intellektuellen Hülfsquellen und dem moralischen Gewicht der mittleren und höheren Gesellschaftsränge« verübt hätten. Die stupide, ignorante und gemeine Masse war niemand anders als die Bourgeoismasse selbst.

Frankreich hatte allerdings im Jahre 1851 eine Art von kleiner Handelskrisis erlebt. Ende Februar zeigte sich Verminderung des Exports gegen 1850, im März litt der Handel und schlossen sich die Fabriken, im April schien der Stand der industriellen Departements so verzweifelt wie nach den Februartagen, im Mai war das Geschäft noch nicht wieder aufgelebt, noch am 28. Juni zeigte das Portefeuille der Bank von Frankreich durch ein ungeheures Wachsen der Depositen und eine ebenso große Abnahme der Vorschüsse auf Wechsel den Stillstand der Produktion, und erst Mitte Oktober trat wieder eine progressive Besserung des Geschäfts ein. Die französische Bourgeoisie erklärte sich diese Handelsstockung aus rein politischen Gründen, aus dem Kampfe zwischen dem Parlamente und der

Exekutivgewalt, aus der Unsicherheit einer nur provisorischen Staatsform, aus der Schreckensaussicht auf den zweiten [Sonntag des Monats] Mai 1852. Ich will nicht leugnen, daß alle diese Umstände einige Industriezweige in Paris und in den Departements herabdrückten. Jedenfalls war aber diese Einwirkung der politischen Verhältnisse nur lokal und unerheblich. Bedarf es eines andern Beweises, als daß die Besserung des Handels gerade in dem Augenblicke eintrat, wo sich der politische Zustand verschlechterte, der politische Horizont verdunkelte und jeden Augenblick ein Blitzstrahl aus dem Elysium erwartet wurde, gegen Mitte Oktober? Der französische Bourgeois, dessen ›Geschick, Kenntnis, geistige Einsicht und intellektuelle Hülfsquellen‹ nicht weiter reichen als seine Nase, konnte übrigens während der ganzen Dauer der Industrieausstellung in London mit der Nase auf die Ursache seiner Handelsmisere stoßen. Während in Frankreich die Fabriken geschlossen wurden, brachen in England kommerzielle Bankerutte aus. Während der industrielle Panik im April und Mai einen Höhepunkt in Frankreich erreichte, erreichte der kommerzielle Panik April und Mai einen Höhepunkt in England. Wie die französische litt die englische Wollindustrie, wie die französische die englische Seidenmanufaktur. Wenn die englischen Baumwollfabriken weiterarbeiteten, geschah es nicht mehr mit demselben Profit wie 1849 und 1850. Der Unterschied war nur der, daß die Krise in Frankreich industriell, in England kommerziell, daß während in Frankreich die Fabriken stillsetzten, sie sich in England ausdehnten, aber unter ungünstigeren Bedingungen als in den vorhergehenden Jahren, daß in Frankreich der Export, in England der Import die Hauptschläge erhielt. Die gemeinsame Ursache, die natürlich nicht innerhalb der Grenzen des französisch-politischen Horizonts zu suchen ist, war augenscheinlich. 1849 und 1850 waren Jahre der größten materiellen Prosperität und einer Überproduktion, die erst 1851 als solche hervortrat. Sie wurde im Anfang dieses Jahres durch die Aussicht auf die Industrieausstellung noch besonders befördert. Als eigentümliche Umstände kamen hinzu: erst der Mißwachs der Baumwollenernte von 1850 und 1851, dann die Sicherheit einer größern Baumwollenernte als erwartet war, erst das Steigen, dann das plötzliche Fallen, kurz die Schwankungen der Baumwollenpreise. Die Rohseidenernte war wenigstens in Frankreich noch unter dem Durchschnittsertrag ausgefallen. Die Wollenmanufaktur endlich hatte sich seit 1848 so sehr ausgedehnt, daß die Wollproduktion ihr nicht nachfolgen konnte und der Preis der Rohwolle in einem großen Mißverhältnisse zu dem Preise der Wollfabrikate stieg. Hier haben wir also in dem Rohmaterial von drei Weltmarktindustrien schon dreifaches Material zu einer Handelsstockung. Von diesen besondern Umständen abgesehn, war die scheinbare Krise des Jahres 1851 nichts anders als der

Halt, den Überproduktion und Überspekulation jedesmal in der Beschreibung des industriellen Kreislaufes macht, bevor sie alle ihre Kraftmittel zusammenrafft, um fieberhaft den letzten Kreisabschnitt zu durchjagen und bei ihrem Ausgangspunkt, der *allgemeinen Handelskrise*, wieder anzulangen. In solchen Intervallen der Handelsgeschichte brechen in England kommerzielle Bankerutte aus, während in Frankreich die Industrie selbst stillgesetzt wird, teils durch die gerade dann unerträglich werdende Konkurrenz der Engländer auf allen Märkten zum Rückzug gezwungen, teils als Luxusindustrie vorzugsweise von jeder Geschäftsstockung angegriffen. So macht Frankreich außer den allgemeinen Krisen seine eignen nationalen Handelskrisen durch, die jedoch weit mehr durch den allgemeinen Stand des Weltmarkts als durch französische Lokaleinflüsse bestimmt und bedingt werden. Es wird nicht ohne Interesse sein, dem Vorurteil des französischen Bourgeois das Urteil des englischen Bourgeois gegenüberzustellen. Eins der größten Liverpooler Häuser schreibt in seinem Jahreshandelsberichte für 1851: »Wenige Jahre haben die bei ihrem Beginn gehegten Antizipationen mehr getäuscht als das eben abgelaufene; statt der großen Prosperität, der man einstimmig entgegensah, bewies es sich als eins der entmutigendsten Jahre seit einem Vierteljahrhundert. Es gilt dies natürlich nur von den merkantilen, nicht von den industriellen Klassen. Und doch waren sicherlich Gründe vorhanden, beim Beginne des Jahres auf das Gegenteil zu schließen; die Produktenvorräte waren spärlich, Kapital überflüssig, Nahrungsmittel wohlfeil, ein reicher Herbst war gesichert; ungebrochner Friede auf dem Kontinent und keine politischen oder finanziellen Störungen zu Hause: in der Tat, die Flügel des Handels waren nie fesselloser ... Wem dies ungünstige Resultat zuschreiben? Wir glauben dem *Überhandel* sowohl in Importen als Exporten. Wenn unsere Kaufleute nicht selbst ihrer Tätigkeit engere Grenzen ziehen, kann uns nichts im Gleise halten als alle drei Jahr ein Panik.«

Man stelle sich nun den französischen Bourgeois vor, wie mitten in diesem Geschäftspanik sein handelskrankes Gehirn gefoltert, umschwirrt, betäubt wird von Gerüchten über Staatsstreiche und Herstellung des allgemeinen Wahlrechts, von dem Kampfe zwischen Parlament und Exekutivgewalt, von dem Frondekrieg der Orleanisten und Legitimisten, von kommunistischen Konspirationen in Südfrankreich, von angeblichen Jacquerien in den Nièvre- und Cher-Departements, von den Reklamen der verschiedenen Präsidentschaftskandidaten, von den marktschreierischen Losungen der Journale, *von den Drohungen der Republikaner*, mit den Waffen in der Hand die Konstitution und das allgemeine Stimmrecht behaupten zu wollen, von den Evangelien der emigrierten Helden in partibus, die den Weltuntergang für den zweiten [Sonntag des Monats] Mai 1852 anzeigten, und man begreift, daß der Bourgeois in dieser unsäglichen, geräuschvollen Konfusion von Fusion, Revision, Prorogation, Konstitution, Konspiration, Koalition, Emigration, Usurpation und Revolution seiner parlamentarischen Republik toll zuschnaubt: »*Lieber ein Ende mit Schrecken als ein Schrecken ohn' Ende!*«

Bonaparte verstand diesen Schrei. Sein Begriffsvermögen wurde geschärft durch den wachsenden Ungestüm von Gläubigern, die mit jedem Sonnenuntergang, der den Verfalltag, den zweiten [Sonntag des Monats] Mai 1852 näherrückte, einen Protest der Gestirnbewegung gegen ihre irdischen Wechsel erblickten. Sie waren zu wahren Astrologen geworden. Die Nationalversammlung hatte Bonaparte die Hoffnung auf konstitutionelle Prorogation seiner Gewalt abgeschnitten, die Kandidatur des Prinzen von Joinville gestattete kein längeres Schwanken.

Wenn je ein Ereignis lange vor seinem Eintritt seinen Schatten vor sich hergeworfen hat, so war es Bonapartes Staatsstreich. Schon am 29. Januar 1849, kaum einen Monat nach seiner Wahl, hatte er den Vorschlag dazu dem Changarnier gemacht. Sein eigner Premierminister Odilon Barrot hatte im Sommer 1849 verhüllt, Thiers im Winter 1850 offen die Politik der Staatsstreiche denunziert. Persigny hatte im Mai 1851 Changarnier noch einmal für den Coup zu gewinnen gesucht, der ›Messager de l'Assemblée‹ hatte diese Unterhandlung veröffentlicht. Die bonapartistischen Journale drohten bei jedem parlamentarischen Sturme mit einem Staatsstreich, und je näher die Krise rückte, desto lauter wurde ihr Ton. In den Orgien, die Bonaparte jede Nacht mit männlichem und weiblichem swell mob feierte, sooft die Mitternachtsstunde heranrückte und reichliche Libationen die Zunge gelöst und die Phantasie erhitzt hatten, wurde der Staatsstreich für den folgenden Morgen beschlossen. Die Schwerter wurden gezogen, die Gläser klirrten, die Repräsentanten flogen zum Fenster hinaus, der Kaisermantel fiel auf die Schultern Bonapartes, bis der nächste Morgen wieder den Spuk vertrieb und das erstaunte Paris von wenig verschlossenen Vestalinnen und indiskreten Paladinen die Gefahr erfuhr, der es noch einmal entwischt war. In den Monaten September und Oktober überstürzten sich die Gerüchte von einem coup d'état. Der Schatten nahm zugleich Farbe an, wie ein buntes Daguerreotyp. Man schlage die Monatsgänge für September und Oktober in den Organen der europäischen Tagespresse nach, und man wird wörtlich Andeutungen wie folgende finden: »Staatsstreichgerüchte erfüllen Paris. Die Hauptstadt soll während der Nacht mit Truppen gefüllt werden und der andre Morgen Dekrete bringen, die die Nationalversammlung auflösen, das Departement der Seine in Belagerungszustand versetzen, das allgemeine Wahlrecht wiederherstellen, ans Volk appellieren. Bonaparte soll Minister für die Ausführung dieser illegalen Dekrete suchen.« Die Korrespondenzen, die diese Nachrichten bringen, enden stets verhängnisvoll mit ›*aufgeschoben*‹. Der Staatsstreich war stets die fixe Idee Bonapartes. Mit dieser Idee hatte er den französischen Boden wieder betreten. Sie besaß ihn so sehr, daß er sie fortwährend verriet und ausplauderte. Er war so schwach, daß er sie ebenso fortwährend wieder aufgab. Der Schatten des Staatsstreiches war den Parisern als Gespenst so familiär geworden, daß sie nicht an ihn glauben wollten, als er endlich in Fleisch und Blut erschien. Es war also weder die verschlossene Zurückhaltung des Chefs der Gesellschaft vom 10. Dezember, noch eine ungeahnte Überrumpelung von seiten der Nationalversammlung, was den Staatsstreich gelingen ließ. Wenn er gelang, gelang er trotz *seiner* Indiskretion und mit *ihrem* Vorwissen, ein notwendiges, unvermeidliches Resultat der vorhergegangenen Entwicklung.

Am 10. Oktober kündete Bonaparte seinen Ministern den Entschluß an, das allgemeine Wahlrecht wiederherstellen zu wollen, am 16. gaben sie ihre Entlassung, am 26. erfuhr Paris die Bildung des Ministeriums Thorigny. Der Polizeipräfekt Carlier wurde gleichzeitig durch Maupas ersetzt, der Chef der ersten Militärdivision, Magnan, zog die zuverlässigsten Regimenter in der Hauptstadt zusammen. Am 4. November eröffnete die Nationalversammlung wieder ihre Sitzungen. Sie hatte nichts mehr zu tun, als in einem kurzen bündigen Repetitorium den Kursus, den sie durchgemacht hatte, zu wiederholen und zu beweisen, daß sie erst begraben wurde, nachdem sie gestorben war.

Der erste Posten, den sie im Kampfe mit der Exekutivgewalt eingebüßt hatte, war das Ministerium. Sie mußte diesen Verlust feierlich eingestehn, indem sie das Ministerium Thorigny, ein bloßes Scheinministerium, als voll hinnahm. Die Permanenzkommission hatte Herrn Giraud mit Lachen empfangen, als er sich im Namen der neuen Minister vorstellte. Ein so schwaches Ministerium für so starke Maßregeln wie die Wiederherstellung des allgemeinen Wahlrechts! Aber es handelte sich eben darum, nichts *im* Parlament, alles *gegen* das Parlament durchzusetzen.

Gleich am ersten Tage ihrer Wiedereröffnung erhielt die Nationalversammlung die Botschaft Bonapartes, worin er Wiederherstellung des allgemeinen Wahlrechts und Abschaffung des Gesetzes vom 31. Mai 1850 verlangte. Seine Minister brachten an demselben Tage ein Dekret in diesem Sinne ein. Die Versammlung verwarf den Dringlichkeitsantrag der Minister sofort und das Gesetz selbst am 13. November, mit 355 gegen 348 Stimmen. Sie zerriß so noch einmal ihr Mandat, sie bestätigte noch einmal, daß sie sich aus der freigewählten Repräsentation des Volkes in das usurpatorische Parlament einer Klasse verwandelt, sie bekannte noch einmal, daß sie selbst die Muskeln entzweigeschnitten hatte, die den parlamentarischen Kopf mit dem Körper der Nation verbanden.

Wenn die Exekutivgewalt durch ihren Antrag auf Wiederherstellung des allgemeinen Wahlrechts von der Nationalversammlung an das Volk, appellierte die gesetzgebende Gewalt durch ihre Quästorenbill von dem Volke an die Armee. Diese Quästorenbill sollte ihr Recht auf unmittelbare Requisition der Truppen, auf Bildung einer parlamentarischen Armee festsetzen. Wenn sie so die Armee zum Schiedsrichter zwischen sich und dem Volke, zwischen sich und Bonaparte ernannte, wenn sie die Armee als entscheidende Staatsgewalt anerkannte, mußte sie andrerseits bestätigen, daß sie längst den Anspruch auf Herrschaft über dieselbe aufgegeben habe. Indem sie, statt sofort Truppen zu requirieren, das Recht der Requisition debattierte, verriet sie den Zweifel an ihrer eignen Macht. Indem sie die Quästorenbill verwarf, gestand sie offen ihre Ohnmacht. Diese Bill fiel durch mit einer Minorität von 108 Stimmen, die Montagne hatte so den Ausschlag gegeben. Sie befand sich in der Lage von Buridans Esel, zwar nicht zwischen zwei Säcken Heu, um zu entscheiden, welcher der anziehendere, wohl aber zwischen zwei Trachten Prügel, um zu entscheiden, welche die härtere sei. Auf der einen Seite die Furcht vor Changarnier, auf der andern die Furcht vor Bonaparte. Man muß gestehn, daß die Lage keine heroische war.

Am 18. November wurde zu dem von der Ordnungspartei eingebrachten Gesetze über die Kommunalwahlen das Amendement gestellt, daß statt drei Jahren ein Jahr Domizil für die Kommunalwähler genügen solle. Das Amendement fiel mit einer einzigen Stimme durch, aber diese eine Stimme stellte sich sofort als ein Irrtum heraus. Die Ordnungspartei hatte durch Zersplitterung in ihre feindlichen Fraktionen längst ihre selbständig-parlamentarische Majorität eingebüßt. Sie zeigte jetzt, daß überhaupt keine Majorität im Parlament mehr vorhanden war. Die Nationalversammlung war *beschlußunfähig* geworden. Ihre atomistischen Bestandteile hingen durch keine Kohäsionskraft mehr zusammen, sie hatte ihren letzten Lebensatem verbraucht, sie war tot.

Die außerparlamentarische Masse der Bourgeoisie endlich sollte ihren Bruch mit der Bourgeoisie im Parlamente noch einmal einige Tage vor der Katastrophe feierlich bestätigen. Thiers, als parlamentarischer Held vorzugsweise von der unheilbaren Krankheit des parlamentarischen Kretinismus angesteckt, hatte nach dem Tode des Parlaments eine neue parlamentarische Intrige mit dem Staatsrate ausgeheckt, ein Verantwortlichkeitsgesetz, das den Präsidenten in die Schranken der Verfassung festbannen sollte. Wie Bonaparte am 15. September bei Grundlegung zu den neuen Markthallen von Paris die dames des halles, die Fischweiber, als zweiter Masaniello bezaubert hatte – allerdings wog ein Fischweib an realer Gewalt 17 Burggrafen auf –, wie er nach Vorlegung der Quästorenbill die in dem Elysée traktierten Leutnants begeisterte, so riß er jetzt am

25. November die industrielle Bourgeoisie mit sich fort, die im Zirkus versammelt war, um aus seiner Hand Preismedaillen für die Londoner Industrieausstellung entgegenzunehmen. Ich gebe den bezeichnenden Teil seiner Rede nach dem ›Journal des Débats‹:

»Mit solch unverhofften Erfolgen bin ich berechtigt zu wiederholen, wie groß die französische Republik sein würde, wenn es ihr gestattet wäre, ihre realen Interessen zu verfolgen und ihre Institutionen zu reformieren, statt beständig gestört zu werden einerseits durch die Demagogen, andrerseits durch die monarchischen Halluzinationen. (Lauter, stürmischer und wiederholter Applaus von jedem Teile des Amphitheaters.) Die monarchischen Halluzinationen verhindern allen Fortschritt und alle ernsten Industriezweige. Statt des Fortschritts nur Kampf. Man sieht Männer, die früher die eifrigsten Stützen der königlichen Autorität und Prärogative waren, Parteigänger eines Konvents werden, bloß um die Autorität zu schwächen, die aus dem allgemeinen Stimmrecht entsprungen ist. (Lauter und wiederholter Applaus.) Wir sehen Männer, die am meisten von der Revolution gelitten und sie am meisten bejammert haben, eine neue provozieren, und nur um den Willen der Nation zu fesseln ... Ich verspreche euch Ruhe für die Zukunft etc. etc. (Bravo, Bravo, stürmisches Bravo.)« So klatscht die industrielle Bourgeoisie dem Staatsstreiche vom 2. Dezember, der Vernichtung des Parlaments, dem Untergang ihrer eignen Herrschaft, der Diktatur Bonapartes ihr serviles Bravo zu. Der Beifallsdonner vom 25. November erhielt seine Antwort in dem Kanonendonner vom 4. Dezember, und das Haus des Herrn Sallandrouze, der die meisten Bravos geklatscht hatte, wurde von den meisten Bomben zerklatscht.

Cromwell, als er das Lange Parlament auflöste, begab sich allein in die Mitte desselben, zog seine Uhr heraus, damit es keine Minute über die von ihm festgesetzte Frist fortexistiere, und verjagte jedes einzelne Parlamentsglied mit heiter humoristischen Schmähungen. Napoleon, kleiner als sein Vorbild, begab sich am 18. Brumaire wenigstens in den gesetzgebenden Körper und verlas ihm, wenn auch mit beklommener Stimme, sein Todesurteil. Der zweite Bonaparte, der sich übrigens im Besitz einer ganz andern Exekutivgewalt befand als Cromwell oder Napoleon, suchte sein Vorbild nicht in den Annalen der Weltgeschichte, sondern in den Annalen der Gesellschaft vom 10. Dezember, in den Annalen der Kriminalgerichtsbarkeit. Er bestiehlt die Bank von Frankreich um 25 Millionen Francs, kauft den General Magnan mit einer Million, die Soldaten Stück für Stück mit 15 Francs und mit Schnaps, findet sich wie ein Dieb in der Nacht mit seinen Spießgesellen heimlich zusammen, läßt in die Häuser der gefährlichsten Parlamentsführer einbrechen und Cavaignac, Lamoricière, Le Flô, Changarnier, Charras, Thiers, Baze etc. aus ihren Betten entführen, die Hauptplätze von Paris sowie das Parlamentsgebäude mit Truppen besetzen und früh am Morgen marktschreierische Plakate an allen Mauern anschlagen, worin die Auflösung der Nationalversammlung und des Staatsrats, die Wiederherstellung des allgemeinen Wahlrechts und die Versetzung des Seine-Departements in Belagerungszustand verkündet werden. So rückt er kurz nachher ein falsches Dokument in den ›Moniteur‹ ein, wonach einflußreiche parlamentarische Namen sich in einer Staatskonsulta um ihn gruppiert hätten.

Das im Mairiegebäude des 10. Arrondissements versammelte Rumpfparlament, hauptsächlich aus Legitimisten und Orleanisten bestehend, beschließt unter dem wiederholten Rufe: »Es lebe die Republik«, die Absetzung Bonapartes, harangiert umsonst die vor dem Gebäude gaffende Masse und wird endlich unter dem Geleite afrikanischer Scharfschützen erst in die Kaserne d'Orsay geschleppt, später in Zellenwagen verpackt und nach den Gefängnissen von Mazas, Ham und Vincennes transportiert. So endete die Ordnungspartei, die legislative Versammlung und die Februarrevolution. Ehe wir zum Schluß eilen, kurz das Schema ihrer Geschichte:

I. *Erste Periode.* Vom 24. Februar bis 4. Mai 1848. Februarperiode. Prolog. Allgemeiner Verbrüderungsschwindel.

II. *Zweite Periode.* Periode der Konstituierung der Republik und der konstituierenden Nationalversammlung.

1. 4. Mai bis 25. Juni 1848. Kampf sämtlicher Klassen gegen das Proletariat. Niederlage des Proletariats in den Junitagen.
2. 25. Juni bis 10. Dezember 1848. Diktatur der reinen Bourgeois-Republikaner. Entwerfung der Konstitution. Verhängung des Belagerungszustandes über Paris. Die Bourgeoisdiktatur am 10. Dezember beseitigt durch die Wahl Bonapartes zum Präsidenten.
3. 20. Dezember 1848 bis 28. Mai 1849. Kampf der Konstituante mit Bonaparte und der mit ihm vereinigten Ordnungspartei. Untergang der Konstituante. Fall der republikanischen Bourgeoisie.

III. *Dritte Periode.* Periode der *konstitutionellen Republik* und der *legislativen Nationalversammlung.*

1. 28. Mai 1849 bis 13. Juni 1849. Kampf der Kleinbürger mit der Bourgeoisie und mit Bonaparte. Niederlage der kleinbürgerlichen Demokratie.
2. 13. Juni 1849 bis 31. Mai 1850. Parlamentarische Diktatur der Ordnungspartei. Vollendet ihre Herrschaft durch Abschaffung des allgemeinen Wahlrechts, verliert aber das parlamentarische Ministerium.
3. 31. Mai 1850 bis 2. Dezember 1851. Kampf zwischen der parlamentarischen Bourgeoisie und Bonaparte.

a) 31. Mai 1850 bis 12. Januar 1851. Das Parlament verliert den Oberbefehl über die Armee.
b) 12. Januar bis 11. April 1851. Es unterliegt in den Versuchen, sich der Administrativgewalt wieder zu bemächtigen. Die Ordnungspartei verliert die selbständige parlamentarische Majorität. Ihre Koalition mit den Republikanern und der Montagne.
c) 11. April 1851 bis 9. Oktober 1851. Revisions-, Fusions-, Prorogationsversuche. Die Ordnungspartei löst sich in ihre einzelnen Bestandteile auf. Der Bruch des Bourgeoisparlaments und der Bourgeoispresse mit der Bourgeoismasse konsolidiert sich.
d) 9. Oktober bis 2. Dezember 1851. Offner Bruch zwischen dem Parlament und der Exekutivgewalt. Es vollzieht seinen Sterbeakt und unterliegt, von seiner eigenen Klasse, von der Armee, von allen übrigen Klassen im Stiche gelassen. Untergang des parlamentarischen Regimes und der Bourgeoisherrschaft. Sieg Bonapartes. Imperialistische Restaurationsparodie.

VII

Die *soziale Republik* erschien als Phrase, als Prophezeiung an der Schwelle der Februarrevolution. In den Junitagen 1848 wurde sie im Blute *des Pariser Proletariats* erstickt, aber sie geht in den folgenden Akten des Dramas als Gespenst um. Die *demokratische Republik* kündigt sich an. Sie verpufft am 13. Juni 1849 mit ihren davongelaufenen *Kleinbürgern,* aber im Fliehen wirft sie doppelt renommierende Reklamen hinter sich. Die *parlamentarische Republik* mit der Bourgeoisie bemächtigt sich der ganzen Bühne, sie lebt sich aus in der vollen Breite ihrer Existenz, aber der 2. Dezember 1851 begräbt sie unter dem Angstgeschrei der koalisierten Royalisten: »Es lebe die Republik!«

Die französische Bourgeoisie bäumte sich gegen die Herrschaft des arbeitenden Proletariats, sie hat das Lumpenproletariat zur Herrschaft gebracht, an der Spitze den Chef der Gesellschaft vom 10. Dezember. Die Bourgeoisie hielt Frankreich in atemloser Furcht vor den zukünftigen Schrecken der roten Anarchie; Bonaparte eskomptierte ihr diese Zukunft, als er am 4. Dezember die vornehmen Bürger des Boulevard Montmartre und des Boulevard des Italiens durch die schnapsbegeisterte Armee der Ordnung von ihren Fenstern herabschießen ließ. Sie apotheosierte den Säbel; der Säbel beherrscht sie. Sie vernichtete die revolutionäre Presse; ihre eigne Presse ist vernichtet. Sie stellte die Volksversammlungen unter Polizeiaufsicht; ihre Salons stehn unter der Aufsicht der Polizei. Sie löste die demokratischen Nationalgarden auf; ihre eigne

Nationalgarde ist aufgelöst. Sie verhing den Belagerungszustand; der Belagerungszustand ist über sie verhängt. Sie verdrängte die Jurys durch Militärkommissionen; ihre Jurys sind durch Militärkommissionen verdrängt. Sie unterwarf den Volksunterricht den Pfaffen; die Pfaffen unterwerfen sie ihrem eignen Unterricht. Sie transportierte ohne Urteil; sie wird ohne Urteil transportiert. Sie unterdrückte jede Regung der Gesellschaft durch die Staatsmacht; jede Regung ihrer Gesellschaft wird durch die Staatsmacht erdrückt. Sie rebellierte aus Begeisterung für ihren Geldbeutel gegen ihre eignen Politiker und Literaten; ihre Politiker und Literaten sind beseitigt, aber ihr Geldbeutel wird geplündert, nachdem sein Mund geknebelt und seine Feder zerbrochen ist. Die Bourgeoisie rief der Revolution unermüdlich zu wie der heilige Arsenius den Christen: »Fuge, tace, quiesce! Fliehe, schweige, ruhe!« Bonaparte ruft der Bourgeoisie zu: »Fuge, tace, quiesce! Fliehe, schweige, ruhe!«

Die französische Bourgeoisie hatte längst das Dilemma Napoleons gelöst: »Dans cinquante ans l'Europe sera républicaine ou cosaque.« Sie hatte es gelöst in der ›république cosaque‹. Keine Circe hat das Kunstwerk der bürgerlichen Republik durch bösen Zauber in eine Ungestalt verzerrt. Jene Republik hat nichts verloren als den Schein der Respektabilität. Das jetzige Frankreich war fertig in der parlamentarischen Republik enthalten. Es bedurfte nur eines Bajonettstichs, damit die Blase platze und das Ungeheuer in die Augen springe.

Warum hat sich das Pariser Proletariat nicht nach dem 2. Dezember erhoben?

Noch war der Sturz der Bourgeoisie erst dekretiert, das Dekret war nicht vollzogen. Jeder ernste Aufstand des Proletariats hätte sie sofort neu belebt, mit der Armee ausgesöhnt und den Arbeitern eine zweite Juniniederlage gesichert.

Am 4. Dezember wurde das Proletariat von Bourgeois und Épicier zum Kampfe aufgestachelt. Am Abend dieses Tages versprachen mehrere Legionen der Nationalgarde, bewaffnet und uniformiert auf dem Kampfplatze zu erscheinen. Bourgeois und Épicier waren nämlich dahintergekommen, daß Bonaparte in einem seiner Dekrete vom 2. Dezember das geheime Votum abschaffte und ihnen anbefahl, in den offiziellen Registern hinter ihre Namen ihr Ja oder Nein einzutragen. Der Widerstand vom 4. Dezember schüchterte Bonaparte ein. Während der Nacht ließ er an allen Straßenecken von Paris Plakate anschlagen, welche die Wiederherstellung des geheimen Votums verkündeten. Bourgeois und Épicier glaubten, ihren Zweck erreicht zu haben. Wer nicht am andern Morgen erschien, waren Épicier und Bourgeois.

Das Pariser Proletariat war durch einen Handstreich Bonapartes während der Nacht vom 1. auf den 2. Dezember seiner Führer, der

Barrikadenchefs, beraubt worden. Eine Armee ohne Offiziere, durch die Erinnerungen vom Juni 1848 und 1849 und vom Mai 1850 abgeneigt, unter dem Banner der Montagnards zu kämpfen, überließ es seiner Avantgarde, den geheimen Gesellschaften, die Rettung der insurrektionellen Ehre von Paris, welche die Bourgeoisie so widerstandslos der Soldateska preisgab, daß Bonaparte später die Nationalgarde mit dem höhnischen Motive entwaffnen konnte: Er fürchte, daß ihre Waffen gegen sie selbst von den Anarchisten mißbraucht werden würden!

»C'est le triomphe complet et définitif du socialisme!« So charakterisierte Guizot den 2. Dezember. Aber wenn der Sturz der parlamentarischen Republik dem Keime nach den Triumph der proletarischen Revolution in sich enthält, so war ihr nächstes handgreifliches Resultat *der Sieg Bonapartes über das Parlament, der Exekutivgewalt über die Legislativgewalt, der Gewalt ohne Phrase über die Gewalt der Phrase.* In dem Parlamente erhob die Nation ihren allgemeinen Willen zum Gesetze, d. h. das Gesetz der herrschenden Klasse zu ihrem allgemeinen Willen. Vor der Exekutivgewalt dankt sie jeden eignen Willen ab und unterwirft sich dem Machtgebot des fremden, der Autorität. Die Exekutivgewalt im Gegensatz zur Legislativen drückt die Heteronomie der Nation im Gegensatz zu ihrer Autonomie aus. Frankreich scheint also nur der Despotie einer Klasse entlaufen, um unter die Despotie eines Individuums zurückzufallen, und zwar unter die Autorität eines Individuums ohne Autorität. Der Kampf scheint so geschlichtet, daß alle Klassen gleich machtlos und gleich lautlos vor dem Kolben niederknien.

Aber die Revolution ist gründlich. Sie ist noch auf der Reise durch das Fegefeuer begriffen. Sie vollbringt ihr Geschäft mit Methode. Bis zum 2. Dezember 1851 hatte sie die eine Hälfte ihrer Vorbereitung absolviert, sie absolviert jetzt die andre. Sie vollendete erst die parlamentarische Gewalt, um sie stürzen zu können. Jetzt, wo sie dies erreicht, vollendet sie die *Exekutivgewalt,* reduziert sie auf ihren reinsten Ausdruck, isoliert sie, stellt sie sich als einzigen Vorwurf gegenüber, um alle ihre Kräfte der Zerstörung gegen sie zu konzentrieren. Und wenn sie diese zweite Hälfte ihrer Vorarbeit vollbracht hat, wird Europa von seinem Sitze aufspringen und jubeln: Brav gewühlt, alter Maulwurf!

Diese Exekutivgewalt mit ihrer ungeheuern bürokratischen und militärischen Organisation, mit ihrer weitschichtigen und künstlichen Staatsmaschinerie, ein Beamtenheer von einer halben Million neben einer Armee von einer andern halben Million, dieser fürchterliche Parasitenkörper, der sich wie eine Netzhaut um den Leib der französischen Gesellschaft schlingt und ihr alle Poren verstopft, entstand in der Zeit der absoluten Monarchie, beim Verfall des Feudalwesens, den er beschleunigen half. Die herrschaftlichen Privilegien der Grundeigentümer und

Städte verwandelten sich in ebenso viele Attribute der Staatsgewalt, die feudalen Würdenträger in bezahlte Beamte und die bunte Mustercharte der widerstreitenden mittelalterlichen Machtvollkommenheiten in den geregelten Plan einer Staatsmacht, deren Arbeit fabrikmäßig geteilt und zentralisiert ist. Die erste französische Revolution mit ihrer Aufgabe, alle lokalen, territorialen, städtischen und provinziellen Sondergewalten zu brechen, um die bürgerliche Einheit der Nation zu schaffen, mußte entwickeln, was die absolute Monarchie begonnen hatte: die Zentralisation, aber zugleich den Umfang, die Attribute und die Handlanger der Regierungsgewalt. Napoleon vollendete diese Staatsmaschinerie. Die legitime Monarchie und die Julimonarchie fügten nichts hinzu als eine größere Teilung der Arbeit, in demselben Maße wachsend, als die Teilung der Arbeit innerhalb der bürgerlichen Gesellschaft neue Gruppen von Interessen schuf, also neues Material für die Staatsverwaltung. Jedes *gemeinsame* Interesse wurde sofort von der Gesellschaft losgelöst, als höheres, *allgemeines* Interesse ihr gegenübergestellt, der Selbständigkeit der Gesellschaftsglieder entrissen und zum Gegenstand der Regierungstätigkeit gemacht, von der Brücke, dem Schulhaus und dem Kommunalvermögen einer Dorfgemeinde bis zu den Eisenbahnen, dem Nationalvermögen und der Landesuniversität Frankreichs. Die parlamentarische Republik endlich sah sich in ihrem Kampfe wider die Revolution gezwungen, mit den Repressivmaßregeln die Mittel und die Zentralisation der Regierungsgewalt zu verstärken. Alle Umwälzungen vervollkommneten diese Maschine statt sie zu brechen. Die Parteien, die abwechselnd um die Herrschaft rangen, betrachteten die Besitznahme dieses ungeheuren Staatsgebäudes als die Hauptbeute des Siegers.

Aber unter der absoluten Monarchie, während der ersten Revolution, unter Napoleon war die Bürokratie nur das Mittel, die Klassenherrschaft der Bourgeoisie vorzubereiten. Unter der Restauration, unter Louis-Philippe, unter der parlamentarischen Republik war sie das Instrument der herrschenden Klasse, so sehr sie auch nach Eigenmacht strebte.

Erst unter dem zweiten Bonaparte scheint sich der Staat völlig verselbständigt zu haben. Die Staatsmaschine hat sich der bürgerlichen Gesellschaft gegenüber so befestigt, daß an ihrer Spitze der Chef der Gesellschaft vom 10. Dezember genügt, ein aus der Fremde herbeigelaufener Glücksritter, auf den Schild gehoben von einer trunkenen Soldateska, die er durch Schnaps und Würste erkauft hat, nach der er stets von neuem mit der Wurst werfen muß. Daher die kleinlaute Verzweiflung, das Gefühl der ungeheuersten Demütigung, Herabwürdigung, das die Brust Frankreichs beklemmt und seinen Atem stocken macht. Es fühlt sich wie entehrt.

Und dennoch schwebt die Staatsgewalt nicht in der Luft. Bonaparte vertritt eine Klasse, und zwar die zahlreichste Klasse der französischen Gesellschaft, die *Parzellenbauern*.

Wie die Bourbons die Dynastie des großen Grundeigentums, wie die Orléans die Dynastie des Geldes, so sind die Bonapartes die Dynastie der Bauern, d.h. der französischen Volksmasse. Nicht der Bonaparte, der sich dem Bourgeoisparlamente unterwarf, sondern der Bonaparte, der das Bourgeoisparlament auseinanderjagte, ist der Auserwählte der Bauern. Drei Jahre war es den Städten gelungen, den Sinn der Wahl vom 10. Dezember zu verfälschen und die Bauern um die Wiederherstellung des Kaiserreichs zu prellen. Die Wahl am 10. Dezember 1848 ist erst erfüllt worden durch den coup d'état vom 2. Dezember 1851.

Die Parzellenbauern bilden eine ungeheure Masse, deren Glieder in gleicher Situation leben, aber ohne in mannigfache Beziehung zueinander zu treten. Ihre Produktionsweise isoliert sie voneinander, statt sie in wechselseitigen Verkehr zu bringen. Die Isolierung wird gefördert durch die schlechten französischen Kommunikationsmittel und die Armut der Bauern. Ihr Produktionsfeld, die Parzelle, läßt in seiner Kultur keine Teilung der Arbeit zu, keine Anwendung der Wissenschaft, also keine Mannigfaltigkeit der Entwickelung, keine Verschiedenheit der Talente, keinen Reichtum der gesellschaftlichen Verhältnisse. Jede einzelne Bauernfamilie genügt beinahe sich selbst, produziert unmittelbar selbst den größten Teil ihres Konsums und gewinnt so ihr Lebensmaterial mehr im Austausche mit der Natur als im Verkehr mit der Gesellschaft. Die Parzelle, der Bauer und die Familie; daneben eine andre Parzelle, ein andrer Bauer und eine andre Familie. Ein Schock davon macht ein Dorf, und ein Schock Dörfer macht ein Departement. So wird die große Masse der französischen Nation gebildet durch einfache Addition gleichnamiger Größen, wie etwa ein Sack von Kartoffeln einen Kartoffelsack bildet. Insofern Millionen von Familien unter ökonomischen Existenzbedingungen leben, die ihre Lebensweise, ihre Interessen und ihre Bildung von denen der andern Klassen trennen und ihnen feindlich gegenüberstellen, bilden sie eine Klasse. Insofern ein nur lokaler Zusammenhang unter den Parzellenbauern besteht, die Dieselbigkeit ihrer Interessen keine Gemeinsamkeit, keine nationale Verbindung und keine politische Organisation unter ihnen erzeugt, bilden sie keine Klasse. Sie sind daher unfähig, ihr Klasseninteresse im eigenen Namen, sei es durch ein Parlament, sei es durch einen Konvent geltend zu machen. Sie können sich nicht vertreten, sie müssen vertreten werden. Ihr Vertreter muß zugleich als ihr Herr, als eine Autorität über ihnen erscheinen, als eine unumschränkte Regierungsgewalt, die sie vor den andern Klassen beschützt und ihnen von oben Regen und Sonnenschein schickt. Der politische Einfluß der

Parzellenbauern findet also darin seinen letzten Ausdruck, daß die Exekutivgewalt sich die Gesellschaft unterordnet.

Durch die geschichtliche Tradition ist der Wunderglaube der französischen Bauern entstanden, daß ein Mann namens Napoleon ihnen alle Herrlichkeit wiederbringen werde. Und es fand sich ein Individuum, das sich für diesen Mann ausgibt, weil es den Namen Napoleon trägt, infolge des Code Napoléon, der anbefiehlt: »La recherche de la paternité est interdite.« Nach zwanzigjähriger Vagabundage und einer Reihe von grotesken Abenteuern erfüllt sich die Sage, und der Mann wird Kaiser der Franzosen. Die fixe Idee des Neffen verwirklichte sich, weil sie mit der fixen Idee der zahlreichsten Klasse der Franzosen zusammenfiel.

Aber, wird man mir einwerfen, die Bauernaufstände in halb Frankreich, die Treibjagden der Armee auf die Bauern, die massenhafte Einkerkerung und Transportation der Bauern?

Seit Ludwig XIV. hat Frankreich keine ähnliche Verfolgung der Bauern ›wegen demagogischer Umtriebe‹ erlebt.

Aber man verstehe wohl. Die Dynastie Bonaparte repräsentiert nicht den revolutionären, sondern den konservativen Bauer, nicht den Bauer, der über seine soziale Existenzbedingung, die Parzelle hinausdrängt, sondern der sie vielmehr befestigen will, nicht das Landvolk, das durch eigne Energie im Anschluß an die Städte die alte Ordnung umstürzen, sondern umgekehrt dumpf verschlossen in dieser alten Ordnung sich mitsamt seiner Parzelle von dem Gespenste des Kaisertums gerettet und bevorzugt sehen will. Sie repräsentiert nicht die Aufklärung, sondern den Aberglauben des Bauern, nicht sein Urteil, sondern sein Vorurteil, nicht seine Zukunft, sondern seine Vergangenheit, nicht seine modernen Cevennen, sondern seine moderne Vendée.

Die dreijährige harte Herrschaft der parlamentarischen Republik hatte einen Teil der französischen Bauern von der napoleonischen Illusion befreit und, wenn auch nur noch oberflächlich, revolutioniert; aber die Bourgeoisie warf sie gewaltsam zurück, sooft sie sich in Bewegung setzten. Unter der parlamentarischen Republik rang das moderne mit dem traditionellen Bewußtsein der französischen Bauern. Der Prozeß ging vor sich in der Form eines unaufhörlichen Kampfes zwischen den Schulmeistern und den Pfaffen. Die Bourgeoisie schlug die Schulmeister nieder. Die Bauern machten zum ersten Mal Anstrengungen, der Regierungstätigkeit gegenüber sich selbständig zu verhalten. Es erschien dies in dem fortgesetzten Konflikte der Maires mit den Präfekten. Die Bourgeoisie setzte die Maires ab. Endlich erhoben sich die Bauern verschiedener Orte während der Periode der parlamentarischen Republik gegen ihre eigne Ausgeburt, die Armee. Die Bourgeoisie bestrafte sie mit Belagerungszuständen und Exekutionen. Und dieselbe Bourgeoisie schreit jetzt über die Stupidität der Massen, der vile multitude, die sie an Bonaparte verraten habe. Sie selbst hat den Imperialismus der Bauernklasse gewaltsam befestigt, sie hielt die Zustände fest, die die Geburtsstätte dieser Bauernreligion bilden. Allerdings muß die Bourgeoisie die Dummheit der Massen fürchten, solange sie konservativ bleiben, und die Einsicht der Massen, sobald sie revolutionär werden.

In den Aufständen nach dem coup d'état protestierte ein Teil der französischen Bauern mit den Waffen in der Hand gegen sein eignes Votum vom 10. Dezember 1848. Die Schule seit 1848 hatte sie gewitzigt. Allein sie hatten sich der geschichtlichen Unterwelt verschrieben, die Geschichte hielt sie beim Worte, und noch war die Mehrzahl so befangen, daß gerade in den rotesten Departements die Bauernbevölkerung öffentlich für Bonaparte stimmte. Die Nationalversammlung hatte ihn nach ihrer Ansicht am Gehn verhindert. Er hatte jetzt nur die Fessel gebrochen, die die Städte dem Willen des Landes angelegt. Sie trugen sich stellenweise sogar mit der grotesken Vorstellung: neben einem Napoleon ein Konvent.

Nachdem die erste Revolution die halbhörigen Bauern in freie Grundeigentümer verwandelt hatte, befestigte und regelte Napoleon die Bedingungen, worin sie ungestört den eben erst ihnen anheimgefallenen Boden Frankreichs ausbeuten und die jugendliche Lust am Eigentum büßen konnten. Aber woran der französische Bauer jetzt untergeht, es ist seine Parzelle selbst, die Teilung des Grund und Bodens, die Eigentumsform, die Napoleon in Frankreich konsolidierte. Es sind eben die materiellen Bedingungen, die den französischen Feudalbauer zum Parzellenbauer und Napoleon zum Kaiser machten. Zwei Generationen haben hingereicht, um das unvermeidliche Resultat zu erzeugen: progressive Verschlechterung des Ackerbaues, progressive Verschuldung des Ackerbauers. Die ›Napoleonische‹ Eigentumsform, die im Anfange des neunzehnten Jahrhunderts die Bedingungen für die Befreiung und die Bereicherung des französischen Landvolkes war, hat sich im Laufe dieses Jahrhunderts als das Gesetz ihrer Sklaverei und ihres Pauperismus entwickelt. Und eben dies Gesetz ist die erste der ›idées napoléoniennes‹, die der zweite Bonaparte zu behaupten hat. Wenn er mit den Bauern noch die Illusion teilt, nicht im Parzelleneigentum selbst, sondern außerhalb, im Einflusse sekundärer Umstände die Ursache ihres Ruins zu suchen, so werden seine Experimente wie Seifenblasen an den Produktionsverhältnissen zerschellen.

Die ökonomische Entwickelung des Parzelleneigentums hat das Verhältnis der Bauern zu den übrigen Gesellschaftsklassen von Grund aus verkehrt. Unter Napoleon ergänzte die Parzellierung des Grund und Bodens auf dem Lande die freie Konkurrenz und die beginnende große

Industrie in den Städten. Die Bauernklasse war der allgegenwärtige Protest gegen die eben erst gestürzte Grundaristokratie. Die Wurzeln, die das Parzelleneigentum in dem französischen Grund und Boden schlug, entzogen dem Feudalismus jeden Nahrungsstoff. Seine Grenzpfähle bildeten das natürliche Befestigungswerk der Bourgeoisie gegen jeden Handstreich ihrer alten Oberherren. Aber im Laufe des neunzehnten Jahrhunderts trat an die Stelle des Feudalen der städtische Wucherer, an die Stelle der Feudalpflichtigkeit des Bodens die Hypothek, an die Stelle des aristokratischen Grundeigentums das bürgerliche Kapital. Die Parzelle des Bauern ist nur noch der Vorwand, der dem Kapitalisten erlaubt, Profit, Zinsen und Rente von dem Acker zu ziehn und den Ackerbauer selbst zusehn zu lassen, wie er seinen Arbeitslohn herausschlägt. Die auf dem französischen Boden lastende Hypothekarschuld legt der französischen Bauernschaft einen Zins auf, so groß wie der Jahreszins der gesamten britischen Nationalschuld. Das Parzelleneigentum in dieser Sklaverei vom Kapital, wozu seine Entwicklung unvermeidlich hindrängt, hat die Masse der französischen Nation in Troglodyten verwandelt. Sechzehn Millionen Bauern (Frauen und Kinder eingerechnet) hausen in Höhlen, wovon ein großer Teil nur eine Öffnung, der andre nur zwei, und der bevorzugteste nur drei Öffnungen hat. Die Fenster sind an einem Haus, was die fünf Sinne für den Kopf sind. Die bürgerliche Ordnung, die im Anfange des Jahrhunderts den Staat als Schildwache vor die neuentstandene Parzelle stellte und sie mit Lorbeeren düngte, ist zum Vampyr geworden, der ihr Herzblut und Hirnmark aussaugt und sie in den Alchimistenkessel des Kapitals wirft. Der Code Napoléon ist nur noch der Kodex der Exekution, der Subhastation und der Zwangsversteigerung. Zu den vier Millionen (Kinder usw. eingerechnet) offizieller Paupers, Vagabunden, Verbrecher und Prostituierten, die Frankreich zählt, kommen fünf Millionen hinzu, die an dem Abgrunde der Existenz schweben und entweder auf dem Lande selbst hausen oder beständig mit ihren Lumpen und ihren Kindern von dem Lande in die Städte und von den Städten auf das Land desertieren. Das Interesse der Bauern befindet sich also nicht mehr, wie unter Napoleon, im Einklange, sondern im Gegensatze mit den Interessen der Bourgeoisie, mit dem Kapital. Sie finden also ihren natürlichen Verbündeten und Führer in dem *städtischen Proletariat,* dessen Aufgabe der Umsturz der bürgerlichen Ordnung ist. Aber die *starke und unumschränkte Regierung* – und dies ist die zweite ›idée napoléonienne‹, die der zweite Napoleon auszuführen hat – ist zur gewaltsamen Verteidigung dieser ›materiellen‹ Ordnung berufen. Auch gibt dieser ›ordre matériel‹ in allen Proklamationen Bonapartes gegen die aufrührerischen Bauern das Stichwort ab.

Neben der Hypothek, die das Kapital ihr auferlegt, lastet auf der

Parzelle die *Steuer*. Die Steuer ist die Lebensquelle der Bürokratie, der Armee, der Pfaffen und des Hofes, kurz, des ganzen Apparates der Exekutivgewalt. Starke Regierung und starke Steuern sind identisch. Das Parzelleneigentum eignet sich seiner Natur nach zur Grundlage einer allgewaltigen und zahllosen Bürokratie. Es schafft ein gleichmäßiges Niveau der Verhältnisse und der Personen über der ganzen Oberfläche des Landes. Es erlaubt also auch die gleichmäßige Einwirkung nach allen Punkten dieser gleichmäßigen Masse von einem obersten Zentrum aus. Es vernichtet die aristokratischen Mittelstufen zwischen der Volksmasse und der Staatsgewalt. Es ruft also von allen Seiten das direkte Eingreifen dieser Staatsgewalt und das Zwischenschieben ihrer unmittelbaren Organe hervor. Es erzeugt endlich eine unbeschäftigte Überbevölkerung, die weder auf dem Lande noch in den Städten Platz findet und daher nach den Staatsämtern als einer Art von respektablem Almosen greift und die Schöpfung von Staatsämtern provoziert. Napoleon gab in den neuen Märkten, die er mit dem Bajonette eröffnete, in der Plünderung des Kontinents, die Zwangssteuer mit Zinsen zurück. Sie war ein Stachel für die Industrie des Bauern, während sie jetzt seine Industrie der letzten Hülfsquellen beraubt, seine Widerstandslosigkeit gegen den Pauperismus vollendet. Und eine enorme Bürokratie, wohlgaloniert und wohlgenährt, ist die ›idée napoléonienne‹, die dem zweiten Bonaparte von allen am meisten zusagt. Wie sollte sie nicht, da er gezwungen ist, neben den wirklichen Klassen der Gesellschaft eine künstliche Kaste zu schaffen, für welche die Erhaltung seines Regimes zur Messer- und Gabelfrage wird. Eine seiner ersten Finanzoperationen war daher auch die Wiedererhöhung der Beamtengehalte auf ihren alten Betrag und Schöpfung neuer Sinekuren.

Eine andre ›idée napoléonienne‹ ist die Herrschaft der *Pfaffen* als Regierungsmittel. Aber wenn die neuentstandene Parzelle in ihrem Einklang mit der Gesellschaft, in ihrer Abhängigkeit von den Naturgewalten und ihrer Unterwerfung unter die Autorität, die sie von oben beschützte, natürlich religiös war, wird die schuldzerrüttete, mit der Gesellschaft und der Autorität zerfallene, über ihre eigne Beschränktheit hinausgetriebene Parzelle natürlich irreligiös. Der Himmel war eine ganz schöne Zugabe zu dem eben gewonnenen schmalen Erdstrich, zumal da er das Wetter macht; er wird zum Insult, sobald er als Ersatz für die Parzelle aufgedrängt wird. Der Pfaffe erscheint dann nur noch als der gesalbte Spürhund der irdischen Polizei – eine andre ›idée napoléonienne‹. Die Expedition gegen Rom wird das nächste Mal in Frankreich selbst stattfinden, aber im umgekehrten Sinne des Herrn von Montalembert.

Der Kulminierpunkt der ›idées napoléoniennes‹ endlich ist das Übergewicht der *Armee.* Die Armee war der point d'honneur der Parzellenbauern, sie selbst in Heroen verwandelt, nach außen hin den neuen Besitz verteidigend, ihre eben erst errungene Nationalität verherrlichend, die Welt plündernd und revolutionierend. Die Uniform war ihr eignes Staatskostüm, der Krieg ihre Poesie, die in der Phantasie verlängerte und abgerundete Parzelle das Vaterland und der Patriotismus die ideale Form des Eigentumssinnes. Aber die Feinde, wogegen der französische Bauer jetzt sein Eigentum zu verteidigen hat, es sind nicht die Kosaken, es sind die Huissiers und Steuerexekutoren. Die Parzelle liegt nicht mehr im sogenannten Vaterland, sondern im Hypothekenbuch. Die Armee selbst ist nicht mehr die Blüte der Bauernjugend, sie ist die Sumpfblume des bäuerlichen Lumpenproletariats. Sie besteht großenteils aus Remplaçants, aus Ersatzmännern, wie der zweite Bonaparte selbst nur Remplaçant, der Ersatzmann für Napoleon ist. Ihre Heldentaten verrichtet sie jetzt in den Gems- und Treibjagden auf die Bauern, im Gendarmendienst, und wenn die innern Widersprüche seines Systems den Chef der Gesellschaft des 10. Dezember über die französische Grenze jagen, wird sie nach einigen Banditenstreichen keine Lorbeeren, sondern Prügel ernten.

Man sieht: *Alle ›idées napoléoniennes‹ sind Ideen der unentwickelten, jugendfrischen Parzelle,* sie sind ein Widersinn für die überlebte Parzelle. Sie sind nur die Halluzinationen ihres Todeskampfes, Worte, die in Phrasen, Geister, die in Gespenster verwandelt. Aber die Parodie des Imperialismus war notwendig, um die Masse der französischen Nation von der Wucht der Tradition zu befreien und den Gegensatz der Staatsgewalt zur Gesellschaft rein herauszuarbeiten. Mit der fortschreitenden Zerrüttung des Parzelleneigentums bricht das auf ihm aufgeführte Staatsgebäude zusammen. Die staatliche Zentralisation, deren die moderne Gesellschaft bedarf, erhebt sich nur auf den Trümmern der militärisch-bürokratischen Regierungsmaschinerie, die im Gegensatz zum Feudalismus geschmiedet ward.[2]

Die französischen Bauernverhältnisse enthüllen uns das Rätsel der *allgemeinen Wahl vom 20. und 21. Dezember,* die den zweiten Bonaparte auf den Berg Sinai führten, nicht um Gesetze zu erhalten, sondern um sie zu geben.

Die Bourgeoisie hatte jetzt offenbar keine andere Wahl, als Bonaparte zu wählen. Als die Puritaner auf dem Konzile von Konstanz über das lasterhafte Leben der Päpste klagten und über die Notwendigkeit der Sittenreform jammerten, donnerte der Kardinal Pierre d'Ailly ihnen zu: »Nur noch der Teufel in eigner Person kann die katholische Kirche retten, und ihr verlangt Engel.« So rief die französische Bourgeoisie nach dem coup d'état: Nur noch der Chef der Gesellschaft vom 10. Dezember kann die bürgerliche Gesellschaft retten! Nur noch der Diebstahl das Eigentum, der Meineid die Religion, das Bastardtum die Familie, die Unordnung die Ordnung!

Bonaparte als die verselbständigte Macht der Exekutivgewalt fühlt seinen Beruf, die ›bürgerliche Ordnung‹ sicherzustellen. Aber die Stärke dieser bürgerlichen Ordnung ist die Mittelklasse. Er weiß sich daher als Repräsentant der Mittelklasse und erläßt Dekrete in diesem Sinne. Er ist jedoch nur dadurch etwas, daß er die politische Macht dieser Mittelklasse gebrochen hat und täglich von neuem bricht. Er weiß sich daher als Gegner der politischen und literarischen Macht der Mittelklasse. Aber indem er ihre materielle Macht beschützt, erzeugt er von neuem ihre politische Macht. Die Ursache muß daher am Leben erhalten, aber die Wirkung, wo sie sich zeigt, aus der Welt geschafft werden. Aber ohne kleine Verwechselungen von Ursache und Wirkung kann dies nicht abgehn, da beide in der Wechselwirkung ihre Unterscheidungsmerkmale verlieren. Neue Dekrete, die die Grenzlinie verwischen. Bonaparte weiß sich zugleich gegen die Bourgeoisie als Vertreter der Bauern und des Volkes überhaupt, der innerhalb der bürgerlichen Gesellschaft die untern Volksklassen beglücken will. Neue Dekrete, die die ›wahren Sozialisten‹ im voraus um ihre Regierungsweisheit prellen. Aber Bonaparte weiß sich vor allem als Chef der Gesellschaft vom 10. Dezember, als Repräsentanten des Lumpenproletariats, dem er selbst, seine entourage, seine Regierung und seine Armee angehören und für das es sich vor allem darum handelt, sich wohlzutun und kalifornische Lose aus dem Staatsschatze zu ziehn. Und er bestätigt sich als Chef der Gesellschaft vom 10. Dezember mit Dekreten, ohne Dekrete und trotz der Dekrete.

Diese widerspruchsvolle Aufgabe des Mannes erklärt die Widersprüche seiner Regierung, das unklare Hinundhertappen, das bald diese, bald jene Klasse bald zu gewinnen, bald zu demütigen sucht und alle gleichmäßig gegen sich aufbringt, dessen praktische Unsicherheit einen hochkomischen Kontrast bildet zu dem gebieterischen, kategorischen Stile der Regierungsakte, der dem Onkel folgsam nachkopiert wird.

Industrie und Handel, also die Geschäfte der Mittelklasse, sollen unter der starken Regierung treibhausmäßig aufblühn. Verleihen einer Unzahl von Eisenbahnkonzessionen. Aber das bonapartistische Lumpenproletariat soll sich bereichern. Tripotage mit den Eisenbahnkonzessionen auf der Börse von den vorher Eingeweihten. Aber es zeigt sich kein Kapital für die Eisenbahnen. Verpflichtung der Bank, auf Eisenbahnaktien vorzuschießen. Aber die Bank soll zugleich persönlich exploitiert und daher kajoliert werden. Entbindung der Bank von der Pflicht, ihren Bericht wöchentlich zu veröffentlichen. Leoninischer Vertrag der Bank mit der Regierung. Das Volk soll beschäftigt werden. Anordnungen von

Staatsbauten. Aber die Staatsbauten erhöhen die Steuerpflichten des Volkes. Also Herabsetzung der Steuern durch Angriff auf die Rentiers, durch Konvertierung der fünfprozentigen Renten in viereinhalbprozentige. Aber der Mittelstand muß wieder ein douceur erhalten. Also Verdoppelung der Weinsteuer für das Volk, das ihn en détail kauft, und Herabsetzung um die Hälfte für den Mittelstand, der ihn en gros trinkt. Auflösung der wirklichen Arbeiterassoziationen, aber Verheißung von künftigen Assoziationswundern. Den Bauern soll geholfen werden. Hypothekenbanken, die ihre Verschuldung und die Konzentration des Eigentums beschleunigen. Aber diese Banken sollen benutzt werden, um Geld aus den konfiszierten Gütern des Hauses Orléans herauszuschlagen. Kein Kapitalist will sich zu dieser Bedingung verstehn, die nicht in dem Dekrete steht, und die Hypothekenbank bleibt ein bloßes Dekret usw. usw.

Bonaparte möchte als der patriarchalische Wohlhüter aller Klassen erscheinen. Aber er kann keiner geben, ohne der andern zu nehmen. Wie man zur Zeit der Fronde vom Herzog von Guise sagte, daß er der obligeanteste Mann von Frankreich sei, weil er alle seine Güter in Obligationen seiner Partisanen gegen sich verwandelt habe, so möchte Bonaparte der obligeanteste Mann von Frankreich sein und alles Eigentum, alle Arbeit Frankreichs in eine persönliche Obligation gegen sich verwandeln. Er möchte ganz Frankreich stehlen, um es an Frankreich verschenken, oder vielmehr um Frankreich mit französischem Gelde wiederkaufen zu können, denn als Chef der Gesellschaft vom 10. Dezember muß er kaufen, was ihm gehören soll. Und zu dem Institute des Kaufens werden alle Staatsinstitute, der Senat, der Staatsrat, der gesetzgebende Körper, die Ehrenlegion, die Soldatenmedaille, die Waschhäuser, die Staatsbauten, die Eisenbahnen, der état-major der Nationalgarde ohne Gemeine, die konfiszierten Güter des Hauses Orléans. Zum Kaufmittel wird jeder Platz in der Armee und der Regierungsmaschine. Das wichtigste aber bei diesem Prozesse, wo Frankreich genommen wird, um ihm zu geben, sind die Prozente, die während des Umsatzes für das Haupt und die Glieder der Gesellschaft vom 10. Dezember abfallen. Das Witzwort, womit die Gräfin L., die Mätresse des Herrn de Morny, die Konfiskation der orleansschen Güter charakterisierte: »C'est le premier vol de l'aigle«[3], paßt auf jeden Flug dieses *Adlers,* der mehr *Rabe* ist. Er selbst und seine Anhänger rufen sich täglich zu, wie jener italienische Kartäuser dem Geizhals, der prunkend die Güter aufzählte, an denen er noch für Jahre zu zehren habe: »Tu fai conto sopra i beni, bisogna prima far il conto sopra gli anni.«[4] Um sich in den Jahren nicht zu verrechnen, zählen sie nach Minuten. An den Hof, in die Ministerien, an die Spitze der Verwaltung und der Armee drängt sich ein Haufe von Kerlen, von deren bestem zu sagen ist, daß man nicht weiß, von wannen er kommt, eine geräuschvolle, anrüchige, plünderungslustige Boheme, die mit derselben grotesken Würde in galonierte Röcke kriecht wie Soulouques Großwürdenträger. Man kann diese höhere Schichte der Gesellschaft vom 10. Dezember sich anschaulich machen, wenn man erwägt, daß *Véron-Crevel*[5] ihr Sittenprediger ist und *Granier de Cassagnac* ihr Denker. Als Guizot zur Zeit seines Ministeriums diesen Granier in einem Winkelblatte gegen die dynastische Opposition verwandte, pflegte er ihn mit der Wendung zu rühmen: »C'est le roi des drôles«, »das ist der Narrenkönig«. Man hätte unrecht, bei dem Hofe und der Sippe Louis Bonapartes an die Regentschaft oder Ludwig XV. zu erinnern. Denn »oft schon hat Frankreich eine Mätressenregierung erlebt, aber noch nie eine Regierung von hommes entretenus«[6].

Von den widersprechenden Forderungen seiner Situation gejagt, zugleich wie ein Taschenspieler in der Notwendigkeit, durch beständige Überraschung die Augen des Publikums auf sich als den Ersatzmann Napoleons gerichtet zu halten, also jeden Tag einen Staatsstreich en miniature zu verrichten, bringt Bonaparte die ganze bürgerliche Wirtschaft in Wirrwarr, tastet alles an, was der Revolution von 1848 unantastbar schien, macht die einen revolutionsgeduldig, die andern revolutionslustig und erzeugt die Anarchie selbst im Namen der Ordnung, während er zugleich der ganzen Staatsmaschine den Heiligenschein abstreift, sie profaniert, sie zugleich ekelhaft und lächerlich macht. Den Kultus des heiligen Rocks zu Trier wiederholt er zu Paris im Kultus des napoleonischen Kaisermantels. Aber wenn der Kaisermantel endlich auf die Schultern des Louis Bonaparte fällt, wird das eherne Standbild Napoleons von der Höhe der Vendôme-Säule herabstürzen.

Die Revolution in China und in Europa

Ein sehr tiefgründiger, doch etwas phantasiereicher Erforscher der Bewegungsgesetze der Menschheit[1] pflegte das, was er das Gesetz von der Einheit der Gegensätze nannte, zu einem der herrschenden Naturgeheimnisse zu erheben. Nach seiner Ansicht war das schlichte Sprichwort »Die Extreme berühren sich« eine erhabene und machtvolle Wahrheit auf jedem Gebiet des Lebens, ein Axiom, auf das der Philosoph ebensowenig verzichten könne wie der Astronom auf die Keplerschen Gesetze oder auf die große Entdeckung Newtons.

Ob nun die ›Einheit der Gegensätze‹ wirklich ein derart allgemeingültiges Prinzip ist oder nicht: dafür ist der Einfluß, den die chinesische Revolution aller Wahrscheinlichkeit nach auf die zivilisierte Welt ausüben wird, ein treffendes Beispiel. Scheinbar ist es eine sehr seltsame und sehr paradoxe Behauptung, daß die nächste Erhebung der Völker Europas und ihr nächster Schritt im Kampf für republikanische Freiheiten und ein wohlfeileres Regierungssystem wahrscheinlich in großem Maße davon abhängen dürfte, was sich jetzt im Reich des Himmels – dem direkten Gegenpol Europas – abspielt, mehr als von jeder anderen zur Zeit bestehenden politischen Ursache – mehr sogar als von den Drohungen Rußlands und deren Folgen, nämlich der Wahrscheinlichkeit eines gesamteuropäischen Krieges. Dennoch ist es kein Paradox; das werden alle einsehen, die die näheren Umstände der Angelegenheit aufmerksam betrachten.

Was immer die sozialen Ursachen sein mögen, die zu den chronischen Aufständen in China in den letzten zehn Jahren geführt und die sich jetzt zu einer einzigen ungeheuren Revolution zusammengeballt haben, und welche religiösen, dynastischen oder nationalen Formen sie auch annehmen mögen: ausgelöst wurde dieser Ausbruch ohne Frage dadurch, daß die englischen Kanonen China das Rauschgift aufzwangen, das wir Opium nennen. Vor den britischen Waffen ging die Autorität der Mandschu-Dynastie in Scherben; das abergläubige Vertrauen in die Unvergänglichkeit des Reichs des Himmels brach zusammen; die barbarische hermetische Abschließung von der zivilisierten Welt wurde durchbrochen und eine Bresche geschlagen für den Verkehr, der sich inzwischen durch die Anziehungskraft des kalifornischen und australischen Goldes so rasch entwickelt hat. Gleichzeitig begann die Silbermünze des Chinesischen Reiches, sein Herzblut, nach Britisch-Ostindien abzufließen.

Bis 1830 wurde, da die Handelsbilanz ständig aktiv für die Chinesen war, ununterbrochen Silber aus Indien, Großbritannien und den Vereinigten Staaten nach China eingeführt. Seit 1833 indessen und besonders seit 1840 hat die Ausfuhr von Silber aus China nach Indien solche Ausmaße angenommen, daß sie das Reich des Himmels zu erschöpfen droht. Daher die energischen Erlasse des Kaisers gegen den Opiumhandel, die mit einem noch energischeren Widerstand gegen seine Maßnahmen beantwortet wurden. Neben dieser unmittelbaren ökonomischen Auswirkung hat in den Südprovinzen die mit dem Opiumschmuggel verbundene Korruption die chinesischen Staatsbeamten völlig demoralisiert. So, wie man den Kaiser als den Vater ganz Chinas anzusehen pflegte, wurden seine Beamten als Wahrer der väterlichen Rechte in ihren jeweiligen Gebieten betrachtet. Aber die patriarchalische Autorität, das einzige moralische Bindeglied, das die ganze ungeheure Staatsmaschinerie umfaßte, ist allmählich durch die Korruption der Beamten zerfressen worden, die sich durch Begünstigung des Opiumschmuggels große Gewinne verschafft haben. Hauptsächlich ist das in denselben Südprovinzen geschehen, in denen der Aufstand begann. Es ist kaum nötig, noch zu bemerken, daß in gleichem Maße, in dem das Opium Herrschaft über die Chinesen erlangt hat, der Kaiser und sein Gefolge pedantischer Mandarine ihrerseits der Herrschaft verlustig gegangen sind. Es hat den Anschein, als habe die Geschichte dieses ganze Volk erst trunken machen müssen, ehe sie es aus seinem ererbten Stumpfsinn aufrütteln konnte.

Die Einfuhr englischer Baumwollstoffe und in geringem Umfang auch englischer Wollstoffe ist, wenn auch früher kaum vorhanden, seit 1833, der Epoche, da das Chinahandelsmonopol von der Ostindischen Kompanie auf den Privathandel übertragen wurde, schnell angestiegen; in noch weit größerem Maßstab dann seit 1840, als auch andere Nationen und besonders die USA ebenfalls einen Anteil am Chinahandel erhielten. Dieses Eindringen ausländischer Manufakturwaren hat sich auf die einheimische Industrie ähnlich ausgewirkt wie ehemals auf Kleinasien, Persien und Indien. In China haben die Spinner und Weber schwer unter dieser ausländischen Konkurrenz gelitten, und das öffentliche Leben ist in entsprechendem Verhältnis ins Wanken geraten.

Der Tribut, den China nach dem unglücklichen Kriege von 1840 an England zu zahlen hatte, der große unproduktive Verbrauch von Opium, der Abfluß von Edelmetallen durch den Opiumhandel, der zerstörende Einfluß der ausländischen Konkurrenz auf die einheimische Produktion und der demoralisierte Zustand der öffentlichen Verwaltung zeitigten zweierlei: Die alte Besteuerung wurde drückender und quälender, und zu den alten Steuern kamen neue hinzu. So finden wir in einem Erlaß des Kaisers[2] vom 5. Januar 1853 in Peking Befehle an die Vizekönige und Gouverneure von Wutschang und Hanjang, Steuern nachzulassen und zu stunden und insbesondere in keinem Falle mehr als den vorgeschriebenen Betrag einzutreiben; denn »wie könnte die arme Bevölkerung es sonst ertragen?« heißt es in dem Erlaß.

»So wird vielleicht«, fährt der Kaiser fort, »meinem Volke in einer Zeit allgemeiner Not und allgemeinen Elends das Übel erspart bleiben, sich vom Steuereintreiber verfolgen und quälen zu lassen.«

Wir erinnern uns, dergleichen Reden und dergleichen Konzessionen 1848 von Österreich, dem deutschen China, gehört zu haben.

All diese Zersetzungsfaktoren wirkten gemeinsam auf die Finanzen, die Moral, die Industrie und die politische Struktur Chinas ein und kamen 1840 zu voller Entfaltung unter den englischen Kanonen, die die Autorität des Kaisers zertrümmerten und das Reich des Himmels zwangsweise mit der Erdenwelt in Berührung brachten. Zur Erhaltung des alten Chinas war völlige Abschließung die Hauptbedingung. Da diese Abschließung nun durch England ihr gewaltsames Ende gefunden hat, muß der Zerfall so sicher erfolgen wie bei einer sorgsam in einem hermetisch verschlossenen Sarg aufbewahrten Mumie, sobald sie mit frischer Luft in Berührung kommt. Die Frage ist jetzt, nachdem England die Revolution über China gebracht hat, wie diese Revolution mit der Zeit auf England und – über England – auf Europa zurückwirken wird. Diese Frage aber ist nicht schwer zu beantworten.

Schon oft sind unsere Leser auf das unvergleichliche Wachstum der britischen Industrie seit 1850 aufmerksam gemacht worden. Doch mitten in der erstaunlichsten Prosperität ließen sich unschwer bereits klare Anzeichen einer nahenden Industriekrise feststellen. Trotz Kalifornien und Australien, trotz der riesigen, nie dagewesenen Auswanderung muß zu gegebener Zeit, ohne irgendwelche besonderen Zwischenfälle, notwendig ein Augenblick kommen, wo die Ausdehnung der Märkte nicht mehr mit der Ausdehnung der britischen Industrie Schritt halten kann, und dieses Mißverhältnis muß ebenso gewiß wie in der Vergangenheit eine neue Krise heraufbeschwören. Wenn aber einer der großen Märkte plötzlich einschrumpft, so wird der Ausbruch der Krise dadurch zwangsläufig beschleunigt. Genau diese Wirkung muß gegenwärtig der chinesische Aufstand auf England ausüben. Der Zwang, neue Märkte zu erschließen oder die alten zu erweitern, war einer der Hauptgründe für die Senkung der britischen Teezölle, da man sich von erhöhter Einfuhr an Tee auch erhöhte Ausfuhr an Industriewaren nach China versprach. Der

Wert der jährlichen Ausfuhren aus dem Vereinigten Königreich nach China belief sich 1833, vor Aufhebung des Handelsmonopols der Ostindischen Kompanie, nur auf 600000 Pfd. St.; 1836 hatte er schon 1326388 Pfd. St. erreicht; 1845 war er auf 2394827 Pfd. St. und 1852 auf über 3000000 Pfd. St. gestiegen. Die aus China eingeführte Teemenge betrug 1793 nicht mehr als 16167331 lbs.; 1845 indessen belief sie sich schon auf 50714657 lbs. und 1846 auf 57584561 lbs.; heute übersteigt sie 60000000 lbs.

Der Ertrag der letzten Tee-Ernte wird, wie die Ausfuhrlisten aus Schanghai schon jetzt zeigen, mindestens 2000000 lbs. höher als im Vorjahr sein. Dieser Überschuß erklärt sich aus zwei Umständen. Einerseits war die Marktlage Ende 1851 sehr flau, und die großen überschüssigen Vorräte sind zur Ausfuhr des Jahres 1852 geschlagen worden. Andrerseits haben die jüngsten in China eintreffenden Berichte von der Änderung der britischen Gesetzgebung über Tee-Einfuhren sämtlichen verfügbaren Tee zu stark erhöhten Preisen auf einen aufnahmebereiten Markt gebracht. Hinsichtlich der kommenden Ernte liegt der Fall aber ganz anders. Das zeigen die folgenden Auszüge aus der Korrespondenz einer großen Londoner Teefirma:

»In Schanghai herrscht großer Schrecken. Gold ist um 25 % im Preise gestiegen, da *es zwecks Schatzbildung stark gefragt ist*; Silber ist in einem Maße verschwunden, daß selbst zum Bezahlen der chinesischen Zollgebühren für die Abfertigung der auslaufenden britischen Schiffe *nichts erhältlich war*; infolgedessen hat Herr Konsul Alcock sich bereit erklärt, gegen Wechsel der Ostindischen Kompanie oder gegen andere anerkannte Sicherheiten den chinesischen Behörden gegenüber für die Zahlung dieser Gebühren einzustehen. Im Hinblick auf die nächste Zukunft des Handels ist *die Verknappung an Edelmetallen* einer der ungünstigsten Faktoren, da der Mangel ausgerechnet zu dem Zeitpunkt auftritt, wo sie am nötigsten gebraucht werden, um den Tee- und Seidenaufkäufern die Möglichkeit zu geben, im Innern des Landes ihre Käufe zu tätigen, für die *eine große Teilsumme im voraus in Edelmetall bezahlt wird, damit die Produzenten ihre Arbeit fortsetzen können* ... Gewöhnlich fängt man um diese Jahreszeit an, Abmachungen für den neuen Tee zu treffen; gegenwärtig spricht man indessen von nichts anderem als von Mitteln und Wegen zum Schutze der Person und des Eigentums, und alle Geschäfte ruhen ... Stellt man die Mittel nicht bereit, um im April und Mai die Blätter unter Dach und Fach zu bringen, dann wird die Frühernte, zu der sämtliche besseren Sorten schwarzen und grünen Tees gehören, so gewiß dahin sein wie uneingefahrener Weizen zu Weihnachten.«

Die Mittel zur Sicherstellung der Tee-Ernte werden sicher nicht von den in chinesischen Gewässern stationierten englischen, amerikanischen und französischen Geschwadern herkommen; diese können vielmehr durch ihre Einmischung sehr leicht Komplikationen heraufbeschwören, die jeglichen Geschäftsverkehr zwischen dem Tee erzeugenden Binnenland und den Tee ausführenden Seehäfen abschneiden. Für die gegenwärtige Ernte muß also ein Anziehen der Preise erwartet werden – in London hat schon die Spekulation eingesetzt –, und für die kommende Ernte ist ein großes Defizit so gut wie sicher. Aber das ist noch nicht alles. Sicher sind die Chinesen – wie alle Völker in Zeiten revolutionärer Erschütterung – gern bereit, alles, was sie an umfangreichen Waren zur Verfügung haben, an die Ausländer loszuschlagen, sie werden sich aber auch, wie es die Orientalen in ängstlicher Erwartung großer Wechselfälle gewöhnlich tun, aufs Horten verlegen und für ihren Tee und ihre Seide kaum etwas anderes als Hartgeld in Zahlung nehmen. England hat dementsprechend eine Preissteigerung für eines seiner wichtigsten Konsumtionsgüter, einen Edelmetallabfluß und eine starke Schrumpfung eines wichtigen Marktes für seine Baumwoll- und Wollwaren zu erwarten. Sogar der ›Economist‹, dieser optimistische Beschwörer aller Gefahren, die die Gemütsruhe der Handelswelt bedrohen, sieht sich zu folgenden Tönen genötigt:

»Wir dürfen uns nicht schmeicheln, für unsere Ausfuhr nach China einen so ausgedehnten Markt zu finden wie ehemals ... Es ist wahrscheinlicher, daß unser Ausfuhrhandel nach China leiden und daß die Nachfrage nach den Erzeugnissen von Manchester und Glasgow geringer sein wird.«

Man darf nicht vergessen, daß die Erhöhung des Preises eines so unentbehrlichen Artikels wie Tee und die Schrumpfung eines so bedeutenden Marktes wie China mit einer unzureichenden Ernte in Westeuropa und daher mit steigenden Preisen für Fleisch, Getreide und alle anderen landwirtschaftlichen Produkte zusammenfallen wird. Daher wiederum Schrumpfung der Märkte für Industriewaren, weil jeder Preisanstieg für lebenswichtige Bedarfsgüter im In- und Ausland durch einen entsprechenden Rückgang der Nachfrage nach Industriewaren aufgewogen wird. Aus allen Teilen Großbritanniens liegen Klagen über den schlechten Stand der meisten Staaten vor. Der ›Economist‹ schreibt dazu:

»In Südengland wird nicht nur viel Land unbestellt bleiben, bis es überhaupt für jeden Anbau zu spät ist, sondern viel bestelltes Land wird sich auch als verkrautet oder sonstwie in schlechtem Zustand für den Getreideanbau erweisen. Es sind Anzeichen vorhanden, daß auf den für Weizen bestimmten nassen oder dürftigen Böden sich das Unheil weiterentwickelt. Die Pflanzzeit für Mangoldwurzel dürfte jetzt ebenfalls verstrichen sein, und nur sehr wenig ist angepflanzt worden. Zugleich ist die Zeit zur Bearbeitung des Bodens für den Rübenanbau auch schon in raschem Verstreichen, ohne daß irgendwelche angemessenen Vorbereitungen für diese wichtige Feldfrucht getroffen sind ... Die Haferaussaat ist durch Schnee und Regen sehr beeinträchtigt worden. Nur wenig Hafer wurde zeitig gesät, und spät gesäter Hafer bringt selten hohe Erträge ... In vielen Gebieten sind die Verluste in den Zuchtviehherden beträchtlich gewesen.«

Der Preis aller landwirtschaftlichen Erzeugnisse außer Getreide liegt 20 bis 30 und sogar 50 % höher als im verflossenen Jahre. Auf dem Kontinent hat der Preis für Getreide vergleichsweise stärker angezogen als in England. Roggen ist in Belgien und Holland um volle 100 % gestiegen. Weizen und andere Getreidearten folgen dem Beispiel.

Unter diesen Umständen, da der britische Handel den größeren Teil des normalen Wirtschaftszyklus bereits durchlaufen hat, darf man getrost voraussagen, daß die chinesische Revolution den Funken in das übervolle Pulverfaß des gegenwärtigen industriellen Systems schleudern und die seit langem heranreifende allgemeine Krise zum Ausbruch bringen wird, der dann beim Übergreifen auf das Ausland politische Revolutionen auf dem Kontinent unmittelbar folgen werden. Es wäre ein merkwürdiges Schauspiel, wenn China Unruhe in die westliche Welt brächte, während die Westmächte auf englischen, französischen und amerikanischen Kriegsschiffen ›Ruhe und Ordnung‹ nach Schanghai, Nanking und den Mündungen des Großen Kanals befördern. Vergessen denn die mit »Ordnung« hausierenden Mächte, die versuchen, die wankende Mandschu-Dynastie zu stützen, daß der Haß gegen Ausländer und deren Ausschluß aus dem Reich – einstmals lediglich die Folge von Chinas geographischen und ethnographischen Bedingungen – erst seit der Eroberung des Landes durch die Mandschu-Tataren zum politischen Prinzip geworden sind? Zweifellos leisteten die stürmischen Auseinandersetzungen der zu Ende des 17. Jahrhunderts im Chinahandel rivalisierenden europäischen Nationen der Politik der Abschließung der Mandschu gewaltigen Vorschub. Mehr noch trug allerdings dazu bei die Furcht der neuen Dynastie, die Ausländer könnten die Unzufriedenheit begünstigen, die bei einem großen Teil der Chinesen etwa während des ersten halben Jahrhunderts ihrer Unterwerfung unter die Tataren bestand. Aus diesen Erwägungen wurde damals Ausländern jede Verbindung mit Chinesen verboten, außer über Kanton – eine Stadt weitab von Peking und den Teebezirken – und ihr Handel wurde auf den Verkehr mit den Hong-Kaufleuten beschränkt, die von der Regierung ausdrücklich für den Außenhandel zugelassen waren, um so die übrigen Untertanen von jeglicher Berührung mit den verhaßten Fremden fernzuhalten. Auf jeden Fall kann eine Einmischung der westlichen Regierungen im gegenwärtigen Zeitpunkt nur dazu dienen, die Heftigkeit der Revolution noch zu steigern und die Handelsstockungen in die Länge zu ziehen.

Gleichzeitig ist hinsichtlich Indiens zu bemerken, daß die britischen Behörden in diesem Lande ein volles Siebentel ihrer Einkünfte aus dem Verkauf von Opium an die Chinesen herausholen müssen, während ein beträchtlicher Teil der indischen Nachfrage nach britischen Industriewaren von der Herstellung dieses Opiums in Indien abhängt. Die Chinesen werden allerdings ebensowenig auf den Opiumgenuß verzichten wie die Deutschen auf den Tabak. Da aber, wie verlautet, der neue Kaiser für den Mohnanbau und die Herstellung des Opiums in China selbst eintritt, ist auch klar, daß höchstwahrscheinlich dem Geschäft der Opiumgewinnung in Indien, den indischen Staatseinkünften und den kommerziellen Ressourcen Hindustans gleichzeitig der Todesstoß versetzt werden wird. Wenn auch für die interessierten Seiten dieser Schlag nicht sofort spürbar wäre, würde er sich doch zu gegebener Zeit nachhaltig auswirken und dazu beitragen, die allgemeine Finanzkrise zu vertiefen und zu verlängern, deren Horoskop wir oben gestellt haben.

Seit Beginn des 18. Jahrhunderts hat es in Europa keine ernstliche Revolution gegeben, der nicht eine Handels- und Finanzkrise vorausgegangen wäre. Das gilt für die Revolution von 1789 nicht weniger als für die von 1848. Fest steht, daß wir nicht nur jeden Tag drohendere Zeichen von Konflikten zwischen den Herrschern und ihren Untertanen, zwischen Staat und Gesellschaft, zwischen den verschiedenen Klassen sehen, sondern auch, daß der Konflikt der bestehenden Mächte untereinander allmählich einen Grad erreicht, wo das Schwert gezogen und zur Ultima ratio der Herrscher gegriffen werden muß. In den europäischen Hauptstädten bringt jeder Tag Depeschen, die mit einem gesamteuropäischen Krieg schwanger gehen und die am nächsten Tag ersetzt werden von Depeschen, in denen der Friede für etwa eine Woche garantiert wird. Nichtsdestoweniger dürfen wir gewiß sein, welchen Grad die Zuspitzung zwischen den europäischen Mächten auch erreichen, wie bedrohlich der diplomatische Horizont auch erscheinen und welche Schritte auch irgendein schwärmerisches Grüppchen in diesem oder jenem Lande unternehmen mag, daß der Fürstenzorn und die Volkswut sich gleichermaßen legen werden, wenn nur ein Hauch von Prosperität zu spüren ist. Daß Europa sich durch Kriege oder Revolutionen in die Haare geraten wird, ist unwahrscheinlich, es sei denn im Gefolge einer allgemeinen Handels- und Industriekrise, für die das Signal wie gewöhnlich von England, dem Repräsentanten der europäischen Industrie auf dem Weltmarkt, gegeben werden müßte.

Es erübrigt sich, noch lang und breit von den politischen Folgen zu sprechen, die eine derartige Krise heutzutage zeitigen muß, angesichts des beispiellosen Anwachsens der Zahl der Fabriken in England, der völligen Auflösung seiner offiziellen Parteien, der Verwandlung der gesamten Staatsmaschinerie Frankreichs in ein einziges riesenhaftes Schwindler- und Börsenjobber-Unternehmen, eines Österreichs, das am Vorabend des Bankrotts steht, angesichts des überall zunehmenden, der Volksrache harrenden Unrechts, der Interessengegensätze unter den reaktionären Mächten selbst und des russischen Eroberungstraumes, der sich wieder einmal vor der Welt enthüllt hat.

Die britische Herrschaft in Indien

London, Freitag, 10. Juni 1853

Telegraphische Depeschen aus Wien melden, daß man dort von der friedlichen Lösung der türkischen, sardinischen und schweizerischen Fragen überzeugt ist.

Die Indien-Debatte wurde gestern abend im Unterhaus in der üblichen stumpfsinnigen Weise fortgesetzt! Herr Blackett beschuldigte Sir Charles Wood und Sir J. Hogg, daß ihre Erklärungen den Stempel eines falschen Optimismus tragen. Ein Häuflein Verteidiger des Ministeriums und des Direktoriums suchte, so gut es konnte, die Anwürfe zurückzuweisen, und der sattsam bekannte Herr Hume forderte in seinem Resümee die Minister auf, ihre Gesetzesvorlage zurückzuziehen. Die Debatte wurde vertagt.

Hindustan ist ein Italien von asiatischem Ausmaß, mit dem Himalaja an Stelle der Alpen, der Ebene von Bengalen an Stelle der lombardischen Ebene, dem Dekhan an Stelle der Apenninen und der Insel Ceylon an Stelle der Insel Sizilien. Dort wie hier dieselbe reiche Mannigfaltigkeit der Bodenerzeugnisse und dieselbe Zerrissenheit in der politischen Struktur. Wie Italien von Zeit zu Zeit nur durch das Schwert des Eroberers zu verschiedenen Staatsgebilden zusammengeschlagen wurde, genauso finden wir Hindustan, wenn es nicht das Joch des Mohammedaners, des Moguls oder des Briten trug, in ebensoviele voneinander unabhängige, sich gegenseitig befehdende Staaten zersplittert, wie es Städte, ja Dörfer zählte. Jedoch vom sozialen Gesichtspunkt aus betrachtet, ist Hindustan nicht das Italien, sondern das Irland des Ostens. Und diese seltsame Kombination von Italien und Irland, einer Welt der Lust und einer Welt des Leids, taucht schon in den alten Traditionen der Religion Hindustans auf. Diese Religion ist zu gleicher Zeit eine Religion sinnlicher Üppigkeit und selbstquälerischer Askese, eine Religion des Lingam und des Dschagannat, die Religion des Mönchs und der Bajadere.

Ich teile nicht die Auffassung derer, die an ein Goldnes Zeitalter Hindustans glauben, ohne mich jedoch, wie Sir Charles Wood, zur Bekräftigung meiner Ansicht auf die Autorität des Khuli-Khan zu berufen. Man nehme aber beispielsweise das Zeitalter des Aurangzeb; oder die Epoche, da die Moguln im Norden erschienen und die Portugiesen im Süden; oder die Zeit der mohammedanischen Invasion und der Heptarchie in Südindien; oder, wenn man noch weiter zurückgehn will – bis in die graue Vorzeit, die mythologische Zeitrechnung der Brahmanen, die den Beginn des indischen Elends in eine noch vor der christlichen Weltschöpfung liegende Epoche zurückverlegt.

Es kann jedoch keinem Zweifel unterliegen, daß das von den Briten über Hindustan gebrachte Elend wesentlich anders geartet und unendlich qualvoller ist als alles, was Hindustan vorher zu erdulden hatte. Ich denke dabei nicht an den europäischen Despotismus, den die britische Ostindische Kompanie dem asiatischen Despotismus aufgepfropft hat, eine Kombination, weit ungeheuerlicher als irgendeines der göttlichen Ungeheuer, deren Anblick uns im Tempel von Salsette mit Schaudern erfüllt. Dabei handelt es sich nicht um eine besondre Eigentümlichkeit der britischen Kolonialherrschaft, sondern nur um eine Nachahmung der holländischen, und dies so sehr, daß man, um das Wirken der britischen Ostindischen Kompanie zu charakterisieren, nur wörtlich zu wiederholen braucht, was Sir Stamford Raffles, der *englische* Gouverneur von Java, über die alte holländische Ostindische Kompanie sagte:

»Die holländische Kompanie, deren einzige Triebfeder Gewinnsucht war und die ihre Untertanen weit gleichgültiger und rücksichtsloser behandelte als ehedem ein westindischer Pflanzer eine Rotte Sklaven auf seiner Plantage – denn dieser hatte das Kaufgeld für das menschliche Eigentum bezahlt, jene dagegen nicht –, bot den ganzen vorhandenen Apparat des Despotismus auf, um aus dem Volk das letzte Quentchen Tribut und die letzte Neige ihrer Arbeitsleistung herauszupressen, und verschlimmerte so die Übel einer unberechenbaren und halbbarbarischen Herrschaft noch dadurch, daß sie sie mit der ganzen Gerissenheit ausgepichter Politiker und mit der ganzen Selbstsucht monopolistischer Händler ausübte.«

Alle die Bürgerkriege, Invasionen, Revolutionen, Eroberungen, Hungersnöte, so seltsam verwickelt, rapide und zerstörerisch ihre ununterbrochen aufeinanderfolgende Wirkung in Hindustan auch erscheinen mag, berührten doch nur die Oberfläche. England hat das ganze Gefüge der indischen Gesellschaft niedergerissen, ohne daß bisher auch nur die Spur eines Neuaufbaus sichtbar geworden wäre. Dieser Verlust seiner alten Welt, ohne daß eine neue gewonnen worden wäre, gibt dem heutigen Elend des Hindu eine besondere Note von Melancholie und zieht einen Trennungsstrich zwischen dem von England beherrschten Hindustan und den ehrwürdigen Überlieferungen seiner ganzen geschichtlichen Vergangenheit.

Seit undenklichen Zeiten gab es in Asien nur drei Regierungsdepartements: das der Finanzen oder für die Ausplünderung des eigenen Volkes; das des Krieges oder für die Ausplünderung anderer Völker; und schließlich das der öffentlichen Arbeiten. Klimatische und territoriale Verhältnisse, besonders die weiten Wüstenstriche, die sich von der Sahara quer durch Arabien, Persien, Indien und die Tatarei bis an das höchste asiatische Hochland ziehen, bedingten künstliche Berieselung durch Kanäle und Wasserwerke, die Grundlage der orientalischen Landwirtschaft. Wie in Ägypten und Indien, werden Überschwemmungen auch in Mesopotamien, Persien und anderen Ländern nutzbar gemacht, um die Fruchtbarkeit des Bodens zu steigern; hoher Wasserstand wird zur Speisung von Bewässerungskanälen ausgenutzt. Die unbedingte Notwendigkeit einer sparsamen und gemeinschaftlichen Verwendung des Wassers, die im Okzident, z.B. in Flandern und Italien, zu freiwilligem Zusammenschluß privater Unternehmungen führte, machte im Orient, wo die Zivilisation zu niedrig und die territoriale Ausdehnung zu groß war, um freiwillige Assoziationen ins Leben zu rufen, das Eingreifen einer zentralisierenden Staatsgewalt erforderlich. Hierdurch wurde allen asiatischen Regierungen eine ökonomische Funktion zugewiesen, die Funktion, für öffentliche Arbeiten zu sorgen. Diese künstliche Fruchtbarmachung des Bodens, die vom Eingreifen einer Zentralregierung abhängt und sofort in Verfall gerät, wenn diese Regierung Bewässerung und Dränierung vernachlässigt, erklärt die sonst verwunderliche Tatsache, daß wir heute ganz große Gebiete wüst und öde finden, die einstmals glänzend kultiviert waren, so Palmgyra und Petra, die Ruinen im Jemen und weite Landstriche in Ägypten, Persien und Hindustan; sie erklärt auch, wie ein einziger Verwüstungskrieg imstande war, ein Land auf Jahrhunderte zu entvölkern und es seiner ganzen Zivilisation zu berauben.

Die Briten übernahmen nun in Ostindien von ihren Vorgängern die Departements der Finanzen und des Krieges, vernachlässigten aber völlig das Departement der öffentlichen Arbeiten. Daher der Verfall einer Landwirtschaft, die nicht fähig ist, nach dem britischen Grundsatz der freien Konkurrenz, des laissez-faire und laissez-aller, betrieben zu werden. In asiatischen Reichen sind wir es jedoch durchaus gewohnt, zu sehen, daß die Landwirtschaft unter der einen Regierung in Verfall gerät und unter einer anderen wieder auflebt. Hier hängen die Ernten ebenso von guten oder schlechten Regierungen ab, wie sie in Europa mit guten oder schlechten Jahreszeiten wechseln. Daher brauchte die Bedrückung und Vernachlässigung der Landwirtschaft, so schlimm sie an sich auch sein mochte, noch nicht als Todesstoß des britischen Eindringlings gegen die indische Gesellschaftsordnung betrachtet zu werden, wäre sie nicht von einem Umstand begleitet gewesen, der von ganz anderer Bedeutung war, eine Neuheit in den Annalen der ganzen asiatischen Welt. Wie wechselvoll auch immer das politische Bild der Vergangenheit Indiens gewesen sein möge, seine sozialen Verhältnisse waren doch von den frühesten Zeiten bis ins erste Jahrzehnt des 19. Jahrhunderts unverändert geblieben. Der Handwebstuhl und das Spinnrad, die immer wieder ihre regelrechten Myriaden von Spinnern und Webern hervorbringen, waren die strukturellen Angelpunkte dieser Gesellschaft. Seit undenklichen Zeiten bezog Europa die wundervollen Gewebe indischer Arbeit, für die es im Austausch Edelmetalle lieferte, das Material für den Goldschmied, dieses unentbehrliche Mitglied der indischen Gesellschaft, deren Vorliebe für Schmuck so groß ist, daß selbst die Angehörigen der niedrigsten Klasse, die fast nackt herumlaufen, gewöhnlich ein Paar goldene Ohrringe und irgendein anderes goldenes Schmuckstück am Halse tragen. Auch Finger- und Zehenringe waren allgemein verbreitet. Frauen wie Kinder trugen häufig massive Arm- und Fußspangen aus Gold oder Silber, in den Häusern waren goldene oder silberne Statuetten von Gottheiten zu finden. Es war der britische Eindringling, der den indischen Handwebstuhl zerstörte und das Spinnrad zerbrach. England begann damit, daß es den indischen Kattun vom europäischen Markt verdrängte; dann führte es Maschinengarn nach Hindustan ein und überschwemmte schließlich das eigentliche Mutterland des Kattuns mit Kattunwaren. Von 1818 bis 1836 stieg die Garnausfuhr aus Großbritannien nach Indien im Verhältnis von 1 zu 5200. Während 1824 die Ausfuhr von englischem Musselin nach Indien kaum eine Million Yard erreichte, belief sie sich 1837 schon auf über 64 Millionen Yard. In dem gleichen Zeitraum jedoch sank die Bevölkerung Daccas von 150000 auf 20000 Einwohner. Dieser Niedergang der durch ihre Gewebe berühmten indischen Städte war indessen bei weitem noch nicht die schlimmste Folge der britischen Herrschaft. Englische Dampfkraft und englische Wissenschaft zerstörten in ganz Hindustan die Bande zwischen Ackerbau und Handwerk.

Die erwähnten beiden Umstände – einerseits, daß der Hindu, wie alle orientalischen Völker, es der Zentralregierung überließ, sich um die großen öffentlichen Arbeiten zu kümmern, die doch die erste Voraussetzung für seinen Ackerbau und Handel sind, andrerseits, daß die Bevölkerung über das ganze Land hin verstreut lebte und nur dadurch, daß Ackerbau und Handwerk häuslich vereinigt waren, kleine, dichter bevölkerte Zentren bildete –, diese beiden Umstände hatten seit den ältesten Zeiten ein gesellschaftliches System mit besonderen Charakterzügen hervorgebracht, das sogenannte *Dorfsystem*, das jeder dieser kleinen Einheiten ihre unabhängige Organisation und ihr Eigenleben gab. Ein

Urteil über den besondren Charakter dieses Systems kann man gewinnen an Hand der folgenden Schilderung, die einem alten offiziellen Bericht des britischen Unterhauses über indische Fragen entnommen ist:

»Ein Dorf ist, geographisch betrachtet, ein Stück Land, das einige Hundert oder Tausend Acres urbaren und unbebauten Bodens umfaßt; politisch gesehen, ähnelt es einer Korporation oder Stadtgemeinde. Zu seinem eigentlichen Personal an Amts- und Hilfspersonen gehören: Der *Potail* oder Haupteinwohner, dem gewöhnlich die Oberaufsicht über die Dorfangelegenheiten obliegt. Er schlichtet Streitigkeiten zwischen den Einwohnern, übt Polizeigewalt aus und versieht das Amt des Steuereinnehmers in seinem Dorfe, für welche Aufgabe er durch sein persönliches Ansehen und seine gründliche Vertrautheit mit der Lage und den Verhältnissen der Bevölkerung am besten geeignet ist. Der *Kurnum* führt Rechnung über den Ackerbau und registriert alles darauf Bezügliche. Dann der *Taillier* und der *Totie*; die Aufgabe des ersten besteht in der Untersuchung von Verbrechen und Vergehen sowie im Geleit und Schutz von Personen, die von einem Dorf zum andern ziehen, während der Wirkungskreis des letzteren unmittelbar auf das Dorf beschränkt zu sein scheint und u. a. darin besteht, die Erträge zu bewachen und bei ihrer Feststellung mitzuwirken. Der *Grenzmann* sorgt für die Erhaltung der Dorfgrenzen und legt über sie in Streitfällen Zeugnis ab. Der Vorsteher der Zisternen und Wasserläufe verteilt das Wasser für landwirtschaftliche Zwecke. Der *Brahmane* verrichtet im Dorfe den religiösen Kultus. Der Schulmeister lehrt die Dorfkinder, im Sande zu lesen und zu schreiben. Ferner der Kalenderbrahmane oder Astrolog usw. Aus diesen Amts- oder Hilfspersonen setzt sich gewöhnlich die Dorfverwaltung zusammen. In einigen Teilen des Landes ist sie jedoch weniger umfangreich, weil dort mehrere der oben geschilderten Funktionen in einer Person vereinigt sind; in anderen Gegenden geht sie über den erwähnten Personenkreis noch hinaus. Unter dieser einfachen Form der Gemeindeverwaltung haben die Einwohner des Landes seit unvordenklichen Zeiten gelebt. Die Grenzen der Dorfgebiete wurden nur selten geändert; und obgleich die Dörfer wiederholt durch Krieg, Hungersnot und Seuchen heimgesucht, ja verwüstet wurden, haben derselbe Name, dieselben Grenzen, dieselben Interessen und selbst dieselben Familien sich durch Generationen fortgesetzt. Die Einwohner ließen sich durch den Zusammenbruch und die Teilung von Königreichen nicht anfechten; solange das Dorf ungeteilt bleibt, ist es ihnen gleichgültig, an welche Macht es abgetreten wird oder welchem Herrscher es zufällt. Seine innere Wirtschaft bleibt unverändert. Der Potail ist immer noch der Haupteinwohner und übt seine Funktion als Bagatell- oder Friedensrichter, als Steuer- oder Pachteinnehmer des Dorfes noch immer aus.«

Diese kleinen stereotypen Formen des gesellschaftlichen Organismus haben sich zum größten Teil aufgelöst und stehen im Begriff zu verschwinden, nicht so sehr infolge des brutalen Eingreifens des britischen Steuereintreibers und des britischen Soldaten als vermöge der Wirkung des englischen Dampfes und des englischen Freihandels. Jene auf der Familie beruhenden Gemeinwesen hatten ihre Grundlage im Hausgewerbe, in jener eigenartigen Verbindung von Handweberei, Handspinnerei und handbetriebenem Ackerbau, die sie in den Stand setzten, sich selbst zu versorgen. Das Eingreifen der Engländer, das den Spinner nach Lancashire, den Weber nach Bengalen verpflanzte oder beide, den indischen Spinner wie den indischen Weber, hinwegfegte, führte zur Auflösung dieser kleinen, halb barbarischen, halb zivilisierten Gemeinwesen, indem es ihre ökonomische Grundlage sprengte und so die größte und, die Wahrheit zu sagen, einzige *soziale* Revolution hervorrief, die Asien je gesehen.

Sosehr es nun auch dem menschlichen Empfinden widerstreben mag, Zeuge zu sein, wie Myriaden betriebsamer patriarchalischer und harmloser sozialer Organisationen zerrüttet und in ihre Einheiten aufgelöst werden, hineingeschleudert in ein Meer von Leiden, wie zu gleicher Zeit ihre einzelnen Mitglieder ihrer alten Kulturformen und ihrer ererbten Existenzsmittel verlustig gehen, so dürfen wir doch darüber nicht vergessen, daß diese idyllischen Dorfgemeinschaften, so harmlos sie auch aussehen mögen, seit jeher die feste Grundlage des orientalischen Despotismus gebildet haben, daß sie den menschlichen Geist auf den denkbar engsten Gesichtskreis beschränkten, ihn zum gefügigen Werkzeug des Aberglaubens, zum unterwürfigen Sklaven traditioneller Regeln machten und ihn jeglicher Größe und geschichtlicher Energien beraubten. Wir dürfen nicht die barbarische Selbstsucht vergessen, die, an einem elenden Stückchen Land klebend, ruhig dem Untergang ganzer Reiche, der Verübung unsäglicher Grausamkeiten, der Niedermetzelung der Einwohnerschaft großer Städte zusah, ohne sich darüber mehr Gedanken zu machen als über Naturereignisse, dabei selbst jedem Angreifer, der sie auch nur eines Blickes zu würdigen geruhte, hilflos als Beute preisgegeben. Wir dürfen nicht vergessen, daß dieses menschenunwürdige, stagnierende Dahinvegetieren, diese passive Art zu leben, auf der andern Seite ihre Ergänzung fanden in der Beschwörung wilder, zielloser, hemmungsloser Kräfte der Zerstörung, und in Hindustan selbst aus dem Mord einen religiösen Ritus machten. Wir dürfen nicht vergessen, daß diese kleinen Gemeinwesen durch Kastenunterschiede und Sklaverei befleckt waren, daß sie den Menschen unter das Joch äußerer Umstände zwangen, statt den Menschen zum Beherrscher der Umstände zu erheben, daß sie einen sich naturwüchsig entwickelnden Gesellschaftszustand in ein unveränderliches, naturgegebnes Schicksal transformierten und so zu jener tierisch rohen Naturanbetung gelangten, deren Entartung zum Ausdruck kam in der Tatsache, daß der Mensch, der Beherrscher der Natur, vor Hanuman, dem Affen, und Sabbala, der Kuh, andächtig in die Knie sank.

Gewiß war schnödester Eigennutz die einzige Triebfeder Englands, als es eine soziale Revolution in Indien auslöste, und die Art, wie es seine Interessen durchsetzte, war stupid. Aber nicht das ist hier die Frage. Die Frage, ob die Menschheit ihre Bestimmung erfüllen kann ohne radikale Revolutionierung der sozialen Verhältnisse in Asien. Wenn nicht, so war England, welche Verbrechen es auch begangen haben mag, doch das unbewußte Werkzeug der Geschichte, indem es diese Revolution zuwege brachte.

Dann haben wir, so erschütternd das Schauspiel des Zerfalls einer alten Welt für unser persönliches Empfinden auch sein mag, vor der Geschichte das Recht, mit Goethe auszurufen:

»Sollte diese Qual uns quälen,
Da sie unsre Lust vermehrt;
Hat nicht Myriaden Seelen
Timurs Herrschaft aufgezehrt?»

Die Ostindische Kompanie, ihre Geschichte und die Resultate ihres Wirkens

London, Freitag, 24. Juni 1853

Die Debatte über Lord Stanleys Antrag, die Indien-Gesetzgebung zu verschieben, ist bis heute abend ausgesetzt worden. Zum ersten Male seit 1783 ist die indische Frage zu einer Regierungsfrage geworden. Aus welchem Grunde?

Die eigentlichen Anfänge der Ostindischen Kompanie reichen nicht weiter als bis 1702 zurück, als die verschiedenen Gesellschaften, die auf das Monopol des ostindischen Handels Anspruch erhoben, sich zu einer einzigen Kompanie zusammengeschlossen hatten. Bis zu diesem Zeitpunkt war selbst das Bestehen der ursprünglichen Ostindischen Kompanie wiederholt gefährdet: einmal, zur Zeit des Protektorats Cromwells, wurde sie auf Jahre hinaus suspendiert, ein andermal, unter der Herrschaft Wilhelms III., durch Eingreifen des Parlaments mit gänzlicher Auflösung bedroht. Es war unter der Herrschaft jenes holländischen Prinzen, als die Whigs zu den eigentlichen Schöpfern des Reichtums des Britischen Reiches wurden, die Bank von England ins Leben gerufen wurde, das Schutzzollsystem in England festen Fuß gefaßt hatte und das Gleichgewicht der Kräfte in Europa endgültig hergestellt war, daß das Bestreben einer Ostindischen Kompanie durch das Parlament anerkannt wurde. Doch war diese Ära scheinbarer Freiheit in Wirklichkeit eine Ära der Monopole, die zwar nicht durch königliche Urkunden, wie zu Zeiten Elisabeths und Karls I., eingeführt, wohl aber durch Parlamentsbeschluß sanktioniert und auf das ganze Land ausgedehnt wurden. Diese Epoche in der Geschichte Englands weist in der Tat die weitgehendste Ähnlichkeit mit der Epoche Louis-Philippes in Frankreich auf. Die alte Grundaristokratie hatte eine Niederlage erlitten, dieweil die Bourgeoisie deren Platz nicht anders als unter der Ägide der Plutokratie, der ›haute finance‹[1], zu besetzen vermochte. Die Ostindische Kompanie schloß das einfache Volk vom Handel mit Indien zur selben Zeit aus, als das Unterhaus es seiner Vertretung im Parlament beraubte. In diesem Falle und auch in anderen Fällen sehen wir, daß der erste entscheidende Sieg der Bourgeoisie über die Feudalaristokratie mit der entschiedensten Reaktion gegen das Volk zusammenfällt, eine Erscheinung, die mehr als einen populären Schriftsteller, wie z. B. Cobbett, veranlaßt hat, die Volksfreiheit mehr in der Vergangenheit als in der Zukunft zu suchen.

Das Bündnis der konstitutionellen Monarchie mit den monopolistischen Finanzinteressen, der Ostindischen Kompanie mit der ›glorreichen‹ Revolution von 1688, wurde durch die gleiche Macht gefördert, mit deren Hilfe die liberalen Interessen und die liberale Dynastie zu allen Zeiten und in allen Ländern sich fanden und zusammenschlossen: durch die Macht der Korruption, diese erste und letzte Triebkraft der konstitutionellen Monarchie, diesen Schutzengel Wilhelms III. und bösen Geist Louis-Philippes. Wie parlamentarische Untersuchungen ergaben, erreichen die jährlichen Ausgaben der Ostindischen Kompanie unter dem Posten ›Geschenke‹ an Regierungsmänner – einem Posten, der vor der Revolution 1200 Pfd. St. nur selten überschritten hatte – bereits 1693 die Summe von 90000 Pfd. St. Der Herzog von Leeds wurde beschuldigt, eine Bestechungssumme von 5000 Pfd. St., und der tugendhafte König selbst wurde überführt, eine solche von 10000 Pfd. St. empfangen zu haben. Außer durch solche direkten Bestechungen wurden Konkurrenzgesellschaften dadurch beseitigt, daß man der Regierung enorme Darlehen zu niedrigstem Zinsfuß gewährte oder rivalisierende Direktoren dieser Gesellschaft kaufte.

Die Ostindische Kompanie mußte die Macht, die sie – ebenso wie die Bank von England – durch Bestechung der Regierung erlangt hatte, nun auch – ebenso wie die Bank von England – durch weitere Bestechungen aufrechterhalten. Jedesmal, wenn die Frist ihres Monopols abgelaufen war, vermochte sie eine Erneuerung ihrer Charte nur durch die Anbietung neuer Anleihen und neuer Geschenke an die Regierung zu erwirken.

Die Ereignisse dieses siebenjährigen Krieges verwandelten die Ostindische Kompanie aus einer Handels- in eine Militär- und Territorial-Macht. Damals wurde der Grundstein zum gegenwärtigen Britischen Reich im Osten gelegt. Die Aktien der Ostindischen Kompanie stiegen damals auf 263 Pfd. St., und es wurden Dividenden in Höhe von 12½ % gezahlt. Doch da tauchte ein neuer Feind der Kompanie auf, zwar nicht mehr in der Gestalt rivalisierender Gesellschaften, wohl aber rivalisierender Minister und eines rivalisierenden Volkes. Man berief sich darauf, daß das Territorium der Gesellschaft mit Hilfe der britischen Flotte und der britischen Truppen erobert worden sei und daß mithin britische Untertanen keine Souveränität über von der Krone unabhängige Territorien besitzen könnten. Damals beanspruchten die Minister und das Volk ihren Anteil an den ›märchenhaften Schätzen‹, die – wie man annahm – die Kompanie durch die letzte Eroberung erhalten hatte. Die Kompanie rettete ihren Fortbestand nur durch ein 1767 zustande gebrachtes Übereinkommen, laut welchem sie jährlich 400000 Pfd. St. an das staatliche

Schatzamt zu entrichten hatte. Anstatt aber das Übereinkommen zu erfüllen und dem englischen Volk seinen Anteil auszuzahlen, geriet die Ostindische Kompanie in finanzielle Schwierigkeiten und appellierte an das Parlament um finanzielle Unterstützung. Die Folge dieses Schrittes waren erhebliche Änderungen in der Charte der Kompanie. Da sich indessen die Verhältnisse der Kompanie trotz der neuen Lage nicht gebessert und das englische Volk gleichzeitig seine Kolonien in Nordamerika verloren hatte, machte sich die Notwendigkeit, an anderer Stelle ein großes Kolonialreich zu gewinnen, immer allgemeiner fühlbar. Der illustre Fox hielt 1783 den Augenblick für gekommen, seine berühmte Indienbill einzubringen, die den Vorschlag enthielt, das Direktorium und den Aufsichtsrat abzuschaffen und die gesamte Verwaltung Indiens sieben durch das Parlament einzusetzenden Kommissären zu übertragen. Durch den persönlichen Einfluß des schwachsinnigen Königs[2] auf das Oberhaus wurde jedoch der Antrag des Herrn Fox abgelehnt und dazu benutzt, die damalige Koalitionsregierung Fox-Lord North zu stürzen und den berühmten Pitt an die Spitze der Regierung zu setzen. Pitt brachte 1784 in beiden Häusern einen Gesetzentwurf zur Annahme, der die Bildung einer aus sechs Mitgliedern des Geheimen Staatsrates bestehenden Kontrollbehörde anordnete, die die Aufgabe hatte, »alle Maßnahmen, Operationen und Angelegenheiten, die auf irgendeine Weise mit der Zivil- und Militärverwaltung, mit den Einkünften aus Ländereien und Besitztümern der Ostindischen Kompanie in Verbindung standen, zu zügeln, zu überwachen und zu kontrollieren«.

Dazu bemerkt der Historiker Mill:

»Die Annahme dieses Gesetzes verfolgte einen doppelten Zweck. Um der Unterstellung zu entgehen, zu welcher der angeblich verruchte Zweck des Gesetzentwurfes des Herrn Fox Anlaß gegeben hatte, war es notwendig, den *Anschein* zu erwecken, als verbliebe der Hauptteil der Macht in den Händen der Direktoren. Das Regierungsinteresse erforderte, daß ihnen in *Wirklichkeit* die Macht gänzlich genommen würde. Angeblich unterschied sich der Gesetzentwurf Pitts von dem seines Rivalen hauptsächlich dadurch, daß, während jener die Macht der Direktoren vernichtete, dieser sie fast unangetastet ließ. Unter dem Gesetz Fox' wäre die Macht der Minister offen zutage getreten, unter dem Pitts dagegen sollte die Macht geheim durch Trug ausgeübt werden. Der Gesetzentwurf Fox' übertrug die Macht der Kompanie auf die durch das Parlament eingesetzten Kommissäre. Der Gesetzentwurf des Herrn Pitt übertrug sie auf Kommissäre, die vom König ernannt wurden.«

Die Jahre 1783 und 1784 waren somit die ersten und bis auf den heutigen Tag einzigen Jahre, in denen die indische Frage eine Regierungsfrage gewesen. Nach Annahme des Pittschen Gesetzentwurfes wurde die

Charte der Ostindischen Kompanie erneuert und die indische Frage für zwanzig Jahre ad acta gelegt. 1813 aber wurden alle übrigen politischen Fragen durch den Antijakobinerkrieg und 1833 durch die neu eingebrachte Reformbill in den Hintergrund gedrängt.

Der Hauptgrund also, daß die indische Frage vor 1784 und nachher zu keiner großen politischen Frage geworden ist, besteht darin, daß vor dieser Zeit sich die Ostindische Kompanie erst ihr Daseinsrecht und ihr Gewicht erkämpfen mußte, nach dieser Zeit aber die Oligarchie ihr soviel Macht nahm, als sie nehmen konnte, ohne gleichzeitig die Verantwortung für sie zu tragen, und endlich, noch später, das englische Volk allgemein gerade in den Jahren der Erneuerung der Charte, also 1813 und 1833, durch wichtigere Fragen in Anspruch genommen war.

Nun wollen wir die Sache einmal von einer anderen Seite betrachten. Die Ostindische Kompanie begann ihre Tätigkeit damit, daß sie bloß den Versuch machte, Faktoreien für ihre Agenten und Depots für ihre Waren einzurichten. Um diese zu schützen, baute sie mehrere Forts. Obwohl sie bereits 1689 die Absicht hatte, ihre Herrschaft in Indien zu begründen und die Bodensteuer zu einer ihrer Einkommenquellen zu machen, hatte sie bis 1744 doch nur einige unwichtige Distrikte um Bombay, Madras und Kalkutta erworben. Der Krieg, der danach in Karnatik ausbrach, hatte zur Folge, daß die Kompanie nach einer Reihe von Kämpfen zum tatsächlichen Souverän dieses Teils Indiens wurde. Weit beträchtlichere Folgen hatten der Krieg in Bengalen und die Siege von Clive. Diese führten zur faktischen Besetzung von Bengalen, Bihar und Orissa. Ende des 18. und in den ersten Jahren unseres Jahrhunderts folgten dann die Kriege mit Tippu Sahib, die einen bedeutenden Machtzuwachs und eine ungeheure Ausdehnung des Subsidiensystems herbeigeführt hatten. Im zweiten Jahrzehnt des 19. Jahrhunderts ist schließlich die erste geeignete Grenze Indiens, und zwar die innerhalb der Wüste, erobert worden. Erst damit hatte das britische Weltreich im Osten jene Gegenden Asiens erreicht, die stets der Sitz jeder mächtigen Zentralgewalt Indiens gewesen waren. Doch der verwundbarste Teil des Reiches, von dem aus es noch immer, sobald ein alter Eroberer durch einen neuen vertrieben wurde, überrannt worden war, die Barriere der Westgrenze, befand sich noch nicht in den Händen der Engländer. In der Periode von 1838 bis 1849, in den Kriegen gegen die Sikhs und Afghanen, setzte sich das englische Regime durch die gewaltsame Annexion von Pandschab und Sind endgültig in den Besitz der ethnographischen, politischen und militärischen Grenzen des ostindischen Kontinents. Deren Besitz war unbedingt notwendig, um jede aus Mittelasien einfallende Macht zurückzuschlagen und um Rußlands Vordringen gegen die Grenzen Persiens zu verhindern. Im Laufe dieses letzten Jahrzehnts wurde das britische Hoheitsgebiet in

Indien um 167000 Quadratmeilen mit einer Bevölkerung von 8572630 Seelen vergrößert. Was das Innere des Landes anbelangt, so waren nun alle einheimischen Staaten von britischem Besitz umringt, in verschiedener Form der britischen Suzeränität unterworfen und mit der einzigen Ausnahme von Gudscharat und Sind von der Seeküste abgeschnitten. Was die äußere Gestalt Indiens betrifft, so war Indien damit vollendet. Erst seit 1849 besteht ein einheitliches großes angloindisches Reich.

So kämpfte die britische Regierung zwei Jahrhunderte hindurch unter dem Decknamen der Ostindischen Kompanie, bis sie schließlich die natürlichen Grenzen Indiens erreicht hatte. Wir verstehen nun, warum alle Parteien in England, selbst jene, die entschlossen waren, nach vollendetem Arrondissement eines einheitlichen indischen Reiches ihre heuchlerischen Friedensschalmeien am lautesten ertönen zu lassen, stillschweigend zusahen. Mußten sie doch natürlich dieses Reich erst schaffen, bevor sie es zum Gegenstand ihrer unbändigen Menschenliebe machen konnten. Von diesem Gesichtspunkt verstehen wir den veränderten Aspekt der indischen Frage, heute, im Jahre 1853, im Vergleich mit allen früheren Perioden der Erneuerung der Charte.

Die Dinge lassen sich nun noch aus einem anderen Gesichtswinkel betrachten. Wir werden die eigentümliche Krise der Indien-Gesetzgebung noch besser erfassen, wenn wir die Geschichte des Handelsverkehrs zwischen Großbritannien und Indien in ihren verschiedenen Phasen verfolgen.

Zu Beginn ihrer Tätigkeit unter der Herrschaft Elisabeths erhielt die Ostindische Kompanie, um ihren Handel mit Indien gewinnbringend fortführen zu können, die Erlaubnis, alljährlich Silber, Gold und ausländische Münzen im Werte von 30000 Pfd. St. auszuführen. Das bedeutete den Bruch mit allen Vorurteilen des Zeitalters, und Thomas Mun mußte in ›A Discourse on Trade from England into the East Indies‹ die Grundlagen des ›Merkantilismus‹ entwickeln, wobei er einräumte, daß Edelmetalle den einzigen wirklichen Reichtum eines Landes ausmachten, gleichzeitig aber behauptete, daß ihre Ausfuhr dennoch ruhig erlaubt werden dürfe, vorausgesetzt, daß die *Zahlungsbilanz* für die ausführende Nation günstig sei. In diesem Sinne forderte er, daß die aus Ostindien eingeführten Waren in der Hauptsache nach solchen Ländern wieder ausgeführt würden, aus denen eine weit erheblichere Menge Edelmetall nach England hereinkomme, als für die Bezahlung jener Waren in Indien erforderlich sei. Im gleichen Sinne verfaßte Sir Josiah Child ›A Treatise wherin it is demonstrated that the East India Trade is the most national Trade of all Trades‹. Allmählich wurden die Parteigänger der Ostindischen Kompanie kühner, und es kann als ein Kuriosum in dieser sonderbaren indischen Geschichte verzeichnet werden, daß die

Monopolisten in Indien die ersten Verkünder des Freihandels in England waren.

Ein Vorgehen des Parlaments gegen die Ostindische Kompanie wurde Ende des 17. und während des größeren Teils des 18. Jahrhunderts wieder verlangt, aber nicht von der Handelsklasse, sondern von der Industriellenklasse, als die Einfuhr von Baumwoll- und Seidenstoffen aus Ostindien die armen englischen Fabrikanten angeblich zugrunde richtete – eine Behauptung, die z. B. in der Schrift von John Pollexfens: ›England and India inconsistent in their Manufactures‹, London 1697, vertreten wurde. Dieser Titel hat sich anderthalb Jahrhunderte später, wenn auch in einem ganz anderen Sinne, auf sonderbare Art bewahrheitet. Das Parlament griff hierauf ein. Durch die Regierungsakte Wilhelms III. Nr. 11 und 12, Kapitel 10, wurde angeordnet, daß das Tragen von verarbeiteter Seide wie von bedrucktem oder gefärbtem Kattun aus Indien, Persien und China verboten sei. Alle Personen, die sich im Besitz solcher Waren befänden oder solche verkauften, würden einer Geldstrafe in Höhe von 200 Pfd. St. unterworfen. Ähnliche Gesetze wurden wegen der wiederholten Beschwerden der später so »aufgeklärten« britischen Fabrikanten unter Georg I., II. und III. erlassen. So wurden also während des größeren Teils des 18. Jahrhunderts indische Manufakturwaren im allgemeinen nach England nur eingeführt, um auf dem Kontinent abgesetzt zu werden. Vom englischen Markt selbst blieben sie ausgeschlossen.

Außer diesem durch die gierigen britischen Fabrikanten veranlaßten Eingreifen des Parlaments in die ostindischen Angelegenheiten wurden bei jeder Erneuerung der Charte seitens der Kaufleute von London, Liverpool und Bristol Anstrengungen gemacht, um das Handelsmonopol der Ostindischen Kompanie zu durchbrechen und sich an diesem Handel, in dem man eine wahre Goldgrube erblickte, zu beteiligen. Als Folge dieser Anstrengungen wurde in das Gesetz von 1773, durch das die Charte der Ostindischen Kompanie bis zum 1. März 1814 verlängert wurde, eine Bestimmung aufgenommen, laut welcher nahezu alle Waren von britischen Privatpersonen von England nach Indien ausgeführt und von Angestellten der Ostindischen Kompanie nach England eingeführt werden durften. Dieses Zugeständnis war jedoch an Bedingungen geknüpft, die seine Wirkung in bezug auf das Recht der privaten Kaufleute zur Ausfuhr nach Britisch-Indien zunichte machten. 1813 war die Ostindische Kompanie nicht mehr in der Lage, dem Druck des nicht monopolisierten Handels standzuhalten. Mit Ausnahme des Monopols für den Chinahandel wurde der Handel mit Indien unter bestimmten Bedingungen für das private Unternehmertum freigegeben. Nach der Erneuerung der Charte im Jahre 1833 fielen schließlich auch diese letzten

Einschränkungen: Der Kompanie wurde jeglicher Handel verboten, ihr kommerzieller Charakter wurde völlig aufgehoben und ihr Privileg, britische Staatsangehörige vom indischen Territorium fernzuhalten, annulliert.

Inzwischen machte der Handel mit Ostindien eine Reihe ernster Umwälzungen durch, die das Verhältnis der verschiedenen Klasseninteressen in England ihm gegenüber völlig veränderten. Während des gesamten 18. Jahrhunderts wurden die aus Indien nach England gebrachten Schätze weit weniger durch den verhältnismäßig geringfügigen Handel als durch direkte Ausbeutung dieses Landes und aus den aus ihm herausgepreßten, nach England überführten enormen Vermögen gewonnen. Als 1813 der Handel mit Indien freigegeben worden war, hat er sich in kürzester Zeit mehr als verdreifacht. Doch war das noch nicht alles. Der ganze Charakter des Handels wurde geändert. Bis 1813 war Indien in der Hauptsache ein exportierendes Land, während es nun zu einem importierenden wurde, und zwar mit einer solchen Geschwindigkeit, daß der Wechselkurs, der im allgemeinen 2 sh. 6 d. für die Rupie betrug, 1823 schon auf 2 sh. für die Rupie zurückgegangen war. Indien, seit undenklichen Zeiten die gewaltigste Werkstatt für Baumwollwaren, wurde nun mit englischem Garn und englischen Baumwollstoffen überschwemmt. Hatte man die einheimische indische Produktion von England ferngehalten oder nur unter den härtesten Bedingungen zugelassen, so wurde Indien nun selbst mit englischen Waren bei niedrigem, lediglich nominellem Zoll überschwemmt. Das bedeutete den Ruin der einst so berühmten einheimischen Baumwollindustrie. 1780 betrug der Wert der nach Indien ausgeführten englischen Produkte und Manufakturwaren nur 386152 Pfd. St., der Wert der während desselben Jahres ausgeführten Edelmetalle 15041 Pfd. St. Der Gesamtwert der Ausfuhr im Jahre 1780 belief sich auf 12648616 Pfd. St., so daß der Handel mit Indien nur $\frac{1}{32}$ des gesamten Außenhandels ausmachte. 1850 dagegen betrug die Ausfuhr aus Großbritannien und Irland nach Indien 8024000 Pfd. St., wovon auf Baumwollwaren allein 5220000 Pfd. St. entfielen, so daß sie mehr als $\frac{1}{8}$ der Gesamtausfuhr und mehr als $\frac{1}{4}$ des Baumwollaußenhandels ausmachten. Die Baumwollfabriken beschäftigten nunmehr $\frac{1}{8}$ der Bevölkerung Großbritanniens und lieferten $\frac{1}{12}$ des gesamten Nationaleinkommens. Nach jeder Handelskrise wurde der Handel mit Ostindien von überragender Bedeutung für die englischen Baumwollfabrikanten, und der ostindische Kontinent wurde tatsächlich zu ihrem besten Absatzmarkt. In gleichem Maße, wie die Baumwollindustrie von vitaler Bedeutung für das gesamte soziale System Großbritanniens wurde, wurde Ostindien von vitaler Bedeutung für die englische Baumwollindustrie.

Soweit waren die Interessen der Plutokratie, die Indien zu ihrem Grundeigentum gemacht, die Interessen der Oligarchie, die es mit ihren Armeen erobert, und die Interessen der Milliokratie, die es mit ihren Fabrikaten überschwemmt hatten, Hand in Hand gegangen. Je mehr aber die britischen Industriellen vom indischen Markte abhängig wurden, um so mehr fühlten sie die Notwendigkeit, in Indien, nachdem sie dort die einheimische Industrie zerstört hatten, neue Produktivkräfte zu schaffen. Man kann nicht auf die Dauer ein Land mit seinen eigenen Erzeugnissen überschwemmen, wenn man ihm nicht ermöglicht, irgendwelche andere Produkte dafür in Austausch zu geben. Die englischen Industriellen stellten fest, daß ihr Handel abnahm, statt zuzunehmen. In den mit 1846 abschließenden vier Jahren betrug die Einfuhr aus Großbritannien nach Indien 261 Millionen Rupien. In den mit 1850 abschließenden vier Jahren betrug sie nur 253 Millionen, während die Ausfuhr aus Indien in der ersten Periode 274 Millionen Rupien, in der zweiten Periode 254 Millionen Rupien betrug. Die Industriellen stellten fest, daß die Kaufkraft für ihre Waren in Indien auf die denkbar niedrigste Stufe gesunken war, daß der Konsum ihrer Produkte in Britisch-Westindien etwa 14 sh. im Jahre pro Kopf der Bevölkerung ausmachte, in Chile 9 sh. 3 d., in Brasilien 6 sh. 5 d., in Kuba 6 sh. 2 d., in Peru 5 sh. 7 d., in Zentralamerika 10 d., in Indien hingegen nur etwa 9 d. Dann kam die Baumwollmißernte in den Vereinigten Staaten, die den britischen Industriellen 1850 einen Verlust von 11 Millionen Pfd. St. verursachte, und sie waren erbittert, daß sie von Amerika abhängig waren und nicht statt dessen aus Ostindien Rohbaumwolle in ausreichenden Mengen erhielten. Außerdem fanden sie, daß sie bei allen Versuchen, in Indien Kapital anzulegen, auf Hindernisse und Schikanen seitens der britischen Behörden in Indien stießen. So wurde Indien zum Schlachtfeld im Kampfe zwischen dem Industriekapital auf der einen und der Plutokratie und Oligarchie auf der anderen Seite. Die britischen Industriellen, ihres überwiegenden Einflusses in England sicher, verlangen jetzt die Vernichtung dieser ihnen feindlich gegenüberstehenden Mächte in Indien, die Zerstörung des dortigen gesamten alten Verwaltungsapparates und die endgültige Beseitigung der Ostindischen Kompanie.

Nun zum vierten und letzten Gesichtspunkt, von dem aus die indische Frage beurteilt werden muß. Seit 1784 sind die indischen Finanzschwierigkeiten immer größer geworden. Es besteht jetzt eine Staatsschuld von 50 Millionen Pfd. St., eine ständige Abnahme der Einnahmequellen und eine entsprechende Zunahme der Ausgaben. Ein zweifelhaftes Gleichgewicht wird durch das ungewisse Einkommen aus der Opiumsteuer erzielt, das gegenwärtig dadurch, daß die Chinesen anfangen, selbst Mohn anzubauen, von Vernichtung bedroht wird. Die infolge des sinnlosen

Krieges gegen Birma zu erwartenden Ausgaben verschärfen und erschweren die Lage noch mehr.

»Wie die Dinge liegen«, sagte Herr Dickinson, »würde der Verlust des indischen Reiches den Ruin Englands bedeuten – während die Notwendigkeit es zu erhalten, unsere eigenen Finanzen mit Ruin bedroht.«

Ich habe damit gezeigt, wie die indische Frage zum erstenmal seit 1783 zu einer englischen Frage und einer Regierungsfrage geworden ist.

Die künftigen Ergebnisse der britischen Herrschaft in Indien

London, Freitag, 22. Juli 1853

Ich möchte in diesem Artikel meine Bemerkungen über Indien abschließen.

Wie ist es zur Errichtung der englischen Herrschaft in Indien gekommen? Die unumschränkte Gewalt des Großmoguls wurde durch des Moguls Vizekönige gebrochen. Die Macht der Vizekönige wurde durch die Marathen gebrochen. Die Macht der Marathen wurde durch die Afghanen gebrochen, und während ein Kampf aller gegen alle tobte, brach der Brite ins Land ein und wurde in die Lage versetzt, sie alle unter seine Gewalt zu bringen. Ein Land, das nicht nur zwischen Moslems und Hindus, sondern auch zwischen Stamm und Stamm, zwischen Kaste und Kaste geteilt war, eine Gesellschaft, deren Gefüge auf einer Art Gleichgewicht beruhte, die aus allgemeiner gegenseitiger Abstoßung und konstitutioneller Abgeschlossenheit aller ihrer Mitglieder herrührte – war es nicht einem solchen Land und einer solchen Gesellschaft vorherbestimmt, die Beute von Eroberern zu werden? Wenn wir nichts von der geschichtlichen Vergangenheit Hindustans wüßten, genügte nicht die eine große, unbestreitbare Tatsache, daß Indien auch heute noch durch eine auf Kosten Indiens unterhaltene indische Armee in englischer Knechtschaft gehalten wird? Indien konnte daher dem Schicksal, erobert zu werden, nicht entgehen, und seine ganze geschichtliche Vergangenheit, soweit es überhaupt eine solche hatte, ist die Geschichte der ununterbrochenen Reihe von Eroberungen, denen es ausgesetzt war. Die indische Gesellschaft hat überhaupt keine Geschichte, zum mindesten keine bekannte Geschichte. Was wir als ihre Geschichte bezeichnen, ist nichts andres als die Geschichte der aufeinanderfolgenden Eindringlinge, die ihre Reiche auf der passiven Grundlage dieser widerstandslosen, sich nicht verändernden Gesellschaft errichteten. Die Frage ist daher nicht, ob die Engländer ein Recht hatten, Indien zu erobern, sondern ob ein von den Türken, den Persern, den Russen erobertes Indien dem von den Briten eroberten vorzuziehen wäre.

England hat in Indien eine doppelte Mission zu erfüllen: eine zerstörende und eine erneuernde – die Zerstörung der alten asiatischen

Gesellschaftsordnung und die Schaffung der materiellen Grundlagen einer westlichen Gesellschaftsordnung in Asien.

Die Araber, Türken, Tataren, Moguln, die Indien nacheinander überrannten, wurden rasch *hinduisiert*, denn einem unabänderlichen Gesetz der Geschichte zufolge werden barbarische Eroberer selbst stets durch die höhere Zivilisation der Völker erobert, die sie sich unterwarfen. Die britischen Eroberer waren die ersten, die auf einer höheren Entwicklungsstufe standen und daher der Hindu-Zivilisation unzugänglich waren. Sie zerstörten sie, indem sie die einheimischen Gemeinwesen zerschlugen, das einheimische Gewerbe entwurzelten und alles, was an der einheimischen Gesellschaftsordnung groß und erhaben war, nivellierten. Die Geschichte der britischen Herrschaft in Indien verzeichnet kaum etwas, was über dieses Werk der Zerstörung hinausginge. Spuren einer Erneuerung sind unter den Trümmern noch kaum bemerkbar. Dennoch hat sie bereits begonnen.

Die erste Voraussetzung für diese Erneuerung war die politische Einheit Indiens, fester gegründet und weiter ausgreifend als jemals unter der Herrschaft der Großmoguln. Diese Einheit, durch das britische Schwert aufgezwungen, wird jetzt Kraft und Dauer erhalten durch den elektrischen Telegraphen. Die von britischen Unteroffizieren aufgestellte und gedrillte Eingeborenenarmee war die *sine qua non* für Indiens Selbstbefreiung und dafür, daß Indien künftig nicht mehr dem ersten besten fremden Eindringling als Beute anheimfällt. Die freie Presse, die zum erstenmal in eine asiatische Gesellschaft Eingang gefunden hat und hauptsächlich von gemeinsamen Nachkommen der Hindus und der Europäer geleitet wird, ist ein neuer machtvoller Hebel der Erneuerung. Selbst so widerwärtige Erscheinungen wie das Samindari und das Raiatwairi verkörpern doch immerhin zwei ausgesprochene Formen von Privateigentum an Grund und Boden, nach dem die asiatische Gesellschaft so sehr verlangt. Aus den in Kalkutta widerwillig und in geringer Zahl unter englischer Aufsicht erzogenen indischen Eingeborenen wächst eine neue Klasse heran, welche die zum Regieren erforderlichen Eigenschaften besitzt und europäisches Wissen in sich aufgenommen hat. Die Dampfkraft hat Indien in regelmäßige und rasche Verbindung mit Europa gebracht, sie hat Indiens wichtigste Häfen mit denen des ganzen südöstlichen Ozeans verknüpft und es aus der isolierten Lage befreit, die der Hauptgrund seiner Stagnation war. Der Tag ist nicht mehr fern, an dem dank dem Zusammenwirken von Eisenbahnen und Dampfschiffen die Entfernung zwischen England und Indien auf ein Zeitmaß von acht Tagen verkürzt und so dies einstige Märchenland wirklich an die Welt des Westens angeschlossen sein wird.

Bisher hatten die herrschenden Klassen Großbritanniens nur ein gelegentliches, vorübergehendes und eine Ausnahme bildendes Interesse an einem Fortschritt Indiens. Die Aristokratie wollte es erobern, die Plutokratie ausplündern, die Millokratie verschleudern. Nun hat sich aber das Blatt gewendet. Die Millokratie hat entdeckt, daß die Verwandlung Indiens in ein reproduzierendes Land lebenswichtige Bedeutung für sie erlangt hat und daß zu diesem Zweck vor allem notwendig ist, ihm Bewässerungsanlagen und innere Verkehrswege zu verschaffen. Sie trägt sich jetzt mit der Absicht, Indien mit einem Netz von Eisenbahnen zu überziehen, und diese Absicht werden sie auch ausführen. Das wird unübersehbare Folgen haben.

Es ist eine allbekannte Tatsache, daß die Produktivkräfte Indiens durch den hochgradigen Mangel an Transportmitteln und Austauschmöglichkeiten für seine mannigfaltigen Erzeugnisse lahmgelegt sind. Nirgendwo ist schlimmeres soziales Elend inmitten einer üppigen Natur anzutreffen als in Indien, und das aus Mangel an Austauschmöglichkeiten. 1848 wurde vor einem Ausschuß des britischen Unterhauses der Nachweis geführt,

»daß Getreide, während es in Kandesch 6 bis 8 sh. pro Quarter kostete, in Puna für 64 bis 70 sh. verkauft wurde; dort starb die Bevölkerung auf offener Straße Hungers, ohne daß es möglich gewesen wäre, Vorräte aus Kandesch heranzuschaffen, weil die Lehmwege unpassierbar waren«.

Die Einführung von Eisenbahnen läßt sich leicht für die Zwecke der Landwirtschaft dienstbar machen, indem an Stellen, wo Erde für Bahndämme ausgehoben wird, Wasserbehälter angelegt und längs den verschiedenen Linien Wasserleitungen gebaut werden. Auf diese Weise könnte die künstliche Bewässerung, diese *sine qua non* für den Ackerbau im Orient, weitgehend entwickelt und den häufig auftretenden lokalen Hungersnöten, die dem Wassermangel entspringen, vorgebeugt werden. Unter diesem Gesichtspunkt betrachtet, muß die Bedeutung der Eisenbahnen für die Allgemeinheit einleuchtend werden, wenn wir uns vor Augen halten, daß bewässerter Boden sogar in der Gegend der Ghat-Gebirgsketten dreimal soviel Steuern einbringt, zehn- oder zwölfmal soviel Menschen Beschäftigung gibt und zwölf- oder fünfzehnmal soviel Profit abwirft als dieselbe Fläche ohne Bewässerung.

Eisenbahnen werden es auch ermöglichen, den Militäretat mengen- und kostenmäßig einzuschränken. Oberst Warren, der Kommandant von Fort St. William, erklärte vor einem Sonderausschuß des Unterhauses: »Die Möglichkeit, Nachrichten aus entlegenen Teilen des Landes in ebensoviel Stunden zu erhalten, als gegenwärtig Tage und selbst Wochen dazu erforderlich sind, und Instruktionen samt Truppen und Proviant in kürzester Zeit zu befördern, ist eine Erwägung von nicht zu überschätzender Bedeutung. Die Truppen könnten an weiter entfernten und gesünderen Standorten stationiert werden als gegenwärtig, wodurch erhebliche Verluste an Menschenleben infolge Krankheit erspart werden würden. Proviant brauchte in den verschiedenen Depots nicht mehr in solchem Umfang wie bisher vorrätig gehalten werden, wodurch auch die Verluste vermieden würden, die durch verderbende Vorräte oder klimatisch bedingte Zerstörungen entstehen. Die Stärke der Truppen könnte im gleichen Verhältnis verringert werden, wie ihre Kampfkraft sich steigert.«

Wir wissen, daß die Gemeindeorganisation und die ökonomische Grundlage der Dorfgemeinschaften gesprengt worden sind, ihr schlimmster Zug aber, die Zersplitterung der Gesellschaft in unveränderlich feststehende und zusammenhanglose Atome, hat sie überlebt. Die dörfliche Isoliertheit hatte zum Fehlen von Wegen in Indien geführt, und das Fehlen von Wegen verewigte die dörfliche Isoliertheit. So kam es, daß die Dorfgemeinde das einmal gegebene niedrige Lebensniveau beibehielt, fast keinen Verkehr mit andern Dörfern hatte und nichts von den Bedürfnissen und den Anstrengungen kannte, ohne die ein sozialer Fortschritt undenkbar ist. Nachdem die Briten dieses selbstgenügsame Beharrungsvermögen der Dörfer gebrochen, werden die Eisenbahnen dem neuerwachten Bedürfnis nach Verbindung und Verkehr Rechnung tragen.

»Eine weitere Folge der Entwicklung des Eisenbahnwesens wird darin bestehen, jedem Dorf, das von ihm berührt wird, eine derartige Kenntnis über die Erfindungen und Einrichtungen anderer Länder zu vermitteln und solche Möglichkeiten zu bieten, sie zu erlangen, so daß als erstes das erbliche und zu Dienstleistungen verpflichtete Dorfhandwerk Indiens seine Fähigkeiten voll unter Beweis stellen und dann seine Mängel beseitigen kann.« (Chapman, ›The Cotton and Commerce of India‹.)

Ich weiß, daß die englische Millokratie ausschließlich deshalb beabsichtigt, Indien mit Eisenbahnen zu beglücken, um aus ihm mit verringerten Kosten Baumwolle und andere Rohstoffe für ihre Fabriken herauszuholen. Hat man aber erst einmal Maschinerie in das Verkehrswesen eines Landes eingeführt, das Eisen und Kohle besitzt, so ist man nicht mehr imstande, ihm die Fabrikation solcher Maschinen zu verwehren. Man kann nicht in einem riesigen Lande ein Eisenbahnnetz unterhalten, ohne alle die industriellen Verfahren einzuführen, die nötig sind, um die augenblicklichen wie die laufenden Bedürfnisse des Eisenbahnverkehrs zu befriedigen, woraus sich notwendig die Anwendung von Maschinerie auch in solchen Industriezweigen ergibt, die nicht unmittelbar mit der Eisenbahn zusammenhängen. Daher wird das Eisenbahnwesen in Indien ganz naturgemäß zum Vorläufer einer modernen Industrie werden. Dies kann um so weniger bezweifelt werden, als die britischen Behörden selbst den Hindus die besondre Fähigkeit zusprechen, sich völlig neuen Arbeitsmethoden anzupassen und die erforderliche Kenntnis der Maschinerie zu erwerben. Reichlich Beweise hierfür liefern die Fähigkeiten und die Tüchtigkeit der einheimischen Maschinisten in der Kalkuttaer Münze, wo sie jahrelang mit der Bedienung von Dampfmaschinen betraut waren, ferner die einheimischen Arbeiter, die an die verschiedenen Dampfmaschinen im Hardwar-Kohlenbezirk gestellt wurden, und ebenso andere Beispiele. Selbst Herr Campbell, der noch stark von den Vorurteilen der Ostindischen Kompanie beeinflußt ist, sieht sich zu dem Eingeständnis gezwungen, »daß die große Masse des indischen Volkes eine große *industrielle Energie* besitzt, wohl fähig ist zur Akkumulation von Kapital und sich durch mathematische Klarheit des Kopfes, Gewandtheit im Rechnen und Talent für exakte Wissenschaften auszeichnet«.

»Ihr Intellekt«, sagt er, »ist hervorragend.«

Die im Gefolge des Eisenbahnsystems entstehende moderne Industrie wird die überkommene Arbeitsteilung und damit die Grundlage der indischen Kasten aufheben, die Indiens Fortschritt und Indiens Machtentfaltung so entscheidend behindert haben.

Alle Maßnahmen, zu denen die englische Bourgeoisie möglicherweise genötigt sein wird, werden der Masse des Volkes weder die Freiheit bringen noch seine soziale Lage wesentlich verbessern, denn das eine wie das andere hängt nicht nur von der Entwicklung der Produktivkräfte ab, sondern auch davon, daß das Volk sie selbst in Besitz nimmt. Auf alle Fälle aber wird die Bourgeoisie die materiellen Voraussetzungen für beides schaffen. Hat die Bourgeoisie jemals mehr geleistet? Hat sie je einen Fortschritt zuwege gebracht, ohne Individuen wie ganze Völker durch Blut und Schmutz, durch Elend und Erniedrigung zu schleifen?

Die Inder werden die Früchte der neuen Gesellschaftselemente, die die britische Bourgeoisie in ihrem Lande ausgestreut, nicht eher ernten, bis in Großbritannien selbst die heute herrschenden Klassen durch das Industrieproletariat verdrängt oder die Inder selbst stark genug geworden sind, um das englische Joch ein für allemal abzuwerfen. Auf jeden Fall aber können wir mit aller Bestimmtheit erwarten, in mehr oder weniger naher Zukunft Zeugen einer Erneuerung dieses großen und interessanten Landes zu sein, dessen edler Menschenschlag selbst in den unteren Klassen, um einen Ausdruck des Fürsten Saltykow zu gebrauchen, ›plus fins et plus adroit que les Italiens‹[1], bei dem sogar noch die Unterwürfigkeit durch eine gewisse ruhige Vornehmheit aufgewogen wird, dessen unerschrockener Mut, ungeachtet seiner angeborenen Trägheit, die britischen Offiziere in Erstaunen gesetzt hat, dessen Land die Wiege unserer Sprachen, unserer Religionen gewesen und der im Dschat den

Typus des alten Germanen und im Brahmanen den des alten Griechen verkörpert. Ich kann die indische Frage nicht verlassen ohne einige abschließende Bemerkungen.

Die tiefe Heuchelei der bürgerlichen Zivilisation und die von ihr nicht zu trennende Barbarei liegen unverschleiert vor unseren Augen, sobald wir den Blick von ihrer Heimat, in der sie unter respektablen Formen auftreten, nach den Kolonien wenden, wo sie sich in ihrer ganzen Nacktheit zeigen. Die Bourgeoisie ist die Verfechterin des Eigentums; hat aber je eine revolutionäre Partei solche Agrarrevolutionen hervorgerufen wie die in Bengalen, in Madras und in Bombay? Hat nicht die Bourgeoisie in Indien, um einen Ausdruck des großen Räubers Lord Clive zu gebrauchen, zu grausamer Erpressung gegriffen, wenn einfache Korruption nicht genügte, um ihre Raubgier zu befriedigen? Hat sie nicht zur gleichen Zeit, wo sie in Europa über die unantastbare Heiligkeit der Staatsschuld schwätzte, in Indien die Dividenden der Radschas beschlagnahmt, die ihre Privatersparnisse in Obligationen der Ostindischen Kompanie angelegt hatten? Hat sie nicht zur gleichen Zeit, wo sie unter dem Vorwand der Verteidigung »unserer heiligen Religion« die französische Revolution bekämpfte, die Verbreitung des Christentums in Indien verboten, und hat sie nicht, um aus den nach den Tempeln Orissas und Bengalens strömenden Pilgern Geld herauszuschlagen, den gewerbsmäßigen Betrieb von Mord und Prostitution im Tempel des Dschagannat fortgesetzt? So sehen die Männer ›des Eigentums, der Ordnung, der Familie und der Religion‹ aus!

Die verheerenden Wirkungen der englischen Industrie auf Indien, ein Land von der Größe Europas, mit einer Fläche von 150 Millionen Acres, treten erschütternd zutage. Wir dürfen jedoch nicht vergessen, daß sie nur das organische Ergebnis des gesamten Produktionssystems sind, so wie es heute besteht. Grundlage dieser Produktion ist die absolute Herrschaft des Kapitals. Wesentlich für die Existenz des Kapitals als einer unabhängigen Macht ist die Zentralisation des Kapitals. Der zerstörende Einfluß dieser Zentralisation auf die Märkte der Welt enthüllt nur in gigantischem Ausmaß die immanenten organischen Gesetze der politischen Ökonomie, die heute in jedem zivilisierten Gemeinwesen wirksam sind. Die bürgerliche Periode der Geschichte hat die materielle Grundlage einer neuen Welt zu schaffen: einerseits den auf der gegenseitigen Abhängigkeit der Völker beruhenden Weltverkehr und die hierfür erforderlichen Verkehrsmittel, andererseits die Entwicklung der menschlichen Produktivkräfte und die Umwandlung der materiellen Produktion in wissenschaftliche Beherrschung der Naturkräfte.

Bürgerliche Industrie und bürgerlicher Handel schaffen diese materiellen Bedingungen einer neuen Welt in der gleichen Weise, wie geologische

Revolutionen die Oberfläche der Erde geschaffen haben. Erst wenn eine große soziale Revolution die Ergebnisse der bürgerlichen Epoche, den Weltmarkt und die modernen Produktivkräfte, gemeistert und sie der gemeinsamen Kontrolle der am weitesten fortgeschrittenen Völker unterworfen hat, erst dann wird der menschliche Fortschritt nicht mehr jenem scheußlichen heidnischen Götzen gleichen, der den Nektar nur aus den Schädeln Erschlagener trinken wollte.

Der nordamerikanische Bürgerkrieg

London, 20. Oktober 1861

Seit Monaten wiederholt die tonangebende Londoner Presse, Wochen- und Tagesblätter, dieselbe Litanei über den Amerikanischen Bürgerkrieg. Während sie die freien Staaten des Nordens insultiert, wehrt sie sich ängstlich gegen den Verdacht, mit den Sklavenstaaten des Südens zu sympathisieren. Sie schreibt in der Tat fortwährend zwei Artikel: Einen Artikel, worin sie den Norden angreift, und einen andern Artikel, worin sie ihre Angriffe auf den Norden entschuldigt. Qui s'excuse s'accuse.[1]

Die Beschönigungsgründe lauten im wesentlichen: Der Krieg zwischen Nord und Süd ist ein Tarifkrieg. Der Krieg ist ferner prinziplos, berührt die Sklavenfrage nicht und dreht sich in der Tat um nordische Souveränetätsgelüste. Endlich, wenn selbst das Recht auf seiten des Nordens, bleibt es nicht ein vergeblicher Versuch, 8 Millionen Angelsachsen gewaltsam unterjochen zu wollen! Würde eine Scheidung vom Süden den Norden nicht von allem Zusammenhang mit der Negersklaverei erlösen und ihm mit seinen 20 Millionen Einwohnern und seinem ungeheueren Territorium eine höhere, bisher kaum geahnte Entwicklung sichern? Mußte der Norden daher die Sezession nicht als ein glückliches Ereignis begrüßen, statt sie durch einen blutigen und vergeblichen Bürgerkrieg niederherrschen zu wollen?

Wir wollen Punkt für Punkt das Plädoyer der englischen Presse prüfen.

Der Krieg zwischen Nord und Süd, so lautet die erste Entschuldigung, ist ein bloßer Tarifkrieg, ein Krieg zwischen Protektionssystem und Freihandelssystem, und England steht natürlich auf der Freihandelsseite. Soll der Sklavenbesitzer die Früchte der Sklavenarbeit ganz genießen oder soll er um einen Teil derselben durch die Schutzzöllner des Nordens geprellt werden? Das ist die Frage, um die es sich in diesem Kriege handelt. Den ›Times‹ war diese glänzende Entdeckung vorbehalten. Der ›Economist‹, der ›Examiner‹, die ›Saturday Review‹ und tutti quanti führten das Thema weiter aus. Es ist charakteristisch für diese Entdekkung, daß sie nicht zu Charleston, sondern zu London gemacht wurde. In Amerika wußte natürlich jedermann, daß von 1846 bis 1861 ein Freihandelstarif herrschte und daß Repräsentant Morrill seinen Schutzzolltarif

1861 erst im Kongreß durchsetzte, nachdem die Rebellion bereits ausgebrochen war. Die Sezession fand also nicht statt, weil der Morrill-Tarif im Kongreß durchgegangen war, sondern im besten Fall ging der Morrill-Tarif im Kongreß durch, weil die Sezession stattgefunden hatte. Als Süd-Carolina 1832 seinen ersten Sezessionsanfall hatte, diente ihm allerdings der Protektionstarif von 1828 zum Vorwand, aber auch nur zum Vorwand, wie aus einer Erklärung des General Jackson bekannt ist. Diesmal ist jedoch der alte Vorwand in der Tat nicht wiederholt worden. Man vermied auf dem Sezessionskongreß zu Montgomery jede Berührung der Tariffrage, weil die Zuckerkultur Louisianas, eines der einflußreichsten Südstaaten, ganz auf dem Schutzzoll beruht.

Aber, plädiert die Londoner Presse weiter, der Krieg der Vereinigten Staaten ist nichts als ein Krieg zur gewaltsamen Aufrechterhaltung der Union. Die Yankees können sich nicht entschließen, 15 Sterne aus ihrem Banner zu streichen. Sie wollen eine kolossale Figur auf der Weltbühne machen. Ja, es wäre ein anderes, wenn der Krieg zur Abschaffung der Sklaverei geführt würde! Die Frage der Sklaverei aber, wie unter anderm die ›Saturday Review‹ kategorisch erklärt, hat mit diesem Kriege durchaus nichts zu schaffen.

Vor allem ist zu erinnern, daß der Krieg nicht vom Norden ausging, sondern vom Süden. Der Norden befindet sich in der Defensive. Er hatte monatelang ruhig zugesehen, wie die Sezessionisten Forts, Kriegsarsenale, Schiffswerften, Zollhäuser, Kassen, Schiffe, Waffenvorräte der Union sich aneigneten, ihre Flagge insultierten, Truppenteile derselben gefangennahmen. Die Sezessionisten beschlossen endlich durch einen geräuschvollen Kriegsakt, die Unionsregierung aus ihrer passiven Haltung herauszuzwingen und schritten *nur aus diesem Grunde* zum Bombardement des Fort Sumter bei Charleston. Am 11. April (1861) hatte ihr General Beauregard in einer Zusammenkunft mit Major Anderson, dem Kommandanten des Fort Sumter, erfahren, daß das Fort nur noch für drei Tage mit Lebensmitteln versehen sei und daher nach dieser Frist friedlich übergeben werden müsse. Um dieser friedlichen Übergabe zuvorzukommen, eröffneten die Sezessionisten früh am Morgen (12. April) das Bombardement, das den Platz in wenigen Stunden zum Fall brachte. Kaum war diese Nachricht nach Montgomery, dem Sitz des Sezessionskongresses, telegraphiert worden, als Kriegsminister Walker öffentlich im Namen der neuen Konföderation erklärte: »Kein Mensch kann sagen, wo *der heute eröffnete Krieg* enden wird.« Zugleich prophezeite er, »daß die Flagge der südlichen Konföderation noch vor dem ersten Mai vom Dome des alten Kapitols zu Washington und binnen kurzem vielleicht auch von der Faneuilhalle zu Boston herabwehen werde«. Jetzt erst erfolgte die Proklamation, worin Lincoln 75000 Mann zum Schutz der

Union berief. Das Bombardement des Fort Sumter schnitt den einzig möglichen konstitutionellen Ausweg ab, nämlich eine Berufung an eine allgemeine Konvention des amerikanischen Volks, wie sie Lincoln in seiner Inauguraladresse vorgeschlagen hatte. Für Lincoln blieb nur noch die Wahl, von Washington zu fliehen, Maryland und Delaware zu räumen, Kentucky, Missouri und Virginia preiszugeben, oder auf den Krieg mit Krieg zu antworten.

Auf die Frage nach dem Prinzip des Amerikanischen Bürgerkrieges antwortet die Schlachtparole, womit der Süden den Frieden brach. Stephens, der Vizepräsident der südlichen Konföderation, erklärte im Sezessionskongreß, das unterscheide wesentlich die zu Montgomery neu ausgeheckte Konstitution von der Konstitution der Washingtons und Jeffersons, daß jetzt zum erstenmal die Sklaverei als ein in sich selbst gutes Institut und als das Fundament des ganzen Staatsgebäudes anerkannt sei, während die revolutionären Väter, Männer, befangen in den Vorurteilen des achtzehnten Jahrhunderts, die Sklaverei als ein von England importiertes und im Laufe der Zeit zu beseitigendes Übel behandelt hätten. Ein anderer Matador des Südens, Herr Spratt, rief aus: »Es handelt sich für uns um die Gründung einer großen Sklavenrepublik (a great slave republic).« – Wenn also der Norden das Schwert auch nur zur Verteidigung der Union zog, hatte der Süden nicht bereits erklärt, daß die Fortdauer der Sklaverei nicht länger verträglich sei mit der Fortdauer der Union?

Wie das Bombardement des Fort Sumter das Signal zur Eröffnung des Krieges gab, hatte der Wahlsieg der *Republikanischen* Partei des Nordens, die Wahl Lincolns zum Präsidenten, das Signal zur Sezession gegeben. Am 6. November 1860 ward Lincoln gewählt. Am 8. November 1860 telegraphierte man von Süd-Carolina: »Die Sezession wird hier als eine abgemachte Sache betrachtet«; am 10. November beschäftigte sich die Legislatur von Georgia mit Sezessionsplänen, und am 13. November ward eine Spezialsitzung der Legislatur von Mississippi anberaumt, um die Sezession in Betracht zu ziehen. Aber Lincolns Wahl war selbst nur das Resultat einer Spaltung im *demokratischen* Heerlager. Während des Wahlkampfes vereinigte die Demokratie des Nordens ihre Stimmen auf *Douglas*, die Demokratie des Südens ihre Stimmen auf *Breckinridge*, und dieser Zersplitterung der demokratischen Stimmen verdankte die Republikanische Partei den Sieg. Woher auf der einen Seite das Übergewicht der *Republikanischen* Partei im Norden? Woher auf der andern Seite der Zwiespalt *innerhalb der Demokratischen* Partei, deren Glieder, Nord und Süd, seit mehr als einem halben Jahrhundert gemeinschaftlich operiert hatten?

Unter der Präsidentschaft Buchanans erreichte die Herrschaft, die der

Süden durch seine Allianz mit der nordischen Demokratie nach und nach über die Union usurpiert hatte, ihren Gipfelpunkt. Der letzte kontinentale Kongreß von 1787 und der erste konstitutionelle Kongreß von 1789/90 hatten die Sklaverei von allen Territorien der Republik im Nordwesten vom Ohio gesetzlich ausgeschlossen. (Territorien heißen bekanntlich die innerhalb der Vereinigten Staaten selbst liegenden Kolonien, die noch nicht die zur Bildung selbständiger Staaten konstitutionell vorgeschriebene Bevölkerungshöhe erreicht haben.) Der sogenannte Missouri-Kompromiß (1820), infolge dessen Missouri als Sklavenstaat in die Reihen der Vereinigten Staaten eintrat, schloß die Sklaverei von allem übrigen Territorium nördlich von 36° 30′ Breite und westlich vom Missouri aus. Durch diesen Kompromiß wurde das Gebiet der Sklaverei um mehrere Längengrade vorgeschoben, während ihrer künftigen Propaganda andererseits eine ganz bestimmte geographische Grenzlinie gezogen schien. Diese geographische Barriere ward ihrerseits 1854 niedergeworfen durch die sogenannte Kansas-Nebraska-Bill, deren Urheber St. A. Douglas, damals Führer der nordischen Demokratie. Die Bill, die in beiden Häusern des Kongresses durchging, hob den Missouri-Kompromiß auf, stellte Sklaverei und Freiheit auf gleichen Fuß, gebot der Unionsregierung, sie beide mit gleicher Indifferenz zu behandeln, und überließ der Volkssouveränetät, das heißt der Majorität der Ansiedler, die Entscheidung, ob oder ob nicht Sklaverei in einem Territorium einzuführen sei. So war zum ersten Male in der Geschichte der Vereinigten Staaten jede geographische und gesetzliche Schranke für die Ausbreitung der Sklaverei in den Territorien beseitigt. Unter dieser neuen Gesetzgebung ward das bisher freie Territorium von New Mexico, ein Territorium, fünfmal größer als der Staat von New York, in ein Sklaventerritorium verwandelt, und die Aera der Sklaverei von der Grenze der mexikanischen Republik bis zum 38° nördlicher Breite verlängert. Im Jahre 1859 erhielt New Mexico einen Sklavenkodex, der an Barbarei mit den Gesetzbüchern von Texas und Alabama wetteifert. Dennoch, wie der Zensus von 1860 beweist, zählt New Mexico auf etwa 100000 Einwohner noch nicht ein halbes Hundert Sklaven. Es hatte also dem Süden genügt, einige Abenteurer mit wenigen Sklaven über die Grenze zu schicken und dann mit Hilfe der Zentralregierung zu Washington, ihrer Beamten und Lieferanten in New Mexico eine Scheinvolksvertretung zusammenzutrommeln, die dem Territorium die Sklaverei und damit die Herrschaft der Sklavenhalter aufoktroyierte.

Indes zeigte sich diese bequeme Methode in anderen Territorien nicht anwendbar. Der Süden ging daher noch einen Schritt weiter und appellierte vom Kongreß an den obersten Gerichtshof der Vereinigten Staaten. Dieser Gerichtshof, der neun Richter zählt, wovon fünf dem Süden angehören, war seit lange das willigste Instrument der Sklavenhalter. Er entschied 1857, in dem berüchtigten Dred-Scott-Falle, daß jeder amerikanische Bürger das Recht besitze, in jedes Territorium jedes von der Konstitution anerkannte Eigentum mitzuholen. Die Konstitution erkenne Sklaven als Eigentum an und verpflichte die Unionsregierung, dies Eigentum zu beschützen. Folglich könnten Sklaven in den Territorien auf Grundlage der Konstitution von ihren Eigentümern zur Arbeit gezwungen werden, und es stehe so jedem einzelnen Sklavenhalter zu, gegen den Willen der Majorität der Ansiedler die Sklaverei in bisher freie Territorien einzuführen. Den Territorial-Legislaturen ward das Recht abgesprochen, die Sklaverei auszuschließen, und dem Kongreß wie der Unionsregierung die Pflicht auferlegt, die Pioniere des Sklavensystems zu beschützen.

Hatte der Missouri-Kompromiß von 1820 die geographische Grenzlinie der Sklaverei in den Territorien weiter gezogen, hatte die Kansas-Nebraska-Bill von 1854 jede geographische Grenzlinie ausgelöscht und an ihre Stelle eine politische Schranke gesetzt, den Willen der Majorität der Ansiedler, so riß der oberste Gerichtshof der Vereinigten Staaten durch seine Entscheidung von 1857 auch diese politische Schranke nieder und verwandelte alle Territorien der Republik, gegenwärtige und zukünftige, aus Pflanzstätten freier Staaten in Pflanzstätten der Sklaverei.

Gleichzeitig wurde unter Buchanans Regierung das 1850 erlassene, verschärfte Gesetz zur Auslieferung flüchtiger Sklaven rücksichtslos in den Staaten des Nordens durchgeführt. Sklavenfänger für die südlichen Sklavenhalter zu spielen, schien der konstitutionelle Beruf des Nordens. Um andererseits die Kolonisierung der Territorien durch freie Ansiedler möglichst zu hemmen, vereitelte die Sklavenhalterpartei alle sogenannten Freesoil-Maßregeln, d.h. Maßregeln, die den Ansiedlern ein bestimmtes Maß unbebauter Staatsländereien unentgeltlich zusichern sollten.

Wie in der innern, so diente in der auswärtigen Politik der Vereinigten Staaten das Interesse der Sklavenhalter als Leitstern. Buchanan hatte in der Tat die Präsidentenwürde erstanden durch den Erlaß des Ostende-Manifestes, worin die Erwerbung von Kuba, sei es durch Kauf, sei es durch Waffengewalt, als die große Aufgabe der nationalen Politik proklamiert ist. Unter seiner Regierung war Nordmexiko bereits verteilt zwischen amerikanischen Landspekulanten, die unruhig das Signal abwarteten, um über Chihuahua, Coahuila und Sonora herzustürzen. Die rastlosen piratischen Expeditionen der Flibustier gegen die Staaten von Zentralamerika wurden nicht minder vom Weißen Haus zu Washington aus geleitet. Im innigsten Zusammenhang mit dieser auswärtigen Politik, deren offenkundiger Zweck Eroberung neuen Gebiets für die Ausbreitung der Sklaverei und der Herrschaft der Sklavenhalter war, stand die von der Unionsregierung geheim unterstützte *Wiedereröffnung des Sklavenhandels*. St. A. Douglas erklärte selbst am 20. August 1859 im amerikanischen Senat: Während des letzten Jahres seien mehr Neger von Afrika eingeführt worden, als je vorher in irgendeinem einzelnen Jahre, selbst zur Zeit, wo der Sklavenhandel noch gesetzlich war. Die Zahl der in dem letzten Jahre importierten Sklaven habe sich auf 15000 belaufen.

Bewaffnete Propaganda der Sklaverei nach außen war das eingestandene Ziel der nationalen Politik, die Union in der Tat der Sklave der 300000 Sklavenhalter geworden, die den Süden beherrschen. Zu diesem Resultat hatte eine Reihe von Kompromissen geführt, die der Süden seiner Allianz mit der nordischen Demokratie verdankte. An derselben Allianz waren bisher alle seit 1817 periodisch wiederholten Versuche des Widerstands gegen die stets steigenden Übergriffe der Sklavenhalter gescheitert. Endlich trat ein Wendepunkt ein.

Kaum war nämlich die Kansas-Nebraska-Bill durchgegangen, welche die geographische Grenzlinie der Sklaverei auslöschte und ihre Einführung in neue Territorien dem Willen der Majorität der Ansiedler unterwarf, als bewaffnete Emissäre der Sklavenhalter, Grenzgesindel von Missouri und Arkansas mit dem Bowiemesser in der einen Hand und dem Revolver in der andern, über Kansas herstürzten und seine Ansiedler durch die unerhörtesten Greueltaten aus dem von ihnen kolonisierten Territorium zu verjagen suchten. Diese Raubzüge wurden unterstützt von der Zentralregierung zu Washington. Daher eine ungeheure Reaktion. Im ganzen Norden, namentlich aber im Nordwesten, bildete sich eine Hilfsorganisation, um Kansas mit Mannschaft, Waffen und Geld zu unterstützen. Aus dieser Hilfsorganisation entstand die *Republikanische Partei*, die also dem Kampf um Kansas ihren Ursprung verdankt. Nachdem der Versuch, Kansas durch Waffengewalt in ein *Sklaventerritorium* zu verwandeln, gescheitert war, suchte der Süden dasselbe Resultat auf dem Wege politischer Intrigen zu erreichen. Namentlich bot Buchanans Regierung die äußersten Kräfte auf, um Kansas mit einer ihm aufoktroyierten Sklavereikonstitution als *Sklavenstaat* in die Reihe der Vereinigten Staaten hineinzumaßregeln. Daher neuer Kampf, diesmal hauptsächlich im Kongreß zu Washington geführt. Selbst St. A. Douglas, der Chef der nördlichen Demokratie, trat jetzt (1857/1858) gegen die Regierung und gegen seine Alliierten vom Süden in die Schranken, weil Aufoktroyierung einer Sklavenkonstitution dem in der Nebraska-Bill von 1845 durchgesetzten Prinzip der Souveränetät der Ansiedler widerspreche. Douglas, Senator für Illinois, einen nordwestlichen Staat, hätte natürlich seinen ganzen Einfluß eingebüßt, wollte er dem Süden das Recht zugestehen, vom Norden kolonisierte Territorien mit den Waffen oder durch Kongreßakte wegzustehlen. Wie also der Kampf um Kansas die *Republikanische Partei* ins Leben rief, veranlaßte er zugleich die erste *Spaltung innerhalb der Demokratischen Partei* selbst.

Die Republikanische Partei stellte ihr erstes Programm zur Präsidentenwahl 1856 auf. Obgleich ihr Kandidat, John Frémont, nicht siegte, bewies jedenfalls die ungeheure Stimmenzahl, die ihm zufiel, das rasche Wachstum der Partei, besonders im Nordwesten. In ihrer zweiten nationalen Konvention zur Präsidentenwahl (17. Mai 1860) wiederholten die Republikaner ihr Programm von 1856, nur um einige Zusätze bereichert. Sein Hauptinhalt war dieser: Kein Fußbreit neuen Territoriums wird der Sklaverei ferner eingeräumt. Die Flibustierpolitik nach außen muß aufhören. Die Wiedereröffnung des Sklavenhandels wird gebrandmarkt. Endlich sind Freesoil-Gesetze zur Förderung der freien Kolonisation zu erlassen.

Der entscheidend wichtige Punkt in diesem Programm war, daß der Sklaverei kein Fußbreit neues Terrain eingeräumt, sie vielmehr ein für allemal in die Grenzen der Staaten gebannt bleiben sollte, wo sie bereits gesetzlich bestand. Die Sklaverei sollte so förmlich interniert werden; aber fortwährende Ausdehnung des Territoriums und fortwährende Verbreitung der Sklaverei über ihre alten Grenzen hinaus ist ein Lebensgesetz für die Sklavenstaaten der Union.

Die durch Sklaven betriebene Kultur der südlichen Ausfuhrartikel, Baumwolle, Tabak, Zucker usw. ist nur ergiebig, solange sie mit großen Gängen von Sklaven, auf massenhafter Stufenleiter und auf weiten Flächen eines natürlich fruchtbaren Bodens, der nur einfache Arbeit erheischt, ausgeführt wird. Intensive Kultur, die weniger von der Fruchtbarkeit des Bodens als von Kapitalsanlagen, Intelligenz und Energie der Arbeit abhängt, widerspricht dem Wesen der Sklaverei. Daher die rasche Verwandlung von Staaten wie Maryland und Virginia, die früher Sklaven zur Produktion von Exportartikeln verwendeten, in Staaten, die Sklaven züchten, um sie dann selbst in die weiter gelegenen südlichen Länder zu exportieren. Selbst in Süd-Carolina, wo die Sklaven vier Siebentel der Bevölkerung bilden, ist infolge der Erschöpfung des Bodens die Baumwollkultur seit Jahren fast durchaus stationär. Ja, Süd-Carolina ist durch den Zwang der Umstände schon zum Teil in einen sklavenzüchtenden Staat verwandelt, indem es jährlich schon für vier Millionen Dollars Sklaven an die Staaten des äußersten Südens und Südwestens verkauft. Sobald dieser Punkt eintritt, wird der Erwerb neuer Territorien nötig, damit ein Teil der Sklavenhalter mit den Sklaven neue fruchtbare Ländereien besetze, und damit dem zurückgebliebenen Teil ein neuer Markt für die Sklavenzucht, also für den Verkauf von Sklaven, geschaffen werde. So unterliegt es z. B. keinem Zweifel, daß ohne den Heimfall von

Louisiana, Missouri und Arkansas an die Vereinigten Staaten die Sklaverei in Virgina und Maryland längst erloschen wäre. Einer der Stimmführer des Südens, Senator Toombs, hat das ökonomische Gesetz, das die beständige Erweiterung des Territoriums der Sklaverei gebietet, schlagend formuliert auf dem Sezessionistenkongreß von Montgomery:

»Wenn« – sagte er, »kein großer Zuwachs des Sklaventerritoriums stattfindet, wird man fünfzehn Jahre später den Sklaven erlauben müssen, den Weißen fortzulaufen, oder werden die Weißen vor den Sklaven davonlaufen müssen.«

Die Repräsentation der einzelnen Staaten im Repräsentantenhause des Kongresses hängt bekanntlich von der Kopfzahl ihrer respektiven Bevölkerung ab. Da die Bevölkerung der freien Staaten ungleich schneller wächst als die der Sklavenstaaten, mußte die Zahl der nördlichen Repräsentanten sehr rasch die der südlichen überflügeln. Der eigentliche Sitz der politischen Macht des Südens wird daher mehr und mehr in den amerikanischen Senat verlegt, wo jeder Staat, seine Bevölkerung sei groß oder klein, durch zwei Senatoren repräsentiert ist. Um einen Einfluß im Senat und durch den Senat seine Hegemonie über die Vereinigten Staaten zu behaupten, bedurfte der Süden also einer fortwährenden Bildung neuer Sklavenstaten. Diese war aber nur möglich durch Eroberung von fremden Ländern, wie im Falle von Texas, oder durch Verwandlung der den Vereinigten Staaten angehörigen Territorien erst in Sklaventerritorien, später in Sklavenstaaten, wie im Falle von Missouri, Arkansas usw. *John Calhoun*, den die Sklavenhalter als ihren Staatsmann par excellence bewundern, erklärte schon am 19. Februar 1847 im Senat, daß der Senat allein eine Machtbilanz in die Hand des Südens gebe, daß Ausdehnung des Sklaventerritoriums nötig sei, um dies Gleichgewicht zwischen Süd und Nord im Senat zu erhalten, daß die Versuche des Südens zur gewaltsamen Schöpfung neuer Sklavenstaaten daher gerechtfertigt seien.

Endlich beträgt die Zahl der eigentlichen Sklavenhalter im Süden der Union nicht über 300000, eine enge Oligarchie, der viele Millionen sogenannter ›armer Weißen‹ (poor whites) gegenüberstehen, deren Masse durch Konzentration des Grundbesitzes beständig wuchs, und deren Lage nur mit der der römischen Plebejer in den Zeiten des äußersten Verfalls Roms zu vergleichen ist. Nur durch Erwerb und Aussicht auf Erwerb von neuen Territorien sowie durch Flibustierzüge gelingt es, das Interesse dieser ›armen Weißen‹ mit dem der Sklavenhalter auszugleichen, ihrem unruhigen Tatendrang eine gefahrlose Richtung zu geben, und sie mit der Aussicht, einst selbst Sklavenhalter zu werden, zu kirren.

Eine Festbannung der Sklaverei innerhalb ihres alten Terrains mußte also nach ökonomischem Gesetz zu ihrem allmählichen Erlöschen führen, politisch die Hegemonie, die die Sklavenstaaten durch den Senat ausgeübt, vernichten, endlich die sklavenhaltende Oligarchie innerhalb ihrer eigenen Staaten drohenden Gefahren von seiten der ›armen Weißen‹ aussetzen. Mit dem Grundsatz, daß jede weitere Ausdehnung von Sklaventerritorien gesetzlich zu verbieten sei, griffen also die Republikaner die Herrschaft der Sklavenhalter an der Wurzel an. Der republikanische Wahlsieg mußte daher zum offenen Kampf zwischen Nord und Süd treiben. Indes war dieser Wahlsieg selbst, wie schon erwähnt, durch die Spaltung im demokratischen Heerlager bedingt.

Der Kansaskampf hatte bereits eine Spaltung zwischen der Sklavenpartei und der ihr alliierten Demokratie des Nordens hervorgerufen. Derselbe Streit brach jetzt, bei der Präsidentenwahl von 1860, in einer allgemeinern Form wieder aus. Die Demokratie des Nordens mit Douglas als ihrem Kandidaten machte die Einführung der Sklaverei in Territorien vom Willen der Majorität der Ansiedler abhängig. Die Sklavenhalterpartei, mit Breckinridge als ihrem Kandidaten behauptete, die Konstitution der Vereinigten Staaten, wie auch der höchste Gerichtshof erklärt habe, führe Sklaverei gesetzlich in ihrem Gefolge; Sklaverei sei bereits an und für sich in allen Territorien legal und bedürfe keiner besondern Naturalisation.

Während also die Republikaner jeden Zuwachs von Sklaventerritorien verboten, nahm die südliche Partei alle Territorien der Republik als gesetzlich verbürgte Domänen in Anspruch. Was sie mit Kansas beispielsweise versucht hatten, die Sklaverei durch die Zentralregierung, gegen den Willen der Ansiedler selbst, einem Territorium aufzuzwingen, stellten sie nun als Gesetz für alle Territorien der Union hin. Eine solche Konzession lag außer der Macht der *demokratischen* Führer und würde nur die Desertion ihrer Armee ins republikanische Lager veranlaßt haben. Andererseits konnte der Sklavenhalterpartei Douglas' »Ansiedler-Souveränetät« nicht genügen. Was sie durchsetzen wollte, mußte in den nächsten vier Jahren unter dem neuen Präsidenten durchgesetzt werden, konnte nur durchgesetzt werden aus Mitteln der Zentralregierung und erlaubte keinen ferneren Aufschub. Es entging den Sklavenhaltern nicht, daß sich eine neue Macht gebildet, der *Nordwesten*, dessen Bevölkerung, von 1850–1860 beinahe verdoppelt, der weißen Bevölkerung der Sklavenstaaten schon ziemlich gleich stand – eine Macht, die weder durch Tradition, Temperament, noch Lebensweise geneigt war, in der Weise der alten Nordoststaaten von Kompromiß zu Kompromiß sich zerren zu lassen. Die Union hatte nur noch Wert für den Süden, sofern sie ihm die Föderalmacht als Mittel zur Durchführung der Sklavenpolitik überlieferte. Wenn nicht, so war es besser, jetzt zu brechen, als vier Jahre länger der Entwicklung der Republikanischen Partei und dem Aufschwung des Nordwestens zuzusehen und unter ungünstigeren Bedingungen den Kampf zu beginnen. Die Sklavenhalterpartei spielte also va banque! Als die Demokratie des Nordens verweigerte, die Rolle des »armen Weißen« des Südens fortzuspielen, verschaffte der Süden durch Zersplitterung der Stimmen Lincoln den Sieg, und nahm er diesen Sieg dann zum Vorwand, um das Schwert aus der Scheide zu ziehen.

Die ganze Bewegung beruhte und beruht, wie man sieht, auf der *Sklavenfrage*. Nicht in dem Sinne, ob die Sklaven innerhalb der bestehenden Sklavenstaaten direkt emanzipiert werden sollten oder nicht, sondern ob die 20 Millionen Freien des Nordens sich länger einer Oligarchie von 300000 Sklavenhaltern unterordnen sollten; ob die ungeheuren Territorien der Republik Pflanzstätten freier Staaten oder der Sklaverei werden sollten; endlich, ob die nationale Politik der Union bewaffnete Propaganda der Sklaverei über Mexiko, Zentral- und Südamerika zu ihrem Wahlspruch machen sollte.

In einem anderen Artikel werden wir die Behauptung der Londoner Presse prüfen, daß der Norden die Sezession als günstigste und einzig mögliche Lösung des Streites gutheißen müsse.

Der Bürgerkrieg in den Vereinigten Staaten

»Laß ihn laufen, er ist Deines Zorns nicht wert!« Diesen Rat Leporellos an die verlaßne Geliebte Don Juans ruft englische Staatsweisheit – neulich noch durch den Mund Lord John Russells – wieder und wieder dem Norden der Vereinigten Staaten zu. Läßt der Norden den Süden laufen, so befreit er sich von aller Verquickung mit der Sklaverei, von seiner geschichtlichen Erbsünde und schafft die Grundlage einer neuen und höheren Entwicklung.

In der Tat, wenn Nord und Süd zwei selbständige Länder bildeten, wie etwa England und Hannover, so wäre ihre Trennung nicht schwieriger, als die Trennung von England und Hannover war. *›Der Süden‹* jedoch ist weder ein geographisch vom Norden fest geschiedenes Gebiet, noch eine moralische Einheit. Er ist überhaupt kein Land, sondern eine Schlachtparole.

Der Rat einer gütlichen Scheidung setzt voraus, daß die südliche Konföderation, obgleich sie die Offensive zum Bürgerkrieg ergriff, ihn wenigstens zu defensiven Zwecken führt. Man glaubt, es handle sich für die Sklavenhalterpartei nur darum, die Gebiete ihrer bisherigen Herrschaft zu einer selbständigen Staatengruppe zu vereinigen und der Oberhoheit der Union zu entziehen. Nichts kann falscher sein. »*Der Süden braucht sein ganzes Territorium*. Er will und muß es haben.« Mit diesem Schlachtruf überfielen die Sezessionisten Kentucky. Unter ihrem ›ganzen Territorium‹ verstehen sie zunächst sämtliche sogenannte *Grenzstaaten* (border states), Delaware, Maryland, Virginia, North-Carolina, Kentucky, Tennessee, Missouri und Arkansas. Außerdem beanspruchen sie das ganze Territorium südlich von der Linie, die vom nordwestlichen Winkel Missouris bis zum Stillen Ozean läuft. Was die Sklavenhalter also ›den Süden‹ nennen, umfaßt mehr als drei Viertel des bisherigen Gebiets der Union. Ein großer Teil des so beanspruchten Gebiets befindet sich noch im Besitz der Union und müßte ihr erst aberobert werden. Sämtliche sogenannte Grenzstaaten aber, auch die im Besitz der Konföderation befindlichen, waren nie *eigentliche Sklavenstaaten*. Sie bilden vielmehr das Gebiet der Vereinigten Staaten, worin das System der Sklaverei und das System der freien Arbeit nebeneinander existieren und um die

Herrschaft streiten, das eigentliche Schlachtfeld zwischen Süd und Nord, zwischen Sklaverei und Freiheit. Der Krieg der südlichen Konföderation ist also kein Verteidigungskrieg, sondern ein Eroberungskrieg, ein Eroberungskrieg zur Ausbreitung und Verewigung der Sklaverei.

Die Bergkette, die in Alabama beginnt und nach Norden bis zum Hudsonfluß reicht – gewissermaßen die Wirbelsäule der Vereinigten Staaten – zerschneidet den sogenannten Süden in drei Stücke. Das Gebirgsland, gebildet durch das Alleghany-Gebirge mit seinen zwei Parallelketten, der Cumberland Range im Westen und den Blue Mountains im Osten, trennt keilmäßig die Tiefebenen an der Westküste des Atlantischen Ozeans von den Tiefebenen in den südlichen Tälern des Mississippi. Die beiden durch das Gebirgsland geschiedenen Tiefebenen, mit ihren ungeheuren Reismorästen und weit ausgedehnten Baumwollpflanzungen, sind das eigentliche Areal der Sklaverei. Der lange, bis in das Herz der Sklaverei vorgeschobene Keil von Gebirgsland mit entsprechend freier Atmosphäre, einem lebensfrischen Klima und einem Boden, reich an Kohle, Salz, Kalkstein, Eisenerz, Gold, kurz jedem zur vielseitigsten industriellen Entwicklung nötigen Rohmaterial, ist schon jetzt zum größten Teil freies Land. Seiner physischen Beschaffenheit nach kann der Boden hier nur durch freie Parzellenbauern mit Erfolg bebaut werden. Das Sklavensystem vegetiert hier nur sporadisch und schlug nie Wurzeln. Aus den Bewohnern dieser Hochlande besteht in dem größten Teil der sogenannten Grenzstaaten der Kern der freien Bevölkerung, die schon im Interesse der Selbsterhaltung für den Norden Partei ergreift.

Betrachten wir das streitige Gebiet im einzelnen.

Delaware, der nordöstlichste der Grenzstaaten, befindet sich faktisch und moralisch im Besitz der Union. Alle Versuche der Sezessionisten zur Bildung auch nur einer ihnen günstigen Parteifraktion sind vom Beginn des Krieges an der Einstimmigkeit der Bevölkerung gescheitert. Das Sklavenelement dieses Staates war seit lange im Aussterben begriffen. Von 1850 bis 1860 allein verminderte sich die Sklavenzahl um die Hälfte, so daß Delaware auf eine Gesamtbevölkerung von 112218 jetzt nur noch 1798 Sklaven zählt. Trotzdem wird Delaware von der südlichen Konföderation herausverlangt und wäre in der Tat für den Norden militärisch unhaltbar, sobald sich der Süden Marylands bemächtigt hätte.

In *Maryland* selbst findet der obenerwähnte Konflikt zwischen Hochland und Flachland statt. Auf eine Gesamtbevölkerung von 687034 kommen hier 87188 Sklaven. Daß die weit überwiegende Mehrzahl des Volkes mit der Union geht, haben die jüngsten allgemeinen Wahlen zum Kongreß in Washington wieder schlagend bewiesen. Die Armee von 30000 Unionstruppen, die Maryland augenblicklich besetzt hält, soll nicht nur der Armee am Potomac als Reserve dienen, sondern namentlich auch die rebellischen Sklaveneigner im Innern des Landes im Schach halten. Hier zeigt sich nämlich ein ähnliches Phänomen wie in anderen Grenzstaaten, wo die große Masse des Volkes zum Norden, eine numerisch unbedeutende Sklavenhalterpartei zum Süden steht. Was ihr an Zahlen fehlt, ersetzt die Sklavenhalterpartei durch die Machtmittel, die langjähriger Besitz aller Staatsämter, erbliche Beschäftigung mit politischer Intrige und Konzentration großer Vermögen in wenigen Händen ihr gesichert haben.

Virginia bildet jetzt das große Standlager, wo die Hauptarmee der Sezession und die Hauptarmee der Union gegeneinander Front machen. In den nordwestlichen Hochlanden Virginias beläuft sich die Sklavenmasse auf 15000, während die zwanzigfach größere freie Bevölkerung der Mehrzahl nach aus unabhängigen Bauern besteht. Das östliche Flachland Virginias zählt dagegen beinahe eine halbe Million Sklaven; Negerzucht und der Verkauf der Neger in die südlichen Staaten bilden seine Haupteinkommen-Quelle. Sobald die Rädelsführer des Flachlandes durch Intrigen in der Staatslegislatur zu Richmond die Sezessionsordonnanz durchgesetzt und die Tore Virginias in aller Eile der Südarmee geöffnet hatten, sezedierte Nordwest-Virginia von der Sezession, bildete einen neuen Staat und verteidigt jetzt unter dem Banner der Union mit den Waffen in der Hand sein Gebiet gegen die südlichen Eindringlinge.

Tennessee, mit 1109847 Einwohnern, worunter 275784 Sklaven, befindet sich in den Händen der südlichen Konföderation, die das ganze Land dem Standrecht unterworfen hat und einem Proskriptions-System, das an die Zeiten der römischen Triumvirate erinnert. Als die Sklavenhalter im Winter 1861 eine allgemeine Volkskonvention vorschlugen, die über Sezession oder Nichtsezession abstimmen sollte, verweigerte die Volksmajorität jede Konvention, um jeden Vorwand zur Sezessionsbewegung abzuschneiden. Später, als Tennessee bereits von der südlichen Konföderation militärisch überrannt und einem Schreckenssystem unterworfen war, erklärte sich bei den Wahlen immer noch mehr als ein Drittel der Stimmgeber für die Union. Das eigentliche Zentrum des Widerstandes gegen die Sklavenhalterpartei bildet hier, wie in den meisten Grenzstaaten, das Gebirgsland, *Ost-Tennessee*. Am 17. Juni 1861 trat in Greenville eine allgemeine Volkskonvention von Ost-Tennessee zusammen, erklärte sich für die Union, deputierte den ehemaligen Gouverneur des Staates, Andrew Johnson, einen der eifrigsten Unionisten, zum Senat in Washington, und veröffentlichte eine ›declaration of grievances‹, eine Beschwerdeschrift, die alle Mittel des Betruges, der Intrige und des Schreckens bloßlegt, wodurch Tennessee aus der Union ›hinausvotiert‹ worden ist. Seit dieser Zeit wird Ost-Tennessee durch Waffengewalt von den Sezessionisten im Schach gehalten.

Ähnliche Verhältnisse wie in West-Virginia und Ost-Tennessee, finden sich im Norden von Alabama, Nordwesten von Georgia und Norden von Nord-Carolina.

Weiter westlich, im Grenzstaat *Missouri*, mit 1173317 Einwohnern und 114965 Sklaven – letztere meist zusammengedrängt auf das nordwestliche Gebiet des Staates – entschied die Volkskonvention vom August 1861 für die Union. Jackson, der Gouverneur des Staates und Werkzeug der Sklavenhalterpartei, empörte sich gegen die Legislatur Missouris, ward in die Acht erklärt und trat nun an die Spitze der bewaffneten Horden, die Missouri von Texas, Arkansas und Tennessee aus überfielen, um es vor der Konföderation auf die Knie zu werfen und sein Band mit der Union durch das Schwert zu zerschneiden. Missouri bildet in diesem Augenblicke nächst Virginia das Haupttheater des Bürgerkrieges.

New Mexico, kein Staat, sondern ein bloßes Territorium, wohin unter Buchanans Präsidentschaft 25 Sklaven importiert wurden, um ihnen von Washington aus eine Sklavenkonstitution nachzuschicken – hat, wie selbst der Süden zugesteht, seiner nicht begehrt. Aber der Süden begehrt New Mexico und spie demgemäß von Texas aus eine bewaffnete Abenteurerbande über die Grenze. Gegen diese Befreier hat New Mexico den Schutz der Unionsregierung angefleht.

Man wird bemerkt haben, daß wir besonderen Nachdruck auf das numerische Verhältnis von Sklaven zu Freien in den einzelnen Grenzstaaten legen. Dies Verhältnis ist in der Tat entscheidend. Es ist der Thermometer, woran man das Lebensfeuer des Sklavensystems messen muß. Die Seele der ganzen Sezessionsbewegung ist *Süd-Carolina*. Es zählt 402541 Sklaven auf 301271 Freie. In zweiter Linie folgt *Mississippi*, das der südlichen Konföderation ihren Diktator, Jefferson Davis, gegeben hat. Es zählt 436696 Sklaven auf 354699 Freie. In dritter Linie kommt *Alabama* mit 453132 Sklaven auf 529164 Freie.

Der letzte der streitigen Grenzstaaten, dessen wir noch zu erwähnen haben, ist *Kentucky*. Seine jüngste Geschichte ist besonders charakteristisch für die Politik der südlichen Konföderation. Kentucky zählt auf 1135713 Einwohner 225490 Sklaven. In drei aufeinanderfolgenden allgemeinen Volkswahlen – im Winter 1861, als zu einem Kongreß der Grenzstaaten gewählt ward; im Juni 1861, als die Wahlen zum Kongreß in Washington stattfanden; endlich im August 1861 in den Wahlen zur Legislatur des Staates Kentucky – entschied eine stets wachsende Majorität für die Union. Dagegen sind Magoffin, der Gouverneur von Kentucky, und sämtliche Würdenträger des Staates fanatische Partisanen der Sklavenhalterpartei, ebenso Breckinridge, Vertreter Kentuckys im Senat zu Washington, Vizepräsident der Vereinigten Staaten unter Buchanan und 1860 Kandidat der Sklavenhalterpartei während der Präsidentenwahl. Zu schwach, um Kentucky für die Sezession zu gewinnen, war der Einfluß der Sklavenhalterpartei mächtig genug, um es beim Ausbruch des Krieges zu einer Neutralitätserklärung zu kirren. Die Konföderation erkannte die Neutralität an, solange sie ihren Zwecken diente, solange sie damit beschäftigt war, den Widerstand in Ost-Tennessee niederzuschlagen, Kaum war dieser Zweck erreicht, als sie mit dem Musketkolben an den Toren von Kentucky anklopfte unter dem Schrei: »*Der Süden braucht sein ganzes Territorium*. Er will und muß es haben!«

Von Südwest und Südost brachen ihre Freibeuterkorps gleichzeitig in den ›neutralen‹ Staat ein. Kentucky erwachte aus dem Traum der Neutralität, seine Legislatur ergriff offen Partei für die Union, umgab den verräterischen Gouverneur mit einem Komitee der öffentlichen Sicherheit, rief das Volk zu den Waffen, erklärte Breckinridge in die Acht und befahl den Sezessionisten, das überfallene Gebiet sofort zu räumen. Dies war das Signal zum Krieg. Eine Armee der südlichen Konföderation bewegt sich auf Louisville zu, während Freiwillige von Illinois, Indiana und Ohio herbeiströmen, um Kentucky vor den bewaffneten Missionären der Sklaverei zu retten.

Die Versuche der Konföderation, Missouri und Kentucky z. B. wider den Willen dieser Staaten sich einzuverleiben, beweisen die Hohlheit des Vorwandes, daß sie für die Rechte der Einzelstaaten gegen die Übergriffe der Union kämpfe. Den einzelnen Staaten, die sie zum »Süden« rechnet, erkennt sie allerdings das Recht zu, sich von der Union zu trennen, keineswegs aber das Recht, in der Union zu verbleiben.

Selbst die eigentlichen Sklavenstaaten, so sehr Krieg nach außen, Militärdiktatur im Innern und Sklaverei überall ihnen für den Augenblick den Schein der Harmonie geben, sind jedoch nicht ohne widerstrebende Elemente. Ein schlagendes Beispiel ist *Texas* mit 180388 Sklaven auf 601039 Einwohner. Das Gesetz von 1845, kraft dessen Texas als Sklavenstaat in die Reihe der Vereinigten Staaten trat, berechtigte es, aus seinem Territorium nicht nur einen, sondern fünf Staaten zu bilden. Dadurch hätte der Süden statt zwei zehn neue Stimmen im amerikanischen Senat gewonnen, und Vermehrung seiner Stimmenzahl im Senat war ein Hauptziel seiner damaligen Politik. Die Sklavenhalter fanden es jedoch von 1845 bis 1860 untunlich, Texas, wo die deutsche Bevölkerung eine große Rolle spielt, auch nur in zwei Staaten zu zerschneiden, ohne in dem zweiten Staate der Partei der freien Arbeit die Oberhand über die Partei der Sklaverei einzuräumen. Bester Beweis dies, wie mächtig der Gegensatz gegen die Sklavenhalter-Oligarchie in Texas selbst.

Georgia ist der größte und bevölkertste der Sklavenstaaten. Auf eine Einwohnermasse von 1057327 zählt es 462230 Sklaven, also beinahe die Hälfte der Bevölkerung. Trotzdem gelang es der Sklavenhalterpartei bisher nicht, die zu Montgomery dem Süden aufoktroyierte Konstitution durch allgemeine Volksabstimmung in Georgia sanktionieren zu lassen.

In der Staatskonvention *Louisianas*, die am 21. März 1861 zu New Orleans zusammentrat, erklärte Roselius, der politische Veteran des Staates:

»Die Montgomery-Konstitution ist keine Konstitution, sondern eine Konspiration. Sie inauguriert keine Volksregierung, sondern *eine gehässige und uneingeschränkte Oligarchie*. Dem Volk war es nicht erlaubt, bei dieser Gelegenheit mitzuhandeln. Die Konvention von Montgomery hat das Grab der politischen Freiheit gegraben, und jetzt beruft man uns, um ihrem Leichenbegängnis beizuwohnen.«

Die Oligarchie der 300000 Sklavenhalter benützte nämlich den Kongreß von Montgomery nicht nur, um die Trennung des Südens vom Norden zu proklamieren. Sie beutete ihn zugleich aus zur Umwälzung der innern Verfassung der Sklavenstaaten, zur völligen Unterwerfung des Teils der weißen Bevölkerung, der unter dem Schutz und der demokratischen Verfassung der Union noch einige Selbständigkeit behauptet hatte. Schon während 1856 bis 1860 hatten die politischen Wortführer, Juristen, Moralisten und Theologen der Sklavenhalterpartei nicht so sehr zu beweisen gesucht, daß die Negersklaverei berechtigt sei, als vielmehr, daß die Farbe gleichgültig zur Sache und die arbeitende Klasse überall zur Sklaverei geschaffen sei.

Man sieht also, daß der Krieg der südlichen Konföderation im eigentlichen Sinne des Wortes ein Eroberungskrieg zur Ausbreitung und Verewigung der Sklaverei ist. Der größte Teil der Grenzstaaten und Territorien befindet sich noch im Besitz der Union, für die sie erst durch die Wahlurne, dann durch die Waffen Partei ergriffen haben. Die Konföderation rechnet sie aber zum ›*Süden*‹ und sucht sie der Union abzuerobern. In den Grenzstaaten, welche die Konföderation einstweilen besetzt hat, hält sie das relativ freie Gebirgsland durch das Standrecht im Zaum. Innerhalb der eigentlichen Sklavenstaaten selbst verdrängt sie die bisherige Demokratie durch die uneingeschränkte Oligarchie von 300000 Sklavenhaltern.

Mit dem Verzicht auf ihre Eroberungspläne würde die südliche Konföderation auf ihre Lebensfähigkeit und auf den Zweck der Sezession verzichten. Die Sezession fand ja nur statt, weil innerhalb der Union die Verwandlung der Grenzstaaten und Territorien in Sklavenstaaten nicht länger erreichbar schien. Andererseits mit einer friedlichen Preisgabe des streitigen Gebiets an die südliche Konföderation würde der Norden der Sklavenrepublik mehr als drei Vierteile vom Gesamtgebiet der Vereinigten Staaten überlassen. Der Norden verlöre den Meerbusen von Mexiko ganz, den Atlantischen Ozean mit Ausnahme des schmalen Streifens von der Bucht von Penobscot bis zur Bucht von Delaware, und würde sich selbst vom Stillen Ozean abschneiden. Missouri, Kansas, New Mexico, Arkansas und Texas würden Kalifornien nachziehen. Die großen Ackerbaustaaten in dem Becken zwischen den Rocky Mountains und den Alleghanys, in den Tälern des Mississippi, Missouri und Ohio, unfähig, die Ausflüsse des Mississippi den Händen der starken, feindlichen Sklavenrepublik im Süden zu entreißen, wären durch ihre ökonomischen Interessen gezwungen, vom Norden zu sezedieren und der südlichen Konföderation beizutreten. Diese nordwestlichen Staaten ihrerseits würden alle weiter östlich gelegenen Nordstaaten mit Ausnahme etwa der Staaten von Neuengland, in denselben Wirbel der Sezession nachziehen.

Es fände so in der Tat keine Auflösung der Union statt, sondern eine *Reorganisation* derselben, eine *Reorganisation auf der Grundlage der Sklaverei*, unter der anerkannten Kontrolle der sklavenhaltenden Oligarchie. Der Plan einer solchen Reorganisation ist von den Hauptrednern des Südens offen auf dem Kongreß von Montgomery proklamiert worden und erklärt den Paragraph der neuen Konstitution, der jedem Staat der alten Union den Anschluß an die neue Konföderation offenhält. Das Sklavensystem würde die ganze Union verpesten. In den nördlichen Staaten, wo Negersklaverei praktisch unausführbar, würde die weiße Arbeiterklasse nach und nach auf das Niveau des Helotentums niedergedrückt werden. Es entspräche dies völlig dem laut verkündeten Grundsatz, daß nur gewisse Rassen der Freiheit fähig sind, und wie die eigentliche Arbeit im Süden das Los des Negers, so im Norden das des Deutschen und Irländers, oder ihrer unmittelbaren Nachkommen.

Der gegenwärtige Kampf zwischen Süd und Nord ist also nichts als ein Kampf zweier sozialer Systeme, des Systems der Sklaverei und des Systems der freien Arbeit. Weil beide Systeme nicht länger friedlich auf dem nordamerikanischen Kontinent nebeneinander hausen können, ist der Kampf ausgebrochen. Er kann nur beendet werden durch den Sieg des einen oder des andern Systems.

Wenn die Grenzstaaten, die streitigen Gebiete, worin beide Systeme bisher um die Herrschaft rangen, ein Dorn im Fleisch des Südens sind, so ist andererseits nicht zu verkennen, daß sie in dem bisherigen Lauf des Krieges die Hauptschwäche des Nordens bildeten. Ein Teil der Sklavenhalter in diesen Distrikten heuchelte Loyalität für den Norden auf Geheiß der Verschwörer im Süden; ein anderer Teil derselben fand es in der Tat seinen reellen Interessen und traditionellen Begriffen gemäß, mit der Union zu gehen. Beide haben den Norden gleichmäßig gelähmt. Angst, die ›loyalen‹ Sklavenhalter der Grenzstaaten bei gutem Humor zu erhalten, Furcht, sie der Sezession in die Arme zu werfen, mit einem Wort zarte Rücksichtnahme auf die Interessen, Vorurteile und Empfindlichkeiten dieser zweideutigen Verbündeten, hat die Unionsregierung seit Beginn des Krieges mit unheilbarer Schwäche geschlagen, sie zu halben Maßregeln gedrängt, sie gezwungen, das Prinzip des Krieges wegzuheucheln und den verwundbarsten Fleck des Gegners zu schonen, die Wurzel des Übels – *die Sklaverei selbst*.

Wenn Lincoln noch neulich Frémonts Missouri-Proklamation zur Emanzipation der den Rebellen angehörigen Neger kleinmütig widerrief, so geschah es nur aus Rücksicht auf den lauten Protest der ›loyalen‹ Sklavenhalter Kentuckys. Indes ist bereits ein Wendepunkt eingetreten. Mit Kentucky ist der letzte Grenzstaat in die Reihe der Schlachtfelder zwischen Süd und Nord gedrängt worden. Mit dem wirklichen Krieg um die Grenzstaaten in den Grenzstaaten selbst ist ihr Gewinn oder Verlust der Sphäre diplomatischer und parlamentarischer Verhandlungen entzogen. Der eine Teil der Sklavenhalter wird die loyale Maske abwerfen, der andere mit der Aussicht auf eine Geldentschädigung, wie Großbritannien sie den westindischen Pflanzern gab, vorlieb nehmen. Die Ereignisse selbst drängen zur Verkündung der entscheidenden Parole – der *Sklavenemanzipation*.

Wie selbst die verstocktesten Demokraten und Diplomaten des Nordens sich zu diesem Punkt hingezogen fühlen, zeigen einige Kundgebungen der neuesten Zeit. General Cass, Kriegsminister unter Buchanan und bisher einer der eifrigsten Alliierten des Südens, erklärt in einem offenen Sendschreiben die Sklavenemanzipation für die conditio sine qua non[1] der Rettung der Union. Dr. Brownson, der Wortführer der katholischen Partei des Nordens, nach seinem eigenen Geständnis von 1836–1860 der energischste Gegner der Emanzipationsbewegung, publiziert in seiner letzten ›Revue‹ für Oktober einen Artikel *für* die Abolition.

»Wenn wir«, sagt er unter anderm, »die Abolition bekämpften, so lange wir durch sie die Union bedroht hielten, müssen wir jetzt um so entschiedener gegen den Fortbestand der Sklaverei auftreten, seitdem wir uns überzeugt haben, daß eine längere Fortdauer der Sklaverei unvereinbar ist mit der Erhaltung der Union oder unserer Nation als einer freien Republik.«

Endlich die ›*World*‹, ein New Yorker Organ der Diplomaten des Washingtoner Kabinetts, schließt einen ihrer letzten Polterartikel gegen die Abolitionisten mit den Worten:

»An dem Tag, wo es entschieden sein wird, daß entweder die Sklaverei untergehen muß oder die Union, an dem Tage ist das Todesurteil der Sklaverei gesprochen. Wenn der Norden nicht *ohne* Emanzipation siegen kann, wird er *mit* Emanzipation siegen.«

Der Amerikanische Bürgerkrieg

Von welchem Standpunkt man ihn immer betrachte, bietet der Amerikanische Bürgerkrieg ein Schauspiel ohne Parallele in den Annalen der Kriegsgeschichte. Die ungeheure Ausdehnung des streitigen Territoriums; die weitgestreckte Fronte der Operationslinien; die numerische Masse der feindlichen Armeen, deren Schöpfung sich kaum an eine frühere Organisationsbasis anlehnte; die fabelhaften Kosten dieser Armeen, die Art ihrer Leistung und die allgemeinen taktischen und strategischen Prinzipien, nach denen der Krieg geführt wird, sind alle neu in den Augen des europäischen Zuschauers.

Die sezessionistische Verschwörung, lange vor ihrem Ausbruch organisiert, protegiert und unterstützt durch Buchanans Administration, gab dem Süden einen Vorschub, durch den er allein sein Ziel zu erreichen hoffen konnte. Gefährdet durch seine Sklavenbevölkerung und durch ein starkes unionistisches Element unter den Weißen selbst, mit einer um zwei Dritteile kleinern Anzahl von Freien als der Norden, aber fertiger zum Angriff, dank der Massen abenteuernder Müßiggänger, die er birgt, hing für den Süden von einer raschen, kühnen, fast waghalsigen Offensive alles ab. Gelang es den Südlichen, St. Louis, Cincinnati, Washington, Baltimore und vielleicht Philadelphia zu nehmen, so durften sie auf eine Panik rechnen, währenddessen Diplomatie und Bestechung die Anerkennung der Unabhängigkeit aller Sklavenstaaten sichern konnten. Schlug dieser erste Angriff fehl, wenigstens auf den entscheidenden Punkten, so mußte sich ihre Lage täglich verschlechtern, gleichzeitig mit der Kraftentwicklung des Nordens. Dieser Punkt war richtig begriffen von den Männern, die in wahrhaft bonapartistischem Geist die sezessionistische Verschwörung organisiert hatten. Sie eröffneten die Kampagne in entsprechender Weise. Ihre Abenteurerbanden überrannten Missouri und Tennessee, während ihre mehr regulären Truppen Ost-Virginia überfielen und einen coup de main[1] auf Washington vorbereiteten. Mit dem Mißlingen dieses Coup war die südliche Kampagne *vom militärischen Standpunkt* aus verloren.

Der Norden trat auf den Kriegsschauplatz, widerwillig, schläfrig, wie bei seiner höhern industriellen und kommerziellen Entwicklung zu erwarten war. Die soziale Maschinerie war hier ungleich komplizierter als im Süden, und es erheischte ungleich mehr Zeit, ihrer Bewegung diese ungewohnte Richtung zu geben. Die Anwerbung der dreimonatigen Freiwilligen war ein großer, aber vielleicht unvermeidlicher Fehlgriff. Es war die Politik des Nordens, im Anfang auf allen entscheidenden Punkten die Defensive innezuhalten, seine Kräfte zu organisieren, sie durch Operationen auf kleiner Stufenleiter und ohne das Wagnis entscheidender Schlachten einzuüben, und endlich, sobald die Organisation hinreichend gekräftigt, zugleich das verräterische Element mehr oder minder aus der Armee entfernt war, zu einer energischen, rastlosen Offensive überzugehen und vor allem Kentucky, Tennessee, Virginia und Nord-Carolina wiederzuerobern. Die Verwandlung der Bürger in Soldaten mußte im Norden mehr Zeit kosten als im Süden. Einmal bewerkstelligt, konnte man auf die individuelle Überlegenheit des nördlichen Mannes zählen.

Im großen und ganzen, nach Abzug der Fehlgriffe, die mehr aus politischer als militärischer Quelle entsprangen, handelte der Norden jenen Prinzipien gemäß. Der Kleinkrieg in Missouri und West-Virginia, während er die unionistischen Bevölkerungen schützte, gewöhnte die Truppen an den Felddienst und das Feuer, ohne sie entscheidenden Niederlagen bloßzustellen. Die große Blamage von Bull Run war einigermaßen das Resultat des früheren Irrtums, dreimonatige Freiwillige anzuwerben. Es war abgeschmackt, eine starke Position, auf schwierigem Terrain, im Besitz eines numerisch kaum unterlegenen Feindes, von rohen Rekruten in der Fronte eingreifen zu lassen. Die Panik, die sich der Unionsarmee im entscheidenden Augenblick bemächtigte und deren Motiv immer noch nicht aufgeklärt ist, konnte niemand überraschen, der einigermaßen mit der Geschichte von Volkskriegen vertraut war. Solche Dinge passierten den französischen Truppen sehr oft von 1792–1795, verhinderten jedoch dieselben Truppen nicht, die Schlachten von Jemappes und Fleurus, Montenotte, Castiglione und Rivoli zu gewinnen. Die Späße der europäischen Presse über die Bull-Run-Panik hatten nur *eine* Entschuldigung für ihre Albernheit – die vorhergehende Renommage eines Teiles der nordamerikanischen Presse.

Die sechsmonatige Ruhe, die der Niederlage bei Manassas folgte, wurde vom Norden besser benützt als vom Süden. Nicht nur füllten sich die nördlichen Reihen in größerem Maßstab als die südlichen. Ihre Offiziere empfingen bessere Instruktionen; Disziplin und Einübung der Truppen stießen nicht auf dieselben Hindernisse wie im Süden. Verräter und unfähige Eindringlinge wurden mehr und mehr entfernt, und die Periode der Bull-Run-Panik gehört der Vergangenheit. Die Armeen auf beiden Seiten dürfen natürlich nicht an dem Maßstab großer europäischer

Armeen oder selbst der ehemaligen regulären Armee der Vereinigten Staaten gemessen werden. Napoleon konnte in der Tat Bataillone roher Rekruten während des ersten Monats in den Depots einexerzieren, während des zweiten marschieren lassen und während des dritten vor den Feind führen; aber dann empfing jedes Bataillon einen hinreichenden Zusatz erfahrener Offiziere und Unteroffiziere, jede Kompanie einige alte Soldaten, und am Tage der Schlacht waren die jungen Truppen einbrigadiert zusammen mit Veteranen und von den letztern sozusagen umrahmt. Alle diese Bedingungen fehlten in Amerika. Ohne die beträchtliche Masse militärischer Erfahrung, die infolge der europäischen Revolutionsunruhen von 1848/49 in Amerika einwanderte, würde die Organisation der Unionsarmee noch viel längere Frist erheischt haben. Die sehr kleine Zahl der Toten und Verwundeten im Verhältnis zur Gesamtsumme der engagierten Mannschaften (gewöhnlich einer auf zwanzig) beweist, daß die meisten Treffen, selbst die neuesten in Kentucky und Tennessee, hauptsächlich mit Feuerwaffen auf ziemlich große Entfernung geführt wurden und daß die gelegentlichen Bajonettangriffe entweder bald vor dem feindlichen Feuer haltmachten oder den Feind in die Flucht trieben, bevor es zum Handgemenge kam. Unterdes ist die neue Kampagne unter günstigern Auspizien, durch das erfolgreiche Vorrücken Buells und Hallecks durch Kentucky und Tennessee, eröffnet worden.

Nach der Wiedereroberung von Missouri und West-Virginia eröffnete die Union den Feldzug mit dem Vorrücken in Kentucky. Hier hielten die Sezessionisten drei starke Positionen, verschanzte Lager: Columbus am Mississippi zu ihrer Linken, Bowling Green im Zentrum, Mill Springs am Cumberland River zur Rechten. Ihre Linie erstreckte sich über 300 Meilen von Westen nach Osten. Die Ausdehnung dieser Linie schnitt den drei Korps die Möglichkeit ab, sich wechselseitig zu unterstützen, und bot den Unionstruppen die Chance, jedes einzeln mit überlegenen Kräften anzugreifen. Der große Fehler in der Aufstellung der Sezessionisten entsprang aus dem Versuche, alles besetzt zu halten. Ein einziges verschanztes starkes Zentrallager, bestimmt zum Schlachtfeld für ein entscheidendes Treffen und von der Hauptheeresmasse gehalten, würde Kentucky ungleich wirksamer verteidigt haben. Entweder mußte es die Hauptmacht der Unionisten anziehen oder diese in eine gefährliche Lage versetzen, sollten sie versuchen, ohne Rücksicht auf eine so starke Truppenkonzentration voranzumarschieren.

Unter den gegebenen Umständen beschlossen die Unionisten, jene drei Lager nacheinander anzugreifen, ihren Feind aus denselben herauszumanövrieren und zur Annahme des Kampfes auf freiem Felde zu zwingen. Dieser Plan, der allen Regeln der Kriegskunst entsprach, wurde mit Geschwindigkeit und Energie ausgeführt. Gegen Mitte Januar marschierte ein Korps von ungefähr 15000 Unionisten auf Mill Springs, das von 20000 Sezessionisten besetzt war. Die Unionisten manövrierten in einer Weise, die den Feind glauben machte, er habe es nur mit einem schwachen Streifkorps zu tun. General Zollicoffer lief sofort in die Falle, brach aus seinem verschanzten Lager auf und griff die Unionisten an. Er überzeugte sich bald, daß ihm eine überlegene Macht gegenüberstand. Er fiel, und seine Truppen erlitten eine so völlige Niederlage wie die Unionisten bei Bull Run. Diesmal aber wurde der Sieg in ganz anderer Weise ausgebeutet. Die geschlagene Armee wurde hart verfolgt, bis sie gebrochen, demoralisiert, ohne Feldartillerie und Bagage, in ihrem Lager bei Mill Springs anlangte. Dies Lager war auf dem nördlichen Ufer des Cumberland River errichtet, so daß die Truppen im Fall einer andern Niederlage keinen Rückzug offen hatten, außer über den Fluß vermittelst weniger Dampfer und Flußboote. Wir finden überhaupt, daß beinahe alle sezessionistischen Lager auf der *feindlichen* Seite des Flusses errichtet waren. Eine solche Positionsnahme ist nicht nur regelrecht, sondern auch sehr praktisch, wenn sich eine Brücke im Rücken befindet. Das Lager dient in solchem Fall als Brückenkopf und gibt seinen Inhabern die Chance, ihre Streitkräfte beliebig auf beide Ufer des Flusses zu werfen und so ein vollständiges Kommando über denselben zu erhalten. Ein Lager auf der feindlichen Seite des Flusses, ohne Brücke im Rücken, schneidet dagegen nach einem unglücklichen Treffen den Rückzug ab und zwingt die Truppen zu kapitulieren oder setzt sie dem Massacre und Ertrinken aus, wie dies den Unionisten bei Balls Bluff auf der feindlichen Seite des Potomac geschah, wohin die Verräterei des General Stone sie entsendet hatte.

Als die geschlagenen Sezessionisten ihr Lager bei Mill Springs erreicht hatten, begriffen sie sofort, daß ein feindlicher Angriff auf ihre Verschanzungen zurückgeschlagen werden oder in sehr kurzer Zeit Kapitulation erfolgen müsse. Nach der Erfahrung des Morgens hatten sie das Vertrauen in ihre Widerstandskraft eingebüßt. Als daher die Unionisten den nächsten Tag zum Angriff auf das Lager vormarschierten, fanden sie, daß der Feind die Nacht benützt hatte, um über den Fluß zu setzen, mit Zurücklassung des Lagers, der Bagage, der Artillerie und Vorräte. In dieser Weise war die äußerste Rechte der sezessionistischen Linie nach Tennessee zurückgedrängt und Ost-Kentucky, wo die Masse der Bevölkerung der Sklavenhalterpartei feindlich, der Union wiedererobert.

Um dieselbe Zeit – gegen Mitte Januar – begannen die Vorbereitungen zur Verdrängung der Sezessionisten von Columbus und Bowling Green. Eine starke Flotte von Mörserbooten und eisenbepanzerten Kanonenbooten wurde bereitgehalten und überallhin die Nachricht verbreitet, sie solle einer zahlreichen, längs des Mississippi, von Cairo nach Memphis und New Orleans marschierenden Armee zum Geleit dienen. Alle Demonstrationen am Mississippi waren jedoch bloße Scheinmanöver. Im entscheidenden Augenblicke wurden die Kanonenboote nach dem Ohio gebracht, von da nach dem Tennessee, den sie hinauffuhren bis zu Fort Henry. Dieser Platz, zusammen mit Fort Donelson auf dem Cumberland River, bildete die zweite Verteidigungslinie der Sezessionisten in Tennessee. Die Position war gut gewählt, denn im Fall eines Rückzuges hinter den Cumberland würde der letztere Fluß ihre Front, der Tennessee ihre linke Flanke gedeckt haben, während der enge Strich Landes zwischen den beiden Flüssen hinreichend durch die beiden obengenannten Forts gedeckt war. Die rasche Aktion der Unionisten jedoch durchbrach die zweite Linie selbst, bevor der linke Flügel und das Zentrum der ersten angegriffen waren.

In der ersten Woche des Februar erschienen die Kanonenboote der Unionisten vor Fort Henry, das sich nach einem kurzen Bombardement ergab. Die Garnison entschlüpfte nach Fort Donelson, da die Landmacht der Expedition nicht stark genug war, um den Platz zu umzingeln. Die Kanonenboote fuhren nun wieder den Tennessee hinunter, herauf nach dem Ohio und von da den Cumberland hinauf bis zu Fort Donelson. Ein einziges Kanonenboot fuhr kühn den Tennessee herauf, mitten durch das Herz des Staates Tennessee, streifend den Staat Mississippi und vordringend bis nach Florence im Norden Alabamas, wo eine Reihe von Sümpfen und Bänken (bekannt unter dem Namen der mussleshoals) weitere Schiffahrt verbietet. Diese Tatsache, daß ein einziges Kanonenboot diese lange Reise von mindestens 150 Meilen zurücklegte und dann zurückkehrte, ohne irgendeinen Angriff zu erleiden, beweist, daß das Unionsgefühl längs des Flusses vorherrscht und den Unionstruppen sehr zustatten kommen wird, sollten sie so weit vordringen.

Die Schiffsexpedition auf dem Cumberland kombinierte ihre Bewegungen nun mit denen der Landkräfte unter den Generalen Halleck und Grant. Die Sezessionisten zu Bowling Green wurden über die Bewegungen der Unionisten getäuscht. Sie blieben daher ruhig in ihrem Lager, während eine Woche nach dem Fall des Fort Henry Fort Donelson auf der Landseite von 40000 Unionisten eingeschlossen und auf der Flußseite von einer starken Flotte von Kanonenbooten bedroht wurde. Wie das Lager bei Mill Springs und Fort Henry, hatte Fort Donelson den Fluß im Rücken liegen, ohne Brücke zum Rückzug. Es war der stärkste Platz, den die Unionisten bis jetzt angegriffen hatten. Die Werke waren mit größerer Sorgfalt ausgeführt; außerdem der Platz umfassend genug, um den 20000 Mann, die ihn besetzt hielten, Unterkunft zu bieten. Am ersten Tage des Angriffs brachten die Kanonenboote das Feuer der nach der Flußseite gerichteten Batterien zum Schweigen und bombardierten das Innere der Verteidigungswerke, während die Landtruppen die feindlichen Vorposten zurücktrieben und die Hauptmasse der Sezessionisten zwangen, Schutz dicht unter den Kanonen ihrer eigenen Verteidigungswerke zu suchen. Am zweiten Tage scheinen die Kanonenboote, die stark am vorigen Tage gelitten hatten, nur wenig ausgerichtet zu haben. Die Landtruppen hatten dagegen eine lange und stellenweise heiße Schlacht zu fechten mit den Kolonnen der Garnison, die den rechten feindlichen Flügel zu durchbrechen suchten, um sich die Rückzugslinie nach Nashville zu sichern. Jedoch ein energischer Angriff des unionistischen rechten Flügels auf den linken Flügel der Sezessionisten und bedeutende Verstärkungen, die der linke Flügel der Unionisten erhielt, entschieden den Sieg zugunsten der Angreifer. Verschiedene Außenwerke waren gestürmt worden. Die Garnison, eingezwängt in ihre inneren Verteidigungslinien, ohne die Chance eines Rückzuges und offenbar nicht in der Lage, einem Angriff am nächsten Morgen zu widerstehen, ergab sich am folgenden Tag ohne Bedingungen.

Mit dem Fort *Donelson* fiel die feindliche Artillerie, Bagage, Kriegsvorräte in die Hände der Unionisten; 30000 Sezessionisten ergaben sich am Tage der Einnahme; 1000 mehr am nächsten Tage, und sobald die Vorposten der Sieger bei Clarksville erschienen, einer Stadt, die weiter am Cumberland-Fluß hinauf liegt, öffnete sie die Tore. Bedeutender Proviant war auch hier für die Sezessionisten aufgehäuft.

Die Einnahme des Fort Donelson bietet nur *ein* Rätsel: die Flucht des General Floyd mit 5000 Mann am zweiten Tage der Beschießung. Diese Flüchtlinge waren zu zahlreich, um während der Nacht auf Dampfbooten weggeschmuggelt zu werden. Mit einigen Vorsichtsmaßregeln auf seiten der Angreifer konnten sie nicht entkommen.

Sieben Tage nach Übergabe des Fort Donelson wurde Nashville von den Föderalisten besetzt. Die Entfernung zwischen den beiden Orten beträgt ungefähr 100 englische Meilen, und ein Marsch von 15 Meilen per Tag, auf sehr elenden Wegen, während der ungünstigsten Jahreszeit, gereicht den Unionstruppen zur Ehre. Beim Empfang der Nachricht vom Fall des Fort Donelson räumten die Sezessionisten Bowling Green; eine Woche später verließen sie Columbus und zogen sich auf eine Mississippi-Insel, 45 Meilen südlicher, zurück. So ward Kentucky der Union ganz wiedererobert. Tennessee aber können die Sezessionisten nur halten, wenn sie eine große Schlacht anbieten und gewinnen. Sie sollen in der Tat 65000 Mann zu diesem Zwecke konzentriert haben. Indes verhindert nichts die Unionisten, ihnen eine überlegene Kraft gegenüberzuführen.

Die Leitung der Kentuckyschen Kampagne von Somerset bis Nashville verdient das höchste Lob. Die Wiedereroberung eines so ausgedehnten Landes, das Vorrücken vom Ohio bis zum Cumberland während eines einzigen Monats, zeigt eine Energie, Entschiedenheit und Raschheit, wie sie selten von regulären Armeen Europas erreicht worden sind. Man vergleiche z. B. das langsame Vorrücken der Alliierten von Magenta nach Solferino im Jahre 1859 – ohne Verfolgung des rückziehenden Feindes, ohne Versuch, seine Nachzügler abzuschneiden oder gar ganze Truppenteile desselben zu umgehen und zu umzingeln.

Halleck und Grant insbesondere bieten schöne Beispiele entschiedener Kriegsführung. Ohne die geringste Rücksichtnahme weder auf Columbus noch auf Bowling Green, konzentrieren sie ihre Kräfte auf die entscheidenden Punkte, Fort Henry und Fort Donelson, greifen dieselben rasch und energisch an und machen eben dadurch Columbus und Bowling Green unhaltbar. Dann marschieren sie sofort nach Clarksville und Nashville, ohne den rückzügigen Sezessionisten die Zeit zu lassen, neue Positionen in Nord-Tennessee einzunehmen. Während dieser raschen Verfolgung bleibt das sezessionistische Truppenkorps in Columbus völlig von dem Zentrum und dem rechten Flügel seiner Armee abgeschnitten. Englische Blätter haben diese Operation mit Unrecht getadelt. Selbst wenn der Angriff auf Fort Donelson fehlschlug, konnten die Sezessionisten bei Bowling Green, beschäftigt durch General Buell, nicht hinreichende Mannschaft detachieren, um die Garnison zu befähigen, den abgeschlagenen Unionisten ins offene Feld zu folgen oder ihren Rückzug zu gefährden. Columbus andererseits lag so weit ab, daß es überhaupt mit Grants Bewegungen nicht intervenieren konnte. In der Tat, nachdem die Unionisten Missouri von den Sezessionisten gesäubert hatten, wurde Columbus für die letzteren ein völlig nutzloser Posten. Die Truppen, die seine Garnison bildeten, mußten ihren Rückzug nach Memphis oder auch Arkansas sehr beschleunigen, um der Gefahr einer unrühmlichen Waffenstreckung zu entgehen.

Infolge der Säuberung Missouris und der Wiedereroberung Kentuckys hat sich der Kriegsschauplatz soweit verengt, daß die verschiedenen Armeen auf der ganzen Operationslinie bis zu einem gewissen Grade zusammenwirken und auf die Erreichung bestimmter Resultate hinarbeiten können. Mit anderen Worten, der Krieg nimmt erst jetzt einen *strategischen* Charakter an, und die geographische Konfiguration des Landes erhält neues Interesse. Es ist jetzt die Aufgabe der nördlichen Generale, in den Baumwollstaaten die Achillesferse aufzufinden.

Bis zur Einnahme Nashvilles war keine strategische Gemeinschaft zwischen der Armee von Kentucky und der Armee am Potomac möglich. Sie waren zu weit voneinander entfernt. Sie standen auf derselben Frontlinie, aber ihre Operationslinien waren ganz verschieden. Erst mit dem siegreichen Vordringen in Tennessee wurden die Bewegungen der Armee von Kentucky wichtig für das ganze Kriegstheater.

Die von McClellan beeinflußten amerikanischen Blätter machen viel Wesens mit der Anakonda-Umschlängelungstheorie. Danach solle eine ungeheure Linie von Armeen die Rebellion umschlingen, nach und nach die Glieder zusammenziehen und den Feind schließlich erwürgen. Dies ist rein kindisch. Es ist eine Aufwärmung des in Österreich um 1770 erfundenen sogenannten *Kordonsystems*, das mit so großem Starrsinn und mit so beständigem Fehlschlag von 1792 bis 1797 gegen die Franzosen angewendet wurde. Zu Jemappes, Fleurus und ganz besonders zu Montenotte, Millesimo, Dego, Castiglione und Rivoli wurde diesem Systeme der Garaus gemacht. Die Franzosen schnitten die ›Anakonda‹ entzwei, indem sie an einem Punkt, wo sie überlegene Kräfte konzentriert hatten, losschlugen. Dann wurden die Stücke der ›Anakonda‹ der Reihe nach zerhackt.

In gut bevölkerten und mehr oder minder zentralisierten Staaten gibt es stets ein Zentrum, mit dessen Besetzung durch den Feind der nationale Widerstand gebrochen würde. Paris ist ein glänzendes Beispiel. Die Sklavenstaaten jedoch besitzen kein solches Zentrum. Sie sind dünn bevölkert, mit wenig großen Städten und diesen allen an der Seeküste. Es fragt sich also: Existiert trotzdem ein militärischer Gravitationspunkt, mit dessen Wegnahme der Rückgrat ihres Widerstandes bricht, oder sind sie, wie Rußland es noch 1812 war, nicht zu erobern, ohne jedes Dorf und jeden Fleck, mit einem Wort, ohne die ganze Peripherie zu besetzen?

Man werfe einen Blick auf die geographische Gestalt Sezessias mit seinem langen Küstenstrich am Atlantischen Ozean und seinem langen Küstenstrich am Meerbusen von Mexiko. Solange die Konföderierten Kentucky und Tennessee hielten, bildete das Ganze eine große, kompakte Masse. Der Verlust dieser beiden Staaten treibt einen ungeheuren Keil in ihr Territorium, der die Staaten am nördlichen Atlantischen Ozean von den Staaten am Meerbusen von Mexiko trennt. Die direkte Straße von Virginia und den beiden Carolinas nach Texas, Louisiana, Mississippi und teilweise selbst nach Alabama führt über Tennessee, das jetzt von den Unionisten eingenommen ist. Die *einzige* Straße, die, nach völliger Eroberung Tennessees durch die Union, die beiden Sektionen der Sklavenstaaten verbindet, geht über Georgia. Dies beweist, daß *Georgia der Schlüssel zu Sezessia ist*. Mit dem Verlust Georgias wäre die Konföderation in zwei Sektionen zerschnitten, die alle Verbindung untereinander verloren hätten. An eine Wiedereroberung Georgias durch die Sezessionisten wäre aber kaum zu denken, denn die unionistischen Streitkräfte wären in einer zentralen Position konzentriert, während ihre Gegner, in zwei Lager getrennt, kaum hinreichende Kräfte zu einem gemeinsamen Angriff aufzubieten hätten.

Wäre die Eroberung von ganz Georgia mit der Seeküste von Florida zu einer solchen Operation erheischt? Keineswegs. In einem Land, wo die Kommunikation, namentlich zwischen entfernten Punkten, viel mehr von den Eisenbahnen als von den Landstraßen abhängt, genügt die Wegnahme der Eisenbahnen. Die südlichste Eisenbahnlinie zwischen den Staaten am Meerbusen von Mexiko und der atlantischen Küste geht über Macon und Gordon bei Milledgeville.

Die Besetzung dieser beiden Punkte würde daher Sezessia entzweischneiden und die Unionisten befähigen, einen Teil nach dem andern zu schlagen. Man ersieht aus dem Obigen zugleich, daß keine Südrepublik ohne den Besitz von Tennessee lebensfähig ist. Ohne Tennessee liegt der Lebenspunkt Georgias nur acht oder zehn Tagmärsche von der Grenze ab; der Norden würde die Faust beständig am Halse des Südens halten, und bei dem geringsten Drucke müßte der Süden nachgeben oder von neuem für sein Leben kämpfen, unter Umständen, worin eine einzige Niederlage alle Aussicht auf Erfolg abschnitte.

Aus der bisherigen Betrachtung folgt:

Der Potomac ist *nicht* die bedeutendste Position des Kriegstheaters. Die Wegnahme Richmonds und das Vorrücken der Potomy-Armee weiter südlich – schwierig wegen der vielen Ströme, die die Marschlinie durchschneiden – könnten moralisch einen ungeheuren Effekt hervorbringen. Rein militärisch würden sie *nichts* entscheiden.

Die Entscheidung der Kampagne gehört der Kentucky-Armee, jetzt in Tennessee befindlich. Einerseits ist diese Armee den entscheidenden Punkten am nächsten, andererseits nimmt sie ein Territorium ein, ohne das die Sezession lebensunfähig ist. Dieses Armee müßte daher auf Kosten aller übrigen und mit Aufopferung aller kleineren Operationen verstärkt werden. Ihre nächsten Angriffspunkte wären Chattanooga und Dalton am oberen Tennessee, die wichtigsten Eisenbahnzentren des ganzen Südens. Nach ihrer Besetzung wäre die Verbindung zwischen den östlichen und westlichen Staaten Sezessias auf die Verbindungslinien in Georgia beschränkt. Es würde sich dann weiter darum handeln, mit Atlanta und Georgia eine andere Eisenbahnlinie abzuschneiden, endlich durch Wegnahme Macons und Gordons die letzte Verbindung zwischen den zwei Sektionen zu vernichten.

Wird dagegen der Anakonda-Plan befolgt, so kann trotz aller Erfolge im einzelnen und selbst am Potomac der Krieg sich ins Unendliche ausdehnen, während die finanziellen Schwierigkeiten zugleich mit diplomatischen Verwicklungen neuen Spielraum gewinnen.

Die Lage auf dem amerikanischen Kriegsschauplatze

Die Einnahme von New Orleans, wie die jetzt eingelaufenen Detailberichte zeigen, ist als ein fast unerreichtes Bravourstück der Flotte ausgezeichnet. Die Flotte der Unionisten bestand bloß aus Holzschiffen: ungefähr sechs Kriegsschiffe, jedes mit 14 bis 25 Kanonen, unterstützt von einer zahlreichen Eskadre von Kanonen- und Mörserbooten. Diese Flotte hatte vor sich zwei Forts, die die Passage des Mississippi versperrten. Im Bereich der hundert Kanonen dieser Forts war der Fluß verrammelt durch eine starke Kette, hinter der Torpedos, Feuerflöße und andre Zerstörungswerkzeuge aufgehäuft waren, diese ersten Hindernisse waren also zu passieren, um zwischen die Forts zu gelangen. Jenseits der Forts aber befand sich eine zweite furchtbare Verteidigungslinie, gebildet von eisengepanzerten Kanonenbooten, darunter der ›Manassas‹, ein eiserner Widder, und die ›Louisiana‹, eine mächtige schwimmende Batterie. Nachdem die Unionisten die beiden Forts, die den Strom ganz beherrschen, ohne alle Wirkung während sechs Tagen bombardiert hatten, beschlossen sie, ihrem Feuer zu trotzen, in drei Divisionen die eiserne Barriere zu forcieren, den Fluß hinaufzusegeln und den Kampf mit den ›ironsides‹ zu riskieren. Das Wagstück gelang. Sobald die Flottille vor New Orleans landete, war natürlich der Sieg entschieden.

Beauregard hatte jetzt nichts mehr in Corinth zu verteidigen. Seine Stellung dort hatte nur einen Sinn, solange sie Mississippi und Louisiana, speziell New Orleans, deckte. Er befindet sich jetzt strategisch in der Lage, daß eine verlorene Schlacht ihm keine andere Wahl übriglassen würde, als seine Armee in Guerillas aufzulösen, denn ohne große Stadt, wo Eisenbahnen und Verpflegungsmittel konzentriert sind, im Rücken seiner Armee, kann er Massen nicht länger zusammenhalten.

McClellan hat unwiderleglich bewiesen, daß er eine militärische Inkapazität ist, die, durch günstige Zufälle in eine gebietende und verantwortliche Stellung gehoben, den Krieg führt, nicht um den Feind zu schlagen, sondern vielmehr, um nicht vom Feinde geschlagen zu werden und so die eigene usurpierte Größe einzubüßen. Er gebärdet sich wie die alten sogenannten ›Manövrier-Generale‹, die ihre ängstliche Vermeidung jeder taktischen Entscheidung damit entschuldigen, daß sie den Feind durch strategische Umgehung zur Aufgabe seiner Positionen nötigten. Die Konföderierten entwischen ihm immer, weil er im entscheidenden Augenblicke nie auf sie losgeht. So ließ er sie – obgleich ihr Rückzugsplan zehn Tage vorher sogar in New-Yorker Blättern (zum Beispiel der ›Tribune‹) angekündigt war – ruhig von Manassas nach Richmond retirieren. Dann teilte er seine Armee und flankierte die Konföderierten strategisch, indem er mit einem Truppenkorps sich vor Yorktown festsetzte. Ein Forschungskrieg liefert immer Vorwand zu Zeitverschwendung und Vermeidung der Schlacht. Sobald er eine den Konföderierten überlegene Truppenmacht konzentriert hatte, ließ er sie von Yorktown nach Williamsburg und von da weiter retirieren, ohne sie zur Schlacht zu zwingen. So jämmerlich ist noch nie ein Krieg geführt worden. Wenn das Rückzugsgefecht bei Williamsburg statt in einem zweiten Bull Run für die Unionstruppen in einer Niederlage der konföderierten Arrièregarde endigte, so war McClellan ganz unschuldig an diesem Resultate.

Nach einem Marsch von ungefähr zwölf Meilen (englische), unter 24stündigem Regenguß und über wahre Kotwege, langten 8000 Unionstruppen unter General *Heintzelmann (deutscher* Abkunft, aber geborener Pennsylvanier) unweit Williamsburg an und stießen nur auf schwache Piketts des Feindes. Sobald dieser jedoch sich von ihrer geringen numerischen Kraft versichert, entsendete er aus Williamsburg, aus den Kerntruppen, Verstärkungen, die seine Truppenzahl nach und nach zu 25000 Mann anschwellten. Um neun Uhr morgens wurde der Kampf ernsthaft; um halb ein Uhr entdeckte General Heintzelmann, daß das Gefecht zugunsten des Gegners neigte. Er sendete Boten auf Boten an General Kearny, der acht Meilen in seinem Rücken stand, aber infolge der durch den Regen ganz ›aufgelösten‹ Straße sich nur langsam vorwärtswälzen konnte. Während einer ganzen Stunde blieb Heintzelmann ohne Verstärkung, und das 7. und 8. Jersey-Regiment, das seinen Pulvervorrat verschossen hatte, fing an auszureißen nach dem Walde auf beiden Seiten der Straße. Heintzelmann ließ nun den Oberst Menill mit einer pennsylvanischen Kavallerieschwadron auf beiden Säumen des Waldes deplacieren, unter der Drohung, auf die Flüchtlinge zu schießen. Dies brachte letztere wieder zum Stehen.

Die Ordnung wurde außerdem wieder hergestellt durch das Beispiel eines Massachusetts-Regiments, welches ebenfalls sein Pulver verschossen, nun aber das Bajonett auf die Musketen pflanzte und in ruhiger Haltung den Feind abwartete. Endlich wurde Kearnys Vortrab unter Brigadier Berry (vom Staate Maine) sichtbar. Heintzelmanns Armee empfing die Retter mit einem wilden Hurra; er ließ die Regimentsmusik den ›Yankee Doodle‹ aufspielen und in Front seiner erschöpften Truppen eine Linie von beinahe einer halben Meile durch Berrys Zuzug formieren.

Nach vorläufigem Feuergefecht machte Berrys Brigade eine Bajonettcharge im Sturmschritt und trieb den Feind vom Schlachtfeld weg zu seinen Erdwerken, von denen das größte nach wiederholten Angriffen und Gegenangriffen im Besitz der Unionstruppen blieb. So war das Gleichgewicht der Schlacht hergestellt. Berrys Ankunft hatte die Unionisten gerettet. Um vier Uhr entschied die Ankunft der Brigaden von Jameson und Birney ihren Sieg. Um neuen Uhr abends begann der Rückzug der Konföderierten von Williamsburg, den sie am folgenden Tag – nach Richmond zu – unter harter Verfolgung von Heintzelmanns Kavallerie fortsetzten. Schon zwischen sechs und sieben Uhr morgens nach der Schlacht hatte Heintzelmann Williamsburg durch General Jameson besetzen lassen. Die Arrièregarde des fliehenden Feindes hatte die Stadt nur eine halbe Stunde vorher am entgegengesetzten Ende geräumt. Heintzelmanns Schlacht war im eigentlichen Sinne des Wortes eine Infanterieschlacht. Artillerie kam kaum ins Spiel. Musketenfeuer und Bajonettattacke entschieden. Wollte der Kongreß von Washington ein Dankvotum aussprechen, so gebührte es dem General Heintzelmann, der die Yankees vor einem zweiten Bull Run rettete, nicht dem McClellan, der in seiner gewohnten Manier ›die taktische Entscheidung‹ vermied und den numerisch schwächeren Gegner zum dritten Mal entwischen ließ.

Die konföderierte Armee in Virginia hat bessere Chancen als Beauregards Armee, einmal, weil sie sich einem McClellan statt einem Halleck gegenüber befindet, und dann, weil auf ihrer Rückzugslinie die vielen Flüsse quer vom Gebirg nach dem Meer laufen. Indes, um zu vermeiden, daß sie sich nicht *ohne Schlacht* in Banden auflöst, werden ihre Generale gezwungen sein, früher oder später eine entscheidende Schlacht anzunehmen, gerade wie die Russen bei Smolensk und Borodino sich schlagen mußten, *gegen* den Willen der richtig urteilenden Generale. Jämmerlich, wie McClellans Kriegsführung war, hat das beständige Retirieren mit Rücklassung von Artillerie, Munition und anderen Kriegsvorräten, zugleich mit den kleinen unglücklichen Rückzugsgefechten, die Konföderierten jedenfalls arg demoralisiert, wie sich am Tage einer entscheidenden Schlacht ausweisen wird. Wir kommen also zu dem Fazit:

Verlieren Beauregard oder Jefferson Davis eine entscheidende Schlacht, so lösen sich ihre Armeen in Banden auf. Gewinnt einer von ihnen eine entscheidende Schlacht, was durchaus unwahrscheinlich, so ist im besten Fall die Auflösung ihrer Armeen aufgeschoben. Sie sind nicht in der Lage, den geringsten nachhaltigen Nutzen selbst von einem Sieg zu ziehen. Sie können nicht zwanzig englische Meilen vorrücken, ohne festzufahren und wieder die erneuerte Offensive des Gegners abzuwarten.

Es bleibt noch übrig, die Chancen eines Guerillakrieges zu untersuchen. Nun ist es aber gerade bei diesem Kriege der Sklavenhalter äußerst wunderbar, wie wenig, oder vielmehr wie gar nicht die Bevölkerung daran teilgenommen. Im Jahre 1813 wurden die Verbindungen der Franzosen von Colomb, Lützow, Tschernyschew und zwanzig andern Freischärler- und Kosakenführern fortwährend unterbrochen und harceliert. 1812 verschwand in Rußland die Bevölkerung vollständig von der französischen Marschlinie; 1814 bewaffneten sich die französischen Bauern und schlugen die Patrouillen und Nachzügler der Alliierten tot, aber hier geschieht gar nichts. Man unterwirft sich dem *Schicksal der großen Schlachten* und tröstet sich mit ›Victrix causa diis placuit, sed victa Catoni‹. Die Renommage mit dem Krieg bis zum Messer löst sich in Dunst auf. Es ist zwar kaum zu bezweifeln, daß der white trash (der ›weiße Schund‹, wie die Pflanzer selbst die ›armen Weißen‹ nennen) es mit Guerillakrieg und Brigandage versuchen wird. Ein solcher Versuch wird aber die besitzenden Pflanzer sehr rasch in *Unionisten* verwandeln. Sie werden selbst die Truppen der Yankees zu Hilfe rufen. Die angeblich Baumwoll- usw. Verbrennungen am Mississippi beruhen ausschließlich auf dem Zeugnis von zwei Kentuckyanern, die nach Louisville gekommen sein sollen – sicher nicht auf dem Mississippi. Der Brand in New Orleans war leicht organisiert. Der Fanatismus der Kaufleute von New Orleans erklärt sich daraus, daß sie eine Masse konföderierter Staatsschuldscheine für bares Geld nehmen mußten. Der Brand von New Orleans wird sich in andern Städten wiederholen; auch sonst wird gewiß mancher verbrannt, aber dergleichen theatralische Coups können nur den Zwiespalt zwischen den Pflanzern und dem ›white trash‹ auf die Spitze treiben, und damit finis Secessiae[1]!

Karl Marx [11]

Zur Kritik der Dinge in Amerika

Die Krise, die augenblicklich die Verhältnisse der Vereinigten Staaten beherrscht, ist durch doppelte Gründe verschuldet: militärische und politische.

Wurde der letzte Feldzug nach *einem* strategischen Plane geführt, so mußte, wie bereits früher in diesen Blättern auseinandergesetzt, die Hauptarmee des Westens ihre Erfolge in Kentucky und Tennessee benützen, um über den Norden Alabamas nach Georgia einzudringen und sich hier der Eisenbahnzentren bei Decatur, Milledgeville usw. zu bemächtigen. Dadurch wurde die Verbindung zwischen der Ost- und Westarmee der Sezessionisten aufgehoben und ihre wechselseitige Unterstützung unmöglich gemacht. Stattdessen marschierte die Kentucky-Armee den Mississippi herunter, südlich in der Richtung von New Orleans, und ihr Sieg unweit Memphis hatte kein anderes Resultat, als den größten Teil von Beauregards Truppen nach Richmond zu schicken, so daß die Konföderierten hier jetzt plötzlich dem McClellan, der die Niederlage der feindlichen Truppen bei Yorktown und Williamsburg nicht ausgebeutet, andererseits von vornherein seine eigenen Streitkräfte zersplittert hatte, mit einem überlegenen Heer in einer überlegenen Position gegenüberstanden. McClellans schon früher geschilderte Generalschaft war allein hinreichend, der größten und bestdiziplinierten Armee den Untergang zu sichern. Endlich beging Kriegsminister Stanton einen unverzeihlichen Fehler. Um dem Ausland zu imponieren, stellte er nach der Eroberung von Tennessee die Werbungen ein, verdammte also die Armee zu fortwährender Abschwächung, gerade als sie zur raschen, entscheidenden Offensive der Verstärkungen am meisten bedurfte. Trotz der strategischen Schnitzer und trotz McClellans Generalschaft war der Krieg, mit stetem Zufluß von Rekruten, bis jetzt, wo nicht entschieden, doch rasch der siegreichen Entscheidung nahend. Stantons Schritt war ein so unheilvoller, als der Süden damals gerade alle Männer von 18 bis 35 Jahren einstellte, also alles auf *eine* Karte setzte. Es sind diese inzwischen eingeübten Leute, die den Konföderierten fast überall das Übergewicht geben und ihnen die Initiative sichern. Sie hielten Halleck fest, verdrängten Curtis aus Arkansas, schlugen McClellan und gaben unter Stonewall

Jackson das Signal zu den Guerillazügen, die jetzt schon bis an den Ohio dringen.

Die militärischen Gründe der Krise hängen zum Teil mit den politischen zusammen. Es war der Einfluß der Demokratischen Partei, die eine Inkapazität wie McClellan, weil er ein ehemaliger Anhänger Breckinridges, zum commander in chief[1] der gesamten Streitkräfte des Nordens erhöhte. Es war ängstliche Rücksichtnahme auf die Wünsche, Vorteile und Interessen der Wortführer der *Grenzsklavenstaaten* (border slave states), die dem Bürgerkrieg bis jetzt die prinzipielle Spitze abbrach und ihn sozusagen entseelte. Die ›loyalen‹ Sklavenhalter dieser Grenzstaaten setzten es durch, daß die vom Süden diktierten fugitive slave laws (Gesetze über die flüchtigen Sklaven) aufrechterhalten und die Sympathien der Neger für den Norden gewaltsam unterdrückt wurden, daß kein General wagen durfte, eine Negerkompanie ins Feld zu stellen und daß endlich die Sklaverei sich aus der Achillesferse des Südens in seine unverwundbare Hornhaut verwandelte. Dank den Sklaven, die alle produktiven Arbeiten verrichten, kann die gesamte schlagfertige Mannschaft des Südens ins Feld geführt werden!

In diesem Augenblicke, wo die Aktien der Sezession steigen, erhöhen die Wortführer der Grenzstaaten ihre Ansprüche. Indes zeigt Lincolns Appell an sie, wo er mit Überfluten der Abolitionisten-Partei droht, daß die Dinge eine revolutionäre Wendung nehmen. Lincoln weiß, was Europa nicht weiß, daß es keineswegs Apathie oder Weichen vor dem Drucke der Niederlage ist, die seine Forderung von 300000 Rekruten ein so kaltes Echo finden lassen. Neuengland und der Nordwesten, die das Hauptmaterial der Armee geliefert, sind entschlossen, der Regierung eine revolutionäre Kriegsführung aufzuzwingen und auf das Sternenbanner die ›Aufhebung der Sklaverei‹ als Schlachtparole zu schreiben. Lincoln weicht nur zaudernd und ängstlich dieser pressure from without[2], weiß aber, daß er unfähig ist, ihr noch lange Widerstand zu leisten. Daher sein flehentlicher Aufruf an die Grenzstaaten, freiwillig und unter vorteilhaften Kontraktbedingungen auf das Institut der Sklaverei zu verzichten. Er weiß, daß es allein das Fortbestehen der Sklaverei in den Grenzstaaten ist, das bisher die Sklaverei im Süden unangetastet ließ und dem Norden verbot, sein großes radikales Heilmittel anzuwenden. Er irrt nur, wenn er erwähnt, die ›loyalen‹ Sklavenhalter seien durch wohlwollende Reden und Vernunftgründe bestimmbar. Sie werden nur der Gewalt weichen.

Wir haben bisher nur dem ersten Akt des Bürgerkrieges beigewohnt – der *konstitutionellen* Kriegsführung. Der zweite Akt, die *revolutionäre* Kriegsführung, steht bevor.

Unterdes hat der jetzt vertagte Kongreß während seiner ersten Session eine Reihe wichtiger Maßregeln dekretiert, die wir hier summarisch zusammenfassen wollen.

Von seiner finanziellen Gesetzgebung abgesehen, hat er die lang vergeblich von der nordischen Volksmasse angestrebte Homestead-Bill passiert, wonach ein Teil der Staatsländereien den Kolonisten, eingeborenen oder eingewanderten, zur Bebauung unentgeltlich anheimgestellt wird. Er hat die Sklaverei in Columbia und der nationalen Hauptstadt abgeschafft, mit Geldentschädigung für die ehemaligen Sklavenhalter. In allen *Territorien* der Vereinigten Staaten ist Sklaverei ›für immer unmöglich‹ erklärt worden. Der Akt, wodurch der neue Staat von West-Virginia in die Union aufgenommen wird, schreibt stufenweise Abschaffung der Sklaverei vor und erklärt alle nach dem 4. Juli 1863 geborenen Negerkinder für geborne Freie. Die Bedingungen der stufenweisen Emanzipation sind im ganzen dem Gesetz entlehnt, das vor 70 Jahren in Pennsylvania zu demselben Zwecke erlassen wurde. Durch einen vierten Akt sollen alle Sklaven von Rebellen emanzipiert werden, sobald sie in die Hand der republikanischen Armee fallen. Ein anderes Gesetz, das jetzt *zum ersten Mal* ausgeführt wird, bestimmt, daß diese emanzipierten Neger militärisch organisiert und gegen den Süden ins Feld geschickt werden können. Die Unabhängigkeit der Negerrepubliken von Liberia und Haiti ist anerkannt, endlich ein Vertrag zur Abschaffung des Sklavenhandels mit England geschlossen worden.

So, wie immer die Würfel des Kriegsglücks fallen mögen, kann schon jetzt mit Sicherheit gesagt werden, daß die Negersklaverei den Bürgerkrieg nicht lange überleben wird.

Zu den Ereignissen in Nordamerika

Der kurze Feldzug in Maryland hat das Schicksal des Amerikanischen Bürgerkrieges entschieden, wie immer für kürzere oder längere Zeit das Kriegsglück zwischen den streitenden Parteien noch schwanken möge. Es wurde früher in diesen Blättern entwickelt, daß der Kampf um den Besitz der Grenzsklavenstaaten der Kampf um die Herrschaft über die Union ist, und die Konföderation ist in diesem Kampfe, den sie unter günstigsten, nie wiederkehrenden Umständen aufnahm, unterlegen.

Maryland galt mit Recht als der Kopf, Kentucky als der Arm der Sklavenhalterpartei in den Grenzstaaten. Marylands Hauptstadt, Baltimore, wurde bis jetzt nur durch Standrecht ›loyal‹ erhalten. Es war ein Dogma, nicht nur des Südens, sondern des Nordens, daß die Erscheinung der Konföderierten in Maryland das Signal einer Volkserhebung en masse geben werden gegen ›die Satelliten Lincolns‹. Es galt hier nicht nur einen militärischen Erfolg, sondern eine moralische Demonstration, die die südlichen Elemente in allen Grenzstaaten elektrisieren und gewaltsam in ihren Wirbel fortziehen sollte.

Mit Maryland fiel Washington, war Philadelphia bedroht und New York nicht mehr sicher. Der gleichzeitige Einfall in Kentucky, durch Bevölkerung, Lage und ökonomische Hilfsmittel der wichtigste der Grenzstaaten, war, isoliert betrachtet, eine bloße Diversion. Gestützt auf entscheidende Erfolge in Maryland, erdrückte er die Unionspartei in Tennessee, überflügelte Missouri, sicherte Arkansas und Texas, bedrohte New Orleans, und, vor allem, verlegte den Krieg nach Ohio, dem Zentralstaate des Nordens, dessen Besitz ganz so den Norden unterwirft, wie der Besitz Georgias den Süden. Eine konföderierte Armee in Ohio schnitt den Westen der nördlichen Staaten vom Osten ab und bekämpfte den Gegner von seinem eigenen Zentrum aus. Nach dem Fiasko der rebellischen Hauptarmee in Maryland schrumpft der Kentucky-Einfall, der, mit wenig Energie vorangestoßen, nirgendwo auf volkstümliche Sympathie stieß, zu einem unbedeutenden Guerillazug herab. Selbst die Einnahme Louisvilles würde jetzt nur ›die Riesen des Westens‹, die Scharen von Iowa, Illinois, Indiana und Ohio zu einer ähnlichen ›Lawine‹

vereinigen, wie sie während des ersten glorreichen Kentucky-Feldzuges dem Süden auf das Haupt platzte.

So hat der Maryland-Feldzug bewiesen, daß den Wellen der Sezession die Schnellkraft mangelt, über den Potomac hinaus und an den Ohio hinanzuschlagen. Der Süden ist auf die Defensive beschränkt; aber *nur in der Offensive* lag die Möglichkeit seines Erfolges. Der Grenzstaaten beraubt, eingekeilt zwischen dem Mississippi im Westen und dem Atlantischen Ozean im Osten, hat er sich nichts erobert, außer einer – Grabstätte.

Man muß keinen Augenblick vergessen, daß die Südlichen die Grenzstaaten besaßen, politisch beherrschten, als sie die Fahne der Rebellion aufpflanzten. Was sie verlangten, waren die Territorien. Sie haben mit den Territorien die Grenzstaaten verloren.

Und dennoch wurde der Einfall in Maryland unter den möglichst günstigen Konjunkturen gewagt. Eine schmähliche Reihe unerhörter Niederlagen auf seiten des Nordens; die föderalistische Armee demoralisiert; ›Stonewall‹ Jackson der Held des Tages; Lincoln und seine Regierung Kinderspötte; die Demokratische Partei im Norden von neuem erstarkt und eine Präsidentschaft ›Jefferson Davis‹ bereits eskomptierend; Frankreich und England auf dem Sprung, die innerlich anerkannte Legitimität der Sklavenhalter laut zu proklamieren! ›E pur si muove.‹[1] Die Vernunft siegt dennoch in der Weltgeschichte.

Wichtiger noch als der Maryland-Feldzug ist Lincolns Proklamation. Lincolns Figur ist ›sui generis‹[2] in den Annalen der Geschichte. Keine Initiative, keine idealistische Schwungkraft, kein Kothurn, keine historische Draperie. Er tut das Bedeutendste immer in der möglichst unbedeutendsten Form. Andere, denen es sich um Quadratfüße Land handelt, proklamieren den ›Kampf für eine Idee‹. Lincoln selbst, wo er für die Idee handelt, proklamiert ihre ›Quadratfüße‹. Zögernd, widerstrebend, unwillig singt er die Bravour-Arie seiner Rolle, als ob er um Verzeihung bäte, daß die Umstände ihn nötigen, ›Löwe zu sein‹. Die furchtbarsten, geschichtlich ewig merkwürdigen Dekrete, die er dem Feind entgegenschleudert, sehen alle aus und bestreben sich auszusehen wie alltägliche Ladungen, die ein Anwalt dem Anwalt der Gegenpartei zustellt, Rechtsschikanen, engherzig verklausulierte actiones juris[3]. Denselben Charakter trägt seine jüngste Proklamation, das bedeutendste Aktenstück der amerikanischen Geschichte seit Begründung der Union, die Zerreißung der alten amerikanischen Verfassung, sein Manifest für die Abschaffung der Sklaverei.

Nichts leichter als das ästhetisch Widerliche, logisch Unzulängliche, formell Burleske und politisch Widerspruchsvolle an Lincolns Haupt- und Staatsaktionen nachzuweisen, wie es die englischen Pindars der Sklaverei tun, die ›Times‹, die ›Saturday Review‹ und tutti quanti[4]. Und dennoch wird Lincoln in der Geschichte der Vereinigten Staaten und der Menschheit unmittelbar Platz nehmen nach Washington! Ist es denn heutzutage, wo das Unbedeutende diesseits des Atlantischen Ozeans sich melodramatisch aufspreizt, so ganz ohne Bedeutung, daß in der neuen Welt das Bedeutende im Alltagsrocke einherschreitet?

Lincoln ist nicht die Ausgeburt einer Volksrevolution. Das gewöhnliche Spiel des allgemeinen Stimmrechts, unbewußt der großen Geschicke, über die es zu entscheiden, warf ihn an die Spitze, einen Plebejer, der sich vom Steinklopfer bis zum Senator in Illinois hinaufgearbeitet, ohne intellektuellen Glanz, ohne besondere Größe des Charakters, ohne ausnahmsweise Bedeutung – eine Durchschnittsnatur von gutem Willen. Niemals hat die neue Welt einen größeren Sieg errungen als in dem Beweis, daß mit ihrer politischen und sozialen Organisation Durchschnittsnaturen von gutem Willen hinreichen, um das zu tun, wozu es in der alten Welt der Heroen bedürfen würde!

Hegel hat schon bemerkt, daß in der Tat die Komödie über der Tragödie steht, der Humor der Vernunft über ihrem Pathos. Wenn Lincoln nicht den Pathos der geschichtlichen Aktion besitzt, besitzt er als volkstümliche Durchschnittsfigur ihren Humor. In welchem Augenblicke erläßt er die Proklamation, daß vom 1. Januar 1863 die Sklaverei in der Konföderation abgeschafft ist? In demselben Augenblicke, worin die Konföderation als selbständiger Staat eine ›Friedensunterhaltung‹ auf dem Kongreß von Richmond beschließt. In demselben Augenblicke, wo die Sklavenhalter der Grenzstaaten ›the peculiar institution‹ (›die eigentümliche Institution‹) durch den Einfall der Südlichen in Kentucky ebenso verbürgt glaubten als ihre Herrschaft über ihren Landsmann, den Präsidenten Abraham Lincoln in Washington.

An Abraham Lincoln, Präsident der Vereinigten Staaten von Amerika

Sir,
wir wünschen dem amerikanischen Volk Glück zu Ihrer mit großer Majorität erfolgten Wiederwahl!

Wenn Widerstand gegen die Macht der Sklavenhalter die maßvolle Losung Ihrer ersten Wahl war, so ist Tod der Sklaverei! der triumphierende Schlachtruf Ihrer Wiederwahl.

Vom Anfang des amerikanischen Titanenkampfs an fühlten die Arbeiter Europas instinktmäßig, daß an dem Sternenbanner das Geschick ihrer Klasse hing. Der Kampf um die Territorien, welcher die furchtbar gewaltige Epopöe eröffnete, hatte er nicht zu entscheiden, ob der jungfräuliche Boden unermeßlicher Landstrecken der Arbeit des Einwanderers vermählt oder durch den Fuß des Sklaventreibers befleckt werden sollte?

Als die Oligarchie der 300000 Sklavenhalter zum erstenmal in den Annalen der Welt das Wort Sklaverei auf das Banner der bewaffneten Rebellion zu schreiben wagte; als auf dem selbigen Boden, dem kaum ein Jahrhundert vorher zuerst der Gedanke einer großen Demokratischen Republik entsprungen war, von dem die erste Erklärung der Menschenrechte ausging und der erste Anstoß zu der europäischen Revolution des 18. Jahrhunderts gegeben wurde; als auf diesem selbigen Boden die Kontrerevolution mit systematischer Gründlichkeit sich rühmte, »die zur Zeit des Aufbaues der alten Verfassung herrschenden Ideen« umzustoßen, und »die Sklaverei als eine heilsame Einrichtung – ja als die einzige Lösung des großen Problems der Beziehungen der Arbeit zum Kapital hinstellte« und zynisch das Eigentumsrecht auf den Menschen als den »Eckstein des neuen Gebäudes« proklamierte; da begriffen die Arbeiter Europas sofort, selbst noch ehe sie durch die fanatische Parteinahme der oberen Klassen für den Konföderiertenadel gewarnt worden, daß die Rebellion der Sklavenhalter die Sturmglocke zu einem allgemeinen Kreuzzug des Eigentums gegen die Arbeit läuten würde und daß für die Männer der Arbeit außer ihren Hoffnungen auf die Zukunft auch ihre vergangenen Eroberungen in diesem Riesenkampfe jenseits des Ozeans auf dem Spiele standen. Überall trugen sie darum geduldig die Leiden, welche die Baumwollenkrisis ihnen auferlegte, widersetzten sich voll Begeisterung der Intervention zugunsten der Sklaverei, welche die höheren und ›gebildeten‹ Klassen mit solchem Eifer herbeizuführen suchten, und entrichteten aus den meisten Teilen Europas ihre Blutsteuer für die gute Sache.

Solange die Arbeiter, die wahren Träger der politischen Macht im Norden, es erlaubten, daß die Sklaverei ihre eigene Republik besudelte; solange sie es dem Neger gegenüber, der ohne seine Zustimmung einen Herrn hatte und verkauft wurde, als das höchste Vorrecht des weißen Arbeiters rühmten, daß er selbst sich verkaufen und seinen Herrn wählen könne – solange waren sie unfähig, die wahre Freiheit der Arbeit zu erringen oder ihre europäischen Brüder in ihrem Befreiungskampfe zu unterstützen. Dieses Hindernis des Fortschritts ist von dem roten Meere des Bürgerkrieges hinweggeschwemmt worden.

Die Arbeiter Europas sind von der Überzeugung durchdrungen, daß, wie der amerikanische Unabhängigkeitskrieg eine neue Epoche der Machtentfaltung für die Mittelklasse einweihte, so der amerikanische Krieg gegen die Sklaverei eine neue Epoche der Machtentfaltung für die Arbeiterklasse einweihen wird. Sie betrachten es als ein Wahrzeichen der kommenden Epoche, daß Abraham Lincoln, dem starksinnigen, eisernen Sohn der Arbeiterklasse, das Los zugefallen ist, sein Vaterland durch den beispiellosen Kampf für die Erlösung einer geknechteten Race und für die Umgestaltung der sozialen Welt hindurchzuführen.

Unterzeichnet im Namen der Internationalen Arbeiterassoziation vom Zentralrat:

Le Lubez, korrespondierender Sekretär für Frankreich; *F. Rybczinsky* (Polen); *Emile Holtorp* (Polen); *J. B. Bocquet; H. Jung*, korrespondierender Sekretär für die Schweiz; *Morisot; George W. Wheeler; J. Denoual; P. Bordage; Le Roux; Tallandier; Jourdain; Dupont; R. Gray; D. Lama; C. Setacci; F. Solustri; P. Aldovrandi; D. G. Bagnagatti; G. P. Fontana*, korrespondierender Sekretär für Italien; *G. Lake; J. Buckley; G. Howell; J. Osborne; J. D. Stainsby; J. Grossmith; G. Eccarius; Friedrich Leßner; Wolff; K. Kaub; Heinrich Bolleter; Ludwig Otto; N. P. Hansen* (Dänemark); *Karl Pfänder; Georg Lochner; Peter Petersen; Karl Marx*, korrespondierender Sekretär für Deutschland; *A. Dick; L. Wolf; J. Whitlock; J. Carter; W. Morgan; William Dell; John Weston; Peter Fox; Robert Shaw; John M. Longmaid; Robert Henry Side; William C. Worley; Blockmoor; R. Hartwell; W. Pidgeon; B. Lucraft; J. Nieass*

G. Odger, Präsident des Rats
William R. Cremer, ehrenamtlicher Generalsekretär

Der Bürgerkrieg in Frankreich

(Adresse des Generalrats an die Mitglieder der Internationalen Arbeiterassoziation in Europa und den Vereinigten Staaten)

I

Am 4. September 1870, als die Pariser Arbeiter die Republik proklamierten, der fast in demselben Augenblick ganz Frankreich ohne eine einzige Stimme des Widerspruchs zujubelte – da nahm eine Kabale stellenjagender Advokaten, mit Thiers als Staatsmann und Trochu als General, Besitz vom Hôtel de Ville (Stadthaus). Diese Leute waren damals durchdrungen von einem so fanatischen Glauben an den Beruf von Paris, in allen Epochen geschichtlicher Krisis Frankreich zu vertreten, daß, um ihre usurpierten Titel des Regenten Frankreichs zu rechtfertigen, es ihnen genügend schien, ihre verfallenen Mandate als Abgeordnete für Paris vorzuzeigen. In unsrer zweiten Adresse über den letzten Krieg, fünf Tage nach dem Emporkommen dieser Leute, sagten wir euch, wer sie waren. Und dennoch, im Sturm der Überrumplung, mit den wirklichen Führern der Arbeiter noch in Bonapartes Gefängnissen und mit den Preußen schon im vollen Marsch auf Paris, duldete Paris ihre Ergreifung der Staatsmacht; aber nur auf die ausdrückliche Bedingung hin, daß diese Staatsmacht dienen sollte einzig und allein zum Zweck der nationalen Verteidigung. Paris aber war nicht zu verteidigen, ohne seine Arbeiterklasse zu bewaffnen, sie in eine brauchbare Kriegsmacht zu verwandeln und ihre Reihen durch den Krieg selbst einzuschulen. Aber Paris in Waffen, das war die Revolution in Waffen. Ein Sieg von Paris über den preußischen Angreifer wäre ein Sieg gewesen des französischen Arbeiters über den französischen Kapitalisten und seine Staatsparasiten. In diesem Zwiespalt zwischen nationaler Pflicht und Klasseninteresse zauderte die Regierung der nationalen Verteidigung keinen Augenblick – sie verwandelte sich in eine Regierung des nationalen Verrats.

Das erste, was sie tat, war, Thiers auf die Wanderung zu schicken, zu allen Höfen Europas, um dort Vermittlung zu erbetteln mit dem Angebot, die Republik gegen einen König auszutauschen. Vier Monate nach Beginn der Belagerung, als der Augenblick gekommen schien, das erste Wort von Kapitulation fallen zu lassen, redete Trochu, in Gegenwart von Jules Favre und andern Regierungsmitgliedern, die versammelten Maires (Bezirksbürgermeister) von Paris an wie folgt:

»Die erste Frage, die mir von meinen Kollegen noch am selben Abend des 4. Septembers, vorgelegt wurde, war diese: Kann Paris, mit irgendwelcher Aussicht auf Erfolg, eine Belagerung durch die preußische Armee aushalten? Ich zögerte nicht, dies zu *verneinen*. Mehrere meiner hier anwesenden Kollegen werden einstehn für die Wahrheit meiner Worte und für mein Beharren auf dieser Meinung. Ich sagte ihnen, in diesen selben Worten, daß, wie die Dinge lägen, der Versuch, Paris gegen eine preußische Belagerung zu halten, eine Torheit sei. Ohne Zweifel, fügte ich hinzu, eine heroische Torheit; aber das würde auch alles sein ... Die Ereignisse« (die er selbst leitete) »haben meine Voraussicht nicht Lügen gestraft.«

Diese nette kleine Rede Trochus wurde nachher von einem der anwesenden Maires, Herrn Corbon, veröffentlicht.

Also: Am selben Abend, wo die Republik proklamiert wurde, war es Trochus Kollegen bekannt, daß Trochus ›Plan‹ in der Kapitulation von Paris bestand. Wäre die nationale Verteidigung mehr gewesen als ein bloßer Vorwand für die persönliche Herrschaft von Thiers, Favre und Kompanie – die Emporkömmlinge des 4. September hätten am 5. abgedankt, hätten das Pariser Volk eingeweiht in Trochus ›Plan‹ und hätten es aufgefordert, entweder sofort zu kapitulieren oder[1] sein eignes Geschick in seine eigne Hand zu nehmen. Statt dessen aber beschlossen die ehrlosen Betrüger, die ›heroische Torheit‹ von Paris durch Behandlung mit Hunger und blutigen Köpfen zu kurieren und es inzwischen zum Narren zu halten durch großsprechende Manifeste, wie z. B.: »Trochu, der Gouverneur von Paris, wird nie kapitulieren!« und Jules Favre, der auswärtige Minister, »wird nicht einen Zoll breit unsres Gebiets und nicht einen Stein unsrer Festungen abtreten«. In einem Brief an Gambetta bekennt derselbe Jules Favre, daß das, wogegen sie sich ›verteidigten‹, nicht die preußischen Soldaten waren, sondern die *Pariser Arbeiter*. Während der ganzen Belagerung rissen die bonapartistischen Gurgelabschneider, denen Trochu weislich das Kommando der Pariser Armee anvertraut hatte, in ihrer vertraulichen Korrespondenz schnöde Witze über den wohlverstandnen Hohn der Verteidigung. Man sehe z. B. die Korrespondenz von Alphonse-Simon Guiod, Oberkommandant der Artillerie der Pariser Armee, Großkreuz der Ehrenlegion, an Susane, Divisionsgeneral der Artillerie, welche Korrespondenz von der Kommune veröffentlicht wurde. Endlich, am 28. Januar 1871, ließen sie die Trugmaske fallen. Mit dem ganzen Heldenmut der äußersten Selbsterniedrigung trat die Regierung der nationalen Verteidigung in der Kapitulation von Paris hervor, als *die Regierung Frankreichs durch Bismarcks Gefangene* – eine Rolle von solcher Niedertracht, daß selbst Louis-Napoleon in Sedan von ihr zurückgebebt war. Nach dem 18. März, in ihrer wilden Flucht nach Versailles, ließen die ›Capitulards‹ den aktenmäßigen Beweis ihres Verrats in Paris zurück. Um diesen zu zerstören, sagt die Kommune in einem ihrer Manifeste an die Provinzen, »würden diese Leute nicht davor zurückschrecken, Paris in einen Trümmerhaufen zu verwandeln, umspült von einem Blutmeer«. Aber um einen solchen Ausgang herbeizuführen, dafür hatten mehrere der Hauptmitglieder der Verteidigungsregierung außerdem noch ganz besondre Privatgründe.

Kurz nach Abschluß des Waffenstillstands veröffentlichte Milière, Abgeordneter für Paris zur Nationalversammlung, jetzt erschossen auf expressen Befehl von Jules Favre, eine Reihe authentischer gerichtlicher Aktenstücke zum Beweise, daß Jules Favre, in wilder Ehe lebend mit der Frau eines in Algier wohnenden Trunkenbolds, durch eine höchst verwegne Anhäufung von Fälschungen, die sich über eine lange Reihe von Jahren erstrecken, im Namen der Kinder seines Ehebruchs eine große Erbschaft erschlichen und sich dadurch zum reichen Mann gemacht hatte; und daß, in einem von den rechtmäßigen Erben unternommenen Prozesse, er der Entdeckung nur entging durch die besondre Begünstigung der bonapartistischen Gerichte. Da über diese trockenen gerichtlichen Aktenstücke nicht hinwegzukommen war, auch nicht mit noch so viel rhetorischen Pferdekräften, hielt Jules Favre zum erstenmal in seinem Leben den Mund, in aller Stille den Ausbruch des Bürgerkriegs erwartend, um dann das Pariser Volk wütend zu verlästern als eine Bande ausgebrochner Sträflinge, in hellem Aufruhr gegen Familie, Religion, Ordnung und Eigentum. Und dieser selbe Fälscher war kaum zur Herrschaft gekommen, als er, gleich nach dem 4. September, Pic und Taillefer mitfühlend in Freiheit setzte, die beide, sogar unter dem Kaiserreich, wegen Fälschung verurteilt waren bei der Skandalgeschichte mit der Zeitung ›L'Étendard‹. Einer dieser Edlen, Taillefer, hatte die Frechheit, unter der Kommune nach Paris hineinzugehn und wurde sofort wieder eingesteckt; und darauf rief Jules Favre von der Tribüne der Nationalversammlung in die Welt hinaus, daß die Pariser alle ihre Zuchthäusler freiließen!

Ernest Picard, der Karl Vogt[2] der Regierung der nationalen Verteidigung, der sich selbst zum Minister des Innern der Republik ernannte, nachdem er vergeblich gestrebt, der Minister des Innern des Kaiserreichs zu werden – ist der Bruder eines gewissen Arthur Picard, der als Schwindler von der Pariser Börse ausgestoßen (Bericht der Pariser Polizeipräfektur vom 31. Juli 1867) und auf eignes Geständnis überführt wurde eines Diebstahls von 300 000 Franken, begangen als Direktor eines Zweigbüros der Société générale, Rue Palestro Nr. 5 (Bericht der Polizeipräfektur vom 11. Dezember 1868). Diesen Arthur Picard ernannte Ernest Picard zum Redakteur seines Blattes ›L'Électeur libre‹. Während die gewöhnliche Sorte Börsenleute durch die offiziellen Lügen dieses Ministerialblatts irregeleitet wurden, lief Arthur Picard hin und her zwischen dem Ministerium und der Börse und verwandelte hier die Niederlagen der französischen Armeen in baren Profit. Die ganze Geschäftskorrespondenz dieses biedern Brüderpaars fiel in die Hände der Kommune.

Jules Ferry, vor dem 4. September ein brotloser Advokat, brachte es fertig, als Maire von Paris während der Belagerung, aus der Hungersnot ein Vermögen für sich herauszuschwindeln. Der Tag, an dem er sich wegen seiner Mißverwaltung zu verantworten haben wird, wird auch der Tag seiner Verurteilung sein. Diese Männer nun konnten ihre tickets-of-leave[3] nur in den Ruinen von Paris finden; sie waren gerade die Leute, die Bismarck brauchte. Ein wenig Taschenspielerei – und Thiers, bisher der geheime Zuflüsterer der Regierung, erschien jetzt als ihre Spitze, mit den ticket-of-leave-Männern als Ministern.

Thiers, diese Zwergmißgeburt, hat die französische Bourgeoisie mehr als ein halbes Jahrhundert lang bezaubert, weil er der vollendetste geistige Ausdruck ihrer eigenen Klassenverderbtheit ist. Ehe er Staatsmann wurde, hatte er schon seine Stärke im Lügen als Geschichtsschreiber dargetan. Die Chronik seines öffentlichen Lebens ist die Geschichte der Unglücke Frankreichs. Verbündet, vor 1830, mit den Republikanern, erhaschte er unter Louis-Philippe eine Ministerstelle, indem er seinen Protektor Laffitte verriet. Beim König schmeichelte er sich ein durch Anhetzung von Pöbelexzessen gegen die Geistlichkeit, während deren die Kirche Saint-Germain l'Auxerrois und der erzbischöfliche Palast geplündert wurden, und durch sein Benehmen gegen die Herzogin von Berry, bei der er zu gleicher Zeit den Ministerspion und den Gefängnisgeburtshelfer spielte. *Sein* Werk war die Niedermetzelung der Republikaner in der Rue Transnonain, *sein* Werk die darauffolgenden infamen Septembergesetze gegen Presse und Assoziationsrecht. 1840, wo er als Ministerpräsident wieder auftauchte, setzte er Frankreich in Erstaunen mit seinem Plan, Paris zu befestigen. Den Republikanern, die diesen Plan als heimtückisches Komplott gegen die Freiheit von Paris anklagten, antwortete er in der Deputiertenkammer:

»Wie? Sie bilden sich ein, daß Festungswerke je die Freiheit gefährden könnten? Vor allem verleumden Sie jede mögliche Regierung, wenn Sie voraussetzen, sie könnte je versuchen, sich durch ein Bombardement von Paris aufrechtzuerhalten ... eine solche Regierung wäre nach ihrem Siege hundertmal unmöglicher als vorher.«

In der Tat, keine Regierung würde je gewagt haben, Paris von den Forts zu bombardieren, außer der Regierung, die vorher diese selben Forts den Preußen ausgeliefert hatte.

Als König Bomba sich im Januar 1848 an Palermo versuchte, erhob sich Thiers, damals schon lange kein Minister mehr, abermals in der Kammer:

»Sie wissen, meine Herren, was in Palermo vorgeht. Sie alle erbeben vor Schauder« (im parlamentarischen Sinn), »wenn Sie hören, daß achtundvierzig Stunden lang eine große Stadt bombardiert worden ist – von wem? Von einem fremden Feind, in Anwendung des Kriegsrechts? Nein, meine Herren, von ihrer eignen Regierung. Und weswegen? Weil die unglückliche Stadt ihre Rechte forderte. Und für die Forderung ihrer Rechte erhielt sie achtundvierzig Stunden Bombardement ... Erlauben Sie mir, an die Meinung von Europa zu appellieren. Es heißt der Menschlichkeit einen Dienst zu erweisen, wenn man sich erhebt und von vielleicht der größten Tribüne Europas widerhallen läßt einige Worte« (jawohl, Worte!) »der Entrüstung gegen solche Taten. Als der Regent Espartero, der seinem Lande Dienste geleistet hatte« (und das war mehr, als Thiers je getan), »beabsichtigte, Barcelona zu bombardieren zur Unterdrückung eines Aufstandes, da erhob sich von allen Enden der Welt ein allgemeiner Schrei der Entrüstung.«

Achtzehn Monate später befand sich Thiers unter den wütendsten Verteidigern des Bombardements von Rom durch eine französische Armee. Der Fehler des Königs Bomba scheint in der Tat darin gelegen zu haben, daß er sein Bombardement auf achtundvierzig Stunden beschränkte.

Wenige Tage vor der Februarrevolution, unwirsch ob der langen Verbannung vom Amt und Unterschleif, wozu Guizot ihn verurteilt hatte, und in der Luft eine herannahende Volksbewegung witternd, erklärte Thiers, in dem falschen Heldenstil, der ihm den Spottnamen Mirabeau-mouche (Mirabeau-Fliege) einbrachte, der Deputiertenkammer:

»*Ich gehöre zur Partei der Revolution,* nicht allein in Frankreich, sondern in Europa. Ich wünsche, daß die Regierung der Revolution in den Händen gemäßigter Männer bleiben möge; ... aber sollte diese Regierung in die Hände heftiger Leute fallen, selbst in die von Radikalen, so werde ich darum doch meine Sache nicht im Stich lassen. Ich werde zur Partei der Revolution gehören.«

Die Februarrevolution kam. Statt das Ministerium Guizot durch das Ministerium Thiers zu ersetzen, wie das Männlein geträumt hatte, verdrängte sie Louis-Philippe durch die Republik. Am ersten Tag des Sieges versteckte er sich sorgfältig, vergessend, daß die Verachtung der Arbeiter ihn vor ihrem Haß schützte. Dennoch hielt er sich, mit seinem altbekannten Mut, von der öffentlichen Bühne fern, bis die Junimetzeleien sie für seine Sorte Aktion freigefegt hatten. Dann wurde er der leitende Kopf der ›Ordnungspartei‹ mit ihrer parlamentarischen Republik, jenem anonymen Zwischenreich, in dem alle die verschiedenen Fraktionen der herrschenden Klasse *mit*einander konspirierten zur Unterdrückung des Volkes, und *gegen*einander, jede zur Wiederherstellung ihrer eigenen Monarchie. Damals wie jetzt klagte Thiers die Republikaner an als das einzige Hindernis der Befestigung der Republik; damals wie jetzt sprach er zur Republik wie der Henker zu Don Carlos: »Ich werde dich morden, aber zu deinem eigenen Besten.« Jetzt wie damals wird er ausrufen müssen am Tag nach seinem Siege: »L'Empire est fait!« – Das Kaiserreich ist fertig. Trotz seiner heuchlerischen Predigten von ›notwendigen Freiheiten‹ und seines persönlichen Ärgers gegen Louis Bonaparte, der ihn gebraucht und den Parlamentarismus hinausgeworfen hatte – und außerhalb der künstlichen Atmosphäre des Parlamentarismus schrumpft das Männlein, wie es wohl weiß, zu einem Nichts zusammen –, trotz alledem hatte Thiers seine Hand in allen Infamien des zweiten Kaiserreichs, von der Besetzung Roms durch französische Truppen bis zum Kriege gegen Preußen, zu dem er aufhetzte durch seine heftigen Ausfälle gegen die deutsche Einheit – nicht als Deckmantel für den preußischen Despotismus, sondern als Eingriff in das ererbte Anrecht Frankreichs auf die deutsche Uneinigkeit. Während seine Zwergsarme gern im Angesicht Europas das Schwert des ersten Napoleon umherschwangen, dessen historischer Schuhputzer er geworden war, gipfelte seine auswärtige Politik stets in der äußersten Erniedrigung Frankreichs, von der Londoner Konvention von 1841 bis zur Pariser Kapitulation von 1871 und zum jetzigen Bürgerkrieg, worin er, mit hoher obrigkeitlicher Erlaubnis Bismarcks, die Gefangenen von Sedan und Metz gegen Paris hetzte. Trotz der Beweglichkeit seines Talents und der Veränderlichkeit seiner Zielpunkte ist dieser Mann sein ganzes Leben lang an die allerfossilste Routine gekettet gewesen. Es ist klar, daß ihm die tiefer liegenden Strömungen der modernen Gesellschaft ewig verborgen bleiben mußten; aber selbst die handgreiflichsten Veränderungen auf der gesellschaftlichen Oberfläche widerstrebten einem Gehirn, dessen ganze Lebenskraft in die Zunge geflüchtet war. So wurde er nie müde, jede Abweichung von dem veralteten französischen Schutzzollsystem als eine Heiligtumsschändung anzuklagen. Als Minister Louis-Philippes versuchte er, die Eisenbahnen als ein hirnverbranntes Blendwerk niederzuschreien; in der Opposition unter Louis Bonaparte brandmarkte er als eine Entheiligung jeden Versuch zur Reform des verfaulten französischen Heerwesens. Niemals in seiner langen politischen Laufbahn hat er sich einer einzigen, auch nicht der geringsten Maßregel von praktischem Nutzen schuldig gemacht. Thiers war konsequent nur in seiner Gier nach Reichtum und in seinem Haß gegen die Leute, die ihn hervorbringen. Er trat in sein erstes Ministerium unter Louis-Philippe arm wie Hiob; er verließ es als Millionär. Als sein letztes Ministerium unter demselben König (vom 1. März 1840) ihm in der Kammer öffentliche Anklagen wegen Unterschleif zuzog, begnügte er sich, durch Tränen zu antworten – ein Artikel, in dem er ebenso flott ›machte‹ wie Jules Favre oder irgendein andres Krokodil. In Bordeaux 1871[4] war sein erster Schritt zur Rettung Frankreichs vom hereinbrechenden Finanzruin der, sich selbst mit drei Millionen jährlich auszustatten; es war dies das erste und letzte Wort jener ›sparsamen Republik‹, worauf er seinen Pariser Wählern 1869 Aussicht gemacht hatte. Einer seiner früheren Kollegen aus der Kammer von 1830, selbst ein Kapitalist – was ihn nicht verhinderte, ein aufopferndes Mitglied der Pariser Kommune zu sein –, Herr Beslay, sagte neulich in einem Maueranschlage zu Thiers:

»Die Knechtung der Arbeit durch das Kapital ist jederzeit der Eckstein Ihrer Politik gewesen, und seit Sie die Republik der Arbeit im Pariser Stadthaus eingesetzt sehn, haben Sie ohne Aufhören Frankreich zugerufen: ›Seht diese Verbrecher!‹«

Ein Meister kleiner Staatsschufterei, ein Virtuose des Meineids und Verrats, ausgelernt in allen den niedrigen Kriegslisten, heimtückischen Kniffen und gemeinen Treulosigkeiten des parlamentarischen Parteikampfs; stets bereit, wenn vom Amte verdrängt, eine Revolution anzufachen und sie mit Blut zu ersticken, sobald er am Staatsruder; mit Klassenvorurteilen an Stelle von Ideen mit Eitelkeit an Stelle eines Herzens; sein Privatleben so infam, wie sein öffentliches Leben niederträchtig – kann er nicht umhin, selbst jetzt, wo er die Rolle eines französischen Sulla spielt, die Scheußlichkeiten seiner Taten zu erhöhen durch die Lächerlichkeit seiner Großtuerei.

Die Kapitulation von Paris, die den Preußen nicht nur Paris, sondern ganz Frankreich überlieferte, beschloß die lang andauernden verräterischen Intrigen mit dem Feinde, die die Usurpatoren des 4. Septembers, wie Trochu selbst gesagt, schon an diesem selben Tage begonnen. Andererseits eröffnete sie den Bürgerkrieg, den sie jetzt, mit preußischer Unterstützung, gegen die Republik und Paris zu führen hatten. Schon in dem Wortlaut der Kapitulation selbst war die Falle gelegt. Damals war über ein Drittel des Landes in den Händen des Feindes, die Hauptstadt war von den Provinzen abgeschnitten, alle Verkehrsmittel waren in Unordnung. Es war unmöglich, unter solchen Umständen eine wirkliche Vertretung Frankreichs zu erwählen, wenn nicht volle Zeit zur Vorbereitung gegeben wurde. *Gerade deshalb* bedang die Kapitulation, daß eine Nationalversammlung innerhalb acht Tagen zu wählen sei, so daß in manchen Teilen Frankreichs die Nachricht von der vorzunehmenden Wahl erst den Tag vorher ankam. Ferner sollte die Versammlung, nach einem ausdrücklichen Artikel der Kapitulation, gewählt werden für den einzigen Zweck, über Krieg und Frieden zu entscheiden und vorkommendenfalls einen Friedensvertrag abzuschließen. Das Volk mußte fühlen, daß die Waffenstillstandsbedingungen die Fortführung des Kriegs unmöglich machten, und daß, um den von Bismarck aufgenötigten Frieden zu bestätigen, die schlechtesten Leute in Frankreich gerade die besten seien. Aber, nicht zufrieden mit allen diesen Vorsichtsmaßregeln, hatte Thiers, schon ehe das Geheimnis des Waffenstillstands den Parisern mitgeteilt worden, sich auf eine Wahlreise nach den Provinzen begeben, um dort die legitimistische Partei ins Leben zurückzugalvanisieren, die jetzt mit den Orleanisten die Stelle der augenblicklich unmöglich gewordnen Bonapartisten auszufüllen hatte. Er hatte keine Angst vor ihnen. Unmöglich als Regierung des modernen Frankreichs und daher verächtlich als Nebenbuhler – welche Partei gab ein willkommeneres Werkzeug der Reaktion ab als die Partei, deren Aktion, in Thiers' eignen Worten (Deputiertenkammer, 5. Januar 1833),

»sich immer beschränkt hatte auf die drei Hülfsquellen: auswärtige Invasion, Bürgerkrieg und Anarchie«?

Sie aber, die Legitimisten, glaubten in Wahrheit an den Advent ihres rückwärtsgewandten tausendjährigen Reichs. Da waren die Fersen auswärtiger Invasion, die Frankreich zu Boden traten; da war der Fall eines Kaiserreichs und die Gefangenschaft eines Bonaparte; und da waren sie selber wieder. Das Rad der Geschichte hatte sich sichtbarlich zurückgedreht bis zu der Chambre introuvable (der Landrats- und Junkerkammer) von 1816. In den Versammlungen der Republik 1848 bis 1851 waren sie vertreten gewesen durch ihre gebildeten und eingeschulten parlamentarischen Führer; jetzt aber drängten sich die gemeinen Soldaten der Partei hervor – alle Pourceaugnacs von Frankreich.

Sobald diese Versammlung von Ruraux (Krautjunkern) in Bordeaux eröffnet war, machte Thiers es ihnen klar, daß sie die Friedenspräliminarien sofort anzunehmen hätten, selbst ohne die Ehrenbezeugung einer parlamentarischen Debatte, als einzige Bedingung, unter der Preußen ihnen erlauben werde, gegen die Republik und ihre feste Burg, Paris, den Krieg zu eröffnen. Die Kontrerevolution hatte in der Tat keine Zeit zu verlieren. Das zweite Kaiserreich hatte die Staatsschuld verdoppelt und die großen Städte in schwere Lokalschulden gestürzt. Der Krieg hatte die Ansprüche an die Nation furchtbar erhöht und ihre Hülfsquellen rücksichtslos verwüstet. Zur Vollendung des Ruins stand da der preußische Shylock mit seinem Schein für den Unterhalt einer halben Million seiner Soldaten auf französischem Boden, für seine Entschädigung von fünf Milliarden und Zinsen zu 5 Prozent auf deren unbezahlte Raten. Wer sollte die Rechnung zahlen? Nur durch den gewaltsamen Sturz der Republik konnten die Aneigner des Reichtums hoffen, die Kosten eines von ihnen selbst herbeigeführten Kriegs auf die Schultern der Hervorbringer dieses Reichtums zu wälzen. Und so spornte gerade der unermeßliche Ruin Frankreichs diese patriotischen Vertreter von Grundbesitz und Kapital an, unter den Augen und der hohen Protektion des fremden Eroberers, den auswärtigen Krieg zu ergänzen durch einen Bürgerkrieg, eine Sklavenhalter-Rebellion.

Dieser Verschwörung stand im Wege ein großes Hindernis – Paris. Paris zu entwaffnen, war erste Bedingung des Erfolgs. Paris wurde daher von Thiers aufgefordert, seine Waffen niederzulegen. Dann wurde Paris aufgehetzt durch die tollen antirepublikanischen Demonstrationen der Krautjunker-Versammlung und durch Thiers' eigne zweideutige Aussprüche über den rechtlichen Bestand der Republik; durch die Drohung, Paris zu enthaupten und zu enthauptstadten (décapiter et décapitaliser); die Ernennung orleanistischer Gesandten; Dufaures Gesetze wegen der verfallnen Wechsel und Hausmieten, die den Handel und die Industrie von Paris mit dem Untergang bedrohten; Pouyer-Quertiers Steuer von 2 Centimen auf jedes Exemplar jeder nur möglichen Druckschrift; die Todesurteile gegen Blanqui und Flourens; die Unterdrückung der republikanischen Blätter; die Verlegung der Nationalversammlung nach Versailles; die Erneuerung des von Palikao erklärten und durch den 4. September vernichteten Belagerungszustandes; die Ernennung des Dezemberhelden Vinoy zum Gouverneur, des Gendarmen Valentin zum Polizeipräfekten und des Jesuitengenerals d'Aurelle de Paladines zum Oberkommandanten der Nationalgarde von Paris.

Und nun haben wir an Herrn Thiers und an die Herren von der Nationalverteidigung, seine Kommis, eine Frage zu richten. Es ist bekannt, daß durch seinen Finanzminister, Herr Pouyer-Quertier, Thiers ein Anlehen von zwei Milliarden beantragt hatte, sofort zahlbar. Ist es nun wahr oder nicht:

1. daß dies Geschäft so abgemacht wurde, daß eine Provision von mehreren hundert Millionen in die Privattaschen von Thiers, Jules Favre, Ernest Picard, Pouyer-Quertier und Jules Simon floß, und

2. daß keine Zahlung gemacht werden sollte, bis *nach* der ›Pacification‹ von Paris?

In jedem Falle muß die Sache sehr dringlich gewesen sein, denn Thiers und Jules Favre baten ohne alle Scham, im Namen der Versammlung von Bordeaux, um Besetzung von Paris durch preußische Truppen. Das paßte aber nicht in Bismarcks Spiel, wie er, spöttisch und ganz öffentlich, den bewundernden Frankfurter Philistern bei seiner Rückkehr nach Deutschland erzählte.

II

Paris war das einzige ernstliche Hindernis auf dem Wege der kontrerevolutionären Verschwörung. Paris mußte also entwaffnet werden. In Beziehung auf diesen Punkt war die Bordeauxer Versammlung die Aufrichtigkeit selbst. Wäre das rasende Gebrüll ihrer Krautjunker nicht hörbar genug gewesen, die Überantwortung von Paris durch Thiers in die Hände des Triumvirats – Vinoy, der Dezembermörder, Valentin, der bonapartistische Gendarm, und Aurelle de Paladines, der Jesuitengeneral – hätte auch den letzten Zweifel unmöglich gemacht. Aber während die Verschwörer den wahren Zweck der Entwaffnung frech zur Schau stellten, forderten sie Paris zur Waffenstreckung auf unter einem Vorwande, der die schreiendste, schamloseste Lüge war. Das Geschütz der Nationalgarde, sagte Thiers, gehört dem Staat und muß dem Staat wieder abgegeben werden. Die Tatsache war diese: Von dem Tage der Kapitulation an, als Bismarcks Gefangene Frankreich an Bismarck ausgeliefert, aber sich selbst eine zahlreiche Leibwache ausbedungen hatten und dem ausdrücklichen Zwecke, Paris niederzuhalten, – von dem Tage an stand Paris auf der Wacht. Die Nationalgarde reorganisierte sich und vertraute ihre Oberleitung einem Zentralkomitee an, das durch ihre ganze Masse, einige der alten bonapartistischen Abteilungen ausgenommen, erwählt war. Am Vorabend des Einmarsches der Preußen in Paris besorgte das Zentralkomitee den Transport nach Montmartre, La Villette und Belleville der von den Capitulards verräterischerweise in und bei den von den Preußen zu besetzenden Stadtteilen zurückgelassenen Kanonen und Mitrailleusen. *Dies* Geschütz war durch die Beiträge der Nationalgarde selbst beschafft worden. Als ihr Eigentum war es amtlich anerkannt in der Kapitulation vom 28. Januar und in dieser besonderen Eigenschaft ausgenommen worden von der allgemeinen Ablieferung der dem Staat gehörenden Waffen an den Sieger. Und Thiers war so durch und durch bar eines jeden, auch des durchsichtigsten Vorwandes, um den Krieg mit Paris einzuleiten, daß er auf die platte Lüge angewiesen blieb: das Geschütz der Nationalgarde sei Staatseigentum!

Die Beschlagnahme des Geschützes sollte nur dienen als Vorspiel der allgemeinen Entwaffnung von Paris und damit der Entwaffnung der Revolution vom 4. September. Aber diese Revolution war der gesetzliche Zustand Frankreichs geworden. Die Republik, ihr Werk, war im Wortlaut der Kapitulation vom Sieger anerkannt. Nach der Kapitulation war sie anerkannt worden von allen fremden Mächten; in ihrem Namen war die Versammlung berufen. Die Pariser Arbeiterrevolution vom 4. September war der einzige Rechtstitel der Nationalversammlung in Bordeaux und ihrer vollziehenden Gewalt. Ohne den 4. September hätte die Nationalversammlung sofort dem 1869 unter französischer und nicht unter preußischer Herrschaft durch allgemeines Stimmrecht erwählten und gewaltsam von der Revolution zersprengten gesetzgebenden Körper Platz machen müssen. Thiers und seine ticket-of-leave-Leute hätten verhandeln müssen wegen eines Geleitscheines, unterzeichnet von Louis Bonaparte, um einer Reise nach Cayenne zu entgehn. Die Nationalversammlung mit ihrer Vollmacht, den Frieden mit Preußen abzumachen, war nur ein einzelner Zwischenfall in jener Revolution, deren wahre Verkörperung noch immer das bewaffnete Paris war; dasselbe Paris, das diese Revolution gemacht, das um ihretwillen eine fünfmonatige Belagerung mit ihren Schrecken der Hungersnot ausgehalten und das in seinem trotz Trochus ›Plan‹ verlängerten Widerstand die Grundlage eines hartnäckigen Verteidigungskriegs in den Provinzen geliefert hatte. Und Paris sollte jetzt entweder seine Waffen niederlegen auf das beleidigende Geheisch der rebellischen Sklavenhalter von Bordeaux und anerkennen, daß seine Revolution vom 4. September nur die einfache Übertragung der Staatsmacht von Louis Bonaparte an seine königlichen Nebenbuhler bedeute; – oder es mußte vortreten als der selbstopfernde Vorkämpfer Frankreichs, dessen Rettung vom Untergang und dessen Wiedergeburt unmöglich waren ohne den revolutionären Umsturz der politischen und gesellschaftlichen Bedingungen, die das zweite Kaisertum erzeugt hatten und die unter seiner schützenden Obhut bis zur äußersten Fäulnis herangereift waren. Paris, noch abgezehrt von fünfmonatlicher Aushungerung, zauderte keinen Augenblick. Es beschloß heldenmütig, alle Gefahren des Widerstandes gegen die französischen Verschwörer auszuhalten, trotzdem, daß noch immer preußische Kanonen von seinen eignen Forts auf es herabgähnten. Dabei aber, in seinem Abscheu gegen den Bürgerkrieg, in den Paris hineingetrieben werden sollte, beharrte das Zentralkomitee in einer verteidigenden Haltung, trotz der Aufreizung der Versammlung, der Eingriffe der vollziehenden Gewalt und der drohenden Truppenzusammenziehungen in und um Paris.

Thiers selbst eröffnete also den Bürgerkrieg, indem er den Vinoy an der Spitze eines Haufens Polizeisergeanten und einiger Linienregimenter auf einen nächtlichen Raubzug gegen Montmartre ausschickte, um dort durch Überraschung das Geschütz der Nationalgarde wegzunehmen. Es ist bekannt, wie dieser Versuch scheiterte am Widerstand der Nationalgarde und an der Verbrüderung der Truppen mit dem Volk. Aurelle de Paladines hatte schon im voraus seinen Siegesbericht gedruckt, und Thiers hielt die Maueranschläge bereit, die seine Staatsstreich-Maßregeln verkünden sollten. Beides mußte jetzt ersetzt werden durch Thiers' Aufrufe, worin er seinen großmütigen Entschluß verkündete, der Nationalgarde ihre Waffen zu lassen; es zweifle nicht, sagte er, sie werde sie benutzen, um sich gegen die Rebellen an die Regierung anzuschließen. Unter allen 300000 Nationalgardisten entsprachen nur 300 diesem Aufruf des kleinen Thiers, sich, gegen sich selbst, an ihn anzuschließen. Die ruhmvolle Arbeiterrevolution des 18. März nahm unbestrittnen Besitz von Paris. Das Zentralkomitee war ihre provisorische Regierung. Europa schien einen Augenblick zu zweifeln, ob seine neulichen erstaunlichen Haupt-, Staats- und Kriegsaktionen irgendwelche Wirklichkeit besäßen, oder ob sie die Träume einer längst verschwundenen Vergangenheit seien.

Vom 18. März zum Eindringen der Versailler Truppen in Paris blieb die proletarische Revolution so rein von allen den Gewalttaten, von denen die Revolutionen und noch mehr die Kontrerevolutionen der ›höheren Klassen‹ strotzen, daß die Gegner keine andern Handhaben für ihre Entrüstung finden als die Hinrichtung der Generale Lecomte und Clément Thomas und den Zusammenstoß auf der Place Vendôme.

Einer der bonapartistischen Offiziere, der bei dem nächtlichen Überfall auf Montmartre eine Rolle spielte, General Lecomte, hatte viermal dem 81. Linienregiment befohlen, auf einen unbewaffneten Haufen in der Place Pigalle zu feuern; als die Truppen sich weigerten, schimpfte er sie wütend aus. Statt Weiber und Kinder zu erschießen, erschossen seine eignen Leute ihn selbst. Die eingewurzelten Gewohnheiten, die den Soldaten unter der Zucht der Feinde der Arbeiter beigebracht worden, verlieren sich selbstredend nicht in demselben Augenblick, wo diese Soldaten zu den Arbeitern übergehn. Dieselben Leute richteten auch Clément Thomas hin.

›General‹ Clément Thomas, ein malkontenter Ex-Wachtmeister, hatte sich in der letzten Zeit Louis-Philippes bei der Reaktion des republikanischen Blattes ›Le National‹ anwerben lassen, wo er gleichzeitig die Posten eines verantwortlichen Strohmanns (gérant responsable, der das Absitzen der Gefängnisstrafen übernahm) und Duellanten bei diesem sehr kampflustigen Blatt ausfüllte. Als nach der Februarrevolution die Herren vom ›National‹ ans Ruder kamen, verwandelten sie diesen alten Wachtmeister in einen General. Es war dies am Vorabend der Junischlächterei, die er, wie auch Jules Favre, mitgeplant hatte, und bei der er eine der niederträchtigsten Henkerrollen übernahm. Dann verschwand er samt seiner Generalschaft auf lange Zeit, um wieder aufzutauchen am 1. November 1870. Den Tag vorher hatte die ›Regierung der Verteidigung‹ im Stadthause Blanqui, Flourens und anderen Vertretern der Arbeiter ihr feierliches Wort gegeben, ihre usurpierte Gewalt in die Hände einer frei gewählten Pariser Kommune niederzulegen. Statt ihr Wort zu halten, ließ sie gegen Paris die Bretonen Trochus los, die jetzt die Korsen Bonapartes vertraten. Der General Tamisier allein weigerte sich, seinen Namen mit einem solchen Wortbruch zu beflecken, und legte seinen Posten als Oberkommandant der Nationalgarde nieder. An seiner Stelle wurde jetzt Clément Thomas wieder ein General. Während seines ganzen Oberkommandos führte er Krieg, nicht gegen die Preußen, sondern gegen die Pariser Nationalgarde. Er verhinderte ihre allgemeine Bewaffnung, hetzte die Bourgeoisbataillone gegen die Arbeiterbataillone, beseitigte die dem ›Plan‹ Trochus feindlichen Offiziere und löste, unter dem Brandmal der Feigheit, dieselben proletarischen Bataillone auf, deren Heldenmut jetzt ihren erbittertsten Feinden Bewunderung abgerungen hat. Clément Thomas war ordentlich stolz darauf, seinen alten Juni-Vorrang als persönlicher Feind des Pariser Proletariats wiedererobert zu haben. Noch einige Tage vor dem 18. März legte er dem Kriegsminister Le Flô einen eignen Plan vor zur ›Ausrottung der Blüte der Pariser Kanaille‹. Nach Vinoys Niederlage konnte er es sich nicht versagen, als Privatspion auf dem Kampfplatz zu erscheinen. Das Zentralkomitee und die Pariser Arbeiter waren ebenso verantwortlich für die Erschießung von Clément Thomas und Lecomte, wie die Prinzessin von Wales für das Geschick der bei ihrem Einzug in London im Gedränge zu Tode gequetschten Leute.

Die angebliche Schlächterei unbewaffneter Bürger in der Place Vendôme ist ein Märchen, wovon Thiers und die Krautjunker in der Versammlung hartnäckig geschwiegen haben, und dessen Verbreitung sie ausschließlich der Bedientenstube der europäischen Tagespresse anvertrauten.

Die ›Ordnungsmänner‹, die Reaktionäre von Paris, zitterten bei dem Siege des 18. März. Für sie war es das Wahrzeichen der endlich hereinbrechenden Volksvergeltung. Die Gespenster der unter ihren Händen gemordeten Opfer, von den Junitagen 1848 bis zum 22. Januar 1871, stiegen vor ihren Augen empor. Ihr Schrecken war ihre einzige Strafe. Selbst die Polizeisergeanten, statt wie sich's gebührte, entwaffnet und eingesperrt zu werden, fanden die Tore von Paris weit geöffnet, um sicher nach Versailles zu entkommen. Nicht allein, daß den Ordnungsmännern nichts geschah, man erlaubte ihnen sogar, sich wieder zu sammeln und mehr als einen starken Posten mitten in Paris zu besetzen. Diese Nachsicht des Zentralkomitees, diese Großmut der bewaffneten Arbeiter, so sonderbar im Widerspruch mit den Gewohnheiten der Ordnungspartei, wurden von dieser Partei als Zeichen bewußter Schwäche mißdeutet. Daher ihr alberner Plan, unter dem Deckmantel einer unbewaffneten Demonstration das noch einmal zu versuchen, was Vinoy mit seinen Kanonen und Mitrailleusen nicht hatte erreichen können. Am 22. März setzte sich von den Stadtvierteln des Wohllebens ein Zug ›feiner Herren‹ in Bewegung, alle Stutzer in ihren Reihen, und an ihrer Spitze die wohlbekannten Stammgäste des Kaisertums, die Heeckeren, Coëtlogon, Henri de Pène etc. Unter dem feigen Vorwand einer friedlichen Demonstration, aber im geheimen gerüstet mit den Waffen des Meuchelmörders, ordnete sich diese Bande, entwaffnete und mißhandelte die Posten und Patrouillen der Nationalgarde, auf die ihr Zug stieß, und, aus der Rue de la Prix in die Place Vendôme vordringend, versuchte sie, unter dem Ruf »Nieder mit dem Zentralkomitee! Nieder mit den Mördern! Es lebe die Nationalversammlung!« die dort aufgestellte Wache zu durchbrechen und so das dahinter gelegene Hauptquartier der Nationalgarde zu überrumpeln. Als Antwort auf ihre Revolverschüsse wurden die regelmäßigen gesetzlichen Aufforderungen an sie gemacht; als diese wirkungslos blieben, kommandierte der General der Nationalgarde[5] Feuer. *Eine* Salve zerstreute in wilde Flucht die albernen Gecken, die erwartet hatten, die bloße Schaustellung ihrer ›anständigen Gesellschaft‹ werde auf die Pariser Revolution wirken wie die Trompeten Josuas auf den Mauern von Jericho. Sie ließen zurück zwei Nationalgarden tot, neun schwerverwundet (darunter ein Mitglied des Zentralkomitees[6]) und den ganzen Schauplatz ihrer Großtat bestreut mit Revolvern, Dolchen und Stockdegen, zum Zeugnis des ›bewaffneten‹ Charakters ihrer ›friedlichen‹ Demonstration. Als am 13. Juni 1849 die Pariser Nationalgarde eine wirklich friedliche Demonstration machte, um gegen den räuberischen Angriff französischer Truppen auf Rom zu protestieren – da wurde Changarnier, damals General der Ordnungspartei, von der Nationalversammlung, und besonders von Thiers, als der Retter der Gesellschaft ausgerufen, weil er seine Truppen von allen Seiten auf diese waffenlosen Leute losgelassen hatte, um sie niederzuschießen, niederzusäbeln und unter ihren Pferdehufen zu zertreten. Damals wurde Paris in Belagerungszustand erklärt; Dufaure hetzte neue Unterdrückungsgesetze durch die Versammlung; neue Verhaftungen, neue Ächtungen, eine neue Schreckensherrschaft traten ein. Aber die ›unteren Klassen‹ machen das anders. Das Zentralkomitee von 1871 ließ die Helden der ›friedlichen Demonstration‹ einfach laufen, und so waren sie bereits zwei Tage später imstande, sich unter dem Admiral Saisset zu jener *bewaffneten* Demonstration zusammenzufinden, die mit dem bewußten Ausreißen nach Versailles endigte. In seinem Widerstreben, den durch Thiers' nächtlichen Einbruch in Montmartre eröffneten Bürgerkrieg aufzunehmen, machte sich das Zentralkomitee diesmal eines entscheidenden Fehlers dadurch schuldig, daß es nicht sofort auf das damals vollständig hülflose Versailles marschierte und damit den Verschwörungen des Thiers und seiner Krautjunker ein Ziel setzte. Statt dessen erlaubte man der Ordnungspartei, nochmals ihre Stärke an der Wahlurne zu versuchen, als am 26. März die Kommune gewählt wurde. An diesem Tage wechselten die Ordnungsmänner in den

Bezirksbürgermeistereien wohlwollende Worte der Versöhnung mit ihren nur zu großmütigen Siegern, gleichzeitig in ihren Herzen feierliche Gelübde knurrend, seiner Zeit blutige Rache zu nehmen.

Und jetzt schaut die Kehrseite der Medaille! Thiers eröffnete seinen zweiten Feldzug gegen Paris anfangs April. Die erste Kolonne von Pariser Gefangenen, die nach Versailles hineinkam, wurde empörend behandelt, während Ernest Picard, die Hände in den Hosentaschen, herumschlenderte und sie verhöhnte und die Frauen von Thiers und Favre, in Mitte ihrer Ehren(?)damen, vom hohen Balkon herab die Schändlichkeiten des Versailler Pöbels beklatschten. Die gefangenen Liniensoldaten wurden einfach erschossen; unser tapferer Freund General Duval, der Eisengießer, wurde ohne alle Form Rechtens gemordet. Galliffet, der ›Louis‹ seiner Frau, so notorisch durch die schamlose Schaustellung ihres Leibes bei den Gelagen des zweiten Kaisertums, Galliffet prahlte in einer Proklamation, daß der die Ermordung einiger durch seine Reiter überraschten und entwaffneten Nationalgardisten samt ihrem Hauptmann und Lieutenant, befohlen habe. Vinoy, der Ausreißer, wurde von Thiers zum Großkreuz der Ehrenlegion ernannt für seinen Tagesbefehl, worin er vorschrieb, jeden bei den Kommunalisten gefangenen Liniensoldaten zu erschießen. Desmaret, der Gendarm, wurde dekoriert, weil er den hochherzigen und ritterlichen Flourens verräterisch nach Metzgerart in Stücke zerhauen hatte, Flourens, der am 31. Oktober 1870 der Verteidigungsregierung ihre Köpfe gerettet hatte. Die ›ermunternden Einzelheiten‹ seiner Ermordung wurden von Thiers in der Nationalversammlung mit Behagen des breiteren mitgeteilt. Mit der aufgeblasenen Eitelkeit eines parlamentarischen Däumlings, dem man erlaubt, die Rolle des Tamerlan zu spielen, verweigerte er den Rebellen gegen seine Winzigkeit jedes Recht zivilisierter Kriegsführung, selbst das der Neutralität für ihre Verbandplätze. Nichts Scheußlicheres als dieser Affe, schon von Voltaire vorgeahnt, der für eine kleine Zeit seinen Tigergelüsten freien Lauf lassen kann.

Nachdem die Kommune (Dekret vom 7. April) Vergeltungsmaßregeln angeordnet und es für ihre Pflicht erklärt hatte, »Paris gegen die kannibalischen Taten der Versailler Banditen zu schützen und Aug' um Auge, Zahn um Zahn zu verlangen« – stellte Thiers dennoch die grausame Behandlung der Gefangenen nicht ein; er beleidigte sie obendrein noch in seinen Berichten wie folgt: »Niemals ist der betrübte Blick ehrlicher Leute auf so entwürdigende Gesichter einer entwürdigenden Demokratie gefallen« – ehrlicher Leute wie Thiers selbst und seine ticket-of-leave-Männer. Trotzdem wurde das Erschießen der Gefangenen für einige Zeit eingestellt. Kaum aber hatten Thiers und seine Dezembergenerale gefunden, daß das Vergeltungsdekret der Kommune nur eine leere

Drohung war, daß selbst ihre Gendarmenspione, die in Paris, als Nationalgardisten verkleidet, abgefangen waren, daß selbst Polizeisergeanten, Träger von Brandgranaten, verschont blieben – so fing auch das massenweise Erschießen der Gefangenen wieder an und wurde bis zum Ende durchgeführt. Häuser, in welche Nationalgardisten geflüchtet waren, wurden von Gendarmen umringt, mit Petroleum (das hier zum erstenmal vorkommt) übergossen und in Brand gesteckt; die halbverbrannten Leichen wurden später von der Ambulanz der Presse (in Les Ternes) herausgeholt. Vier Nationalgardisten, die sich am 25. April bei Belle-Epine einigen berittenen Jägern ergeben hatten, wurden nachher einer nach dem andern vom Rittmeister, einem würdigen Knecht Galliffets, niedergeschossen. Einer der vier, Scheffer, für tot zurückgelassen, kroch zu den Pariser Vorposten und legte gerichtliches Zeugnis ab über diese Tatsache vor einem Ausschuß der Kommune. Als Tolain den Kriegsminister über den Bericht dieses Ausschusses interpellierte, erstickte das Geschrei der Krautjunker seine Stimme; sie verboten Le Flô zu antworten. Es wäre eine Beleidigung für ihr ›ruhmvolles‹ Heer, von seinen Taten – zu sprechen. Der nachlässige Ton, in dem Thiers' Berichte die Niedermetzelung der bei Moulin-Saquet im Schlafe überraschten Nationalgardisten und die massenhaften Erschießungen in Clamart mitteilten, verletzte selbst die Nerven der wahrhaftig nicht überempfindlichen Londoner ›Times‹. Aber es wäre lächerlich, die bloß einleitenden Scheußlichkeiten aufzählen zu wollen, begangen von den Bombardierern von Paris und den Aufhetzern einer Sklavenhalter-Rebellion unter dem Schutz des fremden Eroberers. Inmitten aller dieser Schrecken vergißt Thiers seinen parlamentarischen Jammer von wegen der furchtbaren Verantwortlichkeit, die auf seinen Zwergschultern lastet, prahlt, daß l'Assemblée siège paisiblement (die Versammlung tagt in Frieden weiter), und beweist durch seine steten Festessen, heute mit Dezembergeneralen, morgen mit deutschen Prinzen, daß seine Verdauung nicht im mindesten gestört ist, nicht einmal durch die Gespenster von Lecomte und Clément Thomas.

III

Am Morgen des 18. März 1871 wurde Paris geweckt durch den Donnerruf: ›Es lebe die Kommune!‹ Was ist die Kommune, diese Sphinx, die den Bourgeoisverstand auf so harte Proben setzt?

»Die Proletarier von Paris«, sagte das Zentralkomitee in seinem Manifest vom 18. März, »inmitten der Niederlagen und des Verrats der herrschenden Klassen, haben begriffen, daß die Stunde geschlagen hat, wo sie die Lage retten müssen, dadurch, daß sie die Leitung der öffentlichen Angelegenheiten in ihre eignen Hände nehmen ... Sie haben begriffen, daß es ihre höchste Pflicht und ihr absolutes Recht ist, sich zu Herren ihrer eignen Geschicke zu machen und die Regierungsgewalt zu ergreifen.«

Aber die Arbeiterklasse kann nicht die fertige Staatsmaschinerie einfach in Besitz nehmen und diese für ihre eignen Zwecke in Bewegung setzen.

Die zentralisierte Staatsmacht, mit ihren allgegenwärtigen Organen – stehende Armee, Polizei, Bürokratie, Geistlichkeit, Richterstand, Organe, geschaffen nach dem Plan einer systematischen und hierarchischen Teilung der Arbeit – stammt her aus den Zeiten der absoluten Monarchie, wo sie der entstehenden Bourgeoisgesellschaft als eine mächtige Waffe in ihren Kämpfen gegen den Feudalismus diente. Dennoch blieb ihre Entwicklung gehemmt durch allerhand mittelalterlichen Schutt, grundherrliche und Adelsvorrechte, Lokalprivilegien, städtische und Zunftmonopole und Provinzialverfassungen. Der riesige Besen der französischen Revolution des 18. Jahrhunderts fegte alle diese Trümmer vergangener Zeiten weg und reinigte so gleichzeitig den gesellschaftlichen Boden von den letzten Hindernissen, die dem Überbau des modernen Staatsgebäudes im Wege gestanden. Dies moderne Staatsgebäude erhob sich unter dem ersten Kaisertum, das selbst wieder erzeugt worden war durch die Koalitionskriege des alten halbfeudalen Europas gegen das moderne Frankreich. Während der nachfolgenden Herrschaftsformen wurde die Regierung unter parlamentarische Kontrolle gestellt, d.h. unter die direkte Kontrolle der besitzenden Klassen. Einerseits entwickelte sie sich jetzt zu einem Treibhaus für kolossale Staatsschulden und erdrückende Steuern und wurde vermöge der unwiderstehlichen Anziehungskraft ihrer Amtsgewalt, ihrer Einkünfte und ihrer Stellenvergebung der Zankapfel für die konkurrierenden Fraktionen und Abenteurer der herrschenden Klassen – andererseits änderte sich ihr politischer Charakter gleichzeitig mit den ökonomischen Veränderungen der Gesellschaft. In dem Maß, wie der Fortschritt der modernen Industrie den Klassengegensatz zwischen Kapital und Arbeit entwickelte, erweiterte, vertiefte, in demselben Maße erhielt die Staatsmacht mehr und mehr den Charakter einer öffentlichen Gewalt zur Unterdrückung der Arbeiterklasse[7], einer Maschine der Klassenherrschaft. Nach jeder Revolution, die einen Fortschritt des Klassenkampfes bezeichnet, tritt der rein unterdrückende Charakter der Staatsmacht offner und offner hervor. Die Revolution von 1830 übertrug die Regierung von den Grundbesitzern auf die Kapitalisten und damit von den entfernteren auf die direkteren Gegner der Arbeiter. Die Bourgeoisrepublikaner, die im Namen der Februarrevolution das Staatsruder ergriffen, gebrauchten es zur Herbeiführung der Junischlächtereien, um der Arbeiterklasse zu beweisen, daß die ›soziale‹ Republik weiter nichts bedeute, als ihre soziale Unterdrückung durch die Republik; und um der königlich gesinnten Masse der Bourgeois und Grundbesitzer zu beweisen, daß sie die Sorgen und die Geldvorteile der Regierung ruhig den Bourgeoisrepublikanern überlassen könnten. Nach dieser ihrer einzigen Heldentat vom Juni blieb den Bourgeoisrepublikanern jedoch nur übrig, zurückzutreten aus dem ersten Glied ins letzte Glied der ›Ordnungspartei‹ – einer Koalition, gebildet aus allen konkurrierenden Fraktionen und Faktionen der aneignenden Klassen in ihrem jetzt offen erklärten Gegensatz zu den hervorbringenden Klassen. Die angemessene Form ihrer Gesamtregierung war die parlamentarische Republik mit Louis Bonaparte als Präsidenten; eine Regierung des unverhohlnen Klassenterrorismus und der absichtlichen Beleidigung der ›vile multitude‹ (der schoflen Menge). Wenn, wie Thiers sagte, die parlamentarische Republik die Staatsform war, die die Fraktionen der herrschenden Klasse am wenigsten trennte, so eröffnete sie dagegen einen Abgrund zwischen dieser Klasse und dem ganzen, außerhalb ihrer dünngesäten Reihen lebenden Gesellschaftskörper. Die Schranken, die, unter früheren Regierungen, die inneren Spaltungen jener Klasse der Staatsmacht noch auferlegt hatten, waren durch ihre Vereinigung jetzt gefallen. Angesichts der drohenden Erhebung des Proletariats benutzte die vereinigte besitzende Klasse jetzt die Staatsmacht rücksichtslos und frech als das nationale Kriegswerkzeug des Kapitals gegen die Arbeit. Aber ihr ununterbrochner Kreuzzug gegen die produzierenden Massen zwang sie nicht nur, die vollziehende Gewalt mit stets wachsender Unterdrückungsmacht auszustatten; er zwang sie auch, ihre eigne parlamentarische Zwingburg – die Nationalversammlung – nach und nach aller Verteidigungsmittel gegen die vollziehende Gewalt zu entblößen. Die vollziehende Gewalt, in der Person des Louis Bonaparte, setzte sie vor die Tür. Der leibliche Nachkomme der Republik der ›Ordnungspartei‹ war das zweite Kaisertum.

Das Kaisertum, mit dem Staatsstreich als Geburtsschein, dem allgemeinen Stimmrecht als Beglaubigung und dem Säbel als Zepter, gab vor, sich auf die Bauern zu stützen, auf jene große Masse der Produzenten, die nicht unmittelbar in den Kampf zwischen Kapital und Arbeit verwickelt waren. Es gab vor, die Arbeiterklasse zu retten, indem es den Parlamentarismus brach und mit ihm die unverhüllte Unterwürfigkeit der Regierung unter die besitzenden Klassen. Es gab vor, die besitzenden Klassen zu retten durch Aufrechterhaltung ihrer ökonomischen Hoheit über die Arbeiterklasse; und schließlich gab es vor, alle Klassen zu vereinigen, durch die Wiederbelebung des Trugbilds des nationalen Ruhms. In Wirklichkeit war es die einzige mögliche Regierungsform zu einer Zeit, wo die Bourgeoisie die Fähigkeit, die Nation zu beherrschen, schon verloren und wo die Arbeiterklasse diese Fähigkeit noch nicht erworben hatte. Die ganze Welt jauchzte ihm zu als dem Retter der Gesellschaft. Unter seiner Herrschaft erreichte die Bourgeoisgesellschaft, aller politischen Sorgen enthoben, eine von ihr selbst nie geahnte Entwicklung. Ihre Industrie, ihr Handel dehnten sich zu unermeßlichen Verhältnissen aus; der Finanzschwindel feierte kosmopolitische Orgien; das Elend der Massen hob sich grell ab gegenüber dem schamlosen Prunk eines gleißenden, überladnen und schuftigriechenden Luxus. Die Staatsmacht, scheinbar hoch über der Gesellschaft schwebend, war dennoch selbst der skandalöseste Skandal dieser Gesellschaft und gleichzeitig die Brutstätte aller ihrer Fäulnis. Ihre eigne Verrottung und die Verrottung der von ihr geretteten Gesellschaft wurde bloßgelegt durch die Bajonette Preußens, das selbst vor Begierde brannte, den Schwerpunkt dieses Regimes von Paris nach Berlin zu verlegen. Der Imperialismus ist die prostituierteste und zugleich die schließliche Form jener Staatsmacht, die von der entstehenden bürgerlichen Gesellschaft ins Leben gerufen war als das Werkzeug ihrer eignen Befreiung vom Feudalismus und die die vollentwickelte Bourgeoisgesellschaft verwandelt hatte in ein Werkzeug zur Knechtung der Arbeit durch das Kapital.

Der gerade Gegensatz des Kaisertums war die Kommune. Der Ruf nach der ›sozialen Republik‹, womit das Pariser Proletariat die Februarrevolution einführte, drückte nur das unbestimmte Verlangen aus nach einer Republik, die nicht nur die monarchische Form der Klassenherrschaft beseitigen sollte, sondern die Klassenherrschaft selbst. Die Kommune war die bestimmte Form dieser Republik.

Paris, der Mittelpunkt und Sitz der alten Regierungsmacht und gleichzeitig der gesellschaftliche Schwerpunkt der französischen Arbeiterklasse, Paris hatte sich in Waffen erhoben gegen den Versuch des Thiers und seiner Krautjunker, diese ihnen vom Kaisertum überkommne alte Regierungsmacht wiederherzustellen und zu verewigen. Paris konnte nur Widerstand leisten, weil es infolge der Belagerung die Armee losgeworden war, an deren Stelle es eine hauptsächlich aus Arbeitern bestehende Nationalgarde gesetzt hatte. Diese Tatsache galt es jetzt in eine bleibende Einrichtung zu verwandeln. Das erste Dekret der Kommune war daher die Unterdrückung des stehenden Heeres und seine Ersetzung durch das bewaffnete Volk.

Die Kommune bildete sich aus den durch allgemeines Stimmrecht in den verschiedenen Bezirken von Paris gewählten Stadträten. Sie waren verantwortlich und jederzeit absetzbar. Ihre Mehrzahl bestand selbstredend aus Arbeitern oder anerkannten Vertretern der Arbeiterklasse. Die Kommune sollte nicht eine parlamentarische, sondern eine arbeitende

Körperschaft sein, vollziehend und gesetzgebend zu gleicher Zeit. Die Polizei, bisher das Werkzeug der Staatsregierung, wurde sofort aller ihrer politischen Eigenschaften entkleidet und in das verantwortliche und jederzeit absetzbare Werkzeug der Kommune verwandelt. Ebenso die Beamten aller andern Verwaltungszweige. Von den Mitgliedern der Kommune an abwärts, mußte der öffentliche Dienst für *Arbeiterlohn* besorgt werden. Die erworbnen Anrechte und die Repräsentationsgelder der hohen Staatsbürger verschwanden mit diesen Würdenträgern selbst. Die öffentlichen Ämter hörten auf, das Privateigentum der Handlanger der Zentralregierung zu sein. Nicht nur die städtische Verwaltung, sondern auch die ganze, bisher durch den Staat ausgeübte Initiative wurde in die Hände der Kommune gelegt.

Das stehende Heer und die Polizei, die Werkzeuge der materiellen Macht der alten Regierung einmal beseitigt, ging die Kommune sofort darauf aus, das geistliche Unterdrückungswerkzeug, die Pfaffenmacht, zu brechen; sie dekretierte die Auflosung und Enteignung aller Kirchen, soweit sie besitzende Körperschaften waren. Die Pfaffen wurden in die Stille des Privatlebens zurückgesandt, um dort, nach dem Bilde ihrer Vorgänger, der Apostel, sich von dem Almosen der Gläubigen zu nähren. Sämtliche Unterrichtsanstalten wurden dem Volk unentgeltlich geöffnet und gleichzeitig von aller Einmischung des Staats und der Kirche gereinigt. Damit war nicht nur die Schulbildung für jedermann zugänglich gemacht, sondern auch die Wissenschaft selbst von den ihr durch das Klassenvorurteil und die Regierungsgewalt auferlegten Fesseln befreit.

Die richterlichen Beamten verloren jene scheinbare Unabhängigkeit, die nur dazu gedient hatte, ihre Unterwürfigkeit unter alle aufeinanderfolgenden Regierungen zu verdecken, deren jeder sie, der Reihe nach, den Eid der Treue geschworen und gebrochen hatten. Wie alle übrigen öffentlichen Diener, sollten sie fernerhin gewählt, verantwortlich und absetzbar sein.

Die Pariser Kommune sollte selbstverständlich allen großen gewerblichen Mittelpunkten Frankreichs zum Muster dienen. Sobald die kommunale Ordnung der Dinge einmal in Paris und den Mittelpunkten zweiten Ranges eingeführt war, hätte die alte zentralisierte Regierung auch in den Provinzen der Selbstregierung der Produzenten weichen müssen. In einer kurzen Skizze der nationalen Organisation, die die Kommune nicht die Zeit hatte, weiter auszuarbeiten, heißt es ausdrücklich, daß die Kommune die politische Form selbst des kleinsten Dorfs sein, und daß das bestehende Heer auf dem Lande durch eine Volksmiliz mit äußerst kurzer Dienstzeit ersetzt werden sollte. Die Landgemeinden eines jeden Bezirks sollten ihre gemeinsamen Angelegenheiten durch eine Versammlung von Abgeordneten in der Bezirkshauptstadt verwalten, und diese Bezirksversammlungen dann wieder Abgeordnete zur Nationaldelegation in Paris schicken; die Abgeordneten sollten jederzeit absetzbar und an die bestimmten Instruktionen ihrer Wähler gebunden sein. Die wenigen, aber wichtigen Funktionen, welche dann noch für eine Zentralregierung übrigblieben, sollten nicht, wie dies absichtlich gefälscht worden, abgeschafft, sondern an kommunale, d.h. streng verantwortliche Beamte übertragen werden. Die Einheit der Nation sollte nicht gebrochen, sondern im Gegenteil organisiert werden durch die Kommunalverfassung; sie sollte eine Wirklichkeit werden durch die Vernichtung jener Staatsmacht, welche sich für die Verkörperung dieser Einheit ausgab, aber unabhängig und überlegen sein wollte gegenüber der Nation, an deren Körper sie doch nur ein Schmarotzerauswuchs war. Während es galt, die bloß unterdrückenden Organe der alten Regierungsmacht abzuschneiden, sollten ihre berechtigten Funktionen einer Gewalt, die über der Gesellschaft zu stehn beanspruchte, entrissen und den verantwortlichen Dienern der Gesellschaft zurückgegeben werden. Statt einmal in drei oder sechs Jahren zu entscheiden, welches Mitglied der herrschenden Klasse das Volk im Parlament ver- und zertreten soll, sollte das allgemeine Stimmrecht dem in Kommunen konstituierten Volk dienen, wie das individuelle Stimmrecht jedem andern Arbeitgeber dazu dient, Arbeiter, Aufseher und Buchhalter in seinem Geschäft auszusuchen. Und es ist bekannt genug, daß Gesellschaften ebensogut wie einzelne, in wirklichen Geschäftssachen gewöhnlich den rechten Mann zu finden und, falls sie sich einmal täuschen, dies bald wieder gutzumachen wissen. Andrerseits aber konnte nichts dem Geist der Kommune fremder sein, als das allgemeine Stimmrecht durch hierarchische Investitur zu ersetzen.

Es ist das gewöhnliche Schicksal neuer geschichtlicher Schöpfungen, für das Seitenstück älterer und selbst verlebter Formen des gesellschaftlichen Lebens versehn zu werden, denen sie einigermaßen ähnlich sehn. So ist diese neue Kommune, die die moderne Staatsmacht bricht, angesehen worden für eine Wiederbelebung der mittelalterlichen Kommunen, welche jener Staatsmacht erst vorausgingen und dann ihre Grundlage bildeten. – Die Kommunalverfassung ist versehn worden für einen Versuch, einen Bund kleiner Staaten, wie Montesquieu und die Girondins ihn träumten, an die Stelle jener Einheit großer Völker zu setzen, die, wenn ursprünglich durch Gewalt zustande gebracht, doch jetzt ein mächtiger Faktor der gesellschaftlichen Produktion geworden ist. – Der Gegensatz der Kommune gegen die Staatsmacht ist versehn worden für eine übertriebne Form des alten Kampfes gegen Überzentralisation. Besondre geschichtliche Umstände mögen die klassische Entwicklung der Bourgeoisregierungsform, wie sie in Frankreich vor sich gegangen, in andren Ländern verhindert, und mögen gestattet haben, daß, wie in

England, die großen zentralen Staatsorgane sich ergänzen durch korrupte Pfarreiversammlungen (vestries), geldschachernde Stadträte und wutschnaubende Armenverwalter in den Städten und durch tatsächlich erbliche Friedensrichter auf dem Lande. Die Kommunalverfassung würde im Gegenteil dem gesellschaftlichen Körper alle die Kräfte zurückgegeben haben, die bisher der Schmarotzerauswuchs ›Staat‹, der von der Gesellschaft sich nährt und ihre freie Bewegung hemmt, aufgezehrt hat. Durch diese Tat allein würde sie die Wiedergeburt Frankreichs in Gang gesetzt haben. – Die Mittelklasse der Provinzialstädte sah in der Kommune einen Versuch zur Wiederherstellung der Herrschaft, die sie unter Louis-Philippe über das Land ausgeübt hatte und die unter Louis Bonaparte verdrängt wurde durch die angebliche Herrschaft des Landes über die Städte. In Wirklichkeit aber hätte die Kommunalverfassung die ländlichen Produzenten unter die geistige Führung der Bezirkshauptstädte gebracht und ihnen dort, in den städtischen Arbeitern, die natürlichen Vertreter ihrer Interessen gesichert. – Das bloße Bestehn der Kommune führte, als etwas Selbstverständliches, die lokale Selbstregierung mit sich, aber nun nicht mehr als Gegengewicht gegen die, jetzt überflüssig gemachte, Staatsmacht. Es konnte nur einem Bismarck einfallen, der, wenn nicht von seinen Blut- und Eisenintrigen in Anspruch genommenen, gern zu seinem alten, seinem geistigen Kaliber so sehr zusagenden Handwerk als Mitarbeiter am ›Kladderadatsch‹ zurückkehrt – nur einem solchen Kopf konnte es einfallen, der Pariser Kommune eine Sehnsucht unterzuschieben nach jener Karikatur der alten französischen Städteverfassung von 1791, der preußischen Städteordnung, die die städtischen Verwaltungen zu bloßen untergeordneten Rädern in der preußischen Staatsmaschinerie erniedrigt. – Die Kommune machte das Stichwort aller Bourgeoisrevolutionen – wohlfeile Regierung – zur Wahrheit, indem sie die beiden größten Ausgabequellen, die Armee und das Beamtentum, aufhob. Ihr bloßes Bestehn setzte das Nichtbestehn der Monarchie voraus, die, wenigstens in Europa, der regelrechte Ballast und der unentbehrliche Deckmantel der Klassenherrschaft ist. Sie verschaffte der Republik die Grundlage wirklich demokratischer Einrichtungen. Aber weder ›wohlfeile Regierung‹ noch die ›wahre Republik‹ war ihr Endziel; beide ergaben sich nebenbei und von selbst.

Die Mannigfaltigkeit der Deutungen, denen die Kommune unterlag, und die Mannigfaltigkeit der Interessen, die sich in ihr ausgedrückt fanden, beweisen, daß sie eine durch und durch ausdehnungsfähige politische Form war, während alle früheren Regierungsformen wesentlich unterdrückend gewesen waren. Ihr wahres Geheimnis war dies: Sie war wesentlich eine *Regierung der Arbeiterklasse*, das Resultat des Kampfs der hervorbringenden gegen die aneignende Klasse, die endlich entdeckte politische Form, unter der die ökonomische Befreiung der Arbeit sich vollziehn konnte.

Ohne diese letzte Bedingung war die Kommunalverfassung eine Unmöglichkeit und eine Täuschung. Die politische Herrschaft des Produzenten kann nicht bestehn neben der Verewigung seiner gesellschaftlichen Knechtschaft. Die Kommune sollte daher als Hebel dienen, um die ökonomischen Grundlagen umzustürzen, auf denen der Bestand der Klassen und damit der Klassenherrschaft ruht. Einmal die Arbeit emanzipiert, so wird jeder Mensch ein Arbeiter, und produktive Arbeit hört auf, eine Klasseneigenschaft zu sein.

Es ist eine eigentümliche Tatsache: Trotz all des großen Geredes und der unermeßlichen Literatur der letzten sechzig Jahre über die Emanzipation der Arbeiter[8] – kaum nehmen die Arbeiter irgendwo die Sache in ihre eignen Hände, so ertönen auch sofort wieder die apologetischen Redensarten der Fürsprecher der jetzigen Gesellschaft mit ihren beiden Polen: Kapital und Lohnsklaverei (der Grundbesitzer ist jetzt nur noch der stille Gesellschafter des Kapitalisten), als lebte die kapitalistische Gesellschaft noch im Stande reinster jungfräulicher Unschuld, alle ihre Grundsätze[9] noch unentwickelt, alle ihre Selbsttäuschungen noch unenthüllt, alle ihre prostituierte Wirklichkeit noch nicht bloßgelegt! Die Kommune, rufen sie aus, will das Eigentum, die Grundlage aller Zivilisation, abschaffen! Jawohl, meine Herren, die Kommune wollte jenes Klasseneigentum abschaffen, das die Arbeit der vielen in den Reichtum der wenigen verwandelt. Sie beabsichtigte die Enteignung der Enteigner. Sie wollte das individuelle Eigentum zu einer Wahrheit machen, indem sie die Produktionsmittel, den Erdboden und das Kapital, jetzt vor allem die Mittel zur Knechtung und Ausbeutung der Arbeit, in bloße Werkzeuge der freien und assoziierten Arbeit verwandelt. – Aber dies ist der Kommunismus, der ›unmögliche‹ Kommunismus! Nun, diejenigen Leute aus den herrschenden Klassen, die verständig genug sind, die Unmöglichkeit der Fortdauer des jetzigen Systems einzusehn – und deren gibt es viele –, haben sich zu zudringlichen und großmäuligen Aposteln der genossenschaftlichen Produktion aufgeworfen. Wenn aber die genossenschaftliche Produktion nicht eitel Schein und Schwindel bleiben, wenn sie das kapitalistische System verdrängen, wenn die Gesamtheit der Genossenschaften die nationale Produktion nach einem gemeinsamen Plan regeln, sie damit unter ihre eigne Leitung nehmen und der beständigen Anarchie und den periodisch wiederkehrenden Konvulsionen, welche das unvermeidliche Schicksal der kapitalistischen Produktion sind, ein Ende machen soll – was wäre das andres, meine Herren, als der Kommunismus, der ›mögliche‹ Kommunismus?

Die Arbeiterklasse verlangte keine Wunder von der Kommune. Sie hat keine fix und fertigen Utopien durch Volksbeschluß einzuführen. Sie weiß, daß, um ihre eigne Befreiung und mit ihr jene höhre Lebensform hervorzuarbeiten, der die gegenwärtige Gesellschaft durch ihre eigne ökonomische Entwicklung unwiderstehlich entgegenstrebt, daß sie, die Arbeiterklasse, lange Kämpfe, eine ganze Reihe geschichtlicher Prozesse durchzumachen hat, durch welche die Menschen wie die Umstände gänzlich umgewandelt werden. Sie hat keine Ideale zu verwirklichen; sie hat nur die Elemente der neuen Gesellschaft in Freiheit zu setzen, die sich bereits im Schoß der zusammenbrechenden Bourgeoisgesellschaft entwickelt haben. Im vollen Bewußtsein ihrer geschichtlichen Sendung[10] und mit dem Heldenentschluß, ihrer würdig zu handeln, kann die Arbeiterklasse sich begnügen, zu lächeln gegenüber den plumpen Schimpfereien der Lakaien von der Presse wie gegenüber der lehrhaften Protektion wohlmeinender Bourgeoisdoktrinäre, die ihre unwissenden Gemeinplätze und Sektierermarotten im Orakelton wissenschaftlicher Unfehlbarkeit abpredigen.

Als die Pariser Kommune die Leitung der Revolution in ihre eigne Hand nahm; als einfache Arbeiter zum erstenmal es wagten, das Regierungsprivilegium ihrer ›natürlichen Obern‹, der Besitzenden, anzutasten, und, unter Umständen von beispielloser Schwierigkeit, ihre Arbeit bescheiden, gewissenhaft und wirksam verrichteten – sie verrichteten für Gehalte, deren höchstes kaum ein Fünftel von dem war, was nach einem hohen wissenschaftlichen Gewährsmann (Professor Huxley) das geringste ist für einen Sekretär des Londoner Schulrats –, da wand sich die alte Welt in Wutkrämpfen beim Anblick der roten Fahne, die, das Symbol der Republik der Arbeit, über dem Stadthause wehte. Und doch war dies die erste Revolution, in der die Arbeiterklasse offen anerkannt wurde als die einzige Klasse, die noch einer gesellschaftlichen Initiative fähig war; anerkannt selbst durch die große Masse der Pariser Mittelklasse – Kleinhändler, Handwerker, Kaufleute –, die reichen Kapitalisten allein ausgenommen. Die Kommune hatte sie gerettet durch eine weise Erledigung jener immer wiederkehrenden Ursache des Streits unter der Mittelklasse selbst, der Frage zwischen Schuldnern und Gläubigern. Derselbe Teil der Mittelklasse hatte sich 1848 bei der Unterdrückung des Arbeiteraufstandes vom Juni beteiligt; und unmittelbar darauf war er durch die konstituierende Versammlung ohne alle Umstände seinen Gläubigern zum Opfer gebracht worden. Aber dies war nicht der einzige Grund, weswegen er sich jetzt an die Arbeiter anschloß. Er fühlte, daß es nur noch eine Wahl gab: die Kommune oder das Kaisertum, gleichviel unter welchem Namen. Das Kaisertum hatte diese Mittelklasse ökonomisch ruiniert durch seine Verschlechterung des öffentlichen Reichtums, durch den von ihm großgezognen Finanzschwindel, durch seine Beihülfe zur künstlich beschleunigten Zentralisation des Kapitals und die dadurch bedingte Enteignung eines großen Teils dieser Mittelklasse. Es hatte sie politisch unterdrückt, sie sittlich entrüstet durch seine Orgien, es hatte ihren Voltairianismus beleidigt durch Überlieferung der Erziehung ihrer Kinder an die ›unwissenden Brüderlein‹, es hatte ihre Nationalgefühle als Franzosen empört, indem es sie kopfüber in einen Krieg stürzte, der für alle die Verwüstung, die er anrichtete, nur einen Ersatz ließ – die Vernichtung des Kaisertums. In der Tat, nach der Auswanderung der hohen bonapartistischen und kapitalistischen Zigeunerbande aus Paris trat die wahre Ordnungspartei der Mittelklasse hervor als die ›Union républicaine‹, stellte sich unter die Fahne der Kommune und verteidigte sie gegen Thiers' absichtliche Entstellungen. Ob die Dankbarkeit dieser großen Masse der Mittelklasse die jetzigen schweren Prüfungen bestehen wird, bleibt abzuwarten.

Die Kommune hatte vollständig recht, als sie den Bauern zurief: »Unser Sieg ist eure Hoffnung!« Von allen den Lügen, die in Versailles ausgeheckt und von den ruhmvollen europäischen Preßzuaven weiterposaunt wurden, war eine der ungeheuerlichsten die, daß die Krautjunker der Nationalversammlung die Vertreter der französischen Bauern seien. Man denke sich nur die Liebe des französischen Bauern für die Leute, denen er, nach 1815, eine Milliarde Entschädigung zahlen mußte! In den Augen des französischen Bauern ist ja schon die bloße Existenz eines großen Grundbesitzers ein Eingriff in seine Eroberungen von 1789. Der Bourgeois hatte 1848 die Bodenparzelle des Bauern mit der Zuschlagsteuer von 45 Centimen auf den Franken belastet, aber er tat es im Namen der Revolution; jetzt hatte er einen Bürgerkrieg gegen die Revolution entzündet, um die Hauptlast der den Preußen bewilligten fünf Milliarden Kriegsentschädigung den Bauern aufzubürden. Die Kommune dagegen erklärte gleich in einer ihrer ersten Proklamationen, daß die wirklichen Urheber des Krieges auch dessen Kosten tragen müßten. Die Kommune würde dem Bauer die Blutsteuer abgenommen, ihm eine wohlfeile Regierung gegeben und seine Blutsauger, den Notar, den Advokaten, den Gerichtsvollzieher und andre gerichtliche Vampire, in besoldete Kommunalbeamte, von ihm selbst gewählt und ihm verantwortlich, verwandelt haben. Sie würde ihn befreit haben von der Willkürherrschaft des Flurschützen, des Gendarmen und des Präfekten; sie würde an Stelle der Verdummung durch die Pfaffen die Aufklärung durch den Schullehrer gesetzt haben. Und der französische Bauer ist vor allem ein Mann, der rechnet. Er würde es äußerst vernünftig gefunden haben, daß die Bezahlung des Pfaffen, statt von dem Steuereinnehmer eingetrieben zu werden, nur von der freiwilligen Betätigung des Frömmigkeitstriebs seiner Gemeinde abhängen solle. Dies waren die großen unmittelbaren

Wohltaten, die die Herrschaft der Kommune – und sie nur – den französischen Bauern in Aussicht stellte. Es ist daher ganz überflüssig, hier näher einzugehen auf die verwickelteren wirklichen Lebensfragen, die die Kommune allein fähig und gleichzeitig gezwungen war, zugunsten des Bauern zu lösen – die Hypothekenschuld, die wie ein Alp auf seiner Parzelle lastete, das ländliche Proletariat, das täglich auf ihr heranwuchs, und seine eigne Enteignung von dieser Parzelle, die mit stets wachsender Geschwindigkeit durch die Entwicklung der modernen Ackerbauwirtschaft[11] und die Konkurrenz des kapitalistischen Bodenbaus sich durchsetzte.

Der französische Bauer hatte Louis Bonaparte zum Präsidenten der Republik gewählt, aber die Ordnungspartei schuf das zweite Kaisertum. Was der französische Bauer wirklich bedarf, fing er an, 1849 und 50 zu zeigen, indem er überall seinen Maire dem Regierungspräfekten, seinen Schullehrer dem Regierungspfaffen und sich selbst dem Regierungsgendarmen entgegenstellte. Alle von der Ordnungspartei im Januar und Februar 1850 erlassenen Gesetze waren eingestandene Zwangsmaßregeln gegen die Bauern. Der Bauer war Bonapartist, weil die große Revolution, mit all ihren Vorteilen für ihn, in seinen Augen in Napoleon verkörpert war. Diese Täuschung, die unter dem zweiten Kaisertum rasch am Zusammenbrechen war (und sie war ihrer ganzen Natur nach den Krautjunkern feindlich), dies Vorurteil der Vergangenheit, wie hätte es bestehn können gegenüber dem Appell der Kommune an die lebendigen Interessen und dringenden Bedürfnisse der Bauern?

Die Krautjunker – dies war in der Tat ihre Hauptbefürchtung – wußten, daß drei Monate freien Verkehrs zwischen dem kommunalen Paris und den Provinzen einen allgemeinen Bauernaufstand zuwege bringen würden. Daher ihre ängstliche Eile, Paris mit einer Polizeiblockade zu umgeben und die Verbreitung der Rinderpest zu hemmen.

Wenn sonach die Kommune die wahre Vertreterin aller gesunden Elemente der französischen Gesellschaft war, und daher die wahrhaft nationale Regierung, so war sie gleichzeitig, als eine Arbeiterregierung, als der kühne Vorkämpfer der Befreiung der Arbeit, im vollen Sinn des Worts international. Unter den Augen der preußischen Armee, die zwei französische Provinzen an Deutschland annexiert hatte, annexierte die Kommune die Arbeiter der ganzen Welt an Frankreich.

Das zweite Kaisertum war das Jubelfest der kosmopolitischen Prellerei gewesen, die Hochstapler aller Länder waren auf seinen Ruf herzugestürzt, teilzunehmen an seinen Orgien und an der Ausplünderung des französischen Volks. Selbst in diesem Augenblick noch ist Thiers' rechte Hand Ganesco, der walachische Lump, und seine linke Hand Markowski, der russische Spion. Die Kommune ließ alle Fremden zu zu der Ehre, für eine unsterbliche Sache zu fallen. – Zwischen dem durch ihren Verrat verlorenen auswärtigen Krieg und dem durch ihre Verschwörung mit dem fremden Eroberer entzündeten Bürgerkrieg hatte die Bourgeoisie Zeit gefunden, ihren Patriotismus durch die Organisation von Polizeijagden auf die Deutschen in Frankreich zu betätigen. Die Kommune machte einen Deutschen zu ihrem Arbeitsminister[12]. – Thiers, die Bourgeoisie, das zweite Kaisertum hatten Polen immerfort durch laute Verheißungen der Teilnahme getäuscht, während sie in Wirklichkeit es an Rußland verrieten und Rußlands schmutzige Arbeit verrichteten. Die Kommune ehrte die Heldensöhne Polens, indem sie sie an die Spitze der Verteidigung von Paris stellt.[13] Und, um ganz unverkennbar die neue geschichtliche Ära zu bezeichnen, die sie einzuleiten sich bewußt war, warf die Kommune, unter den Augen, hier der siegreichen Preußen, dort der von bonapartistischen Generalen geführten bonapartistischen Armee, das kolossale Symbol des Kriegsruhms nieder, die Vendôme-Säule.

Die große soziale Maßregel der Kommune war ihr eignes arbeitendes Dasein. Ihre besondern Maßregeln konnten nur die Richtung andeuten, in der eine Regierung des Volks durch das Volk sich bewegt. Dahin gehören die Abschaffung der Nachtarbeit der Bäckergesellen; das Verbot, bei Strafe, der bei Arbeitgebern üblichen Praxis, den Lohn herabzudrücken durch Auferlegung von Geldstrafen auf die Arbeiter unter allerlei Vorwänden – ein Verfahren, wobei der Arbeitgeber in einer Person Gesetzgeber, Richter und Vollstrecker ist und obendrein das Geld einsteckt. Eine andre Maßregel dieser Art war die Auslieferung von allen geschlossenen Werkstätten und Fabriken an Arbeitergenossenschaften, unter Vorbehalt der Entschädigung, gleichwohl, ob der betreffende Kapitalist geflüchtet war oder aber vorzog, die Arbeit einzustellen.

Die finanziellen Maßregeln der Kommune, ausgezeichnet durch ihre Einsicht und Mäßigung, konnten sich nur auf solche beschränken, die mit der Lage einer belagerten Stadt verträglich waren. In Anbetracht der ungeheuren Diebstähle, begangen an der Stadt Paris durch die großen Finanzkompanien und Bauunternehmer unter Haussmanns Herrschaft, hätte die Kommune ein weit größeres Recht gehabt, ihr Eigentum zu konfiszieren, als Louis Bonaparte das der Familie Orléans. Die Hohenzollern und die englischen Oligarchen, die beide ein gutes Stück ihrer Besitzungen von geraubtem Kircheneigentum herleiten, waren natürlich höchst entrüstet über die Kommune, die aus der Säkularisation nur 8000 Franken profitierte.

Während die Versailler Regierung, sobald sie wieder zu etwas Mut und Stärke gekommen, die gewaltsamsten Mittel gegen die Kommune anwandte; während sie die freie Meinungsäußerung über ganz Frankreich unterdrückte und sogar Versammlungen von Delegierten der großen

Städte verbot; während sie Versailles und das übrige Frankreich einer Spionage, weit schlimmer als die des zweiten Kaisertums, unterwarf; während sie durch ihre Gendarmen-Inquisitoren alle in Paris gedruckten Zeitungen verbrannte und alle Briefe von und nach Paris erbrach; während in der Nationalversammlung die furchtsamsten Versuche, ein Wort für Paris zu verlautbaren, niedergeheult wurden in einer, selbst in der Junkerkammer von 1816 unerhörten Weise; während der blutdürstigen Kriegsführung der Versailler außerhalb und ihrer Versuche der Bestechung und Verschwörung innerhalb Paris – hätte da die Kommune nicht ihre Stellung schmählich verraten, wenn sie alle Anstandsformen des Liberalismus, wie im tiefsten Frieden, beobachtet hätte? Wäre die Regierung der Kommune der des Herrn Thiers verwandt gewesen, es wäre ebensowenig Veranlassung dagewesen, Ordnungsparteiblätter in Paris wie Kommunalblätter in Versailles zu unterdrücken.

Es war in der Tat ärgerlich für die Krautjunker, daß gerade um die Zeit, wo sie die Rückkehr zur Kirche als einziges Mittel zur Rettung Frankreichs erklärten, die ungläubige Kommune die eigentümlichen Geheimnisse des Nonnenklosters Picpus und der Kirche St. Laurent aufdeckte. Es war ein Satire auf Thiers, daß, während er Großkreuze auf die bonapartistischen Generale regnen ließ für ihre Meisterschaft im Schlachtenverlieren, Kapitulationsunterzeichnen und Wilhelmshöher Zigarettendrehen, die Kommune ihre Generale absetzte und verhaftete, sobald sie der Vernachlässigung ihres Dienstes verdächtig waren. Die Ausstoßung und Verhaftung eines Mitgliedes[14], das sich unter falschem Namen eingeschlichen und früher in Lyon sechs Tage Gefängnis wegen einfachen Bankerotts erlitten hatte – war sie nicht eine vorbedachte Beleidigung, ins Gesicht geschleudert dem Fälscher Jules Favre, damals noch immer auswärtiger Minister Frankreichs, noch immer Frankreich verkaufend an Bismarck, noch immer Befehle diktierend jener unvergleichlichen belgischen Regierung? Aber in der Tat, die Kommune machte keinen Anspruch auf Unfehlbarkeit, wie dies alle die alten Regierungen ohne Ausnahme tun. Sie veröffentlichte alle Reden und Handlungen, sie weihte das Publikum ein in alle ihre Unvollkommenheiten.

In jeder Revolution drängen sich, neben ihren wirklichen Vertretern, Leute andern Gepräges vor. Einige sind die Überlebenden früherer Revolutionen, mit denen sie verwachsen sind; ohne Einsicht in die gegenwärtige Bewegung, aber noch im Besitz großen Einflusses auf das Volk durch ihren bekannten Mut und Charakter oder auch durch bloße Tradition. Andre sind bloße Schreier, die, jahrelang dieselben ständigen Deklamationen gegen die Regierung des Tages wiederholend, sich in den Ruf von Revolutionären des reinsten Wassers eingeschlichen haben. Auch nach dem 18. März kamen solche Leute zum Vorschein und spielten sogar in einigen Fällen eine hervorragende Rolle. Soweit ihre Macht ging, hemmten sie die wirkliche Aktion der Arbeiterklasse, wie sie die volle Entwicklung jeder frühern Revolution gehemmt haben. Sie sind ein unvermeidliches Übel; mit der Zeit schüttelt man sie ab; aber gerade diese Zeit wurde der Kommune nicht gelassen.

Wunderbar in der Tat war die Verwandlung, die die Kommune an Paris vollzogen hatte! Keine Spur mehr von dem buhlerischen Paris des zweiten Kaisertums. Paris war nicht länger der Sammelplatz von britischen Grundbesitzern, irischen Absentees, amerikanischen Ex-Sklavenhaltern und Emporkömmlingen, russischen Ex-Leibeignenbesitzern und walachischen Bojaren. Keine Leichen mehr in der Morgue, keine nächtlichen Einbrüche und fast keine Diebstähle mehr; seit den Februartagen von 1848 waren die Straßen von Paris wirklich einmal wieder sicher, und das ohne irgendwelche Polizei.

»Wir«, sagte ein Mitglied der Kommune, »wir hören jetzt nichts mehr von Mord, Raub und Tätlichkeiten gegen Personen: es scheint in der Tat, als ob die Polizei alle ihre konservativen Freunde mit nach Versailles geschleppt habe.«

Die Kokotten hatten die Fährte ihrer Beschützer wiedergefunden – der flüchtigen Männer der Familie, der Religion und vor allem des Eigentums. An ihrer Stelle kamen die wirklichen Weiber von Paris wieder an die Oberfläche – heroisch, hochherzig und aufopfernd wie die Weiber des Altertums. Paris, arbeitend, denkend, kämpfend, blutend, über seiner Vorbereitung einer neuen Gesellschaft fast vergessend der Kannibalen vor seinen Toren, strahlend in der Begeisterung seiner geschichtlichen Initiative!

Und nun, gegenüber dieser neuen Welt in Paris, siehe da die alte Welt in Versailles – diese Versammlung der Ghuls aller verstorbenen Regimes, Legitimisten und Orleanisten, gierig, vom Leichnam der Nation zu zehren – mit einem Schwanz vorsintflutlicher Republikaner, die durch ihre Gegenwart in der Versammlung der Sklavenhalter-Rebellion zustimmten, die die Erhaltung ihrer parlamentarischen Republik von der Eitelkeit des bejahrten Pickelhärings an der Spitze der Regierung erhofften und 1789 karikierten durch Abhaltung ihrer gespensterhaften Versammlungen im Jeu de Paume (Ballspielhaus, wo die Nationalversammlung von 1789 ihre berühmten Beschlüsse faßte). Da war sie, diese Versammlung, die Vertreterin von allem, was abgestorben war in Frankreich, aufgestützt zur Positur scheinbaren Lebens durch nichts als die Säbel der Generale von Louis Bonaparte. Paris ganz Wahrheit, Versailles ganz Lüge, und diese Lüge losgelassen durch den Mund Thiers'.

Thiers sagt einer Deputation der Bürgermeister des Seine- und Oise-Departements:

»Sie können sich auf mein Wort verlassen, das ich *nie* gebrochen habe!«

Der Versammlung selbst sagte er, sie sei »die freiestgewählte und liberalste Versammlung, die Frankreich je besessen«; seiner buntgemischten Soldateska, sie sei »die Bewunderung der Welt und die schönste Armee, die Frankreich je gehabt«; den Provinzen, das Bombardement von Paris sei ein Märchen:

»Wenn einige Kanonenschüsse gefallen sind, so geschah das nicht durch die Versailler Armee, sondern durch einige Insurgenten, die glauben machen wollen, sie schlügen sich, wo sie sich doch nirgends zu zeigen wagen.«

Dann wieder sagt er den Provinzen:

»Die Artillerie von Versailles bombardiert Paris nicht, sie kanoniert es bloß.«

Dem Erzbischof von Paris sagt er, die den Versailler Truppen nacherzählten Erschießungen und Repressalien (!) seien lauter Lügen. Er verkündet an Paris, er beabsichtige nur, »es von den scheußlichen Tyrannen zu befreien, die es bedrücken«, und das Paris der Kommune sei in der Tat »nur eine Handvoll Verbrecher«. Das Paris des Thiers war nicht das wirkliche Paris der ›schoflen Menge‹, sondern ein Phantasie-Paris, das Paris der Francs-fileurs, das Paris der Boulevards, männlich wie weiblich, das reiche, das kapitalistische, das vergoldete, das faulenzende Paris, das sich jetzt mit seinen Lakaien, seinen Hochstaplern, seiner literarischen Zigeunerbande und seinen Kokotten in Versailles, Saint-Denis, Rueil und Saint-Germain drängte; für das der Bürgerkrieg nur ein angenehmes Zwischenspiel war; das den Kampf durchs Fernglas betrachtete, die Kanonenschüsse zählte und bei seiner eignen Ehre und der seiner Huren schwor, das Schauspiel sei unendlich besser arrangiert, als es im Theater der Porte Saint-Martin je gewesen. Die Gefallnen waren wirklich tot, das Geschrei der Verwundeten war kein bloßer Schein; und dann, wie welthistorisch war nicht die ganze Sache!

Dies ist das Paris des Herrn Thiers, ganz wie die Emigration von Koblenz das Frankreich des Herrn von Calonne war.

IV

Der erste Versuch der Sklavenhalterverschwörung zur Unterwerfung von Paris, wonach die Preußen es besetzen sollten, scheiterte an Bismarcks Weigerung. Der zweite Versuch, am 18. März, endigte mit der Niederlage der Armee und der Flucht der Regierung nach Versailles, wohin ihr die gesamte Verwaltungsmaschinerie folgen mußte. Durch Vorspiegelung von Friedensunterhandlungen mit Paris gewann Thiers jetzt die Zeit, den

Krieg gegen Paris vorzubereiten. Aber woher eine Armee nehmen? Die Überbleibsel der Linienregimenter waren schwach an Zahl und unsicher von Stimmung. Seine dringenden Anrufe an die Provinzen, Versailles mit ihren Nationalgarden und Freiwilligen zu Hülfe zu eilen, stießen auf offene Weigerung. Nur die Bretagne sandte eine Handvoll Chouans, die unter der weißen Fahne fochten, jeder mit dem Herzen Jesu in weißem Linnen auf der Brust, und deren Schlachtruf war: Vive le Roi! (Es lebe der König!) Thiers blieb also darauf angewiesen, in aller Eile eine buntscheckige Bande zusammenzutrommeln, Matrosen, Seesoldaten, päpstliche Zuaven, Valentins Gendarmen, Piétris Stadtsergeanten und Mouchards (Spitzel). Diese Armee wäre jedoch bis zur Lächerlichkeit ungenügend gewesen ohne die nach und nach eintreffenden imperialistischen Kriegsgefangenen, die Bismarck in Abschlagszahlungen losließ, hinreichend einerseits, den Bürgerkrieg in Gang und andrerseits Versailles in kriechender Abhängigkeit von Preußen zu halten. Im Verlauf dieses Kriegs selbst hatte die Versailler Polizei der Versailler Armee aufzupassen, während die Gendarmen diese Armee mit sich fortreißen mußten, indem sie sich überall an den gefährlichsten Posten zuerst aussetzten. Die Forts, welche fielen, wurden nicht genommen, sondern gekauft. Der Heldenmut der Kommunalisten überzeugte Thiers, daß der Widerstand von Paris nicht durch sein eignes strategisches Genie und die ihm verfügbaren Bajonette zu brechen war.

Gleichzeitig wurden seine Beziehungen zu den Provinzen immer schwieriger. Nicht eine einzige Billigungsadresse lief ein, um Thiers und seine Krautjunker aufzuheitern. Ganz im Gegenteil. Deputationen und Adressen strömten ein von allen Seiten und verlangten, in einem keineswegs achtungsvollen Ton, Versöhnung mit Paris auf Grundlage der unzweideutigen Anerkennung der Republik, der Bestätigung der kommunalen Freiheiten und der Auflösung der Nationalversammlung, deren Mandat erloschen sei. In solchen Massen kamen sie an, daß Dufaure, Thiers' Justizminister, den Staatsanwälten in einem Zirkular vom 23. April befahl, ›den Ruf nach Versöhnung‹ als ein Verbrechen zu behandeln! Im Hinblick jedoch auf die hoffnungslose Aussicht, die ihm sein Feldzug eröffnete, beschloß Thiers, seine Taktik zu ändern, und schrieb für das ganze Land Gemeinderatswahlen für den 23. April aus, auf Grund der neuen, von ihm der Nationalversammlung diktierten Gemeindeordnung. Mit den Intrigen seiner Präfekten hier, mit der Einschüchterung seiner Polizei dort, erwartete er ganz zuversichtlich, durch den Wahrspruch der Provinzen der Nationalversammlung die moralische Macht zu geben, die sie nie besessen hatte, und von den Provinzen die materielle Macht zu erhalten, deren er zur Besiegung von Paris bedurfte.

Seinen Räuberkrieg gegen Paris, verherrlicht in seinen eignen Bulletins, und die Versuche seiner Minister, in ganz Frankreich eine neue Schreckensherrschaft zu errichten, hatte Thiers gleich von Anfang für nötig gehalten, durch eine kleine Versöhnungskomödie zu ergänzen, die mehr als einem Zwecke dienen sollte. Sie sollte die Provinzen hinters Licht führen, die Mittelklasse in Paris anlocken und vor allem den angeblichen Republikanern der Nationalversammlung die Gelegenheit geben, ihren Verrat gegen Paris hinter ihrem Glauben an Thiers zu verbergen. Am 21. März, als er noch keine Armee besaß, hatte er der Versammlung erklärt:

»Komme was da will, ich werde keine Armee nach Paris schicken.«

Am 27. März erhob er sich wieder:

»Ich habe die Republik als vollendete Tatsache vorgefunden, und ich bin fest entschlossen, sie aufrechtzuerhalten.«

In Wirklichkeit unterdrückte er die Revolution in Lyon und Marseille im Namen der Republik, während das Gebrüll seiner Krautjunker die bloße Erwähnung ihres Namens in Versailles niederheulte. Nach dieser Heldentat milderte er die vollendete Tatsache herab zu einer vorausgesetzten Tatsache. Die Orléansprinzen, die er vorsichtig aus Bordeaux wegbeschieden hatte, durften jetzt, in offnem Gesetzesbruch, frei in Dreux intrigieren. Die Zugeständnisse, die Thiers in seinen endlosen Zusammenkünften mit den Delegierten von Paris und den Provinzen in Aussicht stellte – so sehr sie auch fortwährend in Ton und Färbung wechselten –, liefen schließlich immer darauf hinaus, daß seine Rache sich voraussichtlich auf die »Handvoll Verbrecher, beteiligt beim Morde von Clément Thomas und Lecomte« beschränken solle, unter der wohlverstandenen Bedingung, daß Paris und Frankreich den Herrn Thiers selbst rückhaltlos als die beste der Republiken anerkennen sollte, grade wie er 1830 mit Louis-Philippe getan. Und selbst die Zugeständnisse – nicht nur, daß er Sorge trug, sie zweifelhaft zu machen durch die offiziellen Erläuterungen, die seine Minister in der Nationalversammlung dazu machten; nein, er hatte auch seinen Dufaure zum Handeln. Dufaure, dieser alte orleanistische Advokat, war jederzeit der Oberrichter des Belagerungszustands gewesen, wie jetzt, 1871, unter Thiers, so 1839 unter Louis-Philippe und 1849 unter Louis Bonapartes Präsidentschaft. Wenn er nicht Minister war, bereicherte er sich, indem er für die Pariser Kapitalisten plädierte, und machte politisches Kapital, indem er gegen die von ihm selbst eingeführten Gesetze plädierte. Jetzt, nicht zufrieden, eine Reihe Unterdrückungsgesetze durch die Nationalversammlung zu hetzen, die, nach dem Fall von Paris, die letzten Reste republikanischer Freiheit in Paris ausrotten sollten – deutete er selbst das Geschick von Paris im voraus an, indem er die, ihm noch zu langwierige,

Verfahrensweise der Kriegsgerichte abkürzte und ein neugebacknes drakonisches Deportationsgesetz einbrachte. Die Revolution von 1848, welche die Todesstrafe für politische Verbrecher abschaffte, hatte sie durch Deportation ersetzt. Louis-Napoleon wagte nicht, die Herrschaft der Guillotine wiederherzustellen, wenigstens nicht offen ausgesprochen. Die Junkerversammlung, noch nicht kühn genug, selbst nur anzudeuten, daß die Pariser nicht Rebellen, sondern Mörder seien, mußte deshalb ihre vorweggenommene Rache gegen Paris auf Dufaures neues Deportationsgesetz beschränken. Unter allen diesen Umständen würde Thiers seine Versöhnungskomödie unmöglich so lange fortgespielt haben, hätte sie nicht, was er gerade wollte, das Wutgeschrei der Krautjunker hervorgerufen, deren wiederkäuender Verstand weder das Spiel verstand noch die Notwendigkeit seiner Heuchelei, Falschheit und Hinhaltung.

Angesichts der bevorstehenden Gemeinderatswahlen vom 30. April, führte Thiers am 27. eine seiner großen Versöhnungsszenen auf. Mitten in einer Flut sentimentalen Redeergusses rief er von der Tribüne der Nationalversammlung aus:

»Die einzige Verschwörung gegen die Republik, die es gibt, ist die von Paris, die uns zwingt, französisches Blut zu vergießen. Ich wiederhole es aber und abermals: Laßt diese ruchlosen Waffen fallen aus den Händen derer, die sie führen, und die Strafe wird augenblicklich aufgehalten werden durch einen Friedensakt, der nur die kleine Zahl der Verbrecher ausschließt.«

Den heftigen Unterbrechungen der Krautjunker antwortete er:

»Sagen Sie mir, meine Herren, ich bitte Sie inständig, habe ich unrecht? Tut es Ihnen wirklich leid, daß ich die Wahrheit sagen konnte, daß der Verbrecher nur eine Handvoll sind? Ist es nicht ein Glück inmitten all unsres Unglücks, daß die Leute, die fähig waren, das Blut von Clément Thomas und General Lecomte zu vergießen, nur seltne Ausnahmen bilden?«

Frankreich jedoch hatte nur taube Ohren für Thiers' Reden, in denen er sich schmeichelte, einen parlamentarischen Sirenensang geleistet zu haben. Aus allen den 700000 Gemeinderäten, gewählt in den 35000 noch bei Frankreich gebliebenen Gemeinden, setzten die vereinigten Legitimisten, Orleanisten und Bonapartisten nicht 8000 durch. Die nachfolgenden Nach- und Stichwahlen fielen noch feindseliger aus. Die Nationalversammlung, statt von den Provinzen die so sehr benötigte materielle Macht zu erhalten, verlor selbst den letzten Anspruch auf moralische Macht: den, der Ausdruck des allgemeinen Stimmrechts von Frankreich zu sein. Und um die Niederlage zu vollenden, bedrohten die neugewählten Gemeinderäte aller französischen Städte die usurpatorische Versammlung von Versailles mit einer Gegenversammlung in Bordeaux.

Damit war der lang erwartete Augenblick zum entscheidenden Auftreten für Bismarck gekommen. Er befahl Thiers im Herrscherton, unverzüglich Bevollmächtigte für den endgültigen Friedensschluß nach Frankfurt zu senden. In demütigem Gehorsam gegen den Ruf seines Herrn und Meisters beeilte sich Thiers, seinen bewährten Jules Favre, unterstützt von Pouyer-Quertier, abzuschicken. Pouyer-Quertier, ein ›hervorragender‹ Baumwollspinner von Rouen, ein glühender und selbst serviler Anhänger des zweiten Kaisertums, hatte an diesem nie etwas Unrechtes entdeckt, außer dem Handelsvertrag mit England, der seinem eignen Fabrikanteninteresse schadete. Kaum in Bordeaux zum Finanzminister von Thiers eingesetzt, klagte er auch schon diesen ›unheiligen‹ Vertrag an, machte Andeutungen, daß er bald abgeschafft werde, und hatte sogar die Unverschämtheit, wenn auch umsonst (da er seine Rechnung ohne Bismarck gemacht hatte), die sofortige Wiedereinführung der alten Schutzzölle gegen das Elsaß zu versuchen, wo, wie er sagte, dem keine noch gültigen internationalen Verträge im Wege stünden. Dieser Mann, der die Kontrerevolution als ein Mittel ansah, um den Arbeitslohn in Rouen herunterzudrücken, und die Abtretung französischer Provinzen als ein Mittel, den Preis seiner Waren in Frankreich heraufzuschrauben – war er nicht schon im voraus angezeigt als der würdige Genosse Jules Favres, in seinem letzten, sein ganzes Werk krönenden Verrat?

Als dies fürtreffliche Paar von Bevollmächtigten nach Frankfurt kam, schnauzte Bismarck sie alsbald mit dem Kommando an: Entweder Wiederherstellung des Kaisertums, oder unweigerliche Annahme meiner eignen Friedensbedingungen! Diese Bedingungen enthielten eine Abkürzung der Zahlungsfristen für die Kriegsentschädigung, nebst fortdauernder Besetzung der Pariser Forts durch preußische Truppen, bis Bismarck mit dem Stand der Dinge in Frankreich sich zufrieden erklärte – so daß Preußen als höchster Schiedsrichter in den innern Angelegenheiten Frankreichs anerkannt wurde! Dagegen war er bereit, zur Ausrottung von Paris die gefangne bonapartistische Armee loszulassen und ihnen die direkte Unterstützung der Truppen des Kaisers Wilhelm zu leihen. Er verbürgte seine Ehrlichkeit dadurch, daß er die Zahlung der ersten Entschädigungsrate von der ›Pazifikation‹ von Paris abhängig machte. Solch ein Köder wurde natürlich von Thiers und seinen Bevollmächtigten gierig verschlungen. Sie unterschrieben den Vertrag am 10. Mai und besorgten seine Bestätigung durch die Nationalversammlung schon am 18.

In der Zwischenzeit, vom Friedensschluß bis zur Ankunft der bonapartistischen Gefangenen, fühlte sich Thiers um so mehr verpflichtet, seine Versöhnungskomödie wiederaufzunehmen, als seine republikanischen Handlanger in äußerster Bedrängnis waren wegen eines Vorwands, um bei den Vorbereitungen zum Pariser Blutbad ein Auge zuzudrücken. Noch am 8. Mai antwortete er einer Deputation von versöhnlichen Mittelbürgern:

»Sobald die Insurgenten sich zur Kapitulation entschließen, sollen die Tore von Paris eine Woche lang weit geöffnet werden für alle, außer den Mördern der Generale Clément Thomas und Lecomte.«

Einige Tage nachher, heftig von den Krautjunkern wegen dieser Zusage zur Rede gestellt, weigerte er alle Auskunft, fügte aber diesen bezeichnenden Wink hinzu:

»Ich sage Ihnen, es gibt Ungeduldige unter Ihnen, die zu viel Eile haben. Diese müssen noch acht Tage warten; am Ende dieser acht Tage wird keine Gefahr mehr sein, und die Aufgabe wird dann ihrem Mut und ihren Fähigkeiten entsprechen.«

Sobald Mac-Mahon imstande war, zu versprechen, daß er bald in Paris einrücken könne, erklärte Thiers der Nationalversammlung, er

»werde in Paris einziehen mit dem *Gesetz* in der Hand und volle Sühne verlangen an den Elenden, die das Leben von Soldaten geopfert und öffentliche Denkmäler zerstört hätten«.

Als der Augenblick der Entscheidung heranrückte, sagte er zur Nationalversammlung: »Ich werde ohne Barmherzigkeit sein«; zu Paris, sein Urteil sei gesprochen; und zu seinen bonapartistischen Banditen, sie hätten Staatserlaubnis, an Paris ihre Rache nach Herzenslust auszuüben. Endlich, als am 21. Mai der Verrat dem General Douay die Tore von Paris geöffnet hatte, enthüllte Thiers, am 22., seinen Krautjunkern das ›Ziel‹ seiner Versöhnlichkeitskomödie, die sie so hartnäckig mißverstanden hatten.

»Ich habe Ihnen vor einigen Tagen gesagt, wir näherten uns dem Ziele; heute komme ich Ihnen zu sagen – das Ziel ist erreicht. Der Sieg der Ordnung, Gerechtigkeit und Zivilisation ist endlich gewonnen.«

Und das war es. Die Zivilisation und Gerechtigkeit der Bourgeoisordnung tritt hervor in ihrem wahren, gewitterschwangeren Licht, sobald die Sklaven in dieser Ordnung sich gegen ihre Herren empören. Dann stellt sich diese Zivilisation und Gerechtigkeit dar als unverhüllte Wildheit und gesetzlose Rache. Jede neue Krisis im Klassenkampf zwischen dem Aneigner und dem Hervorbringer des Reichtums bringt diese Tatsache greller zum Vorschein. Selbst die Scheußlichkeiten der Bourgeois vom Juni 1848 verschwinden vor der unsagbaren Niedertracht von 1871. Der selbstopfernde Heldenmut, womit das Pariser Volk – Männer, Weiber und Kinder – acht Tage lang nach dem Einrücken der Versailler fortkämpften, strahlt ebensosehr zurück die Größe ihrer Sache, wie die höllischen Taten der Soldateska zurückstrahlen den eingebornen Geist jener Zivilisation, deren gemietete Vorkämpfer und Rächer sie sind. Eine ruhmvolle Zivilisation in der Tat, deren Lebensfrage darin besteht: wie die Haufen von Leichen loswerden, die sie mordete, nachdem der Kampf vorüber war!

Um ein Seitenstück zu finden für das Benehmen des Thiers und seiner Bluthunde, müssen wir zurückgehn zu den Zeiten des Sulla und der beiden römischen Triumvirate. Dieselbe massenweise Schlächterei bei kaltem Blut; dieselbe Mißachtung, beim Morden, von Alter und Geschlecht; dasselbe System, Gefangne zu martern; dieselben Ächtungen, aber diesmal gegen eine ganze Klasse; dieselbe wilde Jagd nach den versteckten Führern, damit auch nicht einer entkomme; dieselbe Angeberei gegen politische und Privatfeinde; dieselbe Gleichgültigkeit bei der Niedermetzlung von dem Kampf ganz fremden Leuten. Nur der eine Unterschied ist da, daß die Römer noch keine Mitrailleusen hatten, um die Geächteten schockweise abzutun, und daß sie nicht ›in ihren Händen das Gesetz‹ trugen, noch auf ihren Lippen den Ruf der ›Zivilisation‹.

Und nach diesen Schandtaten, seht jetzt auf die andre, noch ekelhaftere Seite dieser Bourgeoiszivilisation, beschrieben durch ihre eigne Presse!

»Während«, schreibt der Pariser Korrespondent eines Londoner Tory-Blattes, »während noch einzelne Schüsse in der Ferne ertönen und unverpflegte Verwundete zwischen den Grabsteinen des Père-Lachaise verenden, während 6000 erschreckte Insurgenten im Todeskampf der Verzweiflung in den Irrgängen der Katakomben sich verloren haben und man Unglückliche noch durch die Straßen treiben sieht, um von den Mitrailleusen schockweise niedergeschossen zu werden – ist es empörend, die Cafés gefüllt zu sehn mit Absinthtrinkern, Billard- und Dominospielern; zu sehn, wie weibliche Verworfenheit sich auf den Boulevards breitmacht, und zu hören, wie der laute Schall der Schwelgerei aus den Privatzimmern vornehmer Restaurants die Nachtruhe stört.«

Herr Edouard Hervé schreibt im »Journal de Paris«, einem von der Kommune unterdrückten versaillistischen Journal:

»Die Art, wie die Pariser Bevölkerung (!) gestern ihre Befriedigung an den Tag legte, war in der Tat mehr als frivol, und wir fürchten, das wird mit der Zeit schlimmer werden. Paris hat jetzt ein festliches Aussehn, das wahrscheinlich nicht am Platze ist, und falls wir nicht die ›Pariser des Verfalls‹ genannt zu werden wünschen, muß dem ein Ende gemacht werden.«

Und dann zitiert er die Stelle des Tacitus:

»Und doch, den Morgen nach jenem schrecklichen Kampf, und selbst ehe er vollständig ausgefochten war, begann Rom, erniedrigt und verderbt, von neuem sich zu wälzen in jenem Sumpf der Wollust, der seinen Leib zerstörte und seine Seele befleckte – alibi proelia et vulnera, alibi balneae popinaeque (hier Kämpfe und Wunden, dort Bäder und Restaurants).«

Herr Hervé vergißt nur, daß die ›Pariser Bevölkerung‹, von der er spricht, nur die Bevölkerung des Paris von Thiers ist, die Francs-fileurs, die haufenweise von Versailles, Saint-Denis, Rueil und Saint-Germain zurückkehren, in der Tat das ›Paris des Verfalls‹.

In jedem ihrer blutigen Triumphe über die selbstopfernden Vorkämpfer einer neuen und besseren Gesellschaft übertäubt diese, auf die Knechtung der Arbeit gegründete, schmähliche Zivilisation das Geschrei ihrer Schlachtopfer durch einen Hetzruf der Verleumdung, den ein weltweites Echo widerhallt. Das heitere Arbeiter-Paris der Kommune verwandelt sich plötzlich, unter den Händen der Bluthunde der ›Ordnung‹, in ein Pandämonium. Und was beweist diese ungeheure Verwandlung dem Bourgeoisverstand aller Länder? Nichts, als daß die Kommune sich gegen die Zivilisation verschworen hat! Das Pariser Volk opfert sich begeistert für die Kommune; die Zahl seiner Toten ist unerreicht in irgendeiner früheren Schlacht. Was beweist das? Nichts, als daß die Kommune nicht des Volks eigne Regierung, sondern die Gewalthandlung einer Handvoll Verbrecher war! Die Weiber von Paris geben freudig ihr Leben hin, an den Barrikaden wie auf dem Richtplatz. Was beweist das? Nichts, als daß der Dämon der Kommune sie in Megären und Hekaten verwandelt hat! Die Mäßigung der Kommune, während zweimonatlicher unbestrittner Herrschaft, findet ihresgleichen nur in dem Heldenmut ihrer Verteidigung. Was beweist das? Nichts, als daß die Kommune zwei Monate lang, unter der Maske der Mäßigung und Menschlichkeit, den Blutdurst ihrer teuflischen Gelüste sorgfältig verbarg, um sie in der Stunde ihres Todeskampfs loszulassen!

Das Paris der Arbeiter hat im Akt seiner heroischen Selbstopferung Gebäude und Monumente mit in die Flammen gezogen. Wenn die Beherrscher des Proletariats seinen lebendigen Leib in Stücke reißen, dürfen sie nicht länger darauf rechnen, triumphierend in die unangetasteten Mauern ihrer Wohnsitze wieder einzuziehn. Die Versailler Regierung schreit: Brandstiftung! und flüstert dies Stichwort allen ihren Handlangern zu bis ins entfernteste Dorf, auf ihre Gegner überall Jagd zu machen als der gewerbsmäßigen Brandstiftung verdächtig. Die Bourgeoisie der ganzen Welt sieht der Massenschlächterei *nach* der Schlacht wohlgefällig zu, aber sie entsetzt sich über die Entweihung von Dach und Fach!

Wenn Regierungen ihren Kriegsflotten Staatsfreibrief geben, ›zu töten, zu verbrennen und zu zerstören‹, ist das ein Freibrief für Brandstiftung? Als die britischen Truppen mutwillig das Kapitol in Washington und den Sommerpalast des Kaisers von China verbrannten, war das Brandstiftung?[15] Als Thiers sechs Wochen lang Paris bombardierte, unter dem Vorwand, daß er bloß solche Häuser anzünden wollte, in denen Leute seien, war das Brandstiftung? – Im Krieg ist Feuer eine vollständig rechtmäßige Waffe. Gebäude, vom Feinde besetzt, bombardiert man, um sie anzuzünden. Müssen die Verteidiger sie verlassen, so stecken sie selber sie in Brand, damit die Angreifer sich nicht darin festsetzen können. Niedergebrannt zu werden, war stets das unvermeidliche Schicksal aller in der Schlachtfront aller regelmäßigen Armeen der Welt gelegnen Gebäude. Aber im Krieg der Geknechteten gegen ihre Unterdrücker, dem einzig rechtmäßigen Krieg in der Geschichte, da soll dies beileibe nicht gelten! Die Kommune hat das Feuer, im strengsten Sinne des Worts, als Verteidigungsmittel gebraucht. Sie wandte es an, um den Versailler Truppen jene langen graden Straßen zu versperren, die Haussmann absichtlich dem Artilleriefeuer offengelegt hatte; sie wandte es an, um ihren Rückzug zu decken, grade wie die Versailler in ihrem Vordringen ihre Granaten anwandten, die mindestens ebensoviel Häuser zerstörten wie das Feuer der Kommune. Noch jetzt ist es streitig, welche Gebäude durch die Verteidiger und welche durch die Angreifer angezündet wurden. Und die Verteidiger nahmen Zuflucht zum Feuer erst dann, als die Versailler Truppen bereits mit ihrem Massenabmorden der Gefangnen begonnen hatten. – Zudem hatte die Kommune längst vorher öffentlich angekündigt, daß, wenn zum äußersten getrieben, sie sich unter den Trümmern von Paris begraben und aus Paris ein zweites Moskau machen werde, wie die Verteidigungsregierung, freilich nur als Deckmantel ihres Verrats, dies ebenfalls versprochen hatte. Grade für diesen Zweck hatte Trochu das nötige Petroleum herbeigeschafft. Die Kommune wußte, daß ihren Gegnern nichts lag am Leben des Pariser Volks, aber sehr viel an ihren eignen Pariser Gebäuden. Und Thiers, seinerseits, hatte erklärt, er werde in seiner Rache unerbittlich sein. Sobald er erst seine Armee schlagfertig hatte auf der einen Seite, und auf der andern die Preußen den Ausgang absperrten, rief er aus: »Ich werde erbarmungslos sein! Die Buße wird vollständig sein, die Justiz streng.« Wenn die Taten der Pariser Arbeiter Vandalismus waren, so waren sie der Vandalismus der verzweifelten Verteidigung, nicht der Vandalismus des Triumphs, wie der, dessen die Christen sich schuldig machten an den wirklich unschätzbaren Kunstwerken des heidnischen Altertums; und selbst dieser Vandalismus ist vom Geschichtsschreiber gerechtfertigt worden als ein unumgängliches und verhältnismäßig unbedeutendes Moment in dem Riesenkampf zwischen einer neuen, emporkommenden und einer alten, zusammenbrechenden Gesellschaft. Noch weniger war es der Vandalismus Haussmanns, der das historische Paris wegfegte, um dem Paris des Bummlers Platz zu schaffen.

Aber die Hinrichtung der vierundsechzig Geiseln, voran der Erzbischof von Paris, durch die Kommune! – Die Bourgeoisie und ihre Armee hatten im Juni 1848 eine längst aus der Kriegsführung verschwundene Sitte wieder eingeführt – das Erschießen ihrer wehrlosen Gefangnen. Diese brutale Sitte ist seitdem mehr oder weniger angewandt worden bei jeder Unterdrückung eines Volksaufstandes in Europa und Indien, womit bewiesen ist, daß sie ein wirklicher ›Fortschritt der Zivilisation‹ war! Andrerseits hatten die Preußen in Frankreich die Sitte wieder ins Leben gerufen, Geiseln zu nehmen – unschuldige Leute, die ihnen mit ihrem Leben für die Handlungen andrer hafteten. Als Thiers, wie wir sahn, schon vom Anfang des Kampfes an die menschliche Sitte des Erschießens der kommunalistischen Gefangnen in Kraft setzte, blieb der Kommune nichts übrig, zum Schutz des Lebens dieser Gefangnen, als zur preußischen Sitte des Geiselngreifens ihre Zuflucht zu nehmen. Das Leben der Geiseln war aber und abermals verwirkt durch das anhaltende Erschießen von Gefangnen durch die Versailler. Wie konnte man ihrer noch länger schonen nach dem Blutbade, womit Mac-Mahons Prätorianer ihren Einmarsch in Paris feierten? Sollte auch das letzte Gegengewicht gegen die rücksichtslose Wildheit der Bourgeoisregierungen – die Ergreifung von Geiseln – zum bloßen Gespött werden? Der wirkliche Mörder des Bischofs Darboy ist Thiers. Die Kommune hatte aber und abermals angeboten, den Erzbischof und einen ganzen Haufen Pfaffen in den Kauf auszuwechseln, gegen den einzigen von Thiers festgehaltenen Blanqui. Thiers weigerte sich hartnäckig. Er wußte, daß er der Kommune mit Blanqui einen Kopf geben werde, während der Erzbischof seinen Zwekken am besten dienen würde als – Leiche. Thiers ahmte hierin Cavaignac nach. Welchen Schrei des Entsetzens ließen nicht im Juni 1848 Cavaignac und seine Ordnungsmänner los, als sie die Insurgenten als Mörder des Erzbischofs Affre brandmarkten! Und doch wußten sie ganz genau, daß der Erzbischof von den Ordnungssoldaten erschossen worden. Jacquemet, der Generalvikar des Erzbischofs, hatte ihm unmittelbar nach der Tat sein dahin lautendes Zeugnis eingehändigt.

Dieser ganze Verleumdungschor, den die Ordnungspartei in ihren Blutfesten nie verfehlt, gegen ihre Schlachtopfer anzustimmen, beweist bloß, daß der heutige Bourgeois sich für den rechtmäßigen Nachfolger des ehemaligen Feudalherrn ansieht, der jede Waffe, in seiner eignen Hand, für gerechtfertigt hielt gegenüber dem Plebejer, während irgendwelche Waffen in der Hand des Plebejers von vornherein ein Verbrechen ausmachte.

Die Verschwörung der herrschenden Klasse zum Umsturz der Revolution durch einen unter dem Schutz des fremden Eroberers geführten Bürgerkrieg – eine Verschwörung, deren Spuren wir gefolgt sind vom

September bis herab zum Einmarsch der Mac-Mahonschen Prätorianer durch das St. Clouder Tor – gipfelte in dem Blutbade von Paris. Bismarck schaut mit vergnügten Sinnen auf die Trümmer von Paris, in denen er vielleicht die ›erste Rate‹ jener allgemeinen Zerstörung der großen Städte sah, die er bereits erfleht hatte, als er noch ein einfacher Rural in der preußischen Chambre introuvable von 1849 war. Er schaut zufrieden auf die Leichen des Pariser Proletariats. Für ihn ist dies nicht nur die Austilgung der Revolution, sondern zugleich die Austilgung Frankreichs, das jetzt in Wirklichkeit enthauptet ist, und durch die französische Regierung obendrein. Mit der allen erfolgreichen Staatsmännern eignen Seichtigkeit sieht er nur die Oberfläche dieses ungeheuren geschichtlichen Ereignisses. Wo hat je vorher die Geschichte das Schauspiel vorgeführt eines Siegers, der seinen Sieg damit krönt, daß er sich nicht nur zum Gendarmen, sondern auch zum gemieteten Bravo der besiegten Regierung hergibt? Zwischen Preußen und der Kommune von Paris war kein Krieg. Im Gegenteil, die Kommune hatte die Friedenspräliminarien angenommen, und Preußen hatte seine Neutralität erklärt. Preußen war also keine kriegsführende Partei. Es handelte als Bravo; als feiger Bravo, weil es keinerlei Gefahr auf sich lud; als gemieteter Bravo, weil es im voraus die Zahlung seines Blutgelds von 500 Millionen von dem Fall von Paris abhängig machte. Und so kam denn endlich an den Tag der wahre Charakter jenes Kriegs, den die Vorsehung angeordnet hatte zur Züchtigung des gottlosen und liederlichen Frankreichs durch das fromme und sittliche Deutschland! Und dieser unerhörte Bruch des Völkerrechts, selbst wie es von den Juristen der alten Welt verstanden, statt die ›zivilisierten‹ Regierungen Europas aufzurütteln, daß sie dies rechtsbrüchige Preußen, das bloße Werkzeug des Petersburger Kabinetts, in die Acht der Völker erklären – treibt sie nur zu der Erwägung, ob die wenigen Schlachtopfer, die der doppelten Postenkette um Paris entgehen, nicht auch noch dem Versailler Henker auszuliefern sind!

Daß nach dem gewaltigsten Krieg der neuern Zeit die siegreiche und die besiegte Armee sich verbünden zum gemeinsamen Abschlachten des Proletariats – ein so unerhörtes Ereignis beweist, nicht wie Bismarck glaubt, die endliche Niederdrückung der sich emporarbeitenden neuen Gesellschaft, sondern die vollständige Zerbröckelung der alten Bourgeoisgesellschaft. Der höchste heroische Aufschwung, dessen die alte Gesellschaft noch fähig war, ist der Nationalkrieg, und dieser erweist sich jetzt als reiner Regierungsschwindel, der keinen andern Zweck mehr hat, als den Klassenkampf hinauszuschieben, und der beiseite fliegt, sobald der Klassenkampf im Bürgerkrieg auflodert. Die Klassenherrschaft ist nicht länger imstande, sich unter einer nationalen Uniform zu verstecken; die nationalen Regierungen sind eins gegenüber dem Proletariat!

Nach Pfingstsonntag 1871 kann es keinen Frieden und keine Waffenruhe mehr geben zwischen den Arbeitern Frankreichs und den Aneignern ihrer Arbeitserzeugnisse. Die eiserne Hand einer gemieteten Soldateska mag beide Klassen, für eine Zeitlang, in gemeinsamer Unterdrückung niederhalten. Aber der Kampf muß aber und abermals ausbrechen, in stets wachsender Ausbreitung, und es kann kein Zweifel sein, wer der endliche Sieger sein wird – die wenigen Aneigner oder die ungeheure arbeitende Majorität. Und die französischen Arbeiter bilden nur die Vorhut des ganzen modernen Proletariats.

Während die europäischen Regierungen so, vor Paris, den internationalen Charakter der Klassenherrschaft bestätigen, schreien sie Zeter über die Internationale Arbeiterassoziation – die internationale Gegenorganisation der Arbeit gegen die weltbürgerliche Verschwörung des Kapitals – als Hauptquelle alles dieses Unheils. Thiers klagte sie an als den Despoten der Arbeit, der sich als ihren Befreier ausgebe. Picard befahl alle Verbindung der französischen Internationalen mit denen des Auslandes abzuschneiden; Graf Jaubert, der alte, zur Mumie gewordene Mitschuldige des Thiers von 1835, erklärte es für die Hauptaufgabe aller Regierungen, sie auszurotten. Die Krautjunker der Nationalversammlung heulen gegen sie, und die gesamte europäische Presse stimmt ein in den Chor. Ein ehrenwerter französischer Schriftsteller[16], der unsrer Assoziation durchaus fremd ist, spricht sich aus wie folgt:

»Die Mitglieder des Zentralkomitees der Nationalgarde, wie auch der größte Teil der Mitglieder der Kommune, sind die tätigsten, einsichtigsten und energischsten Köpfe der Internationalen Arbeiterassoziation ... Leute, durchaus ehrlich, aufrichtig, einsichtig, voll Hingebung, rein und fanatisch im *guten* Sinn des Wortes.«

Der polizeigefärbte Bourgeoisverstand stellt sich natürlich die Internationale Arbeiterassoziation vor als eine Art geheimer Verschwörung, deren Zentralbehörde von Zeit zu Zeit Ausbrüche in verschiedenen Ländern befiehlt. Unsere Assoziation ist aber in der Tat nur das internationale Band, das die fortgeschrittensten Arbeiter in den verschiedenen Ländern der zivilisierten Welt vereinigt. Wo immer, und in welcher Gestalt immer, und unter welchen Bedingungen immer der Klassenkampf irgendwelchen Bestand erhält, da ist es auch natürlich, daß Mitglieder unsrer Assoziation im Vordergrund stehen. Der Boden, aus dem sie emporwächst, ist die moderne Gesellschaft selbst. Sie kann nicht niedergestampft werden durch noch soviel Blutvergießen. Um sie niederzustampfen, müßten die Regierungen vor allem die Zwingherrschaft des Kapitals über die Arbeit niederstampfen – also die Bedingung ihres eigenen Schmarotzerdaseins.

Das Paris der Arbeiter, mit seiner Kommune, wird ewig gefeiert werden als der ruhmvolle Vorbote einer neuen Gesellschaft. Seine Märtyrer sind eingeschreint in dem großen Herzen der Arbeiterklasse. Seine Vertilger hat die Geschichte schon jetzt an jenen Schandpfahl genagelt, von dem sie zu erlösen alle Gebete ihrer Pfaffen ohnmächtig sind.

Der Generalrat:

M. J. Boon, Fred. Bradnick, G. H. Buttery, Caihil, William Hales, Kolb, Fred. Leßner, G. Milner, Thomas Mottershead, Charles Murray, Pfänder, Roach, Rühl, Sadler, Cowell Stepney, Alf. Taylor, W. Townshend[17]

Korrespondierende Sekretäre:

Eugène Dupont, für Frankreich – *Karl Marx,* für Deutschland und Holland – *Friedrich Engels,* für Belgien und Spanien – *Hermann Jung,* für die Schweiz – *P. Giovacchini,* für Italien – *Zévy Maurice,* für Ungarn – *Antoni Żabicki,* für Polen – *J. Cohen,* für Dänemark – *J. G. Eccarius,* für die Vereinigten Staaten

Hermann Jung, Vorsitzender
John Weston, Schatzmeister
George Harris, Finanzsekretär
John Hales, Generalsekretär

256, High Holborn, London, W. C.
30. Mai 1871

Kann Europa abrüsten?

VORWORT

Die hier wieder abgedruckten Artikel wurden veröffentlicht im Berliner ›*Vorwärts*‹, März 1893, während der Reichstagsdebatte über die Militärvorlage.

Ich gehe darin von der Voraussetzung aus, die sich mehr und mehr allgemeine Anerkennung erobert: Daß das System der stehenden Heere in ganz Europa auf die Spitze getrieben ist in einem Grad, wo es entweder die Völker durch die Militärlast ökonomisch ruinieren oder in einen allgemeinen Vernichtungskrieg ausarten muß, es sei denn, die stehenden Heere werden rechtzeitig umgewandelt in eine auf allgemeiner Volksbewaffnung beruhende Miliz.

Ich versuche, den Beweis zu führen, daß diese Umwandlung schon jetzt möglich ist, auch für die heutigen Regierungen und unter der heutigen politischen Lage. Ich gehe also von dieser Lage aus und schlage einstweilen nur solche Mittel vor, die jede heutige Regierung ohne Gefahr der Landessicherheit annehmen kann. Ich suche nur festzustellen, daß vom rein militärischen Standpunkt der allmählichen Abschaffung der stehenden Heere absolut nichts im Wege steht; und daß, wenn trotzdem diese Heere aufrechterhalten werden, dies nicht aus militärischen, sondern aus politischen Gründen geschieht, daß also mit einem Wort die Armeen schützen sollen nicht so sehr gegen den äußeren wie gegen den inneren Feind.

Die allmähliche Herabsetzung der Dienstzeit durch internationalen Vertrag, die den Kernpunkt meiner Darstellung bildet, halte ich dagegen überhaupt für den einfachsten und kürzesten Weg, um den allgemeinen Übergang vom stehenden Heer zu der als Miliz organisierten Volksbewaffnung zu vermitteln. Die Modalitäten eines solchen Vertrags würden natürlich verschieden sein, je nach dem Charakter der vertragschließenden Regierungen und nach der jedesmaligen politischen Lage. Und günstiger als jetzt können die Dinge unmöglich liegen; kann man also heute schon eine *höchstens* zweijährige Dienstzeit zum Ausgangspunkt nehmen, so wird in einigen Jahren vielleicht schon ein bedeutend geringerer Zeitraum zu wählen sein.

Indem ich die gymnastische und militärische Ausbildung der gesamten männlichen Jugend zu einer wesentlichen Bedingung des Übergangs zum neuen System mache, schließe ich die Verwechslung des hier vorgeschlagenen Milizsystems mit irgendwelcher jetzt bestehenden Miliz, z.B. der schweizerischen, ausdrücklich aus.

London, 28. März 1893 *F. Engels*

I

Seit fünfundzwanzig Jahren rüstet ganz Europa in bisher unerhörtem Maß. Jeder Großstaat sucht dem andern den Rang abzugewinnen in Kriegsmacht und Kriegsbereitschaft. Deutschland, Frankreich, Rußland erschöpfen sich in Anstrengungen, eins das andre zu überbieten. Gerade in diesem Augenblick mutet die deutsche Regierung dem Volk eine neue, so gewaltsame Kraftanspannung zu, daß selbst der gegenwärtige sanfte Reichstag davor zurückbebt. Ist es da nicht Torheit, von Abrüstung zu reden?

Und doch rufen in allen Ländern die Volksklassen, die fast ausschließlich die Masse der Soldaten zu stellen und die Masse der Steuern zu zahlen haben, nach Abrüstung. Und doch hat überall die Anstrengung den Grad erreicht, wo die Kräfte – hier die Rekruten, dort die Gelder, am dritten Ort beide – zu versagen beginnen. Gibt es denn keinen Ausweg aus dieser Sackgasse außer durch einen Verwüstungskrieg, wie die Welt noch keinen gesehn hat?

Ich behaupte: Die Abrüstung und damit die Garantie des Friedens ist möglich, sie ist sogar verhältnismäßig leicht durchführbar, und Deutschland, mehr als ein andrer zivilisierter Staat, hat zu ihrer Durchführung die Macht wie den Beruf.

Nach dem Kriege von 1870/71 war die Überlegenheit des Systems der allgemeinen Dienstpflicht mit Reserve und Landwehr – selbst in seiner damaligen verkümmerten preußischen Gestalt – über das System der Konskription mit Stellvertretung endgültig dargetan. Alle kontinentalen Länder nahmen es, mehr oder weniger modifiziert, an. Das wäre an sich kein großer Schaden gewesen. Die Armee, die ihren Hauptrückhalt in den verheirateten Männern mittleren Alters hat, ist von Natur weniger offensiv, als die stark mit Einstehern – geworbenen Berufssoldaten – durchsetzte Konskriptionsarmee Louis-Napoleons war. Nun kam aber dazu die Annexion von Elsaß-Lothringen, die den Frankfurter Frieden für Frankreich ebensosehr zu einem bloßen Waffenstillstand machte, wie der Tilsiter Friede dies für Preußen gewesen war. Und nun begann das fieberhafte Wettrüsten zwischen Frankreich und Deutschland, in welches allmählich auch Rußland, Österreich, Italien hineingezogen wurden.

Man begann damit, die Landwehrverpflichtung zu verlängern. In Frankreich erhielt die Territorialarmee eine Reserve von älteren Leuten, in Deutschland wurde das zweite Aufgebot der Landwehr und selbst der Landsturm wiederhergestellt. Und so ging's weiter, Schritt um Schritt, bis die von der Natur gesetzte Altersgrenze erreicht oder gar überschritten war.

Dann wurde die Rekrutenausbildung verstärkt und die dadurch nötig gewordnen neuen Ausbildungscadres errichtet; aber auch hier ist die Grenze fast oder ganz erreicht, in Frankreich sogar schon überschritten. Die letzten Aushebungsjahrgänge der französischen Armee schließen bereits eine ziemliche Anzahl junger Leute ein, die noch nicht oder überhaupt nicht den Strapazen des Dienstes gewachsen sind. Die englischen, hierin unparteiischen Offiziere, die den großen Manövern in der Champagne 1891 beiwohnten und die hohe Tüchtigkeit der heutigen französischen Armee vollauf und stellenweise bewundernd anerkannten, berichten einstimmig, daß eine unverhältnismäßig große Zahl junger Soldaten auf den Märschen und in den Gefechtsübungen liegenblieb. Und in Deutschland haben wir zwar unsre Reservebestände dienstfähiger Mannschaft noch nicht ganz erschöpft, aber dem abzuhelfen ist ja gerade die neue Militärvorlage da. Kurz, auch in dieser Beziehung stehn wir vor der Grenze der Leistungsfähigkeit.

Nun besteht gerade die moderne, die *revolutionäre* Seite des preußischen Wehrsystems in der Forderung, die Kraft jedes wehrfähigen Mannes für die ganze Dauer seines wehrfähigen Alters in den Dienst der nationalen Verteidigung zu stellen. Und das einzig Revolutionäre, das in der ganzen militärischen Entwicklung seit 1870 zu entdecken ist, liegt eben darin, daß man – oft genug wider Willen – sich genötigt gesehn hat, diese bisher nur in der chauvinistischen Phantasie erfüllte Forderung mehr und mehr wirklich durchzuführen. Weder an der Länge der Dienstverpflichtung, noch an der Einstellung aller wehrfähigen jungen Leute kann heute noch gerüttelt werden, am wenigsten von Deutschland, am allerwenigsten von der Sozialdemokratischen Partei, die im Gegenteil auch diese Forderung vollauf in die Praxis zu übersetzen in Deutschland allein imstande ist.

Es bleibt hiernach nur noch ein Punkt, wo das Bedürfnis nach Abrüstung den Hebel ansetzen kann: die Länge der Dienstzeit bei der Fahne. Und hier liegt in der Tat der Punkt des Archimedes: *Internationale Festsetzung,* zwischen den Großmächten des Kontinents, *des Maximums der aktiven Dienstzeit bei der Fahne* für alle Waffengattungen, meinetwegen zuerst auf zwei Jahre, aber mit dem Vorbehalt sofortiger weiterer Herabsetzung, sobald man sich von der Möglichkeit überzeugt, und *mit dem Milizsystem als Endziel.* Und ich behaupte, daß gerade Deutschland vor allen berufen ist, diesen Antrag zu stellen, und daß Deutschland vor allen Vorteil daraus ziehn wird, daß es ihn stellt, selbst wenn er nicht angenommen wird.

II

Die internationale Feststellung der Maximaldienstzeit bei der Fahne würde die Armeen aller Mächte gleichmäßig treffen. Es wird allgemein angenommen, daß bei Armeen, deren Mannschaft noch kein Pulver gerochen, für die erste Zeit eines Feldzugs die Länge der aktiven Dienstzeit – innerhalb gewisser Grenzen – den besten Maßstab abgibt für ihre Verwendbarkeit in allen Kriegslagen, namentlich für den strategischen wie taktischen Angriff. Unsere Krieger von 1870 haben die furia francese[1] des Bajonettangriffs der langgedienten kaiserlichen Infanterie und die Wucht der Kavallerie-Attacken von Wörth und Sedan hinreichend kennengelernt; sie haben aber auch bei Spichern, gleich im Beginn des Kriegs, bewiesen, daß sie – selbst in der Minderzahl – dieselbe Infanterie aus einer starken Stellung werfen konnten. Also im allgemeinen zugegeben: Innerhalb gewisser, je nach dem Nationalcharakter verschiedner Grenzen entscheidet bei nicht kriegsgewohnten Truppen die Länge der Dienstzeit bei der Fahne über die allgemeine Kriegsverwendbarkeit und namentlich über die Tüchtigkeit zur Offensive.

Gelingt es, eine Maximalgrenze dieser Dienstzeit international festzusetzen, so bleibt das relative Tüchtigkeitsverhältnis der verschiednen Armeen so ziemlich, was es heute ist. Was die eine an unmittelbarer Verwendbarkeit einbüßt, das büßen die andern auch ein. Soweit heute die Überrumpelung eines Staats durch den andern ausgeschlossen ist, soweit bleibt sie es auch dann. Der Unterschied der aktiven Dienstzeit z. B. in Frankreich und Deutschland ist bis jetzt nicht derart gewesen, daß er ins Gewicht fällt; auch unter der verkürzten Dienstzeit würde, ganz wie heute, alles darauf ankommen, wie in jeder der beiden Armeen die vereinbarte Dienstzeit benutzt wird. Im übrigen würde die relative Stärke der beiden Armeen ganz dem Verhältnis der Bevölkerung beider Länder entsprechen, und nachdem die allgemeine Wehrpflicht einmal wirklich durchgeführt ist, wird bei Ländern annähernd gleicher ökonomischer Entwickelung (worauf der Prozentsatz der Untauglichkeit beruht) die Bevölkerungszahl immer den Maßstab der Heeresstärke abgeben. Da gibt es keine Kunststücke mehr wie die preußischen von 1813; *der* Rahm ist abgeschöpft.

Aber sehr viel hängt eben davon ab, wie die festgesetzte Dienstzeit ausgenutzt wird. Und da gibt es fast in allen Armeen Leute, die etwas erzählen könnten, wenn sie – dürften, denn die liebe Geldnot hat überall dazu gezwungen, einen Teil der Rekruten nur ›notdürftig‹, in ein paar Monaten, auszubilden. Da muß man sich auf das Wesentliche beschränken, da fliegt ein ganzer Haufen traditioneller Firlefanz in die Ecke, und da findet man, zu seiner eignen Überraschung, wie wenig Zeit dazu gehört, aus einem passabel gewachsenen jungen Mann einen Soldaten zu machen. Wie das bei der deutschen Ersatzreserve die einübenden Offiziere in Erstaunen versetzt, hat Bebel im Reichstag erzählt. In der österreichischen Armee gibt es Offiziere die Menge, die da behaupten, die Landwehr, die mit der deutschen Ersatzreserve ungefähr gleiche Dienstzeit hat, sei besser als die Linie. Kein Wunder. Hier fehlt die Zeit, die bei der Linie mit den herkömmlichen und deswegen geheiligten Narrheiten vertrödelt wird, und eben deswegen wird sie nicht vertrödelt.

Das deutsche Exerzierreglement für die Infanterie von 1888 beschränkt die taktischen Formationen für das Gefecht auf das Notwendige. Neues enthält es nicht; die Gefechtsfähigkeit in allen Inversionsstellungen hatten schon die Österreicher nach 1859, die Bildung aller Bataillonskolonnen durch einfachen Zusammenschluß der vier Kompaniekolonnen hatten die Darmhessen um ebendieselbe Zeit eingeführt und mußten sich diese rationelle Formation nach 1866 von den Preußen wieder verbieten lassen. Im übrigen beseitigt das neue Reglement einen massenhaften Wust altfränkischer, ebenso nutzloser wie geheiligter Zeremonien; gerade ich habe absolut keinen Anlaß, daran zu kritteln. Ich hatte mir nämlich nach dem Krieg von 1870 den Luxus gestattet, ein Schema der der heutigen Kriegsführung angemessenen geschlossenen Formationen und Bewegungen der Kompanie und des Bataillons zu entwerfen, und war nicht wenig verwundert, dies Stück ›Zukunftsstaat‹ in den betreffenden Abschnitten des neuen Reglements fast in allen Zügen verwirklicht zu finden.

Aber das Reglement ist eins, und die Ausführung ist ein andres. Das Kamaschenrittertum, das in allen Friedensepochen in der preußischen Armee floriert hat, bringt die in der Vorschrift abgeschaffte Zeitvergeudung wieder herein durch die Hintertür der Parade. Da ist auf einmal der Paradedrill absolut notwendig als Gegengewicht gegen die Unabhängigkeit der zerstreuten Gefechtsordnung, als einziges Mittel zur Schaffung wahrer Disziplin usw. usw. Das heißt nichts andres, als daß Ordnung und Disziplin nur dadurch herzustellen sind, daß man die Leute gänzlich nutzlose Dinge üben läßt. Allein die Abschaffung des ›Stechschrittes‹ würde ganze Wochen für rationelle Übungen freisetzen, abgesehn davon, daß die fremden Offiziere eine deutsche Revue ansehn könnten, ohne sich das Lachen zu verbeißen.

Eine ähnliche veraltete Institution ist der Wachdienst, der auch nach althergebrachter Vorstellung dazu dient, die Intelligenz und besonders das Selbstdenken der Leute zu entwickeln, indem man ihnen die Kunst beibringt – falls sie sie nicht schon verstehn –, zwei Stunden lang auf Posten an gar nichts zu denken. Bei der heutigen allgemeinen Sitte, den Vorpostendienst im Terrain zu üben, hat das Postenstehn in der Stadt, wo es doch Sicherheitspolizei aller Art gibt, allen Sinn verloren. Man schaffe es ab, man wird mindestens zwanzig Prozent freie Dienstzeit fürs Militär und Sicherheit auf den Straßen fürs Zivil gewinnen.

Dann gibt's überall eine Menge Soldaten, die unter allerlei Vorwänden möglichst wenig Dienst tun: Kompaniehandwerker, Offiziersburschen usw. Da läßt sich auch manches ändern.

Ja – aber wie ist's mit der Reiterei? Die muß doch längere Dienstzeit haben? – Wünschenswert ist's gewiß, wenn man mit Rekruten zu tun hat, die weder reiten noch Pferde warten können. Aber da läßt sich auch manches tun. Wenn die Pferderationen weniger kärglich bemessen wären – die Pferde müssen ja zum Manöver erst aufgefüttert werden, um auf das Normalmaß von Kräften zu kommen! – und wenn bei jeder Schwadron eine Anzahl überzähliger Pferde vorhanden wären, so daß die Leute mehr und länger im Sattel üben könnten, kurz, wenn man einmal ernstlich daran ginge, die verkürzte Dienstzeit durch intensiveres Betreiben der wesentlichen und durch Beseitigung der überflüssigen Dinge aufzuwiegen, dann würde man bald finden, daß es auch so geht. Auch für das Remontereiten, auf das man sich jetzt so sehr stützt und dessen unbedingte Notwendigkeit ich gern zugebe, werden sich Mittel und Wege finden lassen. Und übrigens steht ja nichts im Wege, für so lange man es nötig hält, das System drei- oder vierjähriger Freiwilliger oder auch Kapitulanten für Reitertruppen beizubehalten und auszudehnen – gegen entsprechende Kompensationen in der Reserve- und Landwehrpflicht, ohne die man dergleichen nicht bekommt.

Wenn man auf die militärischen Autoritäten hört, da ist das freilich anders. Da geht das alles absolut nicht, da darf an nichts gerüttelt werden, ohne daß alles zusammenbricht. Ich habe aber jetzt schon seit fünfzig Jahren so viel militärische Institutionen heute als unantastbar und geheiligt ausposaunen und morgen rücksichtslos in die Rumpelkammer werfen sehn, und zwar von genau denselben Autoritäten; ich habe ferner so oft gesehn, daß, was in der einen Armee über das Bohnenlied verhimmelt, in der andern unter der Kanone befunden wurde; ich habe so oft erlebt, daß die altbewährtesten und höchstgepriesenen Gewohnheiten und Einrichtungen vor dem Feind sich als Torheit erwiesen; ich habe endlich so oft erfahren, daß in jeder Armee eine besondere konventionelle Tradition besteht, die, für die unteren Chargen, den gemeinen Mann und das Publikum bestimmt, von den höheren Vorgesetzten gepflegt, von den selbstdenkenden Offizieren aber belächelt und von jedem Feldzug in Nichts aufgelöst wird – kurz, ich habe da so viel geschichtliche Erfahrungen gemacht, daß ich jedem rate, gegen nichts mißtrauischer zu sein als gegen militärisches ›*Fachurteil*‹.

III

Es ist ein sonderbarer Kontrast: Unsere höheren Militärs sind gerade in ihrem Fach meist so entsetzlich konservativ, und doch gibt es heute kaum ein andres Gebiet, das so revolutionär ist wie das militärische. Zwischen dem glatten Sechspfünder und der siebenpfündigen Haubitze, womit ich dazumal am Kupfergraben hantierte, und den heutigen gezogenen Hinterladungsgeschützen, zwischen dem damaligen grobkalibrigen glatten Gewehr und dem heutigen Fünfmillimeter-Magazinhinterlader scheinen Jahrhunderte zu liegen; und doch ist kein Abschluß da, noch jeden Tag wirft die Technik alles eben erst neu Eingeführte rücksichtslos über den Haufen. Jetzt beseitigt sie sogar den romantischen Pulverdampf und gibt damit dem Gefecht einen total veränderten, im voraus absolut unberechenbaren Charakter und Verlauf. Mit solchen Unberechenbarkeiten aber haben wir inmitten dieser ununterbrochenen Revolutionierung der technischen Grundlage der Kriegsführung immer mehr uns abzufinden.

Noch vor vierzig Jahren ging der wirksame Feuerbereich der Infanterie bis 300 Schritt, auf welcher Entfernung ein einzelner die ganze Bataillonssalve gefahrlos aushalten konnte, vorausgesetzt nur, die Leute zielten wirklich alle auf ihn. Der Feuerbereich der Feldartillerie war schon bei 1500 bis 1800 Schritte praktisch unwirksam. Im Deutsch-Französischen Krieg war die wirksame Schußweite des Gewehrs 600–1000 Schritt, die des Geschützes höchstens 3000–4000 Schritt. Die neuen, noch nicht kriegserprobten kleinkalibrigen Gewehre aber haben eine Tragweite, die sich der des Geschützes nähert, ihre Geschoßbolzen besitzen eine aufs Vier- bis Sechsfache gesteigerte Durchschlagskraft; das Magazingewehr gibt einer Sektion heute die Feuerwirksamkeit, die früher einer Kompanie zukam; die Artillerie kann sich zwar keiner gleichen Verlängerung der Schußweite rühmen, hat dagegen ihre Sprenggeschosse mit ganz neuen Explosivstoffen von früher ungeahnter Wirkung geladen; freilich ist noch nicht ganz sicher, wer die Wirkung wird aushalten müssen, der Schießende oder der Angeschossene.

Und mitten in dieser unaufhörlichen, immer rascher vor sich gehenden Umwälzung des ganzen Kriegswesens haben wir militärische Autoritäten uns gegenüber, die noch vor fünf Jahren ihre Truppen in alle die konventionellen Feierlichkeiten und künstlichen Eiertänze der auf dem Schlachtfeld längst verstorbnen Lineartaktik des alten Fritz einpaukten und Reglements heilighielten, wonach man doch immer geschlagen werden konnte, bloß weil man rechts abmarschiert war und kein Raum da war, links aufzumarschieren! Autoritäten, die bis auf den heutigen Tag nicht einmal wagen, die blanken Köpfe und Metallbeschläge der Ausrüstung des Soldaten anzutasten – ebensoviel Magnete zur Anziehung der Fünfmillimeterbolzen –, die die Ulanen mit breiten roten Brustlätzen und die Kürassiere zwar ohne Küraß – endlich! –, aber im weißen Rock ins Gewehrfeuer schicken und sich nur schwer, wie schwer, entschlossen haben, die zwar entsetzlich geschmacklosen, aber dafür um so heiliger gehaltenen Epauletten lieber auf dem Altar des Vaterlandes zu opfern als den Epaulettenträger selbst.

Es will mir scheinen, als läge es weder im Interesse des deutschen Volkes noch selbst der deutschen Armee, daß dieser konservative Aberglaube die Herrschaft im Heer behält, inmitten der ihn umwogenden technischen Revolution. Wir brauchen frischere, kühnere Köpfe, und ich müßte mich sehr täuschen, wenn es deren nicht genug gäbe unter unsern fähigsten Offizieren, nicht genug, die sich nicht sehnten nach Befreiung aus der Routine und Kamaschenwirtschaft, die in den zwanzig Friedensjahren wieder üppig emporgewuchert. Aber bis diese den Mut und die Gelegenheit finden, ihre Überzeugung geltend zu machen, solange müssen wir andern von draußen her in den Riß treten und unser möglichstes tun, zu beweisen, daß wir beim Militär auch etwas gelernt haben.

Ich habe weiter oben nachzuweisen versucht, daß die zweijährige Dienstzeit schon jetzt für alle Waffengattungen durchführbar ist, wenn man den Leuten das beibringt, was sie im Krieg brauchen können, und sie mit zeitraubenden traditionellen Antiquitäten verschont. Ich habe aber gleich von vornherein gesagt, daß es nicht bei den zwei Jahren bleiben soll. Es handelt sich vielmehr darum, daß der Antrag auf internationale zweijährige Dienstzeit nur der erste Schritt sein soll zu einer allmählichen weitren Herabsetzung der Dienstzeit – sage zunächst auf achtzehn Monate, zwei Sommer und ein Winter, – dann ein Jahr – dann ...? Hier fängt der Zukunftsstaat an, das unverfälschte Milizsystem, und davon wollen wir weiterreden, wenn die Sache erst wirklich in Gang gebracht ist.

Und dies, daß die Sache in Gang gebracht werde, ist die Hauptsache. Sieht man erst einmal der Tatsache ins Auge, daß die Herabsetzung der Dienstzeit eine Notwendigkeit ist für die ökonomische Existenz aller Länder und für die Erhaltung des europäischen Friedens, dann ist der nächste Gewinn die Einsicht, daß *das Schwergewicht der militärischen Ausbildung in die Jugenderziehung zu legen ist.*

Als ich nach zehnjährigem Exil wieder an den Rhein kam, war ich angenehm überrascht, auf den Höfen der Dorfschulen überall Barren und

Reck aufgestellt zu sehen. Soweit sehr schön, leider ging's nicht sehr weit. Auf gut preußisch wurden die Geräte vorschriftsmäßig angeschafft, aber mit der Benutzung hat es immer gehapert. Die stand auf einem andern – oder vielmehr meist auf gar keinem Blatt. Ist es zuviel verlangt, daß damit endlich einmal Ernst gemacht werde? Daß der Schuljugend aller Klassen das Frei- und Gerüstturnen systematisch und gründlich beigebracht werde, solange die Glieder noch elastisch und gelenk sind, statt daß man, wie jetzt, die zwanzigjährigen Burschen im Schweiß ihres – und seines eignen – Angesichts vergebens abrackert, um die steifgearbeiteten Knochen, Muskeln und Bänder wieder locker und gefügig zu machen? Jeder Arzt wird euch sagen, daß die Teilung der Arbeit jeden ihr unterworfenen Menschen verkrüppelt, ganze Muskelreihen auf Kosten von andern entwickelt, und daß dies in jedem einzelnen Arbeitszweige verschieden wirkt, jede Arbeit ihre eigne Verkrüppelung erzeugt. Ist es da nicht Wahnsinn, die Leute erst verkrüppeln zu lassen und sie dann im Militär nachträglich wieder gerad' und beweglich zu machen? Gehört denn ein für den amtlichen Horizont unerreichbarer Grad von Einsicht dazu, daß man dreimal bessere Soldaten erhält, wenn man dieser Verkrüppelung in Volksschule und Fortbildungsschule rechtzeitig vorbeugt?

Das ist aber nur der Anfang. Den Jungen kann auf der Schule die Bildung und Bewegung militärisch geschlossener Trupps mit Leichtigkeit gelehrt werden. Der Schuljunge steht und geht von Natur gerade, namentlich wenn er Turnunterricht hat; wie unsere Rekruten stehn und wie schwer es ist, manchem das Geradestehn und Geradegehn beizubringen, das hat jeder von uns während seiner Dienstzeit gesehn. Die Bewegungen im Zug und in der Kompanie lassen sich in jeder Schule einüben, und mit einer in der Armee unbekannten Leichtigkeit. Was dem Rekruten eine verhaßte, oft fast unausführbare Schwierigkeit, das ist für den Schuljungen ein Spiel und eine Erheiterung. Die Fühlung und Richtung im Frontmarsch und Schwenken, die bei erwachsenen Rekruten so schwer zu erreichen sind, werden von Schuljungen spielend erlernt, sobald das Exerzieren systematisch mit ihnen betrieben wird. Wird ein guter Teil des Sommers zu Märschen und Übungen im Terrain verwandt, so wird Körper und Geist der Jungen nicht weniger dabei gewinnen als der Militärfiskus, der ganze Monate Dienstzeit damit erspart. Daß solche militärischen Spaziergänge sich ganz besonders dazu eignen, Aufgaben des Felddienstes von den Schülern lösen zu lassen, und daß dies in hohem Grade geeignet ist, die Intelligenz der Schüler zu entwickeln und sie zu befähigen, eine spezielle militärische Ausbildung in relativ kurzer Zeit sich anzueignen, dafür hat mein alter Freund Beust, selbst ehemaliger preußischer Offizier, in seiner Schule in Zürich den praktischen Beweis geliefert. Bei dem heutigen komplizierten Stand des Kriegswesens ist ohne militärische Vorbildung der Jugend an einen Übergang zum Milizsystem gar nicht zu denken, und gerade auf diesem Gebiete sind die erfolgreichen Versuche von Beust von der höchsten Bedeutung.

Und nun erlaube man mir, eine ganz spezifisch preußische Saite anzuschlagen. Die Lebensfrage des preußischen Staates ist: Was soll aus dem ausgedienten Unteroffizier werden? Bisher hat man ihn verwandt zum Gendarmen, zum Grenzwächter, zum Portier, zum Schreiber, zum Zivilbeamten jeder nur möglichen Art; es gibt kein noch so armseliges Loch in der preußischen Bürokratie, wohinein man nicht zivilversorgungsberechtigte Unteroffiziere gesteckt. Nun gut: Ihr habt euch abgearbeitet bis aufs Blut, Unterkommen zu finden für die Unteroffiziere; ihr habt darauf bestanden, sie dahin zu stecken, wohin sie nicht taugten, sie zu Dingen zu verwenden, wovon sie nichts verstanden; sollte es nicht an der Zeit sein, sie endlich einmal in dem Fach unterzubringen, wovon sie etwas verstehn und wo sie etwas leisten können? Schulmeister sollen sie werden, aber nicht mit Lesen, Schreiben und Rechnen, sondern Turnen und Exerzieren sollen sie lehren, das wird ihnen und den Jungen guttun. Und wenn die Unteroffiziere erst aus der Heimlichkeit der Kaserne und Militärgerichtsbarkeit ans Tageslicht des Schulhofes und des bürgerlichen Strafprozesses versetzt sind, dann, wette ich, bringt unsere rebellische Schuljugend auch dem ärgsten ehemaligen Soldatenschinder Mores bei.

IV

Wir behalten uns vor, weiterhin die Frage zu untersuchen, ob ein solcher Vorschlag auf allgemeine, gleichmäßige und stufenweise Herabsetzung der Dienstzeit durch internationalen Vertrag Aussicht auf Annahme hat. Wir wollen einstweilen von der Voraussetzung ausgehn, er sei angenommen worden. Wird er dann vom Papier in die Wirklichkeit übersetzt, wird er von allen Seiten ehrlich durchgeführt werden?

Im ganzen und großen sicher. Erstens wird sich eine irgendwie der Mühe werte Umgehung nicht verheimlichen lassen. Zweitens aber werden schon die Bevölkerungen selbst für die Ausführung sorgen. Kein Mensch bleibt freiwillig in der Kaserne, wenn er über die gesetzliche Zeit dort behalten wird.

Was die einzelnen Länder angeht, so werden Österreich und Italien sowie die Staaten zweiten und dritten Ranges, die die allgemeine Wehrpflicht eingeführt, einen solchen Vertrag als eine befreiende Tat begrüßen und mit Vergnügen buchstäblich einhalten. Über Rußland werden wir im nächsten Abschnitt sprechen. Wie aber steht es mit Frankreich? Und Frankreich ist hier unbedingt das entscheidende Land.

Hat Frankreich den Vertrag einmal unterzeichnet und ratifiziert, dann ist kein Zweifel, daß es ihn im ganzen und großen wird halten müssen. Wir wollen aber zugeben, daß die in den besitzenden Klassen und in dem noch nicht sozialistischen Teil der Arbeiterklasse bestehende Revancheströmung momentan die Oberhand bekommen und direkte oder auf Wortklauberei begründete Überschreitungen von Vertragsgrenzen herbeiführen kann. Solche Überschreitungen können aber nie von Bedeutung sein, denn sonst würde man in Paris vorziehn, den Vertrag zu kündigen. Bei solchen kleinen Übervorteilungen aber ist Deutschland in der glücklichen Lage, großmütig ein Auge zudrücken zu können. Trotz aller sehr anerkennenswerten Anstrengungen Frankreichs, eine Wiederholung der Niederlagen von 1870 unmöglich zu machen, ist ihm Deutschland noch um weit mehr voraus, als sich auf den ersten Blick zeigt. Erstens ist da der mit jedem Jahr wachsende Überschuß der Bevölkerung Deutschlands, der jetzt schon über zwölf Millionen beträgt. Zweitens der Umstand, daß in Preußen das gegenwärtige Militärsystem schon seit über siebzig Jahren besteht, daß es bei der Bevölkerung sich eingelebt hat, daß es bei einer langen Reihe von Mobilmachungen in allen Details erprobt worden, daß alle dabei vorkommenden Schwierigkeiten und die Art ihrer Überwindung praktisch durchgemacht und bekannt sind – Vorteile, die auch den übrigen deutschen Heereskörpern zugute kommen. In Frankreich dagegen muß die erste allgemeine Mobilmachung noch probiert werden, und das bei einer für diesen Zweck viel verwickelteren Organisation. Drittens aber ist in Frankreich die undemokratische Einrichtung der Einjährig-Freiwilligen auf unüberwindliche Hindernisse gestoßen; die dreijährigen Soldaten haben die einjährigen Privilegierten einfach aus der Armee herausschikaniert. Dies beweist, wie tief das öffentliche politische Bewußtsein und die von ihm geduldeten politischen Institutionen Deutschlands unter denen Frankreichs stehn. Was aber politisch ein Mangel, ist in diesem Fall militärisch ein Vorteil. Es ist außer allem Zweifel, daß kein Land, im Verhältnis zur Bevölkerung, eine solche Menge junger Leute durch seine Mittel- und Hochschulen schickt, wie gerade Deutschland, und da bietet das Institut der Einjährig-Freiwilligen, undemokratisch und politisch verwerflich wie es ist, der Heeresleitung ein vortreffliches Mittel, die Mehrzahl dieser in allgemeiner Hinsicht schon genügend vorgebildeten jungen Leute auch militärisch zum Offiziersdienst auszubilden. Der Feldzug von 1866 brachte dies zuerst zur Anschauung, seitdem aber und besonders seit 1871 ist diese Seite der kriegerischen Stärke Deutschlands ganz besonders, fast bis zum Exzeß gepflegt worden. Und wenn auch unter den deutschen Reserveoffizieren so viele neuerdings ihr möglichstes getan haben, ihren Stand lächerlich zu machen, so ist doch kein Zweifel, daß sie, in der Masse genommen, ihren französischen Berufsgenossen, Mann gegen Mann, in militärischer Beziehung überlegen sind und, was die Hauptsache, daß Deutschland unter seinen Reservisten und Landwehrmännern einen weit höheren Prozentsatz von zum Offiziersdienst qualifizierten Leuten besitzt als irgendein andres Land.

Dieser eigentümliche Reichtum an Offizieren befähigt Deutschland, im Augenblick der Mobilmachung eine unverhältnismäßig größere Zahl von bereits im Frieden vorbereiteten Neuformationen aufzustellen als irgendein andres Land. Nach der – soviel ich weiß – sowohl im Reichstag wie in der Militärkommission unwidersprochen gebliebenen Behauptung Richters (›Freisinnige Zeitung‹, 26. November 1892), wird jedes deutsche Infanterieregiment ein mobiles Reserveregiment, zwei Landwehrbataillone und zwei Ersatzbataillone für den Krieg zu stellen imstande sein. Also je drei Bataillone liefern zehn, oder die 519 Bataillone der 173 Friedensregimenter verwandeln sich im Krieg in 1730 Bataillone, wobei noch Jäger und Schützen ungerechnet sind. Und das in einer so kurzen Zeit, wie kein andres Land dies nur annähernd erreichen kann.

Die französischen Reserveoffiziere, wie mir einer von ihnen zugab, sind weit weniger zahlreich; sie sollen aber ausreichen, um die Cadres der nach amtlichen Veröffentlichungen vorgesehenen Neuformationen zu füllen. Dazu gestand der Mann, daß die Hälfte dieser Offiziere nicht viel tauge. Die fraglichen Neuformationen reichen aber nicht entfernt an das, was nach dem Gesagten Deutschland zu leisten imstande ist. Und dann sind die Offiziere, die Frankreich stellen kann, sämtlich verwendet, während Deutschland deren noch immer übrig behält.

In allen früheren Kriegen fehlten nach ein paar Monaten Feldzug die Offiziere. Bei allen andern Ländern wird das jetzt noch der Fall sein. Deutschland allein ist an Offizieren unerschöpflich. Und da sollte man es den Franzosen nicht durch die Finger sehn können, wenn sie ihre Leute hier und da zwei bis drei Wochen über die Vertragszeit exerzieren lassen?

V

Wir kommen jetzt auf Rußland. Und da ist es, gerade herausgesagt, ziemlich gleichgültig, nicht nur, ob Rußland einen Vertrag zur allmählichen gleichmäßigen Herabsetzung der Dienstzeit einhält, sondern selbst, ob es ihn überhaupt eingeht. Wir können Rußland in Beziehung auf unsern Fragepunkt in der Tat fast ganz außer acht lassen, und zwar aus folgenden Gründen:

Das russische Reich enthält zwar über hundert Millionen Menschen, also reichlich doppelt soviel wie das Deutsche Reich, ist aber weit entfernt davon, eine annähernd der deutschen gleichkommende militärische Angriffskraft zu besitzen. Die fünfzig Millionen in Deutschland sind zusammengedrängt auf 540000 Quadratkilometer; die höchstens 90 bis 100 Millionen in Rußland, die militärisch für uns in Betracht kommen, sind zerstreut über, mäßig berechnet, 3½ Millionen Quadratkilometer; der Vorteil, der den Deutschen aus dieser weit größern Bevölkerungsdichtigkeit erwächst, wird noch bedeutend gesteigert durch das unvergleichlich bessere Eisenbahnnetz. Trotzdem bleibt die Tatsache, daß hundert Millionen auf die Dauer mehr Soldaten stellen können als fünfzig. Es wird, wie die Dinge liegen, längere Zeit kosten, bis sie kommen; aber kommen müssen sie schließlich doch. Was dann?

Zu einer Armee gehören nicht nur Rekruten, sondern auch Offiziere. Und damit sieht es in Rußland schofel aus. In Rußland kommen für den Offiziersrang nur der Adel und die Bürgerschaft der Städte in Betracht; der Adel ist verhältnismäßig sehr wenig zahlreich, der Städte sind wenige, höchstens der zehnte Mann wohnt in der Stadt, und von diesen Städten verdienen die wenigsten den Namen; die Zahl der Mittelschulen und der sie besuchenden Schüler ist äußerst gering; wo sollen da die Offiziere herkommen für alle die Mannschaften?

Eines schickt sich nicht für alle. Das System der allgemeinen Wehrpflicht setzt einen gewissen Grad ökonomischer und intellektueller Entwickelung voraus; wo diese fehlt, richtet das System mehr Schaden als Nutzen an. Und dies ist offenbar der Fall in Rußland.

Erstens braucht es überhaupt eine verhältnismäßig lange Zeit, um aus dem russischen Durchschnittsrekruten einen ausgebildeten Soldaten zu machen. Der russische Soldat ist von unbezweifelter großer Tapferkeit. Solange die taktische Entscheidung in dem Angriff geschlossener Infanteriemassen lag, war er in seinem Element. Seine ganze Lebenserfahrung hatte ihn angewiesen auf den Anschluß an seine Kameraden. Auf dem Dorf die noch halbkommunistische Gemeinde, in der Stadt die genossenschaftliche Arbeit des Artels; überall die krugovaja poruka, die gegenseitige Haftbarkeit der Genossen; kurz ein Gesellschaftszustand, der handgreiflich hinweist einerseits auf den Zusammenhalt, in dem alles Heil liegt, andrerseits auf die hilflose Verlassenheit des vereinzelten, auf die eigne Initiative angewiesenen Individuums. Dieser Charakter bleibt dem Russen auch im Militär; die Bataillonsmassen sind fast nicht zu sprengen, je größer die Gefahr, desto fester ballen sich die Klumpen zusammen. Aber dieser Instinkt des Zusammenschließens, der noch zur Zeit der napoleonischen Feldzüge von unschätzbarem Werte war und manche weniger brauchbare Seite des russischen Soldaten aufwog – er ist heute eine entschiedne Gefahr. Heute sind die geschlossenen Massen aus der Gefechtslinie verschwunden, heute handelt es sich um den Zusammenhalt aufgelöster Schützenschwärme, wo Truppen der verschiedensten Verbände durcheinander geworfen werden und das Kommando oft und rasch genug an Offiziere übergeht, die den meisten Mannschaften total fremd sind; heute soll jeder Soldat imstande sein, selbständig das zu tun, was im Moment getan werden muß, und doch den Zusammenhalt mit dem Ganzen nicht verlieren. Das ist ein Zusammenhalt, der nicht durch den primitiven Herdeninstinkt des Russen, sondern nur durch Ausbildung des Verstandes bei jedem einzelnen ermöglicht werden kann, und dazu finden wir die Vorbedingungen nur auf einer Kulturstufe von höherer ›individualistischer‹ Entwickelung, wie sie bei den kapitalistischen Nationen des Westens besteht. Der kleinkalibrige Magazinhinterlader und das rauchschwarze Pulver haben die Eigenschaft, die bisher die größte Stärke der russischen Armee war, in eine ihrer größten Schwächen verwandelt. Es wird also heutzutage noch längere Zeit erfordern als früher, bis der russische Rekrut ein gefechtsbrauchbarer Soldat wird, und den Soldaten des Westens tut er's überhaupt nicht mehr gleich.

Zweitens aber: Woher sollen die Offiziere kommen, um alle diese Massen im Krieg in Neuformationen einzurahmen? Wenn Frankreich schon Schwierigkeit hat, die hinreichende Zahl von Offizieren zu finden, wie wird es erst Rußland gehn? Rußland, wo die gebildete Bevölkerung, aus der allein tüchtige Offiziere genommen werden können, einen so unverhältnismäßig geringen Prozentsatz der Gesamtzahl ausmacht, und wo dennoch der Soldat, selbst der ausgebildete, einen größeren Prozentsatz von Offizieren braucht als in andern Armeen?

Und drittens: Bei dem in Rußland notorischen allgemeinen System des Unterschleifs und Diebstahls von seiten der Beamten und oft genug auch der Offiziere, wie soll da eine Mobilmachung verlaufen? Bei allen bisherigen Kriegen Rußlands stellte sich sofort heraus, daß selbst ein Teil der Friedensarmee und ihrer Ausrüstungsbestände nur auf dem Papier existierte. Wie soll es erst gehn, wenn die beurlaubten Reserveleute und die Opoltschenie (Landwehr) unters Gewehr treten und mit Uniform, Bewaffnung, Munition versehn werden sollen? Wenn bei einer Mobilmachung nicht alles klappt, nicht alles zur rechten Zeit und am rechten Ort vorhanden ist, dann ist die Konfusion vollständig. Wie soll aber alles klappen, wenn alles durch die Hände diebischer und bestechlicher russischer Tschinowniks geht? Die russische Mobilmachung – das wird ein Schauspiel für Götter.

Eins mit dem andern: Wir können den Russen schon aus rein militärischen Gründen erlauben, soviel Soldaten einzustellen und sie solange bei der Fahne zu behalten, wie es dem Zaren beliebt. Außer den Truppen, die jetzt schon unterm Gewehr stehn, wird er schwerlich viel mehr auf die Beine bringen, und auch dies schwerlich zur rechten Zeit. Das Experiment mit der allgemeinen Wehrpflicht kann Rußland teuer zu stehn kommen.

Und dann, wenn's zum Krieg kommt, dann steht die russische Armee an der ganzen Grenze von Kowno bis Kaminiec auf ihrem eigenen Gebiet in Feindesland, mitten unter Polen und Juden, denn auch die Juden hat die zarische Regierung sich zu Todfeinden gemacht. Ein paar für Rußland verlorne Schlachten, und das Kampfesfeld wird von der Weichsel an die Düna und den Dnepr verlegt; im Rücken der deutschen Armee, unter ihrem Schutze, bildet sich ein Heer polnischer Bundesgenossen; und es wird eine gerechte Strafe für Preußen sein, wenn es dann zu seiner eignen Sicherheit ein starkes Polen wiederherstellen muß.

Soweit haben wir nur die direkt militärischen Verhältnisse betrachtet und gefunden, daß für den vorliegenden Fragepunkt Rußland außer acht gelassen werden kann. Noch mehr aber wird sich dies zeigen, sobald wir einen Blick werfen auf die allgemeine ökonomische und speziell die finanzielle Lage Rußlands.

VI

Die innere Lage Rußlands ist augenblicklich eine fast verzweifelte. Die Bauernemanzipation von 1861 und die mit ihr teils als Ursache, teils als Wirkung zusammenhängende Entwickelung der kapitalistischen Großindustrie haben dies stabilste aller Länder, *dies europäische China,* in eine ökonomische und soziale Revolution geworfen, die nun unaufhaltsam ihren Gang geht; und dieser Gang ist einstweilen ein vorwiegend verwüstender.

Der Adel erhielt bei der Emanzipation Entschädigung in Staatsschuldscheinen, die er möglichst rasch verjubelte. Als dies vollbracht, eröffneten ihm die neuen Eisenbahnen einen Markt für das Holz seiner Wälder; er ließ das Holz schlagen und verkaufen und lebte abermals herrlich und in Freuden, solange der Erlös reichte. Die Bewirtschaftung der Güter, unter den neugeschaffenen Bedingungen und mit freien Arbeitern, blieb meist sehr unbefriedigend; was Wunder, daß der russische grundbesitzende Adel über und über verschuldet, wo nicht geradezu bankrott ist und daß der Ertrag seiner Güter an Produktion eher ab- als zunimmt.

Der Bauer erhielt weniger und meist schlechteres Land, als er bisher besessen; die Gemeindeweide- und Waldnutzung wurde ihm entzogen und damit die Grundlage der Viehhaltung; die Steuern wurden bedeutend erhöht und sollten nun von ihm selbst überall in Geld gezahlt werden; dazu kamen die Ratenzahlungen – ebenfalls in Geld – für

Verzinsung und Amortisation des vom Staat vorgeschossenen Loskaufsgeldes (wykup); kurz, zu aller Verschlechterung seiner allgemeinen ökonomischen Lage kam die plötzliche Zwangsversetzung aus der Naturalwirtschaft in die Geldwirtschaft, die allein hinreicht, die Bauernschaft eines Landes zu ruinieren. Die Folge davon war die üppige Entwickelung der Ausbeutung des Bauern durch die ländlichen Geldbesitzer, reichere Bauern und Schnapskneipenwirte, mirojedy (wörtlich Gemeindefresser) und kulaki (Zinswucherer). Und als ob alles das nicht genüge, kam dazu die neue große Industrie und ruinierte die Naturalwirtschaft der Bauern bis auf den letzten Rest. Nicht nur untergrub ihre Konkurrenz die häusliche industrielle Produktion des Bauern für den eignen Bedarf, sie nahm auch seiner für den Verkauf bestimmten Handarbeit den Markt weg oder stellte sie, im günstigsten Fall, unter die Botmäßigkeit des kapitalistischen ›Verlegers‹ oder, was noch schlimmer, seines Mittelsmanns. Der russische Bauer mit seinem walдursprünglichen Ackerbau und seiner altkommunistischen Gemeindeverfassung wurde so plötzlich in Kollision gebracht mit der entwickeltsten Form der modernen großen Industrie, die sich einen inländischen Markt gewaltsam schaffen mußte. Aber der Bauer – das war beinahe neun Zehntel der Bevölkerung Rußlands, und der Ruin des Bauern war gleichbedeutend mit dem – wenigstens zeitweiligen – Ruin Rußlands.[2]

Nachdem dieser Prozeß der gesellschaftlichen Umwälzung an die zwanzig Jahre gedauert, stellten sich noch andre Resultate heraus. Die rücksichtslose Entwaldung vernichtete die Vorratskammern der Bodenfeuchtigkeit, das Regen- und Schneewasser floß, ohne aufgesogen zu werden, rasch durch die Bäche und Ströme ab, starke Überschwemmungen erzeugend; aber im Sommer wurden die Flüsse seicht, und der Boden vertrocknete. In vielen der fruchtbarsten Gegenden Rußlands soll das Niveau der Bodenfeuchtigkeit um einen vollen Meter gefallen sein, so daß die Wurzeln der Getreidehalme es nicht mehr erreichen und dorren. So daß nicht nur die Menschen ruiniert sind, sondern in vielen Gegenden auch der Boden selbst auf wenigstens ein Menschenalter hinaus.

Diesen bisher chronisch verlaufenden Prozeß des Ruins hat die Hungersnot von 1891 akut und damit vor aller Welt sichtbar gemacht. Und deshalb kommt Rußland seit 1891 nicht aus der Hungersnot heraus. Das böse Jahr hat das letzte und wichtigste Produktionsmittel der Bauern – das Vieh – großenteils ruiniert und ihre Verschuldung auf einen Höhepunkt getrieben, der ihre letzte Widerstandskraft brechen muß.

In einer solchen Lage könnte ein Land höchstens einen Verzweiflungskrieg unternehmen. Aber auch dazu fehlen die Mittel. In Rußland lebt der Adel von Schulden, lebt jetzt auch der Bauer von Schulden, und von Schulden lebt vor allen der Staat. Wieviel Geld der russische Staat nach außen schuldig ist, weiß man: über vier Milliarden Mark. Wieviel er im Innern schuldig ist, weiß kein Mensch; erstens, weil man weder die Summe der aufgenommenen Anleihen noch die des in Zirkulation befindlichen Papiergeldes kennt, und zweitens, weil dies Papiergeld jeden Tag seinen Wert wechselt. Soviel aber ist sicher: Der Kredit Rußlands im Ausland ist erschöpft. Die vier Milliarden Mark russischer Staatsschuldscheine haben den westeuropäischen Geldmarkt über und über gesättigt. England hat sich längst, Deutschland hat sich neuerdings des größten Teils seiner »Russen« entledigt. Holland und Frankreich haben sich durch den Ankauf derselben ebenfalls den Magen verdorben, wie sich bei der letzten russischen Anleihe in Paris zeigte; von den 500 Millionen Franken konnten nur 300 untergebracht werden, 200 Millionen mußte der russische Finanzminister den zeichnenden und überzeichnenden Bankiers wieder abnehmen. Der Beweis ist damit geliefert, daß eine neue russische Anleihe selbst in Frankreich für die nächste Zeit absolut keine Aussichten hat.

Das ist die Lage des Landes, das uns angeblich mit unmittelbarer Kriegsgefahr bedroht und das sogar außerstande ist, einen Verzweiflungskrieg vom Zaun zu brechen, falls wir nicht selbst dumm genug sind, das Geld dazu ihm in den Rachen zu werfen.

Man begreift nicht die Unwissenheit der französischen Regierung und der sie beherrschenden französischen *bürgerlichen* öffentlichen Meinung. Nicht Frankreich bedarf Rußland – Rußland bedarf vielmehr Frankreich. Ohne Frankreich wäre der Zar mit seiner Politik isoliert in Europa, machtlos müßte er im Westen und im Balkan alles gehn lassen, wie es geht. Mit etwas Verstand könnte Frankreich aus Rußland alles herausschlagen, was es wollte. Aber statt dessen kriecht das offizielle Frankreich auf dem Bauch vor dem Zaren.

Der Weizenexport Rußlands ist bereits ruiniert durch die wohlfeile amerikanische Konkurrenz. Bleibt als Hauptausfuhrartikel nur der Roggen, und der geht fast ausnahmslos nach Deutschland. *Sobald Deutschland Weißbrot ißt statt Schwarzbrot, ist das jetzige offizielle zarisch-großbürgerliche Rußland bankrott.*

VII

Wir haben nun unsre benachbarten friedlichen Feinde hinreichend kritisiert. Wie sieht es aber bei uns zu Hause aus?

Und da müssen wir geradezu sagen: Eine stufenweise Herabsetzung der Dienstzeit kann für die Armee nur dann von Vorteil sein, wenn ein für allemal total unmöglich gemacht wird die Soldaten*schinderei,* die in den letzten Jahren eingerissen und in der Armee viel mehr zur Regel geworden ist, als man zugeben will.

Diese Soldatenschinderei ist das Gegenstück des Kamaschendienstes und Paradedrills; beide breiten sich von jeher in der preußischen Armee aus, sobald diese eine Zeitlang Friedensarmee wird, und von den Preußen geht sie über auch zu den Sachsen, Bayern, etc. Sie ist ein Erbstück aus der echten ›altpreußischen‹ Zeit, wo der Soldat entweder angeworbner Lumpazius oder leibeigner Bauernsohn war und daher jede Mißhandlung und Entehrung von seinem junkerlichen Offizier ohne Murren hinnehmen mußte. Und namentlich der heruntergekommene Hungerleider- und Schmarotzeradel, der östlich der Elbe gar nicht schwach vertreten, stellt noch heute sein Kontingent der schlimmsten Soldatenschinder und wird in dieser Beziehung nur erreicht von den protzigen Bourgeoissöhnen, die den Junker spielen möchten.

Ganz ausgestorben ist die Schuriglei des Soldaten nie in der preußischen Armee. Aber sie war früher seltner, gelinder und stellenweis humoristischer. Seitdem aber einerseits dem Soldaten immer mehr und mehr Dinge beigebracht werden mußten, während man anderseits nicht daran dachte, den unnützen Plunder überlebter und sinnlos gewordener taktischer Übungen abzuschaffen, seitdem erhielt der Unteroffizier mehr und mehr stillschweigende Vollmacht zu jeder ihm passend erscheinenden Ausbildungsmethode und wurde andrerseits zur Anwendung gewaltsamer Mittel indirekt gezwungen durch das Gebot, in beschränkter Zeit seiner Korporalschaft dies oder jenes genügend einzupauken. Dazu dann das Beschwerderecht des Soldaten, das der reine Hohn ist – kein Wunder, daß die beliebte altpreußische Methode wieder in lustigen Schwang kam, da wo die Soldaten es sich gefallen ließen. Denn ich bin sicher, daß Regimenter des Westens oder mit starkem Beisatz großstädtischer Leute weit weniger Soldatenschinderei aufweisen, als die, [die] vorzugsweise aus ostelbischen Landleuten zusammengesetzt sind.

Dazu gab es früher ein – wenigstens tatsächliches – Gegengewicht. Mit dem glattläufigen Vorderlader war es ein leichtes, beim Manöver einen Kiesel auf die Platzpatrone in den Lauf rollen zu lassen, und da kam es oft genug vor, daß verhaßte Vorgesetzte beim Manöver aus Versehen erschossen wurden. Manchmal ging's auch fehl; ich kannte einen jungen Kölner, der 1849 auf diese Weise durch ein Geschoß seinen Tod fand, das seinem Hauptmann zugedacht war. Jetzt, mit dem kleinkalibrigen Hinterlader, geht das nicht mehr so leicht und so unbemerkt; dafür gibt uns die Statistik der Selbstmorde in der Armee den Barometerstand der Soldatenschinderei ziemlich genau an. Kommt aber im ›Ernstfall‹ die scharfe Patrone in Verwendung, dann fragt es sich allerdings, ob da die alte Praxis nicht wieder Anhänger findet, wie das in den letzten Kriegen hie und da der Fall gewesen sein soll; zum Sieg würde das allerdings nicht sehr beitragen.

Die Berichte englischer Offziere stimmen ein im Lob des ausnehmend guten Verhältnisses zwischen Vorgesetzten und Soldaten der 1891 in der Champagne manövrierenden französischen Armee. In dieser Armee wären Dinge, wie sie bei uns so oft aus den Kasernen in die Presse dringen, geradezu unmöglich. Schon vor der großen Revolution scheiterte der Versuch, die preußischen Stockprügel einzuführen. Zur schlimmsten Zeit der algerischen Feldzüge und des zweiten Kaisertums hätte kein Vorgesetzter gewagt, dem französischen Soldaten den zehnten Teil dessen zu bieten, was vor unser aller Augen dem deutschen geboten worden ist. Und heute, nach Einführung der allgemeinen Wehrpflicht, möchte ich den französischen Unteroffizier sehn, der sich unterfinge, den Soldaten zu befehlen, einander zu ohrfeigen oder ins Gesicht zu spucken. Welche Verachtung müssen aber nicht die französischen Soldaten für ihre künftigen Gegner empfinden, wenn sie hören und lesen, was diese sich bieten lassen, ohne zu zucken. Und daß die Leute in jeder französischen Kaserne das lesen und hören, dafür wird gesorgt.

Bei den Franzosen herrscht in der Armee der Geist und das Verhältnis zwischen Offizier, Unteroffizier und Soldat, das in Preußen 1813 bis 1815 herrschte und unsere Soldaten zweimal nach Paris führte. Bei uns dagegen nähert das alles sich mehr und mehr dem Stand von 1806, wo der Soldat auch als kaum ein Mensch angesehn, geprügelt und geschunden wurde und wo zwischen ihm und dem Offizier eine unüberschreitbare Kluft lag – und dieser Zustand führte die Armee nach Jena und in die französische Gefangenschaft.

Es wird so viel geredet vom entscheidenden Wert der moralischen Faktoren im Krieg. Und was anders tut man im Frieden, als sie fast systematisch vernichten?

VIII

Bisher haben wir vorausgesetzt, der Vorschlag zur allmählichen gleichmäßigen Herabsetzung der Dienstzeit mit schließlichem Übergang zum Milizsystem sei allgemein angenommen worden. Die Frage ist aber vor allem: wird er angenommen?

Nehmen wir an, Deutschland stellt den Vorschlag zunächst an Österreich, Italien und Frankreich. Österreich wird eine Maximaldienstzeit von zwei Jahren mit Freuden annehmen und wahrscheinlich in seiner eignen Praxis noch weiter herabgehn. In der österreichischen Armee spricht man sich, scheint es, weit offener aus als in der deutschen über die günstigen Erfolge mit der kurzen Dienstzeit eines Teils der Truppen. Viele Offiziere dort erklären geradezu die Landwehr, die nur ein paar Monate dient, für eine bessere Truppe als die Linie; sie haben jedenfalls das für sich, daß ein Landwehrbataillon, wie mir versichert wird, in 24 Stunden mobil macht, während ein Linienbataillon mehrere Tage dazu braucht. Natürlich: bei der Linie fürchtet man sich, den altösterreichischen breitspurigen Schlendrian anzutasten, bei der Landwehr, wo alle Einrichtungen neu geschaffen, hat man dagegen den Mut gehabt, ihn nicht einzuführen. Jedenfalls seufzt in Österreich Volk wie Regierung nach Erleichterung der Militärlast, und die ist hier, gerade auf Grund der gemachten eignen Erfahrungen, am ehesten zu haben durch Herabsetzung der Dienstzeit.

Italien wird ebenfalls mit beiden Händen zugreifen. Es erliegt unter dem Druck des Kriegsbudgets, und zwar in solchem Grad, daß hier Abhilfe geschafft werden muß, und das bald. Auch hier ist Verkürzung der Maximaldienstzeit der nächste und einfachste Weg. Man kann also sagen: Entweder geht der Dreibund in die Brüche, oder er muß zu einem Mittel greifen, das mehr oder weniger auf unsern Vorschlag hinausläuft.

Wenn aber Deutschland, gestützt auf die Annahme durch Österreich und Italien, diesen Vorschlag der französischen Regierung unterbreitet, so kommt diese in eine sehr fatale Stellung. Nimmt sie ihn an, so verschlechtert sie ihre relative militärische Lage absolut nicht. Im Gegenteil, sie erhielte Gelegenheit, diese relative Lage zu verbessern. Es ist in mancher Beziehung ein Nachteil für Frankreich, daß die allgemeine Wehrpflicht dort erst seit 20 Jahren eingeführt ist. Aber dieser Nachteil schließt den Vorteil ein, daß alles noch neu ist, daß der alte Zopf von Anno Tobak erst neuerdings abgeschnitten worden, daß weitere Verbesserungen leicht einzuführen sind, ohne auf den zähen Widerstand eingerosteter Vorurteile zu stoßen. Alle Armeen sind ungemein bildungsfähig nach *großen Niederlagen.* Eine bessere Ausnutzung der vertragsmäßigen Dienstzeit wäre daher in Frankreich weit leichter durchzuführen als anderswo, und da auch das Schulwesen, ganz wie die Armee, sich im Zustand der Revolutionierung befindet, so wird auch die allgemein körperliche und speziell militärische Vorbildung der Jugend sich dort weit rascher und leichter ins Werk setzen lassen als anderswo. Das würde aber bedeuten, daß die militärische Machtstellung Frankreichs gegenüber Deutschland sich verstärkt. Trotz alledem ist es möglich und selbst wahrscheinlich genug, daß die chauvinistische Strömung – der französische Chauvinismus ist genau so dumm wie der deutsche – stark genug, wird, jede Regierung zu stürzen, die so etwas annimmt, namentlich wenn es von Deutschland kommt. Nehmen wir also an: Frankreich lehnt ab. Was dann?

Dann ist Deutschland durch die bloße Tatsache, daß es diesen Vorschlag gemacht, in enormen Vorteil gesetzt. Wir dürfen nicht vergessen: Die siebenundzwanzig Jahre Bismarckwirtschaft haben Deutschland – nicht mit Unrecht – im ganzen Ausland verhaßt gemacht. Weder die Annexion der nordschleswigschen Dänen noch die Nichteinhaltung und schließliche Eskamotage des auf sie bezüglichen Prager Friedensartikels, noch die Annexion Elsaß-Lothringens, noch die kleinlichen Maßregeln gegen die preußischen Polen hatten mit der Herstellung der ›nationalen Einheit‹ das geringste zu tun. Bismarck hat es verstanden, Deutschland in den Ruf der Ländergier zu bringen; der deutsche chauvinistische Bürger, der die Deutschösterreicher hinauswarf und dennoch Deutschland noch immer ›von der *Etsch* bis an die Memel‹ über alles brüderlich zusammenhalten will, der dagegen Holland, Flandern, die Schweiz und die angeblich ›deutschen‹ Ostseeprovinzen Rußlands mit dem Deutschen Reich vereinigen möchte – dieser deutsche Chauvin hat Bismarck redlich geholfen, und mit so herrlichem Erfolg, daß heute den ›biedern Deutschen‹ kein Mensch in Europa mehr traut. Geht, wohin ihr wollt, ihr werdet überall Sympathien mit Frankreich finden, aber Mißtrauen gegen Deutschland, das man für die Ursache der gegenwärtigen Kriegsgefahr hält. Dem allem würde ein Ende gemacht, entschlösse Deutschland sich zur Stellung unsres Antrages. Es träte als Friedensrichter auf in einer Weise, die keinen Zweifel zuläßt. Er erklärte sich bereit, voranzugehen im Werk der Abrüstung, wie dies von Rechts wegen dem Lande zukommt, das das Signal zur Rüstung gegeben hat. Das Mißtrauen müßte sich in Zutrauen, die Abneigung in Sympathie verwandeln. Nicht nur die Redensart, der Dreibund sei ein Friedensbund, würde endlich zur Wahrheit, sondern auch der Dreibund selbst, der jetzt nur ein Schein ist. Die ganze öffentliche Meinung Europas und Amerikas träte auf seiten Deutschlands. Und das wäre eine moralische Eroberung, die selbst alle möglicherweise noch herausspintisierenden militärischen Nachteile unseres Vorschlags überreichlich aufwöge.

Frankreich dagegen, das den Abrüstungsvorschlag abgelehnt, käme in dieselbe ungünstige Verdachtsstellung, wie Deutschland jetzt. Nun sehn wir alle, würde der europäische Philister sagen – und der ist die größte Großmacht –, nun sehn wir alle, wer den Frieden will und wer den Krieg. Und wenn dann vielleicht einmal eine wirklich kriegslustige Regierung in Frankreich ans Ruder käme, sie stände vor einer Lage, die ihr bei einigem Verstande den Krieg absolut verböte. Wie sie sich auch anstellte, vor ganz Europa stände sie da als der Teil, der den Krieg heraufbeschworen, heraufgezwungen hat. Damit hätte sie nicht nur die Kleinen, nicht nur England gegen sich gestimmt, sie würde nicht einmal der Hülfe Rußlands sicher sein, nicht einmal jener traditionellen Hülfe Rußlands, die darin besteht, daß es seine Bundesgenossen erst hineinreitet und dann im Stiche läßt.

Vergessen wir nicht: *Im nächsten Kriege entscheidet England.* Der Dreibund, im Krieg gegen Rußland und Frankreich, ebensowohl wie Frankreich, von Rußland getrennt durch feindliches Gebiet, sie alle sind für die ihnen unentbehrliche starke Korneinfuhr angewiesen auf den Seeweg. Diesen beherrscht England unbedingt. Stellt es seine Flotte dem einen Teil zur Verfügung, so wird der andre einfach ausgehungert, die Kornzufuhr wird abgeschnitten; es ist die Aushungerung von Paris auf kolossal vergrößertem Maßstab, und der ausgehungerte Teil muß kapitulieren; so sicher zweimal zwei vier ist.

Nun gut: in diesem Augenblick hat die liberale Strömung in England Oberwasser, und die englischen Liberalen haben entschieden französische Sympathien. Dazu ist der alte Gladstone persönlich ein Russenfreund. Bricht ein europäischer Krieg aus, so bleibt England solange wie möglich neutral; aber selbst seine ›wohlwollende‹ Neutralität kann unter den erwähnten Umständen einer der kriegsführenden Parteien von entscheidender Hülfe sein. Macht Deutschland unsern Vorschlag und wird er von Frankreich abgelehnt, so hat Deutschland nicht nur alle entgegenstehenden englischen Sympathien überwunden und sich Englands wohlwollende Neutralität gesichert; es hat außerdem der englischen Regierung so gut wie unmöglich gemacht, im Krieg den Gegnern Deutschlands sich anzuschließen.

Also zum Schluß:

Entweder nimmt Frankreich den Vorschlag an. Dann ist die Kriegsgefahr, die aus den stets gesteigerten Rüstungen erwächst, tatsächlich beseitigt, die Völker kommen zur Ruhe, und Deutschland hat den Ruhm, dies eingeleitet zu haben.

Oder Frankreich nimmt nicht an. Dann verschlechtert es seine eigne Stellung in Europa und verbessert Deutschlands Stellung in einem solchen Grad, daß Deutschland einen Krieg absolut nicht mehr zu fürchten braucht und sogar ohne alle Gefahr im Verein mit seinen Bundesgenossen, die dann erst wahrhaft seine Bundesgenossen, auf eigne Faust zu einer allmählichen Herabsetzung der Dienstzeit und Vorbereitung zum Milizsystem schreiten kann.

Wird man den Mut haben, den rettenden Schritt zu tun? Oder will man warten, bis Frankreich, aufgeklärt über die Lage Rußlands, den ersten Schritt tut und den Ruhm für sich einerntet?

Zeittafel

Synchronische Tafel des Lebens von Marx und Engels, der Entwicklung der Arbeiterbewegung und der wichtigsten allgemeinen Geschichtsdaten

	MARX–ENGELS: LEBENSDATEN UND WERKE
1808	
1811–29	
1812/13	
1814/15	
1814	
1815	
1816/17	
1817	
1818	Marx [M] in Trier geboren
1818–34	
1819	

DATEN ZUR GESCHICHTE DER ARBEITERBEWEGUNG	ALLGEMEINE GESCHICHTSDATEN
Charles Fourier: ›*Théorie des quatre mouvements et des déstinées générales*‹	
	Unabhängigkeitskampf Lateinamerikas (Bolivar)
Robert Owen: ›A New View of Society‹, in den folgenden Jahren Owens Reformtätigkeit	
	Wiener Kongreß, Wiederherstellung des europäischen Staatensystems, Beginn des Zeitalters der Restauration (1815–1848)
	Dampflokomotive (Stevenson)
	Deutsche Burschenschaft in Jena
	Wirtschaftskrise in Deutschland
	Wartburgfest
	Wirtschaftliche Einigungsbestrebungen in Deutschland: 1818 Abschaffung der Binnenzölle in Preußen, 1819 Deutscher Handels- und Gewerbeverein, 1833/34 Deutscher Zollverein
	Dampfschiff New York–Liverpool (Fulton) Karlsbader Beschlüsse: Zensur, Verbot der Burschenschaften etc.

1820	Engels [E] in Barmen geboren
1820/21	
1821–29	
1823	
1824	
1825	
1826	
1828/29	
1829	
1830	M. Eintritt in das Trierer Gymnasium
1830–50	
1832	
1832–34	
1833	

DATEN ZUR GESCHICHTE DER ARBEITERBEWEGUNG	ALLGEMEINE GESCHICHTSDATEN
St. Simon: ›*Du système industriel*‹	
	Unabhängigkeitskrieg Griechenlands
	Monroedoktrin
	Koalitionsfreiheit und Streikrecht in England. Trade Unions unter W. Cobbet
Ferdinand Lassalle geboren St. Simon: ›*Le nouveau christianisme*‹ Tod St. Simons	
Wilhelm Liebknecht geboren	
	Russisch-türkischer Krieg
Charles Fourier: ›*Le nouveau monde industriel et sociétaire*‹	Katholikenemanzipation in England
	Londoner Protokoll: Unabhängigkeit Griechenlands anerkannt Julirevolution in Paris, anschließend Bürgerkönigtum (1830–48) Revolutionen in Belgien, Polen, Italien Jungdeutschland Eisenbahn Liverpool–Manchester
	Wesentliche technische Verbesserungen in der englischen Textilindustrie (Spinnerei und Weberei)
	Hambacher Fest Reform Bill in England (Zahl der Wahlberechtigten verdoppelt) Ägyptisch-türkischer Krieg
Charles Fourier: *Zeitschrift* ›*Le Phalanstère ou la réforme sociale*‹	
	Sklavenbefreiung und Fabrikgesetzgebung in England Zwangsbill gegen Irland, die die Befugnis verlieh, Volksversammlungen zu verbieten und das Standrecht zu verkünden Telegraph (Gauß und Weber)

1834	E. Gymnasium in Elberfeld
1835	M. Abiturientenexamen, Beginn des Studiums an der juristischen Fakultät der Universität Bonn
1836	M. Fortsetzung der Studien in Berlin
1837	E. verläßt auf Wunsch des Vaters das Gymnasium; arbeitet als Handlungsgehilfe in der Firma zu Hause ›*Brief an den Vater*‹ (M), Bericht über Leben und Studium in Berlin; Verkehr im ›Doktorklub‹
1837–1901	
1838	
1838–41	E. zur weiteren Ausbildung in Bremen
1839	
1839–42	
1840	
1840–42	
1841	M. Promotion in absentia in Jena über ›*Differenz der demokratischen und epikuräischen Naturphilosophie*‹
1842	M. Redakteur der ›Rheinischen Zeitung‹; Übersiedlung nach Köln; erstes Treffen mit Engels E. nach London, um kaufmännische Ausbildung abzuschließen

DATEN ZUR GESCHICHTE DER ARBEITERBEWEGUNG	ALLGEMEINE GESCHICHTSDATEN
›Gesellschaft der Menschenrechte‹ (Büchner), zahlreiche Geheimbünde (›Bund der Geächteten‹); Georg Büchner: ›*Hessischer Landbote*‹	
›Bund der Gerechten‹ (Schaper, Weitling, Bauer, Moll)	
Tod Fouriers Moses Hess: ›*Die kleine Geschichte der Menschheit*‹	Göttinger Sieben
	Viktorianisches Zeitalter: Liberalismus nach innen, Imperialismus nach außen (Palmerston, Gladstone, Disraeli), Wahlrechtsrefomen
Wilhelm Weitling: ›*Die Menschheit wie sie ist und sein soll*‹	›People's Charter‹: Forderung der englischen Chartisten (Arbeiterbewegung) nach Parlamentsreform und allgemeinem Wahlrecht
Erste Arbeitsschutzbestimmung in Preußen Blanqui inszeniert Aufstand in Paris, scheitert	
	Englisch-afghanischer Krieg
Deutscher Arbeiterbildungsverein in London August Bebel geboren	Justus von Liebig: Agrikulturchemie
	Opiumkrieg in China
	Friedrich List: ›Das nationale System der politischen Ökonomie‹
Wilhelm Weitling: ›*Garantien der Harmonie und der Freiheit*‹	

1843	M. verläßt ›Rh. Zeitung‹; Briefwechsel mit Ruge; heiratete Jenny von Westphalen; Übersiedlung nach Paris; Edition der ›Deutsch-französischen Jahrbücher‹; Beginn mit dem systematischen Studium der politischen Ökonomie; Bekanntschaft mit Heinrich Heine
1844	M. *›Zur Judenfrage‹, ›Zur Kritik der Hegelschen Rechtsphilosophie. Einleitung›* und *›Briefe an Ruge‹* in den ›Jahrbüchern‹; erste Entwürfe zu einer Kritik der bürgerlichen politischen Ökonomie *›Zur Kritik der Nationalökonomie – Ökonomisch-philosophische Manuskripte‹*; Verbindung zum ›Bund der Gerechten‹; beginnender Briefwechsel mit E. E. trifft M. in Paris; *›Umrisse zu einer Kritik der Nationalökonomie‹*
1845	M. aus Frankreich verwiesen; Brüssel; *›Die heilige Familie oder Kritik der kritischen Kritik. Gegen Bruno Bauer und Consorten‹* (M, E); schreibt ›Thesen über Feuerbach‹, reist mit E. nach London; Studium der englischen ökonomischen Literatur; Brüssel; 1845/46 mit E. *›Die deutsche Ideologie‹*; mit E. Gründung eines kommunistischen Korrespondenz-Komitees zur Koordinierung des Zusammenschlusses der Arbeiterbewegungen verschiedener Länder E. *›Die Lage der arbeitenden Klasse in England‹*
1845/46	Kampf gegen den ›wahren Sozialismus‹ Grüns, den ›Handwerks-Kommunismus‹ Weitlings und gegen Proudhon; E. übersiedelt nach Paris
1846	
1847	M. *›Das Elend der Philosophie‹* *Antwort auf Proudhons ›Philosophie des Elends‹*; gründet mit E. in Brüssel den Deutschen Arbeiterverein; Teilnahme am 2. Kongreß des Bundes der Kommunisten in London; *›Der Status quo in Deutschland‹* (E); *›Grundsätze des Kommunismus‹* (E)

DATEN ZUR GESCHICHTE DER ARBEITERBEWEGUNG	ALLGEMEINE GESCHICHTSDATEN
	Aufstand schlesischer Weber
›Allgemeine preußische Gewerbeordnung‹ verbietet die Bildung von Vereinigungen der Arbeiter	
	Hungersnot in Irland, starke Auswanderung
	Aufhebung des Kornzolls in England, Übergang zum Freihandel (Richard Cobden)
Deutscher Arbeiterverein in Brüssel Zweiter Kongreß des Bundes der Kommunisten in London (Zweck des Bundes: Sturz der Bourgeoisie, Herrschaft des Proletariats, Gründung einer neuen Gesellschaft ohne Klassen und Privateigentum)	Zehnstundentag in England

	MARX–ENGELS: LEBENSDATEN UND WERKE
1848	Ende Februar ›*Manifest der kommunistischen Partei*‹; M. aus Belgien verwiesen; Paris; mit E. nach Deutschland; M. Chefredakteur der ›Neuen Rheinischen Zeitung‹; Artikel über revolutionäre Bewegungen in Deutschland und Europa; E. gelangt über Brüssel, Paris in die Schweiz
1848–52	
1848/49	
1849	Rückkehr E. nach Köln; Freispruch im Prozeß wegen ›Aufreizung zur Rebellion‹; *Lohnarbeit und Kapital*‹ (M); Haftbefehl; Ende der ›Neuen Rheinischen Zeitung‹; M. über Paris nach London; E. folgt M. nach London
1850	in Hamburg erscheint erstes Heft der ›Neuen Rheinischen Zeitung. Politisch-ökonomische Revue‹; darin Artikelserie ›*Die Klassenkämpfe in Frankreich 1848–50*‹ (M) ›*Ansprachen der Zentralbehörde an den Bund vom März und Juni 1850*‹; Spaltung des Bundes; Wiederaufnahme des Studiums der ökonomischen Literatur (M)
1851	›*Revolution und Konterrevolution in Deutschland*‹ (E) Artikelserie in der ›New-York Daily Tribune‹
1852	E. setzt kriegswissenschaftliche Studien fort; ›*Der achtzehnte Brumaire des Louis Bonaparte*‹ (M) erscheint in New York in der Zeitschrift ›Die Revolution‹; Artikel in der ›New-York Daily Tribune‹ über englische Wahlen und Parteien; ›*Enthüllungen über den Kommunistenprozeß zu Köln* (M); ›*Die großen Männer des Exils*‹
1852–70	
1853	M. über die orientalische Frage, China und Indien in der ›New-York Daily Tribune‹, darunter ›*Die britische Herrschaft in Indien*‹, ›*Die ostindische Kompanie, ihre Geschichte und die Resultate ihres Wirkens*‹ und ›*Die künftigen Ergebnisse der britischen Herrschaft in Indien*‹ E. schreibt eine militärpolitische Artikelreihe über den Krimkrieg; ›*Lord Palmerston*‹ (M)

DATEN ZUR GESCHICHTE DER ARBEITERBEWEGUNG	ALLGEMEINE GESCHICHTSDATEN
Allgemeiner deutscher Arbeiterkongreß in Berlin (40 Delegierte vertreten drei Arbeiterkomitees und die 31 Arbeitervereine) Gründung einer Organisation ›Arbeiterverbrüderung‹; zahlreiche Arbeiteraufstände; in den folgenden Jahren verschärfte Verfolgung der Arbeitervereine	Februarrevolution in Paris, Juniaufstände der Arbeiter, Ausbreitung der revolutionären Erschütterung über Europa (Preußen, Österreich, Sachsen, Ungarn, Polen, Italien) Slawenkongreß in Prag (unter Teilnahme des russischen Anarchisten Bakunin)
	Zweite Republik in Frankreich
	Deutsche Nationalversammlung in Frankfurt/M. (Paulskirche), Präsident der liberale Heinrich Frhr. v. Gagern
Eduard Bernstein geboren Bund der Kommunisten spaltet sich wegen taktischer Fragen in Gruppen um Marx/Engels und Willich/Schapper	
	erste Weltausstellung in London 2. Dez. Staatsstreich Louis Napoleons
Auflösung des Bundes der Kommunisten auf Antrag von Marx	
	Kaiser Napoleon III.

1854	M. setzt seine ökonomischen, E. seine militärwissenschaftlichen Studien fort; Berichterstattung über den türkischen Krieg und die englische Innenpolitik; Artikelserie ›*Das revolutionäre Spanien*‹ (M)
1854–56	
1855	Berichte über den Krimkrieg; ›*Die Armeen Europas*‹ (E); ›*Lord John Russell*‹ (M); Mitarbeit an der ›Neuen Oder-Zeitung‹
1856	
1857/58	
1857–60	
1858	
1859	›*Zur Kritik der politischen Ökonomie*‹ (M)
1859–61	
1860	›*Herr Vogt*‹ (M)
nach 1860	
1861	M. reist nach Deutschland; Mitarbeit an der Wiener ›Presse‹; Artikel über den amerikanischen Bürgerkrieg
1861–65	
nach 1861	

DATEN ZUR GESCHICHTE DER ARBEITERBEWEGUNG	ALLGEMEINE GESCHICHTSDATEN
Beschluß des Bundestages: Verbot aller Arbeitervereine im Bundesgebiet Karl Kautsky geboren	Gewaltsame Öffnung der japanischen Häfen
	Krimkrieg (Sewastopol)
	Pariser Kongreß (Neutralisierung des Schwarzen Meers)
	Auflösung der East Indian Company, englischer Vizekönig in Indien
	Englisch-französischer Krieg gegen China, Öffnung Chinas für den europäischen Handel
Tod Owens	
Gründung des liberalen Deutschen Nationalvereins in Frankfurt (auch Arbeiter und Handwerker darin politisch tätig)	Charles Darwin: ›*On the Origin of Species by Means of Natural Selection*‹
	Einigung Italiens: 1859 Krieg Sardiniens (Cavour) und Frankreichs gegen Österreich, Magenta und Solferino (Mac-Mahon); 1860 Garibaldi vertreibt König Franz II. aus Neapel, 1861 Viktor Emanuel II. König von Italien
Zahlreiche Arbeiterbildungsvereine gegründet	Reformen in Rußland, Bauernbefreiung (1861)
Gründung des ›Gewerblichen Bildungsvereins‹ (Bebel)	
	Amerikanisscher Sezessionskrieg (Lincoln)
	Geheimbund der Fenier in Irland für eine unabhängige irische Republik

1862	M. beginnt an den ›Theorien über den Mehrwert‹ zu arbeiten. Zusammentreffen mit Lassalle in London
1862–66	
1862–90	
1863	
1863/64	
1864	M. wohnt der Gründung der I. Internationalen bei (London). *›Inauguraladresse und Statuten der Internationalen Arbeiterassoziation‹* (M)
1865	*›Die preußische Militärfrage und die deutsche Arbeiterpartei‹* (E); Bruch mit dem Allgemeinen Deutschen Arbeiterverein; *›Lohn, Preis, Profit‹* (M)
1866	*›Betrachtungen über den Krieg in Deutschland‹* (E); M. wird vom 1. Kongreß der Internationale in den Generalrat gewählt

DATEN ZUR GESCHICHTE DER ARBEITERBEWEGUNG	ALLGEMEINE GESCHICHTSDATEN
Spaltung des ›Gewerblichen Bildungsvereins‹; die Opposition gründet den ersten ›*Vorwärts*‹ (auf politische Aktivität orientiert); Ferdinand Lassalle: ›*Arbeiterprogramm*‹; Liebknecht aus dem Exil (London) nach Berlin zurück Moses Hess: ›*Rom und Jerusalem*‹	
	Preußischer Verfassungskonflikt (Heeresvorlage wird vom Abgeordnetenhaus abgelehnt, Bismarck regiert gegen parlamentarische Mehrheit)
	Bismarck
Lassalle: ›*Offenes Antwortschreiben*‹, ›*Zur Arbeiterfrage*‹ Gründung des ›Allgemeinen Deutschen Arbeitervereins‹ (ADAV) in Leipzig (Lassalle Vorsitzender) 1. Vereinstag der deutschen Arbeitervereine in Frankfurt/Main	Lincolns Proklamation zur Sklavenbefreiung Polnischer Aufstand
Unterredungen Lassalles mit Bismarck über Einführung des allgemeinen Stimmrechts und die Gewährung von Staatsmitteln für Produktionsgenossenschaften	
Gründung der Internationalen Arbeiter-Assoziation (IAA – I. Internationale) in London 1. Generalversammlung des ADAV in Düsseldorf Ferdinand Lassalle: ›*Herr Bastiat Schulze von Delitzsch, der ökonomische Julian, oder Kapital und Arbeit*‹, ›*An die Arbeiter Berlins*‹ Lassalle stirbt nach einem Duell	Preußisch-dänischer Krieg (Düppeler-Schanzen)
Zahlreiche Streiks 1. Konferenz der I. Internationale in London	
1. Kongreß der IAA in Genf	Preußisch-österreichischer Krieg (Königgrätz) Dynamo (Werner von Siemens)

1866/67	
1867	›*Das Kapital*‹ erster Band (M)
1868	»*Konspekt über das ›Kapital‹ von Karl Marx. Erster Band*« (E)
1869	›*Konfidentielle Mitteilung*‹ über Bakunin (M)
1870	›*Die Geschichte Irlands*‹ (E); Adressen des Generalrats über den deutsch-französischen Krieg, später von E. u. d. Titel hrg. ›*Der Bürgerkrieg in Frankreich*‹ (M) E. übersiedelt nach London; E. Berichterstattung über den deutsch-frz. Krieg
1870/71	
1871	Mitarbeit am ›Volksstaat‹ (Leipzig) (M)
1871–79	
1872	Artikelserie ›*Zur Wohnungsfrage*‹ (E); ›*Die angeblichen Spaltungen in der Internationale*‹ (M, E)
1873	›*Ein Komplott gegen die Internationale Arbeiterassoziation*‹ – *Bericht über Bakunin und die Allianz der sozialistischen Demokratie* (M, E)

DATEN ZUR GESCHICHTE DER ARBEITERBEWEGUNG	ALLGEMEINE GESCHICHTSDATEN
	Wirtschaftskrisen
2. Kongreß der IAA in Lausanne Bebel und Liebknecht als Kandidaten der ›Sächsischen Volkspartei‹ in den Norddeutschen Reichstag gewählt	Norddeutscher Bund Dominion of Canada
3. Kongreß der IAA in Brüssel 1. Kongreß deutscher Gewerkschaften	
Gründung der ›Sozialdemokratischen Arbeiterpartei‹ in Eisenach (Liebknecht/Bebel) 4. Kongreß der IAA in Basel	Suezkanal
Kongreß der Sozialdemokratischen Arbeiterpartei in Stuttgart	Dritte Republik in Frankreich (Thiers)
	Deutsch-französischer Krieg (Sedan)
Tod Weitlings Friedrich Ebert in Heidelberg geboren Kongreß der Sozialdemokratischen Arbeiterpartei in Dresden Konferenz der IAA in London Bebel in den Reichstag gewählt	Gründung des Deutschen Reichs Pariser Kommune
	Kulturkampf
5. Kongreß der IAA in Den Haag. Auseinandersetzung Marx' und Engels' mit den Anarchisten unter Michael Bakunin, Angriffe der Jura-Föderation gegen den Generalrat; Sitz des Generalrats von London nach New York verlegt	
Kongreß der Sozialdemokratischen Arbeiterpartei in Eisenach	Gründerkrise

1874	
1875	*›Kritik des Gothaer Programms‹* (M)
1876	
1876–78	
1877	
1878	*›Herrn Eugen Dührings Umwälzung der Wissenschaft‹* (E)
nach 1878	
1879	

DATEN ZUR GESCHICHTE DER ARBEITERBEWEGUNG	ALLGEMEINE GESCHICHTSDATEN
Kongreß der Sozialdemokratischen Arbeiterpartei in Coburg Die beiden sozialdemokratischen Parteien erhalten bei der Reichstagswahl zusammen 351670 Stimmen = 6,8 %. Sie gewinnen 9 Mandate (6 Eisenacher, 3 Lassalleaner)	
Vereinigung des ADAV und der Sozialdemokratischen Arbeiterpartei zur ›Sozialistischen Arbeiterpartei Deutschlands‹, ›Gothaer Programm‹ Tod Moses Hess'	
Auflösung der IAA in Philadelphia Parteikongreß in Gotha August Bebel: *›Die Stellung der Frau im heutigen Staat und zum Sozialismus‹*	Viktoria Kaiserin von Indien
	Russisch-türkischer Krieg; Panslawistische Bewegung gewinnt Einfluß
Parteikongreß erneut in Gotha Bei der Reichstagswahl erhält die Partei 493447 Stimmen = 9,1 % und 12 Mandate	
›Gesetz gegen die gemeingefährlichen Bestrebungen der Sozialdemokratie‹ (Ausnahmegesetz) Bismarck löst Reichstag auf. Bei den Neuwahlen erhält die Partei unter erschwerten Bedingungen 437158 Stimmen = 7,6 %	Berliner Kongreß: Montenegro, Serbien, Rumänien unabhängig; Bulgarien autonomes Fürstentum, Teile von Thessalien und Epirus an Griechenland, Bosnien und Herzegowina mit Sandschak Novibazar unter österreichische Verwaltung, Zypern englisch, Kars und Batum russisch
	In Rußland revolutionäre Bewegung unter den Studenten und Intellektuellen (Narodničestvo), Nihilistenprozesse
Gründung von ›*Sozialdemokrat*‹, das Internationale Organ der Sozialdemokratie, in Zürich (Bernstein, Kautsky u. a. Mitarbeiter)	Deutsch-österreichischer Zweibund Elektrische Glühbirne (Edison)

1880	*›Die Entwicklung des Sozialismus von der Utopie zur Wissenschaft‹* (E)
nach 1880	
1881	*Brief an Sassulitsch* (M) Tod von Frau Jenny Marx
1882	Reisen nach Algier, der Schweiz und Frankreich
1883	Tod Karl Marx' 1873–83 schreibt E. *›Dialektik der Natur‹*
1883–89	
1884	*›Der Ursprung der Familie, des Privateigentums und des Staates‹* (E)
1885	*›Zur Geschichte des Bundes der Kommunisten‹* (E) *›Das Kapital‹* – zweiter Band
1885	*›Ludwig Feuerbach und der Ausgang der klassischen deutschen Philosophie‹* (E)
1887	
1887/88	E. schreibt *›Die Rolle der Gewalt in der Geschichte‹*
1888	

DATEN ZUR GESCHICHTE DER ARBEITERBEWEGUNG	ALLGEMEINE GESCHICHTSDATEN
Erster geheimer Kongreß der Sozialdemokratie nach dem Erlaß des Ausnahmegesetzes in Schloß Wyden im Kanton Zürich	
	Aufteilung Afrikas und Asiens unter die europäischen Großmächte, Höhepunkt des Imperialismus (1884/85 Kongokonferenz in Berlin, 1889/90 Kolonialverträge über Abgrenzung der Herrschaftsgebiete)
Bei den Reichstagswahlen erhält die Partei 311961 Stimmen = 6,1 Prozent und 12 Mandate	Zar Alexander II. durch ein Bombenattentat getötet
	Dreibund Deutschland–Österreich–Italien
erscheint die erste Nummer der *›Neuen Zeit‹* beim Dietz-Verlag in Stuttgart (Herausgeber Kautsky). Parteikongreß in Kopenhagen	
	Bismarcks Sozialgesetzgebung
Bei den Reichstagswahlen erhält die Partei 549400 Stimmen = 9,7 Prozent und 24 Mandate	
	Kraftwagen mit Benzinmotor (Daimler/Benz)
	Frankreich: General Boulanger Kriegsminister mit autoritären Herrschaftsplänen
Bei den Reichstagswahlen erhält die Partei 736128 Stimmen = 10,1 % und 11 Mandate. Die verminderte Zahl der Mandate erklärt sich daraus, daß bei den Stichwahlen die Freisinnigen konservativ und nationalliberal wählen. Parteikongreß in St. Gallen	Rückversicherungsvertrag Deutschland–Rußland Mittelmeerentente Österreich–Italien–England
	Kaiser Friedrich III.

ab 1888	
1889	
1890	
1891	*›Zur Kritik des sozialdemokratischen Programmentwurfs 1891‹* (E)
1892	
1893	*›Kann Europa abrüsten?‹* (E)
1894	*›Das Kapital‹* – dritter Band; *›Zur Geschichte des Urchristentums‹* (E)
ab 1894	
1894/95	
1895	*»Einleitung zu Karl Marx' ›Klassenkämpfe in Frankreich‹«* Tod Friedrich Engels'
1898	

DATEN ZUR GESCHICHTE DER ARBEITERBEWEGUNG	ALLGEMEINE GESCHICHTSDATEN
	Kaiser Wilhelm II.
Gründungskongreß der II. Internationale in Paris	
Bei den Reichstagswahlen erhält die Partei 1,4 Mio. Stimmen = 20 % und 35 Mandate. Der Stimmenzahl nach ist sie zur stärksten Partei Deutschlands geworden. Verlängerung des Sozialistengesetzes vom Reichstag abgelehnt. Parteitag in Halle	
2. internationaler Arbeiterkongreß in Brüssel; Parteitag in Erfurt; oppositionelle Parteimitglieder gründen den ›Verein Unabhängiger Sozialisten‹ Arbeiterschutzgesetze	Encyclica Rerum novarum (Leo XIII.)
Gewerkschaftskongreß in Halberstadt	
Bei den Reichstagswahlen erhalten die Sozialdemokraten 1,7 Mio. Stimmen = 23,3 % und 44 Mandate. 3. Internationaler Sozialistischer Arbeiterkongreß; Parteitag in Köln; rheinisch-westfälisches Kohlensyndikat	Dieselmotor
Parteitag in Frankfurt/Main	Französisch-russischer Zweibund
	Affäre Dreyfus erschüttert Frankreich
	Japanisch-russischer Krieg
Parteitag in Breslau	
Bei den Reichstagswahlen erhält die SPD 27,2 % (1903 31,7 % und 1912 4250329 Stimmen = 34 % und 110 Mandate)	

Anmerkungen

1. FRIEDRICH ENGELS, DER STATUS QUO IN DEUTSCHLAND

1 Vier Seiten des Manuskripts fehlen
2 An dieser Stelle bricht das Manuskript ab

2. KARL MARX, DER ACHTZEHNTE BRUMAIRE

1 Zitat nach Hegels ›Vorrede zur Rechtsphilosophie‹ (1821)
2 In der Erstausgabe, New York 1852, endet dieser Absatz mit folgenden Zeilen: Die Zertrümmerung der Staatsmaschine wird die Zentralisation nicht gefährden. Die Bürokratie ist nur die niedrige und brutale Form einer Zentralisation, die noch mit ihrem Gegensatze, dem Feudalismus, behaftet ist. Mit der Verzweiflung an der napoleonischen Restauration scheidet der französische Bauer von dem Glauben an seine Parzelle, stürzt das ganze auf diese Parzelle aufgeführte Staatsgebäude zusammen und erhält die *proletarische Revolution das Chor, ohne daß ihr Sologesang in allen Bauernnationen zum Sterbelied wird.*
3 [Anmerkung von Marx] Vol heißt Flug und Diebstahl.
4 [Anmerkung von Marx] ›Du berechnest deine Güter, du solltest vorher deine Jahre berechnen.‹
5 [Anmerkung von Marx] Balzac in der »Cousine Bette« stellt in Crevel, den er nach Dr. Véron, dem Eigentümer des »Constitutionnel«, entwarf, den grundliederlichen Pariser Philister dar.
6 [Anmerkung von Marx] Worte der Frau Girardin.

3. KARL MARX, DIE REVOLUTION IN CHINA UND IN EUROPA

1 Hegel
2 Ssjän-föng (Wön-dsung)

5. KARL MARX, DIE OSTINDISCHE KOMPANIE, IHRE GESCHICHTE UND DIE RESULTATE IHRES WIRKENS

1 ›Finanzaristokratie‹
2 Georg III.

6. KARL MARX, DIE KÜNFTIGEN ERGEBNISSE DER BRITISCHEN HERRSCHAFT IN INDIEN

1 ›feiner und geschickter ist als die Italiener‹

7. KARL MARX, DER NORDAMERIKANISCHE BÜRGERKRIEG

1 Wer sich verteidigt, klagt sich an.

8. KARL MARX, DER BÜRGERKRIEG IN DEN VEREINIGTEN STAATEN

1 unerläßliche Bedingung

9. KARL MARX – FRIEDRICH ENGELS, DER AMERIKANISCHE BÜRGERKRIEG

1 Handstreich

10. KARL MARX – FRIEDRICH ENGELS, DIE LAGE AUF DEM AMERIKANISCHEN KRIEGSSCHAUPLATZE

1 Ende der Sezession

11. KARL MARX, ZUR KRITIK DER DINGE IN AMERIKA

1 Oberbefehlshaber
2 diesem Druck von außen

12. KARL MARX, ZU DEN EREIGNISSEN IN NORDAMERIKA

1 ›Und sie bewegt sich doch‹
2 ›von eigner Art‹
3 Klagerecht
4 die übrigen

14. KARL MARX, DER BÜRGERKRIEG IN FRANKREICH

1 (1876) fehlt: entweder sofort zu kapitulieren oder
2 In der englischen Ausgabe Joe Miller, in der französischen Falstaff
3 In England gibt man gemeinen Verbrechern nach Verbüßung des größern Teils ihrer Haft häufig Urlaubsscheine, mit denen sie entlassen und unter Polizeiauf-

sicht gestellt werden. Diese Scheine heißen tickets-of-leave und ihre Inhaber tickets-of-leave-men.
(Anmerkung von Engels zur deutschen Ausgabe von 1871)

4 (1871 und 1876) fehlt: 1871
5 Bergeret
6 Maljournal
7 (1871 und 1876) Unterdrückung der Arbeit
8 (1871 und 1876) Emanzipation der Arbeit
9 (1871 und 1876) Gegensätze
10 (1876) Tendenz
11 (1871 und 1876) Ackerbauwissenschaft
12 Leo Fränkel
13 Jaroslaw Dombrowski und Walery Wróblewski
14 Blanchet
15 In den englischen Ausgaben von 1871 folgt hier noch der Satz: Als die Preußen, nicht aus militärischen Gründen, sondern aus bloßer Rankűne und Rachsucht Städte wie Châteaudun und zahllose Dörfer mit Petroleum niederbrannten, war das Brandstiftung?
16 wahrscheinlich Robinet
17 In der dritten englischen Ausgabe von 1871 sind noch folgende Mitglieder des Generalrats angeführt: *Delahaye, A. Herman, Lochner, J. P. Mac Donnel, Ch. Mills, Rochat und A. Serraillier*

15. FRIEDRICH ENGELS, KANN EUROPA ABRÜSTEN?

1 französische Wut
2 Ich habe alles schon vor einem Jahr entwickelt in der ›Neuen Zeit‹ 1891/92, Nr. 19, Artikel: ›Der Sozialismus in Deutschland.‹ (vgl. Bd. III unserer Studienausgabe).

Literaturverzeichnis

Siehe Band III der Studienausgabe (Seite 253)

Quellenverzeichnis

FRIEDRICH ENGELS, *Der Status quo in Deutschland.* Geschrieben März–April 1847. Marx-Engels Gesamtausgabe Erste Abteilung, Band 6, Berlin 1932

KARL MARX, *Der achtzehnte Brumaire des Louis Bonaparte.* 1852 in ›Die Revolution, eine Zeitschrift in zwanglosen Heften‹, New-York. Text nach der zweiten, von Marx überarbeiteten Ausgabe, Hamburg 1869

KARL MARX, *Die Revolution in China und Europa.* Geschrieben am 20. Mai 1853. ›New-York Daily Tribune‹ Nr. 3794 vom 14. Juni 1853 (Leitartikel). Aus dem Englischen. Karl Marx – Friedrich Engels, Werke Band 9, Berlin 1960, Seiten 95–102

KARL MARX, *Britische Herrschaft in Indien.* New-York Daily Tribune Nr. 3804 vom 25. Juni 1853. Aus dem Englischen. Karl Marx – Friedrich Engels, Werke Band 9, Berlin 1960, Seiten 127–133

KARL MARX, *Die Ostindische Kompanie, ihre Geschichte und die Resultate ihres Wirkens.* ›New-York Daily Tribune‹ Nr. 3816 vom 11. Juli 1853. Aus dem Englischen. Karl Marx – Friedrich Engels, Werke Band 9, Berlin 1960, Seiten 148–156

KARL MARX, *Die künftigen Ergebnisse der britischen Herrschaft in Indien.* ›New-York Daily Tribune‹ Nr. 3840 vom 8. August 1853. Aus dem Englischen. Karl Marx – Friedrich Engels, Werke Band 9, Berlin 1960, Seiten 220–226

KARL MARX, *Der nordamerikanische Bürgerkrieg.* ›Die Presse‹, Wien Nr. 293 vom 25. Oktober 1861

KARL MARX, *Der Bürgerkrieg in den Vereinigten Staaten.* Geschrieben Ende Oktober 1861. ›Die Presse‹, Wien. Nr. 306 vom 7. November 1861

KARL MARX – FRIEDRICH ENGELS, *Der Amerikanische Bürgerkrieg.* Geschrieben im März 1862. ›Die Presse‹, Wien. Nr. 84 und 85 vom 26. und 27. März 1862

KARL MARX – FRIEDRICH ENGELS, *Die Lage auf dem amerikanischen Kriegsschauplatze.* Geschrieben vom 23. bis 25. März 1862. ›Die Presse‹, Wien. Nr. 148 vom 30. Mai 1862

KARL MARX, *Zur Kritik der Dinge in Amerika.* Geschrieben am 4. August 1862. ›Die Presse‹, Wien. Nr. 218 vom 9. August 1862

KARL MARX, *Zu den Ereignissen in Nordamerika.* Geschrieben am 7. Oktober 1862. ›Die Presse‹, Wien. Nr. 281 vom 12. Oktober 1862

KARL MARX, *An Abraham Lincoln, Präsident der Vereinigten Staaten von Amerika.* Geschrieben zwischen dem 22. und 29. November 1864. ›Der Sozialdemokrat‹ Nr. 3 vom 30. Dezember 1864

KARL MARX, *Der Bürgerkrieg in Frankreich.* 1. Auflage 1871, Text nach der letzten, von Engels 1891 besorgten Ausgabe

FRIEDRICH ENGELS, *Kann Europa abrüsten?* Geschrieben im Februar 1893. Erstmalig veröffentlicht als Artikelserie im ›Vorwärts‹ in den Nummern I in Nr. 51 vom 1. 3. 1893 bis VIII in Nr. 59 vom 10. 3. 1893. Danach als Separatdruck aus dem ›Vorwärts‹, Nürnberg 1893. Text nach dem Separatdruck

Sozialwissenschaften

Julien Benda
Der Verrat der Intellektuellen
Band 6637

Ernest Borneman
Das Patriachat
Band 3416

Elias Canetti
Masse und Macht
Band 6544

Detlev Claussen
Grenzen der Aufklärung
Zur gesellschaftlichen Geschichte des modernen Antisemitismus. Band 6634

Richard van Dülmen
Religion und Gesellschaft
Beiträge zu einer Religionsgeschichte der Neuzeit. Band 6644

Lothar Hack
Vor Vollendung der Tatsachen
Die Rolle von Wissenschaft und Technologie in der dritten Phase der Industriellen Revolution. Band 6564

Michael Kausch
Kulturindustrie und Populärkultur
Kritische Theorie der Massenmedien. Band 6636

Peter Kemper (Hg.)
»Postmoderne« oder Der Kampf um die Zukunft
Die Kontroverse in Wissenschaft, Kunst und Gesellschaft
Band 6638

Macht des Mythos – Ohnmacht der Vernunft?
Band 6643

Judith LeSoldat
Freiwillige Knechtschaft
Masochismus und Moral
Band 6640

Horst Petri
Erziehungsgewalt
Zum Verhältnis von persönlicher und gesellschaftlicher Gewaltausübung in der Erziehung. Band 6639

César Rodriguez Rabanal
Überleben im Slum
Psychosoziale Probleme peruanischer Elendsviertel
Band 6646

Carl Friedrich von Weizsäcker
Der Garten des Menschlichen
Beiträge zur geschichtlichen Anthropologie. Band 6543

Philosophie

Jean Le Rond D'Alembert
Einleitung zur 'Enzyklopädie'
Herausgegeben und mit einem Essay von Günther Mensching
Band 6580

Jean Le Rond D'Alembert
Denis Diderot u.a.
Enzyklopädie
Eine Auswahl
Herausgegeben von Günther Berger
Band 6584

Francis Bacon
Weisheit der Alten
Herausgegeben und mit einem Essay von Philipp Rippel
Band 6588

Ernst Cassirer, Jean Starobinski, Robert Darnton
Drei Vorschläge, Rousseau zu lesen
Band 6569

René Descartes
Ausgewählte Schriften
Herausgegeben von Ivo Frenzel
Band 6549

Denis Diderot
Über die Natur
Herausgegeben und mit einem Essay von Jochen Köhler
Band 6583

Hans-Georg Gadamer (Hg.)
Philosophisches Lesebuch
3 Bände: 6576/6577/6578

Jens Heise
Traumdiskurse
Die Träume der Philosophie und die Psychologie des Traums
Band 6585

Max Horkheimer
Gesellschaft im Übergang
Aufsätze, Reden und Vorträge 1942–1970. Herausgegeben von Werner Brede
Band 6545

Sozialphilosophische Studien
Aufsätze, Reden und Vorträge 1930–1972. Herausgegeben von Werner Brede
Band 6540

Zur Kritik der instrumentellen Vernunft
Band 7355

Philosophie

Martin Jay
Dialektische Phantasie
Die Geschichte der Frankfurter Schule und des Instituts für Sozialforschung
Band 6546

Susanne K. Langer
Philosophie auf neuem Wege
Das Symbol im Denken, im Ritus und in der Kunst
Band 7344

Ludger Lütkehaus (Hg.)
„Dieses wahre innere Afrika"
Texte zur Entdeckung des Unbewußten vor Freud
Band 6582

Niccolò Machiavelli
Politische Schriften
Herausgegeben von Herfried Münkler
Band 10248

Platon
Sokrates im Gespräch
Vier Dialoge
Band 6550

Jean-Jacques Rousseau
Schriften
Herausgegeben von Henning Ritter
2 Bände: 6567/6568

Bertrand Russell
Das ABC der Relativitätstheorie
Band 6579
Moral und Politik
Band 6573
Philosophie
Die Entwicklung meines Denkens
Band 6572

Joachim Schickel
Philosophie als Beruf
Band 7315

Hans Joachim Störig
Kleine Weltgeschichte der Philosophie
Band 6562

Christoph Türcke
Der tolle Mensch
Nietzsche und der Wahnsinn der Vernunft
Band 6589

Charles Whitney
Francis Bacon
Die Begründung der Moderne
Band 6571

Franz Wiedmann
Anstößige Denker
Die Wirklichkeit als Natur und Geschichte in der Sicht von Außenseitern
Band 6587

Fischer Wissenschaft

Eine Auswahl

Philippe Ariès /
André Béjin /
Michel Foucault u.a.
Die Masken des Begehrens und die Metamorphosen der Sinnlichkeit
Band 7357

Gaston Bachelard
Poetik des Raumes
Band 7396

Maurice Blanchot
Der Gesang der Sirenen
Band 7402

Umberto Eco
Apokalyptiker und Integrierte
Band 7367

Moses I. Finley
Quellen und Modelle in der Alten Geschichte
Band 7373

Michel Foucault
Die Geburt der Klinik
Band 7400

Schriften zur Literatur
Band 7405

Von der Subversion des Wissens
Band 7398

François Furet / Denis Richet
Die Französische Revolution
Band 7371

Maurice Halbwachs
Das kollektive Gedächtnis
Band 7359

Kultur-Analysen
Beiträge von Hans-Dieter König, Alfred Lorenzer, Heinz Lüdde, Søren Nagbøl, Ulrike Prokop, Gunzelin Schmid Noerr, Annelind Eggert
Band 7334

Fischer Taschenbuch Verlag

fi 513 / 5 a

Fischer Wissenschaft

Eine Auswahl

Dominick LaCapra
Geschichte und Kritik
Band 7395

Dominick LaCapra/
Steven L. Kaplan (Hg.)
Geschichte denken
Band 7403

Jacques Le Goff
Kaufleute und Bankiers im Mittelalter
Band 7409

Charles William Morris
Grundlagen der Zeichentheorie
Ästhetik der Zeichentheorie
Band 7406

Lionel Trilling
Das Ende der Aufrichtigkeit
Band 7415

Stephen Toulmin/
June Goodfield
Entdeckung der Zeit
Band 7360

Thorstein Veblen
Theorie der feinen Leute
Band 7362

Jean-Pierre Vernant
Tod in den Augen
Band 7401

Paul Veyne
Die Originalität des Unbekannten
Für eine andere Geschichtsschreibung
Band 7408

Bildersturm
Die Zerstörung des Kunstwerks
Herausgegeben von
Martin Warnke
Band 7407

Lew Semjonowitsch
Wygotski
Denken und Sprechen
Band 7368

Fischer Taschenbuch Verlag

fi 513/3 b

Fischer Wissenschaft
Eine Auswahl

Michail M. Bachtin
Formen der Zeit im Roman
Untersuchungen zur historischen Poetik
Band 7418

Ernst Cassirer
Der Mythus des Staates
Band 7351

Ernst Robert Curtius
Kritische Essays zur europäischen Literatur
Band 7350

Robert Darnton
Literaten im Untergrund
Lesen, Schreiben und Publizieren im vorrevolutionären Frankreich
Band 7412

Mary Douglas
Ritual, Tabu und Körpersymbolik
Sozialanthropologische Studien in Industriegesellschaft und Stammeskultur
Band 7365

Heidrun Hesse
Vernunft und Selbstbehauptung
Band 7343

Max Horkheimer
Zur Kritik der instrumentellen Vernunft
Band 7355

Martin Jay
Dialektische Phantasie
Band 6546

Fischer Taschenbuch Verlag

fi 406 / 8 a